本报告出版得到

国家重点文物保护专项补助经费资助

洪江黔城楚汉墓

湖 南 省 文 物 考 古 研 究 院
科技考古与文物保护利用湖南省重点实验室　编著
怀 化 市 文 化 遗 产 保 护 中 心

文物出版社

北京·2025

图书在版编目（CIP）数据

洪江黔城楚汉墓 / 湖南省文物考古研究院，科技考
古与文物保护利用湖南省重点实验室，怀化市文化遗产保
护中心编著. -- 北京：文物出版社，2025. 6. -- ISBN
978-7-5010-8793-8

Ⅰ. K878.85

中国国家版本馆CIP数据核字第2025TZ5018号

审图号：湘S（2025）016号

洪江黔城楚汉墓

编　　著：湖南省文物考古研究院
　　　　　科技考古与文物保护利用湖南省重点实验室
　　　　　怀化市文化遗产保护中心

责任编辑：杨冠华
责任印制：王　芳
封面设计：特木热

出版发行：文物出版社
社　　址：北京市东城区东直门内北小街2号楼
邮　　编：100007
网　　址：http://www.wenwu.com
邮　　箱：wenwu1957@126.com
经　　销：新华书店
印　　刷：天津裕同印刷有限公司
开　　本：889mm×1194mm　1/16
印　　张：33
版　　次：2025年6月第1版
印　　次：2025年6月第1次印刷
书　　号：ISBN 978-7-5010-8793-8
定　　价：590.00元

The Chu-Han Tombs in Qiancheng, Hongjiang City

(with an English abstract)

by

Hunan Provincial Institute of Cultural Relics and Archaeology

Hunan Provincial Key Laboratory of Archaeometry and Conservation Science

Huaihua Municipal Cultural Heritage Conservation Center

Cultural Relics Press

Beijing · 2025

目　录

表格目录

插图目录

彩版目录

图版目录

壹

绪论

第一章　概　况

第一节　地貌及环境

黔城位于湖南省怀化市下辖县级市洪江市，原为黔阳县，地处湖南省西南部，属云贵高原东部，雪峰山脉西南端，其间山地夹丘陵与河谷平原相连。洪江市东北与本市溆浦县接壤，东南与邵阳市的洞口、绥宁两县交界，南与本市会同县毗邻，西与芷江县连畔，北与中方县分畛。沅江先由西向东从南境流过，然后在中部北折纵贯境内，在西部则有潕水汇入沅江（图一）。

沅江，又称沅水，是湖南省湘、资、沅、澧四大河流中仅次于湘江的第二大河流。发源于贵州省，从西南向东北流经湖南，最后汇入洞庭湖。沅江主源清水江发源于贵州都匀市苗岭山脉斗篷山北麓谷江乡的西北中寨，在都匀称剑江，都匀以下称马尾河（或龙头江），至岔河口汇入重安江后始称清水江，为沅江上游，向东流至洪江市黔城镇与潕水汇合后始称沅江，进入中游，因而黔城地处沅江中、上游的交汇处。潕水以下接纳的主要支流有巫水、溆水、辰水、武水、酉水。

黔城楚汉墓群便坐落于潕、沅二水交汇处的丘陵岗地。位于潕水左岸黔阳古城西侧的玉皇阁社区，潕水右岸为小江墓地。黔城墓地地理坐标为北纬 27°11′50″，东经 109°49′6″，海拔约 230 米。因城市建设，丘陵向下推平，现海拔约 228 米（彩版一；图二）。

据民国时期地理名宿湘人傅角今所著《湖南地理志》对黔阳县有详细介绍。

"跨居武陵、雪峰两脉之交，而濒沅潕之会，丘陵盘纡，平原错出。县城内县政府之东有龙标山，龙标县之得名以此。赤宝山，在县城南对岸里许，沅潕合流于其下，亦名七宝山，盘地插天，列嶂开屏，为一邑之胜。县境河流滩多水急，最著者如潕水之高溜洞；沅水之狮子滩、漠水滩、鸬鹚滩、黄狲洞等，皆乱石交错，航行极险。

"沅江自贵州入境，至托口之南，有渠水自南来注之。又至东城西南，潕水自北来注之。又东至洪江之东北，有巫水自南来注之。更东北流三十里，为鸬鹚滩。六十里为大小洑泻滩，九十里为黄丝滚洞滩。再北流入辰溪县境。县城濒沅潕会口之东，背倚龙标山，四面俱有丘陵环绕，

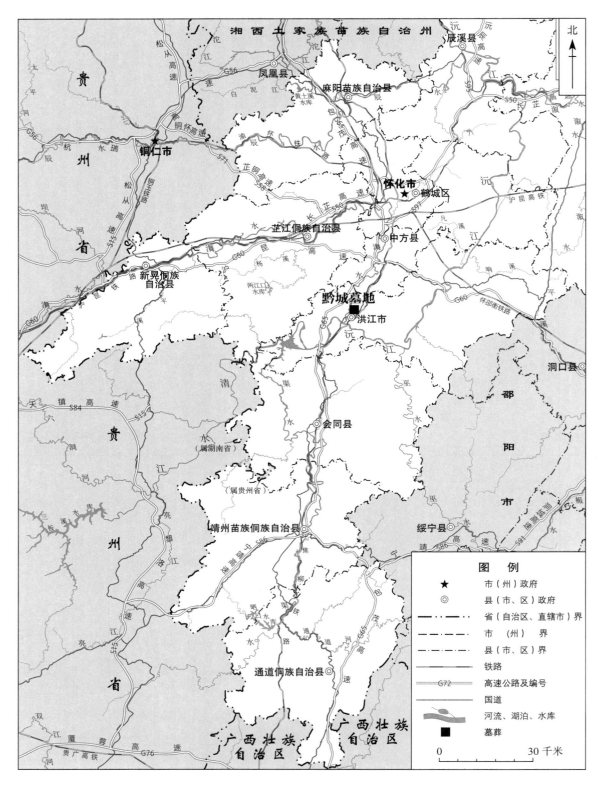

图一　黔城楚汉墓葬位置示意图

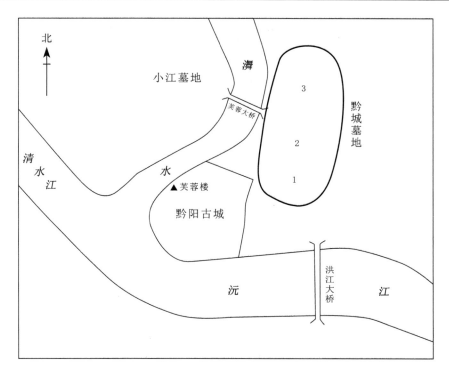

图二　黔城楚汉墓葬分区示意图

1.南头坡墓区　2.三星坡墓区　3.牛头湾墓区

俨如半岛形势。"[1]

　　境内山水钟秀，胜迹萃聚。"西南为山川之所盘纡，近邑之胜山则赤宝、虎头、牛坡、金斗踞其四维，远则罗翁四面斗绝，盘礴数百余里，屹然称巨镇焉。水则大江东注，源出牂牁，芷水回澜，来自镇沅。二水环流，会为黔江。此其大者也。若夫别之以为岩洞，衍之以为陂塘，出之以为云雨，滋之以为灌溉，意所谓山不在高，水不在深者欤！惟著其详于民事者，而名胜未尝不概焉。则其在此不在彼也，不其然欤？"[2]

第二节　历史沿革

一　战国

　　黔城是今天洪江市党政机关驻地——黔城镇，也是历朝历代的县级政治文化中心。战国中期以前，应属于西南蛮夷之地。据《史记·西南夷列传》："西南夷君长以什数，夜郎最大；

[1]傅角今编著：《湖南地理志》第五编，湖南教育出版社，2008年，第495页。

[2]（清·雍正）岳士俊等纂修：《黔阳县志》卷一，江苏古籍出版社、上海书店、巴蜀书社，2003年影印，第25页上。

其西靡莫之属以什数，滇最大；自滇以北君长以什数，邛都最大。"[1]地当今云贵川地区。其中"夜郎"或曰在贵州，怀化地区则与之邻近，或曰就在怀化地区。不管哪一说，今怀化市范围都属于古西南夷。又"始楚威王时，使将军庄蹻将兵循江上，略巴、黔中以西。庄蹻者，故楚庄王苗裔也。蹻至滇池，方三百里，旁平地，肥饶数千里，以兵威定属楚。欲归报，会秦击夺楚巴、黔中郡，道塞不通，因还，以其众王滇，变服，从其俗，以长之。"[2]庄蹻入滇在战国中期，庄蹻是循长江而上至巴蜀然后南下入滇（今云南）。看来庄蹻并未真正将滇地纳入楚国版图，而是"变服，从其俗，以长之"。而且滇王的势力范围是否到达湘西南也未可知。总之，战国中期以前，怀化地区的建制都无从确切考证。其设治可以追溯到战国晚期，在怀化地区以及黔城发现的战国晚期楚墓足以证实这一带在战国晚期已经纳入楚国版图。而且在 M107 中出土了一枚"沅昜"铜印章，"沅昜"即沅阳，为县名，其县治应该就在黔城，则黔城一带应是战国晚期楚沅阳县。但在黔城一带未发现城址，城址可能就在明清至民国时期的黔阳古城位置，因历代为县治所在而使战国城址遭到破坏。一如六朝以前的益阳县城，其城址已不见于地表，因在兔子山出土了秦至六朝时期简牍才得知其为当时县衙所在。相同的发现还有战国时期的湘乡县、三国至西晋时期的桂阳郡等。说不定某天不经意间也在黔阳古城内出土古井和简牍也是情理之中的事。

二　秦代

2012 年 9~12 月，湖南省文物考古研究所在配合安江水电站建设中对沅水中游的洪江市沙湾乡老屋背遗址进行了抢救性考古发掘。遗址位于黔城镇下游约 20 公里处沅江左岸滨江一处较为宽阔的台地上。遗址南北长约 360 米，南部东西宽约 200 米，北部略窄，平面呈刀把形，总面积约 64000 平方米。遗址四周有环壕，但不见城墙。遗址内文化层及遗物最早为商周时期，但以战国至秦汉地层为主。遗存较为丰富，遗迹除环壕外还有房址、井窖、灰坑、火塘等，遗物有日用陶器及筒瓦、板瓦、瓦当等。遗址中最为引人注目的发现便是一方封泥（G4④：55），封泥印面以"田"字形界格分为四等分，每格内一字，上面两格从右至左为"沅陽"二字，下两字漫漶不清[3]。在上古时期，"沅""元"常通用，如沅陵窑头出土 1 枚铜烙印（03T4⑤：5）即作"元陵"[4]。"昜"与"陽"亦同。从字体分析，应为秦汉之际遗物。有鉴于该遗址面积

[1]（汉）司马迁撰，（宋）裴骃集解，（唐）司马贞索隐、张守节正义：《史记》第九册，中华书局，1963 年，第 2991 页。

[2]《史记》第九册，第 2993 页。

[3]湖南省文物考古研究所等：《湖南洪江老屋背遗址发掘报告》，《湖南考古辑刊》第 11 集，科学出版社，2015 年，第 54~92 页。原简报释封泥为"元陽□□"或"无陽□□"，从字形看，不应释"无"，在里耶秦简中无阳作"無陽"。

[4]湖南省文物考古研究所：《沅陵窑头发掘报告——战国至汉代城址及墓葬》（上），文物出版社，2015 年，第 29 页。

较小，且无城墙，应该不是县城，而应是战国至汉代一处县以下乡一级行政机构所在。老屋背遗址与黔城镇相距很近，且同出沅阳印章，将老屋背遗址视为沅阳县辖的乡级机构是合理的。

在里耶秦简中出有多枚含"沅陽"县名的简，这说明，秦代是承袭了楚国的"沅陽"县名。在秦代，"沅陽"为洞庭郡辖县。有迹象表明，秦的洞庭郡也是承袭了楚国的旧郡名。也就是说，战国晚期的楚至秦代，"沅陽"都是洞庭郡辖县。

在已出版的两册《里耶秦简》中，见有"沅阳"的县名简6枚，录如下（释文从《里耶秦简牍校释》）：

简 8-228：

　　□□内史守衷下：县以律令传别□☑

　　县界中□□者县各别下书焉□☑

　　□□地□□□□报沅阳，言书到☑

　　□□□□□商丞□下报商，书到☑

　　十月丁巳，南郡守恒下真书洞庭☑

　　□□□手。

简 8-759：

　　如前书律令。ノ七月甲子朔癸酉，洞庭叚守⌐绎追迁陵。ノ歇手。・以沅阳印行事。

简 8-830+8-1010：

　　主食发，它如律令。・以沅阳印行事。

简 8-1523：

　　七月甲子朔庚寅，洞庭守绎追迁陵亟言。ノ歇⌐手。・以沅阳印行事。ノ八月癸巳朔癸卯，洞庭叚（正）

　　守绎追迁陵丞，日夜上勿留。ノ卯手。・以沅阳⌐印行事。ノ九月乙丑旦，邮人曼以来。ノ纛发。（背）

简 8-1626：

　　休署书一封，沅阳印，诣□□☑[1]

简 9-479：

　　☑戌，东晦（海）卒史武助洞庭，与守丞效粟重□☑

　　☑□沅阳丞有传。（正）

　　☑勿遣从其将。遣从其将，部不能相得殹也，皆以受☑

---

[1]湖南省文物考古研究所编著：《里耶秦简》〔壹〕，文物出版社，2012年；陈伟主编：《里耶秦简牍校释》第一册，武汉大学出版社，2012年。

☒□律令。各一书。以临沅丞印副行事。□☒[1]（背）

据考证，湘西北地区于楚于秦都叫洞庭郡。"沅阳"在楚、秦时期都应属洞庭郡的辖县。

三　汉代

秦洞庭郡于汉代更名武陵郡。《后汉书》谓"高帝五年更名"。注引《武陵先贤传》曰："晋代太守赵厥问主簿潘京曰：'贵郡何以名武陵？'京曰：'鄙郡本名义陵，在辰阳县界，与夷相接，为所攻破，光武时移东出，遂得见全，先识易号。'""臣昭案：《前书》本名'武陵'，不知此对何据而出。"刘昭认为《前汉书》中就叫武陵郡，为什么说后汉光武帝才改叫武陵郡呢？其依据何在？刘昭的怀疑是有道理的[2]。杨守敬据《元和郡县图志》"汉改黔中为武陵郡，移理义陵"一语认为："是武陵（郡）移治义陵（县），（义陵）非武陵郡名也。"[3]是则"义陵郡"在历史上是不存在的。出土文献也证实了这一推论。如沅陵虎溪山西汉一号墓出土《计簿》简四即言明："故沅陵在长沙武陵郡"[4]。汉武陵郡基本沿袭了秦洞庭郡的辖域。

《汉书·地理志》无沅阳县名，只在武陵郡下有镡成县和无阳县[5]。这似乎表明汉代已无"沅阳"县，或认为秦代的沅阳县在汉代并入了镡成县或者无阳县。虽然镡成和无阳两县治的地望尚无法准确认定，但两县是距离沅阳最近的两个县则是没有疑问的。镡成和无阳在里耶秦简中也都有发现。

《汉书地理志汇释》引王先谦《汉书补注》曰："《淮南·人间训》，尉屠睢五军，一塞镡城之岭。镡成即镡城也。《续志》，后汉因。《一统志》，今靖州、黔阳、绥宁、通道、会同、天柱县地，故城在黔阳县西南。"而《编者按》则说："治所在今湖南靖州苗族侗族自治县南，确地无考。"[6]然而两说依据都不足，因为在这一带除黔城有可能将沅阳古城毁坏以外，再没有与县城适配的其他楚汉城址。在中方县荆坪村发现有楚汉时期城址，据考证该城址应为无阳古城。《水经注·沅水》："无水出故且兰，南流至无阳故县。县对无水，因以氏县。无水又东南入沅，谓之无口。"[7]"无水"即今潕水，在芷江境内由西向东流，进入怀化后南折汇入沅水，"无水又东南入沅"的"东"当为衍字。在潕水向南流的这一段流域只有荆坪这一座古城，故推测应属无阳县城所在。

在汉代"沅阳"究竟存续与否，以前无人提出质疑，正史中不见，野史中无载。然而出土

---

[1] 湖南省文物考古研究所编著：《里耶秦简》〔贰〕，文物出版社，2017年；陈伟主编：《里耶秦简牍校释》第二册，武汉大学出版社，2018年。

[2] （南朝宋）范晔撰，（唐）李贤等注：《后汉书·志》第二十二，中华书局，1973年，第3484页。

[3] 杨守敬著：《汉书地理志补校》，《杨守敬集》第一册，湖北人民出版社，1988年，第203页。

[4] 湖南省文物考古研究所编著：《沅陵虎溪山一号汉墓》，文物出版社，2020年，第118页。

[5] （汉）班固撰，（唐）颜师古注：《汉书·地理志》，第6册，中华书局，1964年，第1594、1595页。

[6] 周振鹤编著：《汉书地理志汇释》第3册，安徽教育出版社，2006年，第289页。

[7] （北魏）郦道元著：《水经注》第六册，商务印书馆，1939年，第70页。

文献屡屡证明有许多县名均于《汉书》中失载。如南郡的醴阳县和武陵郡的门浅县。而两县都有出土文献可证为秦汉时期县名[1]。

2008年，长沙市公安部门破获"12·29"古墓被盗案，追缴被盗文物249件（套）。其中有漆器140件。另长沙市博物馆也于2009年征集到12件漆耳杯，据盗墓者交待，长沙市文物考古研究所入藏的140件漆器都出自同一座墓（谷山M5），长沙市博物馆征集的12件漆耳杯也为盗掘所出，推测也出自该墓。其中121件耳杯和24件盘上都有铭文。在长沙市文物考古研究所入藏的2件素面漆耳杯（标本004、027）和1件素面漆盘上（标本039）的铭文中均有"沅阳"二字。铭文为锥刻，内容相同：

"七年，沅阳长平、丞状、库周人、工它人造"。

这段铭文的意思是：某七年，沅阳县的县长平、县丞状、仓库官周人、工匠它人制造（此物），其中平、状、周人、它人都是人名。其与"七年，酉阳长光、丞午、库谁、工武造"以及"九年，醴阳长尊、丞徐、库术、工则造"等句式相同，都是物勒工名的铭文模式。酉阳、醴阳为县名，此外还有临沅、零阳、沅陵、辰阳、门浅等也都是县名。沅阳固然也是县名[2]。谷山为西汉刘氏长沙王墓地，M5应为某一代长沙王的王后墓。据何旭红考证，这些漆器铭文的纪年应为长沙定王的纪年，定王封于西汉景帝二年（前155年），在位28年，则铭文中"七年"即长沙定王七年，为景帝中元元年（前149年），属西汉前期[3]。

稍后武帝时期，长沙走马楼J8出土的多枚西汉简中有"沅阳"县名。

简0004：

　　五年九月己未，狱史吴人讯卯。要道状辤（辞）曰：故公大夫沅阳，为仓佐，均镈成库佐，自受钱物，为部赁庸田。僮自出所受钱缯物，贳予庸人田，收禾囷连□。

简0004-1：

　　佐，调为大农将赁人田无阳界中，与沅阳佐卯各为一部田。卯部田事已粟米禀，僮独往受钱无阳，及收责民负田官钱缯者，因以偿所赁人公乘充。

简0006：

　　二年四月丙申，将田义陵佐僮、沅阳佐卯，出赁安成里公乘仇、充、南阳公乘午等，连衖上粟，卯实不与僮共出钱、缯以付充等，僮诈以卯为券书。四年二月乙未朔戊戌，将田沅阳佐卯劾。

［1］谭远辉：《重订正澧州建置沿革》《秦汉"门浅""上衍"二县地望蠡测》，《朗澧锥指录》，岳麓书社，2016年，第14、26页。

［2］长沙市文物考古研究所：《长沙"12·29"古墓葬被盗案移交文物报告》，《湖南省博物馆馆刊》第六辑，岳麓书社，2009年，第329~368页；长沙市文物考古研究所：《西汉长沙王陵出土漆器辑录》，岳麓书社，2016年，第54~58页。

［3］何旭红：《对长沙谷山被盗汉墓漆器铭文的初步认识》，《湖南省博物馆馆刊》第六辑，岳麓书社，2009年，第380~391页。

简 0040：

　　五年二月己丑朔丁酉，服捕命未得者尉史骄爱书：命男子卯自诣，辤（辞）曰：故公大夫沅阳昌里，为沅阳仓佐，均镡成库佐。镡成遣卯趣作仓役无圙、义陵、沅阳，相史驾、卒史纵劾卯以诈为书辟负辟偿臧（赃）六百以上，移辰阳，辰阳辟归镡成，镡成以吏亡鞫，论免卯，削爵为士五（伍）。辰阳狱史光甲与丞邮。

简 0048：

　　作仓役义陵、无阳、沅阳，未环（还），镡成以亡劾，论削卯爵为士五（伍），报辰阳。辰阳狱史光甲与丞邮以劾，驾（加）论命卯髡钳笞百钛左止为城旦，籍髡笞。卯实不敢与僮诈为出券书辟（避）负偿，毋命髡钳笞百钛左止为城旦，籍髡笞。实不智（知）驾、纵、野劾，光甲、邮驾（加）论命卯髡钳笞百钛左止，为城。

简 0081：

　　案：将大农田官移赁庸出券，券三：其一钱四千七百廿一，素缯五尺五寸，直（值）钱卌九。乚钱六百五十六。乚一钱五千一百廿五。絣缯四匹☑直（值）钱千九百七十一。春草缯二匹二寸，直（值）千一百卌九。缇缯三丈五尺，直（值）钱四百五十五。·三年三月乙丑、四月丙申、丙午，将田义陵佐僮、沅阳佐☑。

简 0107+0095：

　　五年八月丁亥朔丙午，沅陵长阳令史青肩行丞事，敢告临沅、迁陵、充、沅阳、富阳、临湘、连道、临沨、索、门浅、昭陵、秭归、江陵主写劾。

简 0426：

　　二月戊戌，将田沅阳佐卯敢□言☑。[1]

　　由此证明，"沅阳"县至少在西汉武帝时期是存在的。目前在黔城周边发现的墓葬时代从战国晚期到西汉早期，没有中期以后的墓葬。有可能为武帝以后省并，导致《汉书》失载。

　　关于西汉武陵郡的辖县，走马楼汉简所见与《汉书》所载同为十三县，但县属稍有差别。走马楼汉简所见十三县为：临沅、门浅、迁陵、零阳、义陵、辰阳、充、索、沅陵、酉阳、无阳、镡成、沅阳，[2] 其中没有很山和孱陵两县，而多出门浅和沅阳两县，两县都是秦旧县。长沙走马楼西汉简的时代为武帝元朔三年至元狩三年，由此推测，西汉后期沅阳和门浅可能省并，孱陵由南郡改隶于武陵郡，并且可能并入醴阳，很山可能为武陵郡新置县。班固所了解的应是西汉后期的武陵郡建制。

　　《汉书·地理志》谓武陵郡"属荆州"，而上揭虎溪山《计簿》简四谓"长沙武陵郡"，

---

[1] 长沙简牍博物馆、湖南大学简帛文献研究中心编著：《长沙走马楼西汉简牍》，岳麓书社，2024年。

[2] 长沙简牍博物馆、长沙市文物考古研究所：《长沙市走马楼西汉古井及简牍发掘简报》，《考古》2021年第3期，第53页。简报于县名处漏列"沅阳"，但后文的职官名中有"沅阳丞、佐、仓佐"，且陈松长《长沙走马楼西汉古井出土简牍概述》一文着重提及"沅阳"县（见《考古》2021年第3期，第98页）。

联系到谷山 M5 所出大量有铭漆器上的县名多为武陵郡属县，且走马楼汉简中武陵郡属县使报长沙国临湘的文书呈上行文书格式[1]。《史记·五宗世家》应劭注曰："景帝后二年，诸王来朝，有诏更前称寿歌舞。定王但张袖小举手。左右笑其拙，上怪问之，对曰：'臣国小地辖，不足回旋'。帝以武陵、零陵、桂阳属焉。"的记载应非空穴来风[2]。在走马楼西汉简 24 中还有"沅阳为属"的明确记载[3]。如然，则至少武帝以前武陵郡应属长沙国所辖，辖于荆州可能到了西汉中晚期。

《后汉书》中"武陵郡"下则"沅阳""无阳"均不见，只有"镡成"，县治地望不确。

四　三国至晋

《三国志》无地理志，武陵郡于三国时属吴，属荆州。据杨守敬《三国郡县表补正》，武陵郡辖十三县，中有"镡成""舞阳"和"黔阳"[4]。"舞阳"为"无阳"所改，而此时的"黔阳"并非后代黔阳所在。"黔阳"又作"黚阳"，《宋书·州郡三》谓："黚阳长，二汉无，晋太康地志有。"《元和郡县图志》谓三国吴分武陵郡酉阳县地立黔阳县，则此黔阳在酉水流域。《湖南省志·地理志》谓"龙山县在汉时为酉阳县地。三国蜀分置黚阳县，县治在酉水北岸，南北朝梁改为大乡县。"[5]真伪莫辨，抑或今之黔阳三国时辖于"镡成"或"舞阳"？

《晋书·地理志下》中"镡成""舞阳"并存，南朝宋又省"镡成"。直到南朝前期，黔城一带设治情况或曰隶属关系都不甚明确。

五　南朝至唐

《隋书·地理志下》谓："沅陵郡，开皇九年置辰州。统县五，户四千一百四十……龙檦（县），梁置。有武山。"[6]《旧唐书·地理志》记载较为详致："巫州，下。贞观八年，分辰州龙标县置巫州。其年，置夜郎、朗溪、思征三县。九年，废思征县。天授二年，改为沅州，分夜郎渭溪县。长安三年，割夜郎、渭溪二县置舞州。先天二年，又置潭阳县。开元十三年，改沅州为巫州。天宝元年，改为潭阳郡。乾元元年，复为巫州。旧领县三，户四千三十二，口一万四千四百九十五……龙标，武德七年置，属辰州。贞观八年，置巫州，为理所也。朗溪，

［1］长沙简牍博物馆、长沙市文物考古研究所：《长沙市走马楼西汉古井及简牍发掘简报》，《考古》2021 年第 3 期，第 43~60 页。

［2］（汉）司马迁撰：《史记》卷五九，中华书局，1963 年，第 2100 页。

［3］陈松长：《长沙走马楼西汉古井出土简牍概述》，《考古》2021 年第 3 期，第 98 页。

［4］吴增仅撰、杨守敬补正：《三国郡县表补正》，《杨守敬集》第一册，湖北人民出版社，1988 年，第 538、539 页。

［5］（梁）沈约撰：《宋书》卷三七，中华书局，1974 年，第 1126 页；（唐）李吉甫撰：《元和郡县图志》卷三〇，中华书局，1983 年，第 741 页；湖南省志编纂委员会编：《湖南省志·地理志》上册，湖南人民出版社，1961 年，第 588 页。

［6］（唐）魏征等撰：《隋书》卷三一，中华书局，1973 年，第 890 页。

贞观八年置。"[1]《新唐书·地理志》系于"叙州潭阳郡",谓:"本巫州,贞观八年以辰州之龙标县置,天授二年曰沅州,开元十三年以"沅""原"声相近,复为巫州,大历五年更名[2]。据雍正《黔阳县志》卷一"山川":"龙标山,在县治东。赤宝为屏,沅、靖二水合流如带,经于其下"[3]。因而龙标在今黔城位置。试梳理如下:

黔城在南朝梁名龙檦县,属沅陵郡,隋开皇九年改隶辰州。唐武德七年改龙檦为龙标。贞观八年,从辰州分置巫州,州治设于龙标县。天授二年又改巫州为沅州,开元十三年复为巫州。天宝元年,又改潭阳郡。乾元元年,又复为巫州。大历五年更名叙州,均治龙标。五代属楚,省县,州仍其旧。

六 宋以后

宋熙宁七年,以叙、锦、奖三州地置沅州,移治懿州(今芷江),以至清代。熙宁间设黔江城于此,元丰三年升为县,名"黔阳",属沅州。是"黔阳"县名之始[4]。

《元史·地理六》:"元至元十二年,立沅州安抚司。十四年,改沅州路总管府。"隶湖广等处行中书省,黔阳县属之[5]。

明太祖洪武元年(1368年)至九年(1376年),沅州为府,洪武九年以后沅州降府为州,属辰州府,黔阳县属之。清前期仍明之旧。乾隆元年(1736年),沅州又升为府,黔阳属沅州府。

1912年后,府废,黔阳县属辰沅道,1935年属芷黔麻晃行政督察区。1936年,第四行政督察区专员公署设黔阳。1937年,全省划分九个行政督察区,黔阳属第七行政督察区,1940年专署迁洪江。

1949年,黔阳县移治安江镇。1953年设黔阳专区于此。1975年,黔阳专区迁址怀化县,1981年更名怀化专区(后为怀化市)[6]。1997年,黔阳县与洪江市合并,成立新的洪江市,属县级市,治于黔城,隶属于怀化市至今。

第三节　洪江市楚汉遗存调查发掘

洪江市黔城及周边地区历年为配合基本建设工程进行了若干次考古调查和抢救性发掘工作,所涉及古代遗存主要为战国至汉代墓葬以及少量同时期遗址,这些墓葬和遗址多沿沅水和

---

[1](后晋)刘昫等撰:《旧唐书》卷四〇,中华书局,1975年,第1623页。

[2](宋)欧阳修、宋祁撰:《新唐书》卷四一,中华书局,1975年,第1074页。

[3](清·雍正)岳士俊等纂修:《黔阳县志》卷一,江苏古籍出版社、上海书店、巴蜀书社,2003年影印,第25页上。

[4](宋)王象之撰:《舆地纪胜》卷七一,《续修四库全书·五八四》,上海古籍出版社,2002年,第599页。

[5](明)宋濂等撰:《元史》卷六三,中华书局,1976年,第1526页。

[6]黔阳县地方志编纂委员会编:《黔阳县志》,中国文史出版社,1991年,第46页。

其支流潕水两岸分布，在洪江市范围内主要有潕水入沅处两岸的黔城、小江墓地，清水江托口北岸的大塘岭墓地。遗址有位于沅水北岸沙湾乡老屋背商周至汉代遗址。将其调查及发掘情况分别介绍如下。

一 历年调查勘探情况

1. 1981 年 4 月，湖南省博物馆彭青野、吴仕林和怀化市文物工作队向开旺在黔城镇进行城址调查时，在该镇玉皇阁村陆家巷 320 国道旁发现了暴露于取土场断坎边的一座战国墓葬，是黔城战国墓的首次发现。

2. 1982 年 4 月，湖南省博物馆李光远、李德生自湘西自治州返回长沙路经怀化时，由向开旺邀请二人同往黔城进一步调查古墓葬，又在汽车站后砖窑取土处、玉皇阁村四组的仓库旁以及南头坡湘黔铁路坡边断坎上发现战国墓 13 座。

3. 1984 年 5 月，湖南省博物馆胡德兴等赴黔城进行文物调查时在玉皇阁村三星坡坡顶发现战国墓葬填土，从而确定此处为一处战国墓地。

4. 1996 年 6 月 6~12 日，为配合洪江水电站建设，由湖南省文物考古研究所主持对该电站建设工程淹没区以及迁建范围内的地下文物进行调查，在黔城镇潕水右岸的小江村的丘陵地带的张古坳、枫木坪一带发现楚汉墓群。本次调查由郭伟民带队，参加人员有向开旺、田云国、周治、李丹青。

5. 2004 年 8 月，为配合洪江托口水电站建设，湖南省文物考古研究所对库区淹没地带进行了考古调查勘探，在第二次文物普查所发现文物点的基础上又发现了一批新的文物点。其中有位于托口镇清水江北岸的诸葛城城址和大塘岭墓地。参加调查的人员有周能、杨志勇、易跃进等。

6. 2009 年，内蒙古包头至广东茂名高速公路（包茂高速）湖南怀化至通道段开工在即由湖南省文物考古研究所主持对工程沿线进行考古调查，在小江村六组简易公路坡边勘探到汉代墓葬，经进一步调查勘探，从此处至高速公路连接线末端的芙蓉大桥桥头约 300 米范围内均有古墓葬。参加本次调查勘探的人员有李意愿、田云国等[1]。

二 墓葬发掘情况

墓葬发掘主要为潕水两岸的黔城、小江以及托口大塘岭。黔城位于今洪江市区，是洪江市范围内开展考古发掘工作最早且发掘墓葬数量最多的一处墓地，由于分布范围较广，从南向北又分南头坡、三星坡和牛头湾三个墓区。小江墓地也有张古坳、枫木坪和小江等墓区。以下分别介绍之。

---

[1] 李意愿：《包茂高速公路（怀化至通道段）文物调查勘探》，《湖湘文化考古之旅·2009》，2009 年，第 48 页。

1. 南头坡：南头坡墓地位于黔城镇政府老城区东北约 1000 米，墓地呈西北—东南走向，西北高，东南低，向沅水倾斜。墓地上原种植旱粮作物。该墓地共进行了三次发掘，清理墓葬 46座（注：南头坡、三星坡、牛头湾三处墓地因位置交错，历年发掘墓葬的最初归属与整理过程中的最后归属有差异，最初是以发掘年份定墓地。南头坡最后定为 40 座。但三处墓地墓葬总数不变，共 202 座）。

1982 年 5 月 5~7 日，怀化市文物工作队对黔城镇 320 国道旁以及汽车站后砖窑处破坏较严重的 4 座墓葬进行了清理发掘，墓葬原编号 82 黔汽 M1~M4。参加发掘的有向开旺、张祖爱。

1988 年 6 月，黔阳县"十一"煤矿转产，为安置富余人员，在南头坡新建水泥纸袋厂。在平整土地之前，建设单位主动报告文化部门要求派人对古墓葬进行发掘。怀化市文物工作队及时报告湖南省文化厅文物处，省文物处委托怀化市文物工作队主持发掘。发掘工作从 7月 3 日开始，至 8 月 20 日结束，共发掘战国墓葬 26 座，宋至清代墓葬 10 座，原编号 88 黔南M1~M36。由于宋至清代墓葬未出随葬品，只保存了 26 座战国墓资料。参加发掘的有向开旺、杨祖沛、田云国、申树初[1]。

1992 年 12 月 3~26 日，怀化市文物工作队主持对南头坡二期建设工程进行考古发掘，清理战国墓葬 16 座，原编号 92 黔南 M2~M17。参加发掘的有向开旺、田云国、申树初。

2. 三星坡：三星坡墓地南距黔城镇政府和黔城老城区约 800 米。墓地大致呈南北走向，北高南低，坡地平缓。墓地上原垦为梯田，种植柑橘及农作物，并有居民住宅。该墓地共进行了两次发掘，清理墓葬 69 座（三星坡墓地最后定为 80 座）。

1995 年 10~12 月，为配合洪江市人民医院建设，怀化市文物工作队在三星坡陆家巷进行了抢救性发掘，清理战国墓 13 座，原编号 95 黔陆 M1~M13。参加发掘的有向开旺、田云国、舒宇军。

1998 年，洪江市税务局从安江搬迁至黔城，选址三星坡作为办公、住房等建设用地。经与建设方协商落实发掘经费事宜，受省文物局委托，6 月 25 日至 12 月 22 日，由怀化市文物工作队对工程范围内古墓进行抢救性清理发掘。共发掘历代古墓 56 座，主要为楚汉时期墓葬，另有 6 座宋至清代墓葬。墓葬原编号 98 黔三 M79~M97，98 黔三 M99~M135。这期间，9 月 1~9 日，怀化市文物工作队在黔城举办怀化市第一期文物考古工作人员培训班，并在三星坡发掘工地参加发掘实习。实习中发掘战国墓 15 座，出土遗物 80 余件，其中异常珍贵的"沅昜"铜印便在这期间出土。主要发掘者有向开旺、舒向今、田云国、杨志勇、雷虹；来自本市所属市、县以及芙蓉楼管理所的学员有刘科、陈启家、罗孝安、舒晓军、张首辉、王水平、李复桥、吴朝仪、付文辉、龙玉虹、储成、曾华、唐磊、李丹青等。

---

[1] 怀化地区文物工作队、黔阳县芙蓉楼文管所：《黔阳县黔城战国墓发掘简报》，《湖南考古辑刊》第 5 集，《求索》杂志社，1989 年，第 61 页。

3. 牛头湾：位于黔城镇政府和黔城老城区北 1000~1500 米开外，傍潕水呈南北走向的低矮丘岗。上原为农田和村民住宅。该墓地共进行了两次发掘，清理墓葬 87 座（牛头湾墓地最后定为 82 座）。

1996 年 1 月 8 日至 3 月 19 日，在潕水上兴建芙蓉大桥过程中，怀化市文物工作队组织专业人员在桥东的牛头湾南侧取土场发掘战国墓 20 座，原编号 96 黔 M1~M20。参加发掘的有向开旺、张涛、龙京沙。

2000 年 8 月，黔城镇政府对牛头湾墓地实行整体开发，拟建商品房及大型商贸城。经与建设方协商考古发掘经费等事宜，并获湖南省文物局批示，由怀化市文物处对建设范围内墓葬进行清理发掘。自 8 月 17 日至 10 月 9 日，共发掘各时期墓葬 67 座，主要为楚汉时期墓葬，共 57 座，宋至明清墓葬 10 座。参加发掘的有向开旺、杨志勇、田云国、申树初等（图版一，1）。

4. 小江：小江墓地位于洪江市黔城镇小江村，与洪江市区和黔阳古城隔潕水相望。墓葬分布较广，历次发掘分作不同墓区。目前在该处所发掘墓葬均为西汉时期墓葬，因而该墓地为一处西汉时期墓葬群。共发掘墓葬 107 座。主要有两次发掘。

第一次发掘：1999 年 6~7 月，为配合洪江水电站基本建设，湖南省文物考古研究所会同怀化市博物馆、洪江市芙蓉楼管理所对小江村北面的张谷坳、枫木坪建设用地所发现的古墓葬进行了抢救性清理发掘。

张谷坳和枫木坪两处墓地相隔仅 50 米，墓地东邻潕水，与黔城芙蓉楼及洪江市区隔江相望。地貌为高出河床 40~50 米的小山丘，往北绵延起伏的丘陵地貌之外是海拔高 300~500 米的高山。

本次共清理墓葬 45 座，其中张谷坳 13 座，枫木坪 32 座。45 座墓葬全为西汉墓葬。发掘的领队是湖南省文物考古研究所研究员张春龙。参加发掘和资料整理的其他工作人员有吴仕林、向开旺、田云国、杨志勇、张涛、周明、李丹青、谢克贵、向树青等[1]。

第二次发掘：从 2009 年 10 月 15 日至 2010 年 1 月 4 日，为配合包茂高速公路湖南怀化至通道段的建设所进行的抢救性清理发掘，本次发掘由湖南省文物考古研究所主持，协作单位有怀化市文物管理处、洪江市文物管理所等单位。墓葬主要分布在潕水西岸一片低矮丘陵的几个山头上，本次发掘仅限于公路征地范围内，共发掘墓葬 55 座。墓葬皆为小型的竖穴土坑墓，有少数带墓道的墓，有二人、三人和多人的同穴合葬墓。墓葬时代均为西汉中期以后[2]。发掘领队为湖南省文物考古研究所高成林，参加成员有向开旺、杨志勇、伍元宁、李丹青、储成、向树青、李建平、周明、谌龙等。

5. 大塘岭：2012 年，由湖南省文物考古研究所主持，对托口镇清水江北岸的诸葛城城址和

---

[1] 湖南省文物考古研究所、湖南怀化市博物馆、湖南洪江市芙蓉楼管理所：《湖南洪江市黔城镇张古坳、枫木坪西汉墓发掘简报》，《南方文物》2008 年第 4 期，第 39~56 页。

[2] 高成林：《洪江市小江墓地考古发掘简介》，《湖湘文化考古之旅·2010》，2010 年，第 44 页。

大塘岭墓地进行了发掘。城址只进行了试掘，城址年代为宋代，从规模及所出位置的重要性分析应为宋代一座军事堡垒。

大塘岭墓地位于诸葛城东北方向约 1 公里的低矮丘岗上，墓葬分布面积 20~30 万平方米。共发掘墓葬 122 座，以战国至秦代墓葬为主，共 115 座，另有汉墓 1 座，宋墓 6 座，出土文物400 余件（套）。均为竖穴土坑墓，有少数带墓道的墓，部分带头龛或二层台的墓，多为普通长方形墓。有的墓下部见有棺椁朽痕。发掘领队为湖南省文物考古研究所尹检顺，其他发掘人员有向开旺、杨志勇、谭何易、向树青、伍元宁、蒋健、邱建滨、易跃进等[1]。

三　老屋背遗址及墓葬发掘

2012 年 9~12 月，湖南省文物考古研究所会同怀化市博物馆、洪江市文物管理所等单位配合安江水电站建设对老屋背遗址进行考古发掘。老屋背遗址位于怀化市洪江市沙湾乡老屋背村，西距洪江市约 20 公里。遗址位于沅水中游左岸一处较为宽阔的台地。该遗址为 20 世纪 80 年代第二次全国文物普查时发现，当时将遗址东部命名为黄毛园遗址，遗址西部命名为大富团遗址，推测遗址的年代为东周时期[2]。

遗址面积约 20 万平方米。本次共发掘 6 个探方和 2 条探沟，发掘面积 160 平方米。在遗址外围发现壕沟，但未发现城墙迹象。遗址内地层除上层的晚期扰乱层外，大致存在三个时期的文化遗存，即唐宋时期地层、战国至秦汉地层和商周地层。而以战国至秦汉地层厚且遗物、遗迹丰富，为本遗址主要内涵。壕沟建于战国时期，从已发现的遗存分析，老屋背遗址有环壕及多种形式的房屋结构，有台基、基槽、柱洞，制作讲究，形制特别。遗址中出土的印章、封泥、铜骑士俑、陶量及大量陶瓦等遗物都带有一定官署性质。遗址中所出"元阳"封泥是很重要的发现，联系到在黔城楚墓中也出有"沅阳"铜印章，"元"与"沅"常通用，"沅阳"为县名，我们更倾向于沅阳县城在黔城，而老屋背遗址因无城墙，推测其为战国秦汉时期沅阳辖下的乡级机构驻地。

另在遗址西北部约 1 公里处低谷地带土名茶树脑的小山包上发掘战国墓葬 3 座，均为竖穴土坑墓，或带头龛、二层台。出土器物有鼎、敦、壶、豆、盘、勺等。本次发掘的领队为湖南省文物考古研究所莫林恒，参加发掘和资料整理的人员还有田云国、谌龙、易跃进、胥卫华、滕昭燕、陈勇兵、廖美林、蒋建，器物修复陈山鹰、付林英、杜林慧，绘图滕昭燕、李付平、徐佳林，摄影滕昭燕。本次发掘的成果已撰写发掘报告发表[3]。

---

[1]尹检顺：《托口水电站淹没区 2012 年度考古发掘》，《湖湘文化考古之旅·2012》，2012 年，第 57 页。

[2]国家文物局主编：《中国文物地图集·湖南分册》，湖南地图出版社，1997 年，第 415、416 页。

[3]湖南省文物考古研究所、怀化市博物馆、洪江市文物管理所：《湖南洪江老屋背遗址发掘报告》，《湖南考古辑刊》第 11 集，科学出版社，2015 年，第 54 页。

第四节　资料整理情况

　　洪江市历年共发掘战国至汉代墓葬 400 多座，其中只有黔城潕水两岸两批资料共 74 座墓葬进行了整理并撰写了发掘简报予以发表。其一为由怀化市文物工作队主持于 1985 年在黔城镇汽车站发掘的 3 座战国墓和 1988 年在南头坡发掘的 26 座战国墓葬，由向开旺撰写了题为《黔阳县黔城战国墓发掘简报》的文章，发表于《湖南考古辑刊》第 5 集上[1]；其二为由湖南省文物考古研究所主持，怀化市博物馆及洪江市芙蓉楼管理所协作于 1999 年 6~7 月在潕水西岸的张谷坳、枫木坪墓地发掘的西汉座 45 墓，由杨志勇撰写了题为《湖南洪江市黔城镇张古坳、枫木坪西汉墓发掘简报》的文章，发表于《南方文物》2008 年第 4 期[2]。

　　另向开旺还对 1992~2000 年在三星坡、牛头湾等处发掘的 149 座战国至汉代墓葬资料进行了整理，并撰写了较长篇幅的发掘报告，投送到《考古学报》编辑部，编辑部进行了认真审阅，并提出了十数条修改意见。向开旺看后限于条件而未能修改，因而未予刊发。但所作基础工作为本次报告撰写提供了很多便利。

　　还有 2009 年和 2019 年由湖南省文物考古研究所主持在潕水西岸小江墓地发掘的 60 多座汉代墓葬则另行编写专题报告。

　　鉴于怀化市历年发掘的战国至汉代墓葬资料丰富，而且具有较高的学术价值。经由时任湖南省文物考古研究所领导研究，决定与怀化市合作，将该市历年发掘的楚汉墓葬进行系统整理，编写出版考古报告。并于 2020 年 10 月 31 日，湖南省文物考古研究所与怀化市文物部门在怀化市博物馆召开了协调会，达成共识。资料整理及报告编撰统筹事宜由谭远辉负责，资料占有者参加整理。2020 年 11 月 4 日，谭远辉组队进驻怀化市博物馆，首先从向开旺发掘的洪江市黔城镇墓地开始。即本报告所收入的三个墓区的 202 座墓葬。

　　因原发掘资料均以年度和墓区为单位编号，为引用便利和避免混淆，对 202 座墓葬进行了统一编号（表一）。

表一　新旧墓号调整对应表

新号	旧号	新号	旧号	新号	旧号
M001	82 黔汽 M4	M003	88 黔南 M31	M005	88 黔南 M5
M002	82 黔汽 M2	M004	88 黔南 M4	M006	88 黔南 M35

[1] 怀化市文物工作队、黔阳县芙蓉楼文管所：《黔阳县黔城战国墓发掘简报》，《湖南考古辑刊》第 5 集，《求索》杂志社，1989 年，第 61~73 页。

[2] 湖南省文物考古研究所、怀化市博物馆、洪江市芙蓉楼管理所：《湖南洪江市黔城镇张古坳、枫木坪西汉墓发掘简报》，《南方文物》2008 年第 4 期，第 39~58 页。

续表一

新号	旧号	新号	旧号	新号	旧号
M007	88 黔南 M36	M037	92 黔南 M9	M066	96 黔 M8
M008	88 黔南 M29	M038	92 黔南 M10	M067	96 黔 M9
M009	88 黔南 M30	M039	92 黔南 M11	M068	96 黔 M10
M010	88 黔南 M32	M040	92 黔南 M12	M069	96 黔 M11
M011	88 黔南 M11	M041	92 黔南 M13	M070	96 黔 M12
M012	88 黔南 M12	M042	92 黔南 M14	M071	96 黔 M13
M013	88 黔南 M13	M043	92 黔南 M15	M072	96 黔 M14
M014	88 黔南 M14	M044	92 黔南 M16	M073	96 黔 M15
M015	88 黔南 M15	M045	92 黔南 M17	M074	96 黔 M16
M016	88 黔南 M16	M046	95 黔陆 M1	M075	96 黔 M17
M017	88 黔南 M17	M047	95 黔陆 M2	M076	96 黔 M18
M018	88 黔南 M18	M048	95 黔陆 M3	M077	96 黔 M19
M019	88 黔南 M19	M049	95 黔陆 M4	M078	96 黔 M20
M020	88 黔南 M20	M050	95 黔陆 M5	M079	98 黔三 M79
M021	88 黔南 M21	M051	95 黔陆 M6	M080	98 黔三 M80
M022	88 黔南 M22	M052	95 黔陆 M7	M081	98 黔三 M81
M023	88 黔南 M23	M053	95 黔陆 M8	M082	98 黔三 M82
M024	88 黔南 M24	M054	95 黔陆 M9	M083	98 黔三 M83
M025	88 黔南 M25	M055	95 黔陆 M10	M084	98 黔三 M84
M026	88 黔南 M26	M056	95 黔陆 M11	M085	98 黔三 M85
M027	88 黔南 M27	M057	95 黔陆 M12	M086	98 黔三 M86
M028	88 黔南 M28	M058	95 黔陆 M13	M087	98 黔三 M87
M029	82 黔汽 M1	M059	96 黔 M1	M088	98 黔三 M88
M030	92 黔南 M2	M060	96 黔 M2	M089	98 黔三 M89
M031	92 黔南 M3	M061	96 黔 M3	M090	98 黔三 M90
M032	92 黔南 M4	M062	96 黔 M4	M091	98 黔三 M91
M033	92 黔南 M5	M063	96 黔 M5	M092	98 黔三 M92
M034	92 黔南 M6	M064	96 黔 M6	M093	98 黔三 M93
M035	92 黔南 M7	M065	96 黔 M7	M094	98 黔三 M94
M036	92 黔南 M8				

续表一

新号	旧号	新号	旧号	新号	旧号
M095	98 黔三 M95	M124	98 黔三 M124	M153	2000 黔牛 M153
M096	98 黔三 M96	M125	98 黔三 M125	M154	2000 黔牛 M154
M097	98 黔三 M97	M126	98 黔三 M126	M155	2000 黔牛 M155
M098	82 黔汽 M3	M127	98 黔三 M127	M156	2000 黔牛 M156
M099	98 黔三 M99	M128	98 黔三 M128	M157	2000 黔牛 M157
M100	98 黔三 M100	M129	98 黔三 M129	M158	2000 黔牛 M158
M101	98 黔三 M101	M130	98 黔三 M130	M159	2000 黔牛 M159
M102	98 黔三 M102	M131	98 黔三 M131	M160	2000 黔牛 M160
M103	98 黔三 M103	M132	98 黔三 M132	M161	2000 黔牛 M161
M104	98 黔三 M104	M133	98 黔三 M133	M162	2000 黔牛 M162
M105	98 黔三 M105	M134	98 黔三 M134	M163	2000 黔牛 M163
M106	98 黔三 M106	M135	98 黔三 M135	M164	2000 黔牛 M164
M107	98 黔三 M107	M136	2000 黔牛 M136	M165	2000 黔牛 M165
M108	98 黔三 M108	M137	2000 黔牛 M137	M166	2000 黔牛 M166
M109	98 黔三 M109	M138	2000 黔牛 M138	M167	2000 黔牛 M167
M110	98 黔三 M110	M139	2000 黔牛 M139	M168	2000 黔牛 M168
M111	98 黔三 M111	M140	2000 黔牛 M140	M169	2000 黔牛 M169
M112	98 黔三 M112	M141	2000 黔牛 M141	M170	2000 黔牛 M170
M113	98 黔三 M113	M142	2000 黔牛 M142	M171	2000 黔牛 M171
M114	98 黔三 M114	M143	2000 黔牛 M143	M172	2000 黔牛 M172
M115	98 黔三 M115	M144	2000 黔牛 M144	M173	2000 黔牛 M173
M116	98 黔三 M116	M145	2000 黔牛 M145	M174	2000 黔牛 M174
M117	98 黔三 M117	M146	2000 黔牛 M146	M175	2000 黔牛 M175
M118	98 黔三 M118	M147	2000 黔牛 M147	M176	2000 黔牛 M176
M119	98 黔三 M119	M148	2000 黔牛 M148	M177	2000 黔牛 M177
M120	98 黔三 M120	M149	2000 黔牛 M149	M178	2000 黔牛 M178
M121	98 黔三 M121	M150	2000 黔牛 M150	M179	2000 黔牛 M179
M122	98 黔三 M122	M151	2000 黔牛 M151	M180	2000 黔牛 M180
M123	98 黔三 M123	M152	2000 黔牛 M152	M181	2000 黔牛 M181

续表一

新号	旧号	新号	旧号	新号	旧号
M182	2000 黔牛 M182	M189	2000 黔牛 M189	M196	2000 黔牛 M196
M183	2000 黔牛 M183	M190	2000 黔牛 M190	M197	2000 黔牛 M197
M184	2000 黔牛 M184	M191	2000 黔牛 M191	M198	2000 黔牛 M198
M185	2000 黔牛 M185	M192	2000 黔牛 M192	M199	2000 黔牛 M199
M186	2000 黔牛 M186	M193	2000 黔牛 M193	M200	2000 黔牛 M200
M187	2000 黔牛 M187	M194	2000 黔牛 M194	M201	2000 黔牛 M201
M188	2000 黔牛 M188	M195	2000 黔牛 M195	M202	2000 黔牛 M202

原发掘资料因为多年度配合基建工程建设发掘，墓地名称不统一，现整合为三个区域，分别为南头坡、三星坡和牛头湾。各墓区墓葬分布情况如下表（表二）。

表二　黔城墓葬分区表

墓区	墓号	图号
南头坡（40座）	M003、M004、M005、M008、M009、M010、M011、M012、M013、M014、M015、M016、M017、M018、M019、M020、M021、M022、M023、M024、M025、M026、M027、M028、M030、M031、M032、M033、M034、M035、M036、M037、M038、M039、M040、M041、M042、M043、M044、M045	图三
三星坡（80座）	M002、M006、M007、M046、M047、M048、M049、M050、M051、M052、M053、M054、M055、M056、M057、M058、M071、M072、M073、M074、M075、M076、M077、M078、M079、M080、M081、M082、M083、M084、M085、M086、M087、M088、M089、M090、M091、M092、M093、M094、M095、M096、M097、M099、M100、M101、M102、M103、M104、M105、M106、M107、M108、M109、M110、M111、M112、M113、M114、M115、M116、M117、M118、M119、M120、M121、M122、M123、M124、M125、M126、M127、M128、M129、M130、M131、M132、M133、M134、M135	图五
牛头湾（82座）	M001、M029、M059、M060、M061、M062、M063、M064、M065、M066、M067、M068、M069、M070、M098、M136、M137、M138、M139、M140、M141、M142、M143、M144、M145、M146、M147、M148、M149、M150、M151、M152、M153、M154、M155、M156、M157、M158、M159、M160、M161、M162、M163、M164、M165、M166、M167、M168、M169、M170、M171、M172、M173、M174、M175、M176、M177、M178、M179、M180、M181、M182、M183、M184、M185、M186、M187、M188、M189、M190、M191、M192、M193、M194、M195、M196、M197、M198、M199、M200、M201、M202	图四

通过对 202 座墓的墓葬结构、出土器物组合及形制以及打破关系等因素分析比对，明确和大致明确的战国至秦代墓葬有 152 座，占总墓数的四分之三；汉墓居次，为 23 座；宋以后晚期墓葬 17 座；时代不明的墓葬 10 座（表三；附表一～五）。

表三显示，三个区域均以战国至秦代墓葬为主，南头坡为较纯粹的战国至秦代墓葬；汉墓几乎全出于牛头湾墓区，而且主要位于牛头湾的北段，只 1 座出于三星坡；三星坡和牛头湾有

表三 各时期墓葬登记表

时代	墓 号			墓数
	南头坡	三星坡	牛头湾	
战国至秦	M003、M004、M005、M008、M009、M010、M011、M012、M013、M014、M015、M016、M017、M018、M019、M020、M021、M022、M023、M024、M025、M026、M027、M028、M030、M031、M032、M033、M034、M035、M036、M037、M038、M039、M040、M041、M042、M043、M044、M045（40座）	M002、M006、M007、M046、M047、M048、M049、M050、M051、M052、M053、M054、M055、M056、M057、M058、M072、M073、M074、M075、M076、M077、M080、M081、M082、M083、M084、M087、M088、M089、M091、M093、M094、M096、M099、M100、M101、M102、M103、M104、M105、M106、M107、M108、M109、M110、M111、M112、M113、M114、M115、M116、M117、M118、M119、M120、M121、M122、M125、M126、M128、M129、M130、M131、M133、M134、M135（67座）	M001、M059、M060、M061、M062、M063、M064、M065、M066、M067、M068、M069、M098、M138、M141、M142、M143、M144、M145、M146、M148、M152、M153、M154、M158、M159、M160、M167、M168、M169、M170、M171、M172、M173、M174、M178、M179、M180、M181、M182、M188、M190、M191、M192、M198（45座）	152
汉代		M090（1座）	M029、M070、M139、M147、M150、M156、M157、M162、M163、M164、M175、M183、M184、M185、M186、M187、M195、M196、M199、M200、M201、M202（22座）	23
宋代以后		M079、M085、M086、M097、M123、M124、M132（7座）	M136、M137、M140、M149、M151、M155、M166、M176、M177、M197（10座）	17
时代不明		M071、M078、M092、M095、M127（5座）	M161、M165、M189、M193、M194（5座）	10
墓数	40	80	82	202

部分宋以后墓葬。

下文按时代介绍墓葬，原则上只对有器物留存的墓葬进行介绍，对未出土随葬品的墓葬或完全无修复随葬器物的墓葬不予介绍，但墓葬形制特殊的也对墓葬进行介绍。

本报告如与以前的报道存在某些方面的出入和差异，应以本报告为准。

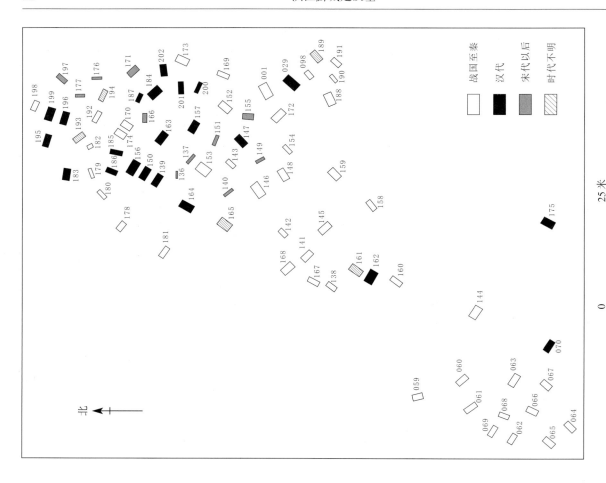

图四　牛头湾墓葬分布图

图三　南头坡墓葬分布图

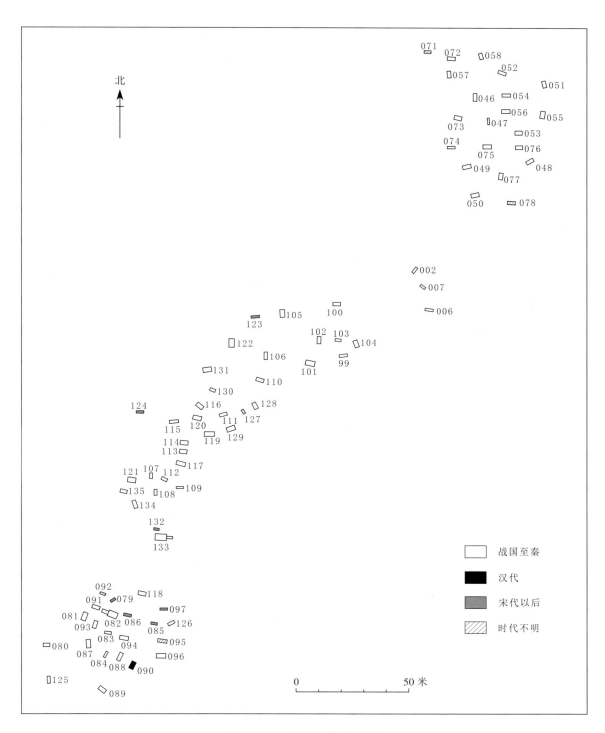

图五　三星坡墓葬分布图

贰

战国至秦代墓葬

第一章　墓葬资料

第一节　随葬品组合分类

黔城所发掘的 202 座墓中，以战国至秦代墓葬为主，时代特征较明确的有 152 座。其中有 6 座墓未出随葬品，乃依据墓葬形制（带头、足龛及二层台）及打破关系判定为战国墓葬。余 146 座均有多少不等的随葬品。

有随葬品的 146 座墓从组合、类别及墓葬规模等因素归纳、分析，可将其划分为甲、乙、丙、丁四大组。四大组为随葬器物的四种基本组合形态。其中甲、乙两组以随葬仿铜陶礼器为主，甲组为两套仿铜陶礼器，乙组为一套仿铜陶礼器，丙组以日用陶器为主，丁组主要出铜兵器和豆以及其他不便归类的形态。

仿铜陶礼器组合的主要器类为鼎、敦、壶，附属器类有盘、勺、匜、匕、斗等。日用陶器的主要器类有罐（壶）、盂（簋、钵）。作为日用陶器的壶与罐属于同一类，上部形态为罐，只是下面多一圈足，而且壶与罐一般不同出，有的壶形似仿铜陶礼器，但与盂、豆形成组合，也视为罐的替代品。极个别墓出簋、钵，也是盂的替代品。还有仿铜陶礼器与日用陶器混搭的组合形态，数量不多，仅 8 座。豆具有兼类性质，既与仿铜陶礼器形成组合，也与日用陶器形成组合。组合形态完整的分组自然不存在疑问。在组合不完整的情况下，如出土组合中主要器类的一、二种也不难判断，但如果属两类组合中主要器类的混搭一般视为仿铜陶礼器组合。豆还经常单出，且多见于窄坑和狭长坑的墓中。对于甲、乙组的区分有时也模棱两可，因许多墓葬都被盗扰，有的陶器太过残碎难以修复，对于这种情形在分组时将酌情处理。

墓坑的宽狭与墓主的身份、等级、时代都有着密切关系，但墓坑的宽狭不是绝对的，为了后文墓葬分类理论的确立，我们对三种墓坑宽度的尺寸标准分别给予了界定。其标准是以墓底的宽度尺寸为依据，因为衡量一个墓葬规模的大小、规格的高低起决定性作用的因素还是墓底尺寸。我们基本沿用《沅陵窑头发掘报告》中战国至秦代墓葬的分类标准。其标准为：

宽坑墓（A 类）：墓底宽度在 140 厘米（不含 140 厘米）以上；

窄坑墓（B 类）：墓底宽底在 85 厘米（不含 85 厘米）至 140 厘米（含 140 厘米）之间；

狭长坑墓（C类）：墓底宽度在85厘米（含85厘米）以下。

随葬甲组合的墓绝大多数为宽坑墓，窄坑只有两座，没有狭长坑墓，其他三种组合三类墓齐全，乙组合和丁组合亦以宽坑墓为主。这样，我们就将有随葬品的墓葬分为四大组十一小组（表四、五）。

表四　随葬品组合分类统计总表

组	特征	类	特征	合计（座）		百分比（%）	
甲	随葬两套仿铜陶礼器为主	A	宽坑	30	32	19.7	21.1
		B	窄坑	2		1.3	
乙	随葬一套仿铜陶礼器为主	A	宽坑	36	47	23.7	30.9
		B	窄坑	8		5.3	
		C	狭长坑	3		2.0	
丙	随葬日用陶器为主	A	宽坑	21	54	13.8	35.5
		B	窄坑	12		7.9	
		C	狭长坑	21		13.8	
丁	随葬铜兵器、豆及其他	A	宽坑	9	13	5.9	8.6
		B	窄坑	2		1.3	
		C	狭长坑	2		1.3	
空墓		A	宽坑	3	6	2.0	3.9
		C	狭长坑	3		2.0	
合计				152		100	

表五　随葬品组合分类登记表

组	类	墓葬
甲	A	M003、M008、M009、M010、M011、M012、M017、M018、M019、M020、M022、M023、M024、M025、M033、M043、M044、M052、M057、M058、M059、M068、M075、M076、M077、M105、M106、M113、M118、M144
	B	M091、M129
乙	A	M001、M002、M006、M007、M014、M030、M034、M038、M039、M040、M055、M056、M066、M069、M074、M082、M087、M088、M089、M094、M101、M102、M114、M116、M121、M128、M131、M134、M145、M148、M152、M153、M171、M172、M173、M188
	B	M005、M016、M026、M036、M042、M062、M093、M192
	C	M098、M160、M181

续表五

组	类	墓葬
丙	A	M015、M046、M048、M053、M061、M067、M072、M081、M096、M104、M110、M111、M112、M115、M117、M119、M120、M135、M141、M146、M159
	B	M028、M035、M041、M045、M073、M080、M107、M125、M126、M169、M178、M198
	C	M004、M027、M031、M032、M037、M047、M060、M063、M064、M083、M084、M099、M108、M138、M142、M143、M154、M158、M174、M180、M190
丁	A	M049、M050、M051、M054、M065、M100、M122、M168、M170
	B	M103、M130
	C	M109、M182
空墓		M013、M021、M133、M167、M179、M191

从统计情况看，丁组合墓数量较少，其次为甲组合，以乙、丙两种组合为主。不同组合和类别的墓葬在各墓区的分布比例有所侧重和差异。南头坡墓地甲 A 类墓数量最多，占该墓区墓葬数将近一半，三星坡四组墓葬中也以 A 类墓为主，牛头湾丙组墓则以 C 类墓为主（表六）。

表六　各墓区墓葬分类统计表

墓区		甲		乙			丙			丁			空墓	合计
		A	B	A	B	C	A	B	C	A	B	C		
南头坡	座	17		6	5		1	4	5				2	40
	%	42.5		15.0	12.5		2.5	10.0	12.5				5.0	
三星坡	座	10	2	19	1		15	5	5	6	2	1	1	67
	%	14.9	3.0	28.4	1.5		22.4	7.5	7.5	9.0	3.0	1.5	1.5	
牛头湾	座	3		11	2	3	5	3	11	3		1	3	45
	%	6.7		24.4	4.4	6.7	11.1	6.7	24.4	6.7		2.2	6.7	
合计		30	2	36	8	3	21	12	21	9	2	2	6	152

注：百分比为相对于各墓区墓葬数的百分比。

第二节　墓葬形制

上文我们已经按墓坑的宽狭将墓葬划分为宽坑墓（A 类）、窄坑墓（B 类）和狭长坑墓（C 类）三大类，也就是三型。各型墓根据自身结构的差异，又分作若干式（表七、八）。各种型、式的墓葬与随葬器物组合的匹配关系也有一定之规（表九）。

表七　墓葬形制统计总表

型	式	特征	墓数（座）	百分比（%）	
A型（99座）	I	普通长方形	92	60.5	65.1
	II	墓道	5	3.3	
	III	封闭二层台	1	0.7	
	IV	边龛	1	0.7	
B型（24座）	I	普通长方形	17	11.2	15.8
	II a	平行二层台	2	1.3	
	II b	封闭二层台	2	1.3	
	III a	高头龛	1	0.7	
	III b	平头龛	1	0.7	
	IV	二层台 + 头龛	1	0.7	
C型（29座）	I	普通长方形	9	5.9	19.1
	II a	平行二层台	1	0.7	
	II b	半封闭二层台	3	2.0	
	III	高头龛	4	2.6	
	IV a	高头龛、二层台	3	2.0	
	IV b	平头龛、二层台	8	5.3	
	IV c	头、足双高龛、二层台	1	0.7	
合计（座）			152	100	

表八　墓葬形制登记表

型	式	墓葬
A型（99座）	I	M001、M002、M003、M006、M007、M008、M009、M010、M012、［M013］、M014、M015、M017、M019、［M021］、M022、M023、M024、M025、M033、M034、M039、M040、M043、M044、M046、M048、M049、M050、M051、M052、M053、M054、M055、M056、M057、M058、M059、M061、M065、M066、M067、M068、M069、M072、M074、M075、M076、M077、M081、M087、M088、M089、M094、M096、M100、M101、M102、M104、M105、M106、M110、M111、M112、M113、M114、M115、M116、M117、M118、M119、M120、M121、M122、M128、M131、M134、M135、M141、M144、M145、M146、M148、M152、M153、M159、M168、M170、M171、M172、M173、M188
	II	M020、M030、M038、M082、［M133］
	III	M011
	IV	M018

续表八

型	式	墓　葬
B 型（24 座）	I	M026、M028、M035、M036、M041、M042、M045、M073、M080、M091、M103、M126、M129、M130、M169、M178、M198
	II a	M093、M192
	II b	M005、M125
	III a	M107
	III b	M062
	IV	M016
C 型（29 座）	I	M032、M047、M064、M083、M084、M109、M154、M182、M190
	II a	M099
	II b	M063、M174、M181
	III	M031、M037、M108、〔M179〕
	IV a	M027、M142、〔M191〕
	IV b	M004、M060、M098、M138、M143、M158、M160、M180
	IV c	〔M167〕

注：方括号内墓号为无随葬品的墓葬。

表九　墓葬形制分类统计表

单位：座

型	式	甲组	乙组	丙组	丁组	空墓	合计
A 型	I	27	33	21	9	2	92
	II	1	3			1	5
	III	1					1
	IV	1					1
B 型	I	2	3	10	2		17
	II a		2				2
	II b		1	1			2
	III a			1			1
	III b		1				1
	IV		1				1

续表九

型	式	甲组	乙组	丙组	丁组	空墓	合计
C型	I			7	2		9
	IIa			1			1
	IIb		1	2			3
	III			3		1	4
	IVa			2		1	3
	IVb		2	6			8
	IVc					1	1
合计		32	47	54	13	6	152

一 A型（宽坑）墓

99座。可分四式。

（一）I式

普通长方形宽坑墓。92座。该式墓为宽坑墓的基本形态，约占宽坑墓的93%。

（二）II式

带墓道的宽坑墓。5座。均为斜坡墓道。

（三）III式

带生土封闭二层台的宽坑墓。1座。

（四）IV式

带高边龛的宽坑墓。1座。

二 B型（窄坑）墓

24座。分四式。

（一）I式

普通长方形窄坑墓。17座。也是窄坑墓中的基本形态，约占窄坑墓的71%。

（二）II式

带生土二层台的墓。4座。有平行二层台和封闭二层台两种形态。

1. IIa式

带平行二层台的窄坑墓。2座。墓下部两长壁有二层台。

2. IIb式

带封闭二层台的窄坑墓。2座。墓下部周壁均有二层台。

（三）Ⅲ式

带头龛的窄坑墓。2座。有高头龛和平头龛两种形态。

1. Ⅲa式

带高头龛的窄坑墓。1座。龛底高于墓底。

2. Ⅲb式

带平头龛的窄坑墓。1座。龛底与墓底平。

（四）Ⅳ式

带封闭二层台及平头龛的窄坑墓。1座。

三　C型（狭长坑）墓

29座。分四式。

（一）Ⅰ式

普通长方形狭长坑墓。9座。

（二）Ⅱ式

带生土二层台的狭长坑墓。4座。有平行二层台和半封闭二层台两种形态。

1. Ⅱa式

平行二层台。1座。墓下部两长壁有二层台。

2. Ⅱb式

半封闭二层台。3座。墓下部两长壁和一短壁有二层台，另一短壁没有二层台。

（三）Ⅲ式

带高头龛的狭长坑墓。4座。龛底高于墓底。

（四）Ⅳ式

壁龛与二层台共存的狭长坑墓。12座。头龛有高头龛、平头龛和头足双龛；二层台的形态，有平行二层台、半封闭二层台和封闭二层台。按头龛分为三种形态。

1. Ⅳa式

高头龛、二层台。3座。二层台则三种形态各1座。龛或低于二层台，或高于二层台。半封闭二层台的头龛位于无二层台的一端。

2. Ⅳb式

平头龛、二层台。8座。二层台依然有平行、半封闭和封闭三种。

3. Ⅳc式

头足双高龛、半封闭二层台。1座。墓两端均有高龛。龛中和墓底均不见随葬品。

第三节　墓坑方向及结构

一　方向

墓葬的方向一般应即头向，因墓葬中葬具及人骨架均朽残殆尽，头向的确定只能参照墓道朝向、头龛位置以及随葬品放置位置、方法等因素而定。少部分墓和空墓中的大部分方向无法确定，则以墓坑朝向给出参照方向。方向大致明确的墓共149座，分八个方向，顺时针方向依次为：北、东北、东、东南、南、西南、西、西北，每个方向45°。北向不自零度始，而是向西、向东两边平分角度，因而北向自338°开始，其他方向依此类推。无法确定头向的墓3座，为无随葬品空墓，也无参照结构，则给出墓葬的朝向（表一〇）。

由表中看出，在头向明确的墓葬中，正方向居主导地位。向东的最多，次为向南，向北、向东南和向西南的数量相当。也就是头向以处在南半部的居多。但在各类墓中，各种朝向的比例分配并不等同。在甲A类墓中，以南向居多，在乙A、丙A、丁A三类墓中则以东向为主。

表一〇　墓葬方向分类统计表

单位：座

方向	甲		乙			丙			丁			空墓	合计	百分比（%）
	A	B	A	B	C	A	B	C	A	B	C			
北（338°~22°）	6		5					4			1		16	10.5
东北（23°~67°）			2		2	2	1	3				1	11	7.2
东（68°~112°）	5	1	11	3		9	4	2	3	1		2	41	27.0
东南（113°~157°）	1		4	3	1	3	2	2		1	1		18	11.8
南（158°~202°）	13		6	2		3	4	3	2				33	21.7
西南（203°~247°）	1		5			1	1	6	2				16	10.5
西（248°~292°）	3	1	1			2	1		1				9	5.9
西北（293°~337°）			3					1	1				5	3.3
头向不清的墓												3	3	2.0
合计	29	2	37	8	3	20	13	21	9	2	2	6	152	100

二　墓道

仅有5座带墓道的墓，墓道形制只有斜坡式一种，均为A类宽坑墓。其中甲组A类墓1座

（M020），墓道位于南端，坡度 20°。乙组 A 类墓 3 座（M030、M038、M082），其中 M030 墓道位于北端，坡度 26°；M038 墓道位于东端，坡度 20°；M082 墓道位于西端，坡度 20°。无随葬品出土的 A 类墓 1 座（M133），墓道位于东端，坡度 18°。

三　二层台

带二层台的墓共 22 座。均为二层台，多设于狭长坑的墓中，为 16 座，约占二层台墓的 72.7%。而以随葬日用陶器组合的丙组 C 类墓为主，为 11 座，占二层台墓的 50%，而在本类墓中也近半数。丁组墓中不见带二层台的墓，乙组 A 类和丙组 A 类也没有。二层台的形态有平行二层台、半封闭二层台和封闭二层台三种。平行二层台均为墓下部两侧壁留二层台；半封闭二层台均为两侧壁和足端留二层台；封闭二层台为墓下部周边留二层台。

以半封闭和封闭形二层台居多，平行二层台较少。二层台高度以 50 厘米以上为多，而多在 60 厘米上下，最高距墓底 180 厘米（M093）；最低 30 厘米（M192）（表一一）。

表一一　二层台分类分项统计表

单位：座

项目		甲 A	乙		丙		空墓 C	合计	百分比（%）
			B	C	B	C			
形态	平行		2	1		2		5	22.7
	半封闭			1		5	2	8	36.4
	封闭	1	2	1	1	4		9	40.9
合计		1	4	3	1	11	2	22	
墓葬总数		30	8	3	12	21	6		
%		3.3	50.0	100.0	8.3	52.4	33.3			
高度	50 厘米及以下		1	2		5		8	36.4
	50 厘米以上	1	3	1	1	6	2	14	63.6

注：1. 二层台两项统计合为一表，"合计"中数量为每一单项的统计数，两项纵列数量相同。

2. 右侧百分比为相对于二层台总数（22 座）的百分比；下方百分比为每一单项墓类中二层台数的百分比。

四　壁龛

带壁龛的墓共 20 座。壁龛的设置与二层台相似，主要设于窄坑墓和狭长坑墓中，又以狭长坑墓为主。其中丙 C 类墓最多，占该类墓的 55%。其在各类墓中的分布情况与二层台墓相同。

壁龛以头龛为主，占壁龛墓总数的 90%。头龛有高于墓底的高头龛和龛底与墓底平齐的平头龛两种形态，头、足双龛均为高于墓底的高龛。高头龛和平头龛数量相当（表一二）。

　　壁龛常与二层台共存一墓，共 13 座，单一二层台和单一壁龛的墓分别为 9 座和 7 座，均少于两种结构共存的墓。二层台不与边龛共存。在头龛与二层台共存的墓中，高头龛只有平头龛的三分之一，也就是说，头龛多处于二层台以下。与平头龛共存的主要为封闭和半封闭二层台。共存现象亦主要发生在狭长坑墓中，以丙组 C 类墓为主，宽坑墓中没有，窄坑墓中仅有 1 座（表一三）。

表一二　壁龛分类统计表

单位：座

龛类		甲	乙		丙		空墓	合计	百分比（%）	
		A	B	C	B	C	C			
头龛	高头龛				1	5	2	8	40.0	90.0
	平头龛		2	2		6		10	50.0	
头、足双龛							1	1	5.0	
高边龛		1						1	5.0	
合计		1	2	2	1	11	3	20		
墓葬总数		30	8	3	12	21	6			
%		3.3	25.0	66.7	83.3	52.4	50.0			

注：右侧百分比为相对于壁龛总数（20 座）的百分比，下方百分比为每一单项墓类中壁龛数的百分比。

表一三　二层台、壁龛共存情况分类统计表

单位：座

墓类		甲 A	乙		丙		空墓 C	合计	百分比（%）	
			B	C	B	C				
高头龛	平行二层台					1		1	7.7	23.1
	半封闭二层台					1		1	7.7	
	封闭二层台					1		1	7.7	
平头龛	平行二层台			1				1	7.7	69.2
	半封闭二层台					3		3	23.1	
	封闭二层台		1	1		3		5	38.5	
头、足双高龛 + 半封闭二层台						1		1	7.7	

续表一三

墓类	甲A	乙		丙		空墓C	合计	百分比（%）
		B	C	B	C			
合计		1	2		8	2	13	
墓葬总数		8	3		21	6		
%		12.5	66.7		38.1	33.3		

注：右侧百分比为相对于13座的百分比，下方百分比为各单项墓类合、龛数的百分比。

第四节　墓葬介绍

有随葬品的墓葬共146座，而其中16座墓已无随葬品存在。余130座墓加上随葬品不存而形制独特的3座墓及1座空墓，共134座。下以墓号为序逐一介绍如下。

一　M002

一　墓葬形制（A型Ⅰ式）

普通宽长方形竖穴土坑。方向210°。墓壁头端垂直，足端略斜。墓口长320、宽200厘米，墓底长320、头端宽200、足端宽180厘米，墓深270厘米。随葬器物中陶器位于墓底头端，铜剑位于中部偏左侧，应为棺内。葬具及人骨架不存。墓中填五花土（图版一，2；图六）。

二　出土器物

6件，陶器5件，铜器1件。

仅铜剑1件保存完好，陶器均未修复。

铜剑　1件。

M002：1，灰绿色。璧形空首，空茎，"一"字形格。菱形脊。通长49厘米（图七）。

二　M003

一　墓葬形制（A型Ⅰ式）

普通宽长方形竖穴土坑。方向100°。墓壁垂直。墓长300、宽250、深300厘米。随葬器物位于墓底头端。填土中出铁臿1件。葬具及人骨架不存。墓中填五花土（图八）。

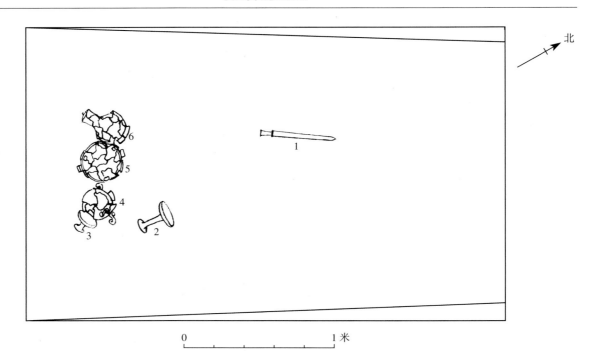

图六　M002 平面及随葬器物分布图
1. 铜剑　2、3. 陶豆　4. 陶敦　5. 陶鼎　6. 陶壶

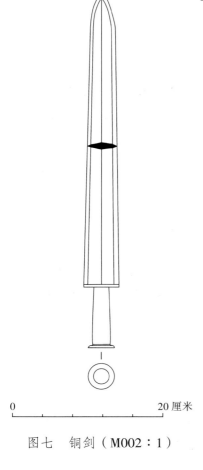

图七　铜剑（M002：1）

二　出土器物

12 件，陶器 10 件，铜器、铁器各 1 件。

仅修复陶豆 1 件，余均残甚，未修复。

陶豆　4 件，修复 1 件。

M003：10，泥质褐陶。敞口，弧壁，矮柱状柄，喇叭状圈足。口径 13.4、高 10.8 厘米（图九）。

三　M004

一　墓葬形制（C 型 IV b 式）

狭长形竖穴土坑带平头龛及封闭二层台。方向 115°。二层台以上墓壁垂直，二层台以下墓壁略斜，两侧较两端斜度大。墓口长 234、宽 104 厘米，墓底长 200、宽 50 厘米；墓深 300 厘米。头龛位于墓坑西南端，龛底与墓底平。龛宽同墓底，宽 50、深 18、高 46 厘米。封闭形二层台高 60、宽 6~20 厘米。随葬器物置于头龛内。葬具及人骨架不存。墓中填五花土（图一〇）。

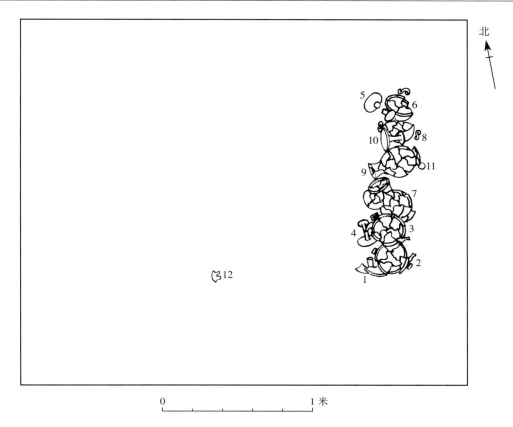

图八 M003 平面及随葬器物分布图

1、4、5、10. 陶豆 2、3. 陶鼎 6、8. 陶敦 7、9. 陶壶 11. 铜剑首 12. 铁舌

二 出土器物

6件。为日用陶器。

1. 罐 1件。

M004：1，泥质灰陶。侈口，高直领，溜肩，圆弧腹近底微凹，平底。素面。口径11.2、腹径15.6、高15.8厘米（图一一，1）。

2. 盂 1件。

M004：5，泥质灰陶。敛口，平折沿，弧腹，圜底。素面。口径26、高10.8厘米（图一一，6）。

3. 豆 4件。泥质黄灰陶。敞口，弧壁，矮柱状柄，喇叭状圈足。

M004：2，盘下与柄交接处微凸。柄内壁有螺旋纹。口径15、高11.8厘米（图一一，2）。

M004：3，喇叭状大圈足。口径15、高12.4厘米（图一一，3）。

M004：4，盘较深，盘内底上凸，外底下凸。口径15.4、高12.3厘米（图一一，4）。

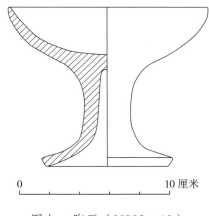

图九 陶豆（M003：10）

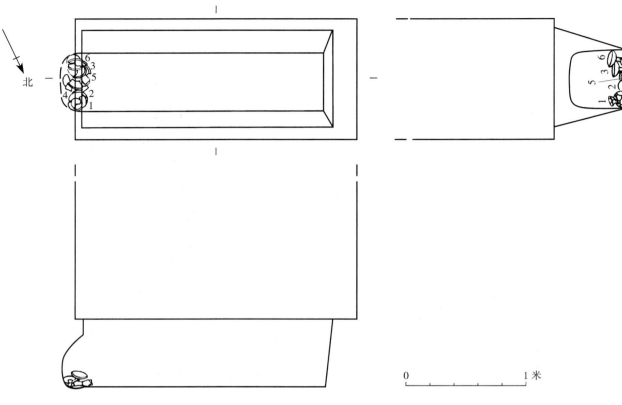

图一〇　M004 平、剖面及随葬器物分布图

1. 陶罐　2~4、6. 陶豆　5. 陶盂

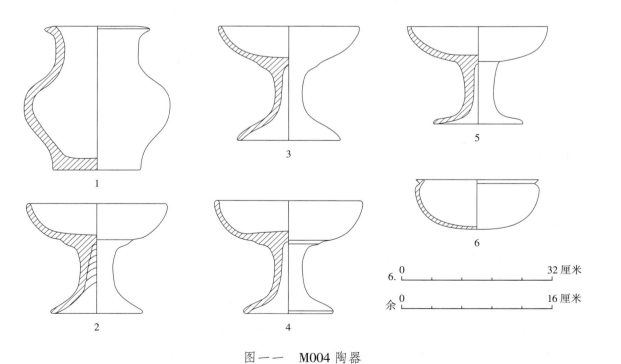

图一一　M004 陶器

1. 罐（1）　2~5. 豆（2、3、4、6）　6. 盂（5）

M004：6，喇叭状圈足低平。口径 14.8、高 10.8 厘米（图一一，5）。

四　M005

一　墓葬形制（B 型Ⅱb 式）

窄长方形竖穴土坑带封闭二层台。方向 115°。墓壁垂直。墓口长 300、宽 168 厘米，墓底长 264、宽 110 厘米，墓深 240 厘米。封闭形二层台高 60、两端宽 18、两侧宽 28~30 厘米。墓底两端有枕木沟，沟宽 26~30、深 8 厘米。随葬器物置于头部。葬具及人骨架不存。墓中填五花土（图一二）。

二　出土器物

5 件，陶器 4 件，玻璃器 1 件。

（一）陶器

仿铜陶礼器 4 件。

1. 鼎　1 件。

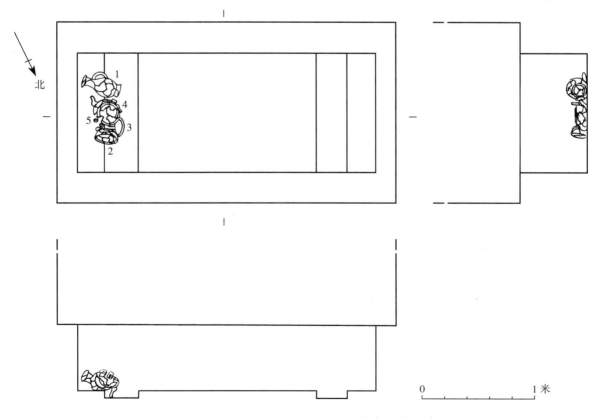

图一二　M005 平、剖面及随葬器物分布图

1. 陶壶　2. 陶敦　3. 陶豆　4. 陶鼎　5. 玻璃珠

　　M005：4，泥质灰陶。子母口内敛，窄肩承盖，扁弧腹较直，大平底。蹄形高足直立，足跟部有兽面装饰，足断面有棱。附耳直立。腹有两周凸弦纹。盘状平盖，盖面三周凸圈，第一周凸圈内等列三个扁纽。鼎口径16.4、通宽24.4厘米，盖径19.6厘米，通高23.6厘米（图一三，1）。

　　2. 敦　1件。

　　M005：2，泥质灰陶。身、盖同形，相合呈椭球体。直口微敛，弧腹，圜底、顶，抽象卧兽纽、

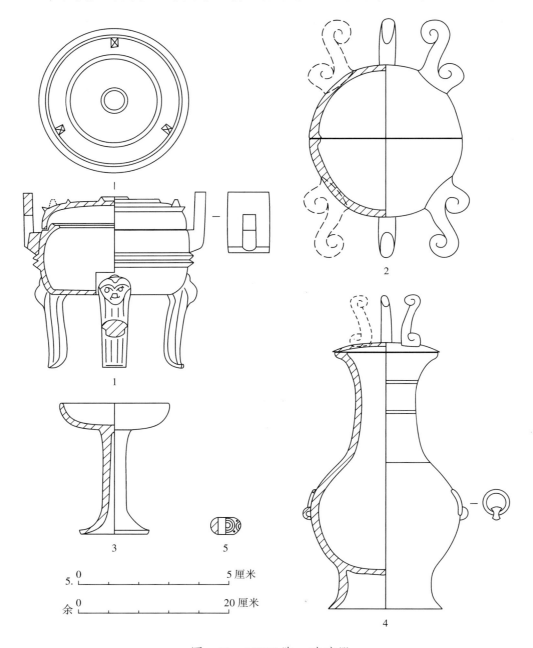

5. ├────────────────┤
　　0　　　　　　　　　5厘米

余 ├────────────────┤
　　0　　　　　　　　　20厘米

图一三　M005陶、玻璃器

1.陶鼎（4）　2.陶敦（2）　3.陶豆（3）　4.陶壶（1）　5.玻璃珠（5）

足呈"S"形。素面。口径 20、通高 33.2 厘米（图一三，2）。

3. 壶 1 件。

M005：1，泥质灰陶。敞口，长弧颈，圆弧腹，圜底，高圈足外撇。颈部两周弦纹，腹有对称鼻纽衔环。浅弧盖，盖面三个抽象高兽纽，呈"S"形。口径 13.8、腹径 20、高 35.2、带盖通高 43.2 厘米（彩版二，1；图一三，4）。

4. 豆 1 件。

M005：3，泥质灰陶。敞口，弧壁，柱状高足，圈足外撇。素面。口径 14.6、高 18 厘米（图一三，3）。

（二）玻璃器

珠 1 件。

M005：5，上下平，边缘弧，中有孔。周身饰四个凸起的蓝、白相间的同心圆纹。直径 1、高 0.6 厘米（图一三，5）。

五 M006

一 墓葬形制（A 型 I 式）

普通宽长方形竖穴土坑。方向 103°。墓壁垂直，墓上部坍毁。墓长 317、宽 220、残深 120 厘米。随葬器物沿墓底头端和两侧分布。墓底两端枕木沟，沟宽 30、深 10 厘米。葬具及人骨架不存。墓中填五花土（图一四）。

二 出土器物

10 件，陶器 3 件，铜器 2 件，滑石器 5 件。

仿铜陶礼器鼎、敦、壶各 1 件，残甚，未修复。

（一）铜器

1. 剑 1 件。

M006：4，灰绿色。璧形空首，空茎，"一"字形格。菱形脊。通长 53.6 厘米（图一五，1）。

2. 矛 1 件。

M006：7，灰绿色。圆骹。一面有一鼻纽。叶有凸棱脊。通长 15.8 厘米（图一五，2）。

（二）滑石器

1. 璧 4 件，形态相同。双面平素。

M006：1，肉径 7.9、好径 2.6、厚 0.9 厘米（图一五，3）。

M006：2，肉径 8、好径 2.6、厚 0.7 厘米（图一五，4）。

M006：3，肉径 7.7、好径 2.8、厚 0.8 厘米（图一五，5）。

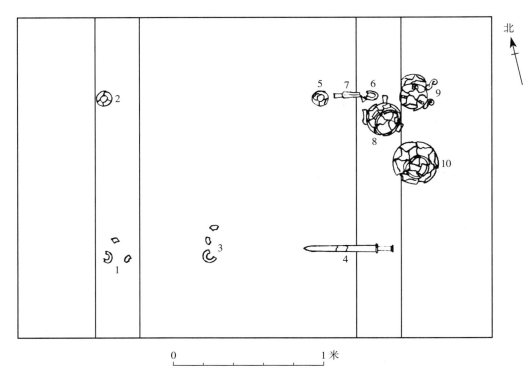

图一四　M006 平面及随葬器物分布图

1~3、5. 滑石璧　4. 铜剑　6. 滑石瑗　7. 铜矛　8. 陶鼎　9. 陶敦　10. 陶壶

M006：5，肉径 7.8、好径 3、厚 0.7 厘米（图一五，6）。

2. 瑗　1 件。

M006：6，形态同璧，好径较大。肉径 7.8、好径 4.1、厚 0.5 厘米（图一五，7）。

六　M007

一　墓葬形制（A 型 I 式）

普通宽长方形竖穴土坑。方向 300°。墓壁两端垂直，两侧倾斜，墓上部推毁。墓口长 330、宽 230 厘米，墓底长 330、宽 170 厘米，墓残深 135 厘米。随葬器物位于墓底头端。葬具及人骨架不存。墓中填五花土（图一六）。

二　出土器物

仿铜陶礼器 6 件。

杯　1 件。

M007：3，直口，深弧壁，圜底，外撇圈足。素面。口径 10.8、高 12 厘米（图一七）。

还有鼎、敦、壶各 1 件，豆 2 件，残甚，未修复。

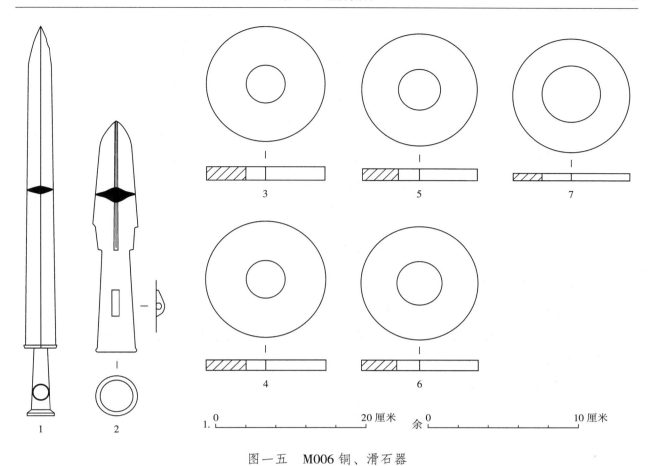

图一五　M006 铜、滑石器

1.铜剑（4）　2.铜矛（7）　3~6.滑石璧（1、2、3、5）　7.滑石瑗（6）

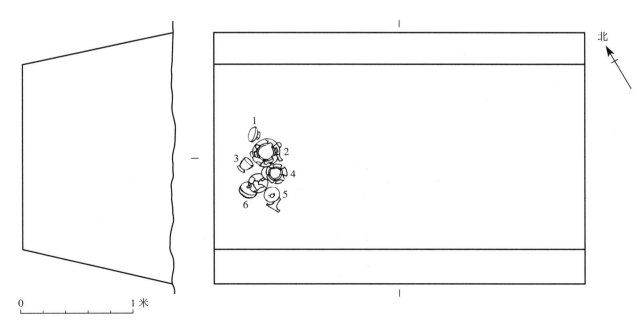

图一六　M007 平、剖面及随葬器物分布图

1、5.陶豆　2.陶鼎　3.陶杯　4.陶壶　6.陶敦

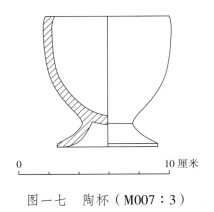

图一七　陶杯（M007：3）

七　M008

一　墓葬形制（A 型 I 式）

普通宽长方形竖穴土坑。方向 360°。墓壁垂直。墓长 292、宽 180、深 300 厘米。随葬器物主要位于墓底左侧，头端仅 2 件。墓底两端有枕木沟，沟宽约 30、深 5 厘米。葬具及人骨架不存。墓中填五花土（图一八）。

二　出土器物

仿铜陶礼器 15 件。

1. 鼎　2 件，修复 1 件。泥质灰陶。

M008：1，子母口内敛，窄肩外凸，斜折腹，平底。蹄形高足直立，足跟部有兽面装饰，足断面有棱。附耳略斜。腹呈台棱状突出。盖失。口径 14.4、宽 19、高 19.2 厘米（图一九，1）。

2. 敦　2 件，修复 1 件。

M008：4，泥质灰陶。身、盖同形。直口，弧腹，平底、顶，抽象立兽矮纽、足。素面。口径 15.5、通高 17.6 厘米（图一九，4）。

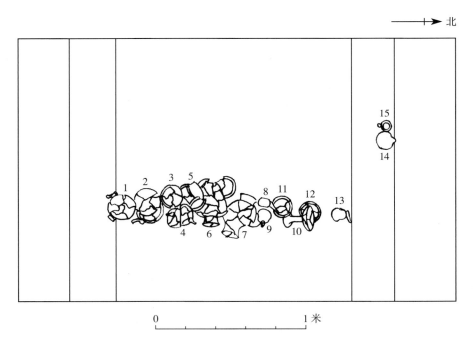

图一八　M008 平面及随葬器物分布图

1、2.陶鼎　3、4.陶敦　5、10.陶豆　6、7.陶壶　8、15.陶勺　9、13.陶匕　11、12.陶盘　14.陶匜

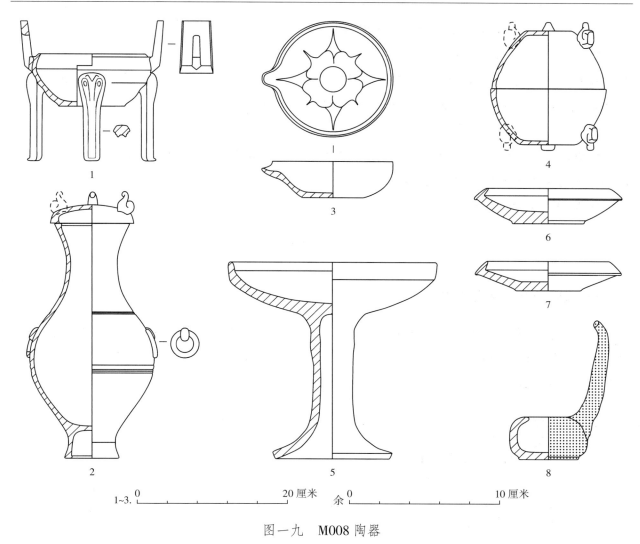

图一九　M008 陶器

1.鼎（1）　2.壶（6）　3.匜（14）　4.敦（4）　5.豆（10）　6、7.盘（11、12）　8.勺（8）

3.壶　2件，修复1件。

M008：6，泥质灰陶。敞口，弧颈，圆弧腹，平底，小圈足略外撇。腹有对称鼻纽衔环，环上下各有三至四周弦纹。碟状盖，盖面三个抽象卧兽纽，呈"S"形。口径10、腹径16.6、高32.2、带盖通高36.6厘米（图一九，2）。

4.豆　2件，修复1件。

M008：10，泥质灰陶。直口略有折，弧壁，柱状高足上段微鼓，喇叭状圈足。素面。口径14、高13.6厘米（图一九，5）。

5.盘　2件，形态相同。泥质灰陶。折敛口，转折处向外凸出，尖唇。斜直壁，平底。内底有涡状轮刮痕。

M008：11，底边向下出边呈极矮圈足状。口径8、高2.4厘米（图一九，6）。

M008：12，口径 8.2、高 2 厘米（图一九，7）。

6. 勺　2 件，修复 1 件。

M008：8，泥质灰陶。敛口，弧腹，底向下略出边，长柄上斜，尾端内弯。通体涂白衣，斗口部绘红彩四出火焰纹。宽 6、高 9.8 厘米（图一九，8）。

7. 匜　1 件。

M008：14，泥质灰陶。直口，弧腹，平底。口沿一侧弧形流。内壁红彩绘柿蒂纹。口径 8~8.8、高 2.5 厘米（彩版二，3；图一九，3）。

还有陶匕 2 件，残甚，未修复。

八　M009

一　墓葬形制（A 型 I 式）

普通宽长方形竖穴土坑。方向 185°。墓壁垂直，墓上部破坏。墓长 310、宽 175、残深 130 厘米。随葬器物位于墓底头端。墓底两端有枕木沟，沟宽 18~20、深 10 厘米。葬具及人骨架不存。墓中填五花土（图二〇）。

二　出土器物

7 件，陶器 6 件，滑石器 1 件。

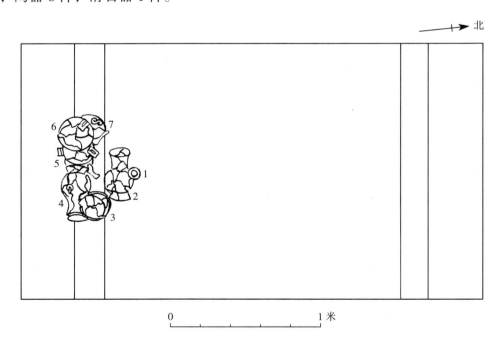

图二〇　M009 平面及随葬器物分布图

1.滑石璧　2、4.陶壶　3、7.陶敦　5、6.陶鼎

（一）陶器

仿铜陶礼器6件。

1.鼎　2件，形态大致相同。泥质黑衣灰陶。高子母口略内敛，窄肩承盖，扁弧腹，大平底。蹄形高足直立，足断面呈八棱形。附耳直立。腹一周凸圈。

M009：5，盖失。鼎口径13.6、宽21.8、高20厘米（图二一，1）。

M009：6，平底边缘微凹。弓弧形盖。盖面等列三个方锥形纽，纽内两周弦纹。鼎口径13.6、宽21.6、高19.2厘米，盖径16.8厘米，带盖通高20.4厘米（图二一，2）。

2.敦　2件，修复1件。

M009：3，泥质灰陶。身、盖大致同形。直口，弧腹，圜底、顶，抽象兽纽、足，呈"S"形。素面。口径15.2、通高23.6厘米（图二一，4）。

3.壶　2件，修复1件。

M009：4，泥质灰陶。敞口，弧颈，深弧腹，平底，圈足外撇。腹有对称鼻纽衔环，颈、腹各一周弦纹。碟状浅盖有子母口，盖面三个凸纽。口径10、腹径16、高28、带盖通高30.8厘米（图二一，3）。

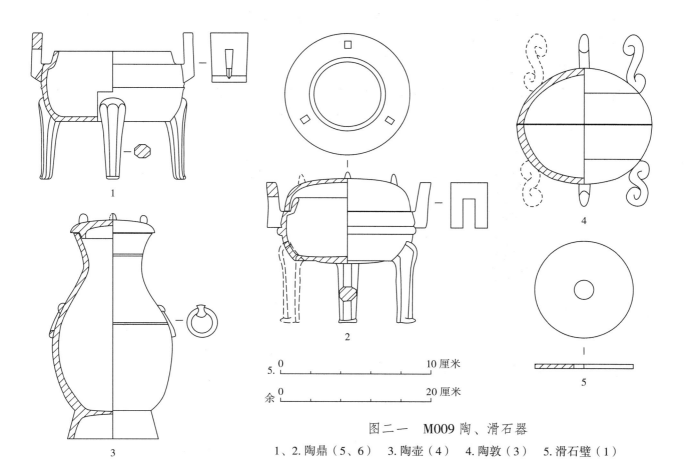

图二一　M009陶、滑石器

1、2.陶鼎（5、6）　3.陶壶（4）　4.陶敦（3）　5.滑石璧（1）

（二）滑石器

璧　1件。双面平素。

M009：1，肉径6.6、好径1.3、厚0.3厘米（图二一，5）。

九　M010

一　墓葬形制（A型Ⅰ式）

普通宽长方形竖穴土坑。方向360°。墓壁垂直，墓上部破坏。墓长270、宽175、残深152厘米。随葬器物主要位于墓底头端，左侧有2件。葬具及人骨架不存。墓中填五花土（图二二）。

二　出土器物

13件，陶器10件，铜器2件，滑石器1件。

（一）陶器

仿铜陶礼器10件。

1.鼎　2件，修复1件。

M010：2，泥质灰陶。高子母口较直，窄肩承盖，扁弧腹，大平底。蹄形高足细挑。附耳外侈。腹一周凸圈。盖失。口径20、宽28、通高24.8厘米（图二三，1）。

2.壶　2件，修复1件。

M010：12，泥质灰陶。敞口，弧颈，圆弧腹，下腹向外斜折呈假圈足状，平底微凹。腹有

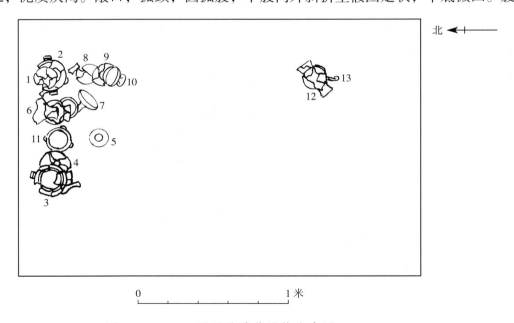

图二二　M010平面及随葬器物分布图

1、7、8、10.陶豆　2、3.陶鼎　4、9.陶敦　5.滑石璧　6、12.陶壶　11.铜盉　13.铜带钩

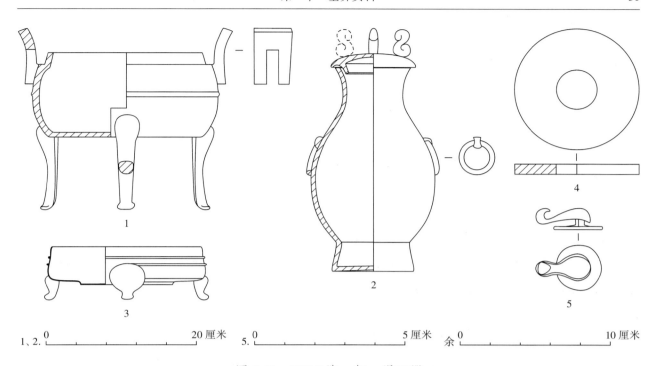

图二三　M010陶、铜、滑石器

1. 陶鼎（2）　2. 陶壶（12）　3. 铜奁（11）　4. 滑石璧（5）　5. 铜带钩（13）

对称鼻纽衔环。碟状浅盖有子母口，盖面三个呈"S"形抽象卧兽纽。口径10.4、腹径16.4、高28、带盖通高33.2厘米（图二三，2）。

还有敦2件、豆4件，残甚，未修复。

（二）铜器

1. 奁　1件。

M010：11，子母口，浅直腹，平底。矮蹄足。浅平盖。口径9.4、腹径10.4、带盖通高3.7厘米（图二三，3）。

2. 带钩　1件。

M010：13，平面略呈琵琶形，前端呈鸭嘴形，后端下有圆扣。长1.8厘米（图二三，5）。

（三）滑石器

璧　1件。双面平素。

M010：5，肉径8.3、好径2.7、厚0.7厘米（图二三，4）。

一〇　M011

一　墓葬形制（A型Ⅲ式）

宽长方形竖穴土坑带封闭二层台。方向180°。墓壁倾斜。墓口长424、宽300厘米，墓底长 280、宽 150 厘米，墓深 370 厘米。封闭形二层台高 120、宽 20~28 厘米。墓底两端有枕木沟，沟宽 22~26、深 10 厘米。随葬器物位于墓底头端及右侧前部。填土中出铁臿 2 件。葬具及人骨架不存。墓中填五花土（图二四、二五）。

二　出土器物

18 件，陶器 13 件，铜器 2 件，铁器 2 件，滑石器 1 件。

（一）陶器

仿铜陶礼器 13 件。

1. 鼎　2 件，修复 1 件。

M011：2，泥质灰陶。子母口内敛，窄肩承盖，弧腹较深，平底。蹄形高足下端外撇，足跟部有兽面装饰，足断面呈六棱形。附耳外撇。腹一周凸圈。弓弧形素盖。鼎口径 14.4、宽 20、高 21.6 厘米（图二六，1）。

2. 敦　2 件。泥质灰陶。身、盖同形。

M011：9，直口，弧腹，平底、顶，"S"形抽象立兽高纽、足。通体涂白彩，器盖有红、

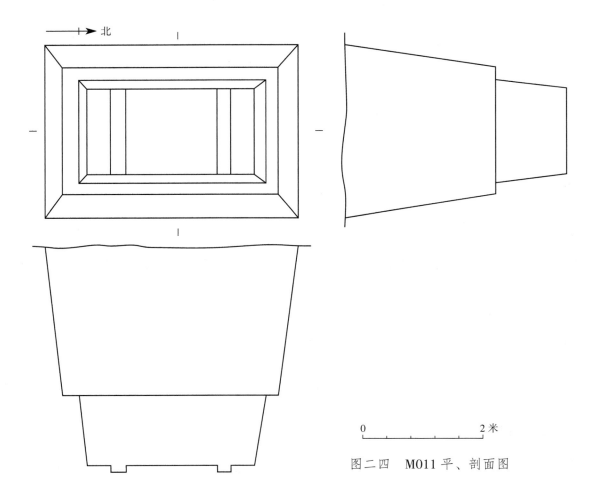

图二四　M011 平、剖面图

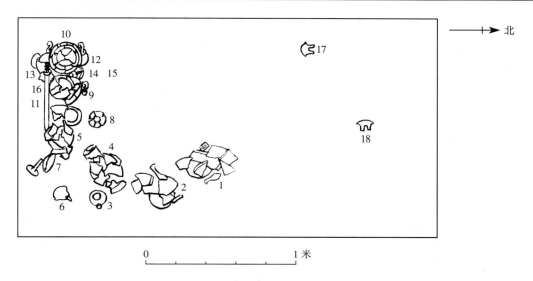

图二五　M011 随葬器物分布图

1、2.陶鼎　3、14.陶勺　4、5.陶壶　6.陶匕　7、13.陶豆　8.滑石璧　9、10.陶敦　11.铜剑　12.铜镜　15.陶盘　16.陶匜　17、18.铁臿

黑彩圈带纹等。口径 16.4、通高 24.2 厘米（图二六，3）。

M011：10，直口，弧腹，小平底、顶，"S"形抽象立兽高纽、足外撇较甚。器身有红彩云纹、圈带纹等。口径 17.2、通高 21.6 厘米（图二六，2）。

3.壶　2件，修复 1件。

M011：5，泥质灰陶。敞口，长弧颈，长弧腹中部有折，圜底，小圈足外撇。腹有对称鼻纽衔环，颈部两周弦纹及红彩蕉叶纹。腹饰云纹、宽带纹及窗棂纹等。碟状盖，盖面三个"S"形抽象卧兽纽。口径 10.4、腹径 19.6、高 40.4、带盖通高 44.4 厘米（彩版二，3；图二六，5）。

4.豆　2件，修复 1件。

M011：13，泥质灰陶。敞口，弧壁浅盘，柱状高足，圈足外撇。盘内饰红彩黑边的圆圈纹及等分四组向背的括弧状纹。口径 14.4、高 15.6 厘米（图二六，4）。

5.盘　1件。

M011：15，泥质灰陶。敞口，平折沿，弧壁，平底。内底有六出红彩花瓣纹。口径 12.8、高 3.2 厘米（图二七，1）。

6.勺　2件，形态相同。泥质灰陶。算珠形斗，锥状柄斜伸。素面。

M011：3，宽 8.8、高 5.1 厘米（图二七，2）。

M011：14，宽 8.6、高 5.6 厘米（图二七，3）。

7.匜　1件。

M011：16，泥质灰陶。敞口，弧腹，平底。口沿一侧圆弧形流。素面。口径 10.4~11、高 3.2 厘米（图二七，4）。

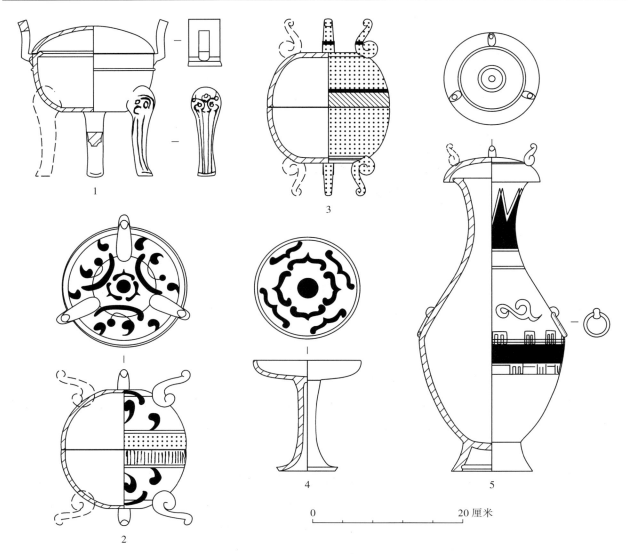

图二六　M011 陶器

1.鼎（2）　　2、3.敦（10、9）　　4.豆（13）　　5.壶（5）

还有陶匕 1 件，残甚，未修复。

（二）铜器

1.剑　1件。

M011：11，绿色。喇叭形首，圆实茎有双箍，"凹"字形宽格。剑身菱形脊。长 56 厘米
（图二七，7）。

2.镜　1件。

M011：12，黑色。残破。为八花叶四竹叶羽状地四山纹镜。三弦纽，方纽座，窄素缘。主
题纹饰为底边对应纽座四角的四个左斜的"山"字纹；纽座四边及"山"字纹间各有一叶片纹，
两叶片之间以绚索状带纹相连，共八叶片纹；主纹饰下满饰涡纹及羽状地纹。直径 9.1 厘米

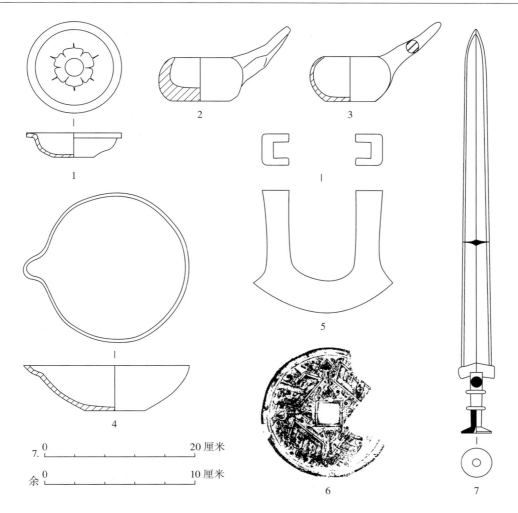

图二七 M011 陶、铁、铜器

1.陶盘（15） 2、3.陶勺（3、14） 4.陶匜（16） 5.铁臿（17） 6.铜镜（12） 7.铜剑（11）

（图二七，6）。

（三）铁器

臿 2件，形态相同。

M011：17，凹口，大弧刃两侧上翘。刃宽9.3、高8.4厘米（图二七，5）。

还有滑石璧1件，残甚，未修复。

—— M012

一 墓葬形制（A型 I 式）

普通宽长方形竖穴土坑。方向170°。墓壁垂直。墓长290、宽142、深300厘米。随葬器物位于墓底左侧。填土中出铁镢1件。葬具及人骨架不存。墓中填五花土。M012打破M013西

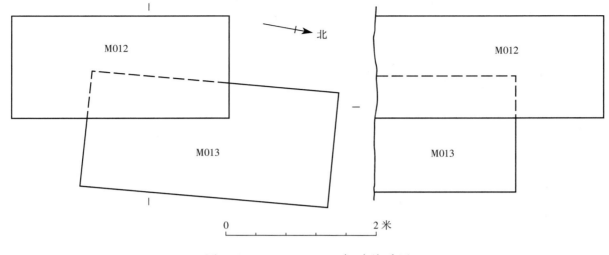

图二八　M012、M013 打破关系图

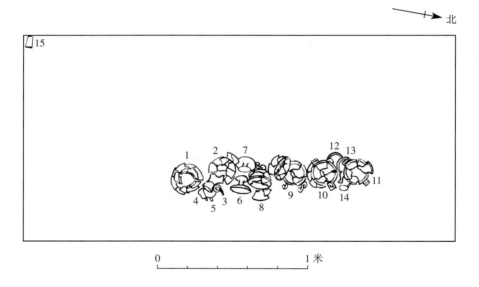

图二九　M012 随葬器物分布图

1、2. 陶壶　3、14. 陶勺　4、5. 陶匕　6、7. 陶豆　8、9. 陶敦　10、11. 陶鼎　12、13. 陶盘　15. 铁锸

南部，M013 无随葬品出土（图二八、二九）。

二　出土器物

15 件，陶器 14 件，铁器 1 件。

（一）陶器

1. 鼎　2 件，形态各异。泥质黑衣灰陶。

M012：10，子母口内敛，凸肩承盖，弧腹，平底。蹄形高足直立，足跟部有抽象兽面装饰，足断面略呈梯形。附耳外斜。腹呈台棱状凸出。弓弧形素盖。口径 13.6、宽 20、高 17.2 厘米，盖径 15.4 厘米，带盖通高 18 厘米（图三〇，1）。

M012：11，小子母口，直口凹弧，下腹折弧收，底边微凹，平底。蹄形高足外撇，足跟部有抽象兽面装饰。附耳直立。腹呈瓦棱状弧曲。盖失。口径 14.4、宽 17.8、高 16.8 厘米（图三〇，2）。

2. 敦　2 件，形态大致相同。泥质灰陶。身、盖同形。敞口，弧腹，平底、顶，抽象兽纽、足。通体涂白彩。

M012：8，身、盖黑边红彩圆圈纹、柿蒂纹、虺形纹、曲折纹等。口径 16、通高 18.4 厘米（图三〇，3）。

M012：9，盖略小。器身饰红、黑彩圈带纹。口径 15.2、通高 20.6 厘米（图三〇，4）。

3. 壶　2 件，修复 1 件。

M012：1，泥质灰陶。敞口，弧颈，弧腹，圜底，圈足外撇较甚。腹有对称鼻纽衔环。弧形盖，盖面三个呈 "S" 形抽象卧兽纽。壶身黑边红彩蕉叶纹、虺形纹、曲折纹等，盖有圆圈纹、虺形纹。口径 10.4、腹径 18、高 32.8、带盖通高 37.6 厘米（图三〇，5）。

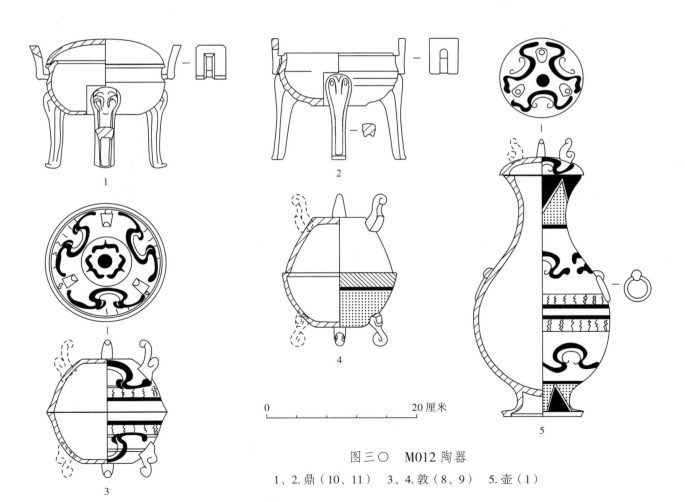

图三〇　M012 陶器

1、2. 鼎（10、11）　3、4. 敦（8、9）　5. 壶（1）

4. 盘　2 件，修复 1 件。

M012：12，泥质灰陶。敞口，斜折沿，斜折壁近底微凹，平底。内底有竹叶形刻划纹。口径 9.9、高 2 厘米（图三一，1）。

5. 勺　2 件，形态相同。泥质黄灰陶，通体饰白彩。算珠形斗，锥柱状柄斜伸，尾端内卷。内底有涡状轮刮痕。

M012：3，宽 8.8、高 5.9 厘米（图三一，3）。

M012：14，宽 7.3、高 6.4 厘米（图三一，2）。

6. 匕　2 件，形态大致相同。泥质灰陶。平面呈箕形，凹腰，弧壁，锥柱柄较直。

M012：4，平底，盘内红彩绘蝌蚪纹。两腰宽 6.7、通宽 7、高 6 厘米（图三一，4）。

M012：5，凹底。两腰宽 6.7、通宽 7.5、高 5.9 厘米（图三一，5）。

还有陶豆 2 件，残甚，未修复。

（二）铁器

锸　1 件。

M012：15，长方銎，平面呈倒梯形。长 14.4、宽 6、厚 3.2 厘米（图三一，6）。

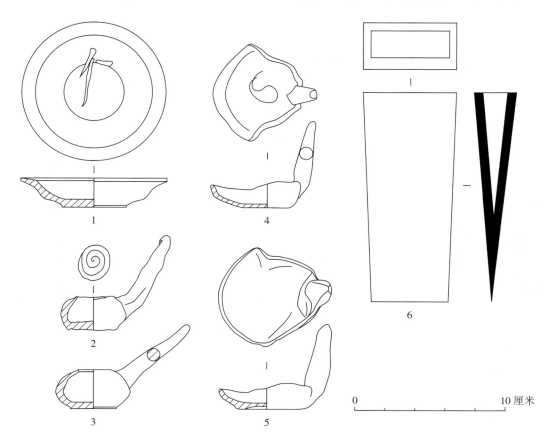

图三一　M012 陶、铁器

1. 陶盘（12）　2、3. 陶勺（14、3）　4、5. 陶匕（4、5）　6. 铁臿（15）

一二　M014

一　墓葬形制（A 型 I 式）

普通宽长方形竖穴土坑。方向 360°。墓壁垂直，墓上部破坏。墓长 326、宽 152、残深 196 厘米。随葬器物位于墓底头端。葬具及人骨架不存。墓中填五花土（图三二）。

北 ←——

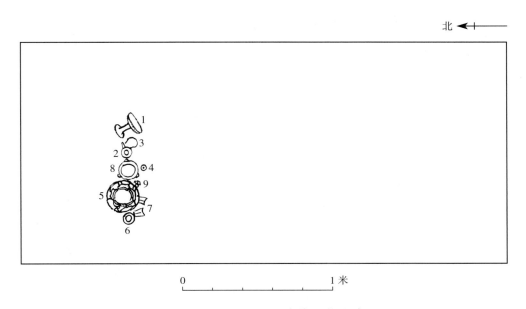

0　　　　　　　　　　　1 米

图三二　M014 平面及随葬器物分布图

1.陶豆　2.陶勺　3.陶匕　4.玻璃珠　5.陶壶　6.滑石环　7.铜铃形器　8.铜夵　9.残铜器

二　出土器物

9 件（套），陶器 4 件，铜器 3 件（套），滑石器 1 件，玻璃器 1 件。

（一）陶器

1.壶　1 件。

M014：5，泥质灰陶。敞口，粗弧颈，圆弧腹，下腹向外斜折呈假圈足状，平底。腹有对称兽面铺首衔环。肩、腹共六周弦纹。口径 11.2、腹径 18、高 30 厘米（图三三，1）。

2.勺　1 件。

M014：2，泥质灰陶。算珠形斗，长柄斜伸。素面。通宽 11.2、通高 4.4 厘米（图三三，3）。

3.匕　1 件。

M014：3，泥质灰陶。平面近扇形，凹腰，斜直壁，平底，柱柄斜伸。素面。两腰宽 6、通宽 9.6、通高 2.4 厘米（图三三，2）。

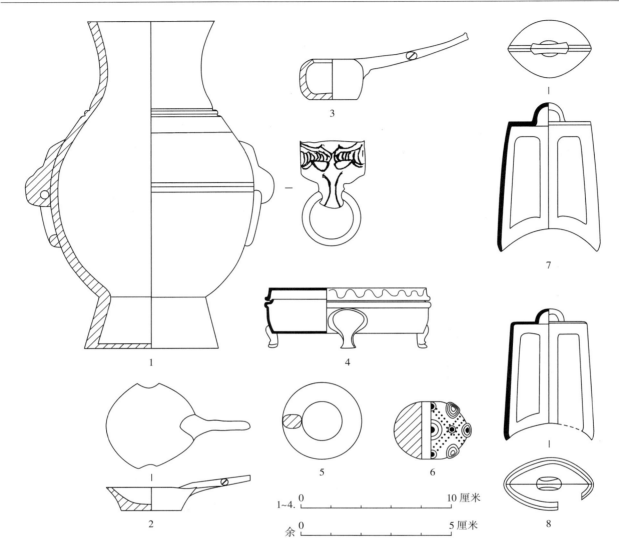

图三三　M014 陶、铜、滑石、玻璃器

1.陶壶（5）　2.陶匕（3）　3.陶勺（2）　4.铜奁（8）　5.滑石环（6）　6.玻璃珠（4）　7、8.铜铃形器（7-1、7-2）

另有陶豆 1 件，残甚，未修复。

（二）铜器

1.奁　1 件。

M014：8，子母口，浅直腹，平底。矮蹄足。浅平盖。盖边红彩波曲纹。口径 10、腹径 11、带盖通高 4.2 厘米（图三三，4）。

2.铃形器　4 枚，形态相同。双面透孔，以茎相连。上为环纽，器身呈合瓦形。两枚残。

M014：7-1，铣间宽 3.4、通高 5.1 厘米（图三三，7）。

M014：7-2，铣间宽 3、通高 4.5 厘米（图三三，8）。

还有残铜器 1 件，形态不明。

（三）滑石器

环　1件。

M014：6，椭圆莛。肉径2.7、好径1.3、厚0.5厘米（图三三，5）。

（四）玻璃器

珠　1件。

M014：4，蓝色。球形，中有孔。周身交错饰三组突起的眼目纹，由蓝、白相间的"眼框"和同心圆纹的"眼珠"组成。"眼珠"凸鼓，眼目纹之间填以连珠纹。直径2.4、高2厘米（彩版三，1；图三三，6）。

一三　M015

一　墓葬形制（A型I式）

普通宽长方形竖穴土坑。方向105°。墓壁垂直。墓长300、宽166、深335厘米。随葬器物位于墓底头端。填土中出铁臿1件。葬具及人骨架不存。墓中填五花土（图三四）。

二　出土器物

6件，陶器5件，铁器1件。

（一）陶器

日用陶器。

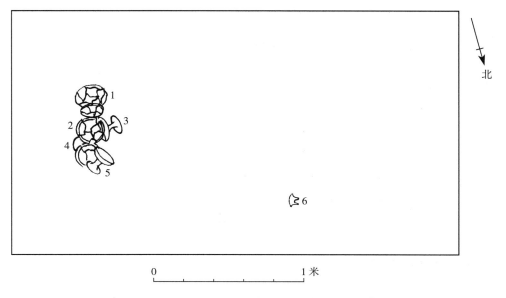

图三四　M015平面及随葬器物分布图

1. 陶罐　2. 陶簋　3~5. 陶豆　6. 铁臿

1. 罐　1件。

M015：1，泥质灰陶。敞口，折沿，高弧领，溜肩，弧腹，凹圜底。腹饰交错绳纹。口径15.2、腹径21.4、高23.2厘米（图三五，1）。

2. 簋　1件。

M015：2，泥质灰陶。侈口，矮弧领，弧腹，圜底，外撇圈足中部折转。素面。口径20.8、高12厘米（图三五，2）。

3. 豆　3件，修复2件。泥质灰陶。形态大致相同。直口，弧壁盘，矮柱状足。素面。

M015：3，喇叭状圈足。口径17.2、高14.4厘米（图三五，3）。

M015：4，圈足低平。口径16、高12厘米（图三五，4）。

（二）铁器

臿　1件。

M015：6，凹口，大弧刃两侧上翘。刃宽12.4、高10.6厘米（图三五，5）。

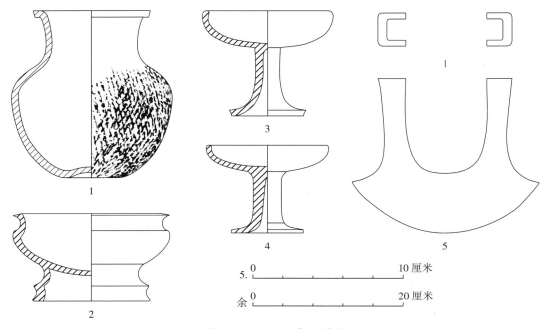

图三五　M015陶、铁器

1.陶罐（1）　2.陶簋（2）　3、4.陶豆（3、4）　5.铁臿（6）

一四　M016

一　墓葬形制（B型Ⅳ式）

窄长方形竖穴土坑带平头龛及封闭二层台。方向90°。墓壁垂直。墓口长310、宽184厘米，墓底长270、宽120厘米，墓深300厘米。头龛位于墓坑东端，龛底与墓底平。龛宽同墓底，

图三六　M016 平、剖面及随葬器物分布图

1. 陶敦　2. 陶罐　3. 陶盂　4. 陶鼎　5. 陶匕　6. 陶勺　7. 陶盘

宽 120、深 30、高 46 厘米。封闭形二层台高 60、宽 20~32 厘米。随葬器物置于头龛内。葬具及人骨架不存。墓中填五花土（图三六）。

二　出土器物

仿铜陶礼器及日用陶器 7 件。

1. 罐　1 件。

M016：2，泥质灰陶。直口，折沿，高直领，圆肩，弧腹，凹圜底。腹饰交错绳纹。口径

16、腹径 24、高 22 厘米（图三七，1）。

2. 盘　1 件。

M016：7，泥质灰陶。直口，平折沿，折壁，大平底。素面。口径 24、高 3.6 厘米（图三七，4）。

3. 勺　1 件。

M016：6，泥质灰陶。鼓形斗，锥状柄向上弯曲呈烟斗形。素面。腹径 6.2、高 11.6 厘米（图三七，3）。

4. 匕　1 件。

M016：5，泥质灰陶。平面略呈椭圆形，斜弧壁，平底，柱柄直立，尾端弯曲。素面。两腰宽 8.6、通宽 8.9、高 7.8 厘米（图三七，2）。

还有陶鼎、敦、盂各 1 件，残甚，未修复。

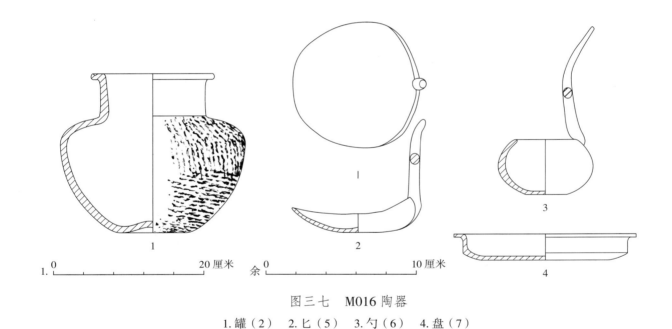

图三七　M016 陶器

1. 罐（2）　2. 匕（5）　3. 勺（6）　4. 盘（7）

一五　M017

一　墓葬形制（A 型 I 式）

普通宽长方形竖穴土坑。方向 360°。墓壁垂直，墓上部破坏。墓长 360、宽 220、残深 184 厘米。随葬器物位于墓底头端和左侧前部。填土中出铁夯锤 1 件，有漆器残痕。葬具及人骨架不存。墓中填五花土（图三八）。

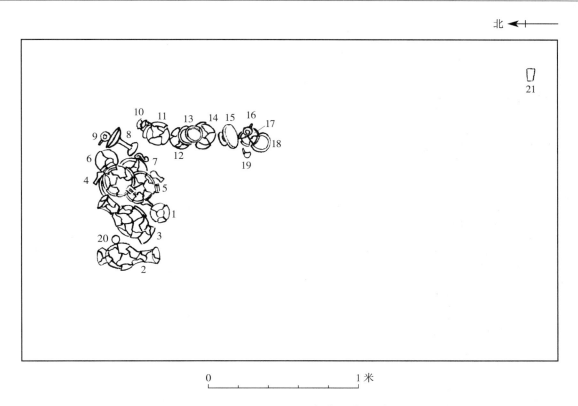

图三八　M017 平面及随葬器物分布图

1. 滑石璧　2、3. 陶壶　4、5. 陶鼎　6、8、11、12、14、15. 陶豆　7. 陶敦　9、16、19. 陶勺　10. 残铜器　13、17、18. 陶盘　20. 铜剑首　21. 铁夯锤

二　出土器物

21 件，陶器 17 件，铜器 2 件，铁器 1 件，滑石器 1 件。

（一）陶器

1. 鼎　2 件，修复 1 件。

M017：4，泥质灰陶。子母口内敛，扁弧腹，平底。蹄形高足直立，附耳直立。腹有一周凸圈。弓弧形盖，盖面两周凸圈，第一周凸圈上等列三个扁纽。鼎耳有黑彩横线纹，上腹红黑相间波折纹；盖面有四个云气纹。口径 13.6、宽 20.8、高 20.8 厘米（图三九，1）。

2. 壶　2 件，修复 1 件。

M017：2，泥质灰陶。敞口，弧颈细长，圆腹，圜底，圈足外撇。弓弧形盖，盖面三个抽象勾首兽纽。素面。口径 10、腹径 18.8、高 35.2、带盖通高 41.2 厘米（图三九，2）。

3. 豆　6 件，修复 4 件。泥质黑衣灰陶。素面。

M017：6，敞口，弧壁，柱状足上粗下细，圈足低平。口径 14.8、高 13.6 厘米（图三九，3）。

M017：11，口斜直，折壁，柱状高柄，喇叭状圈足。口径 14.6、高 19 厘米（图三九，5）。

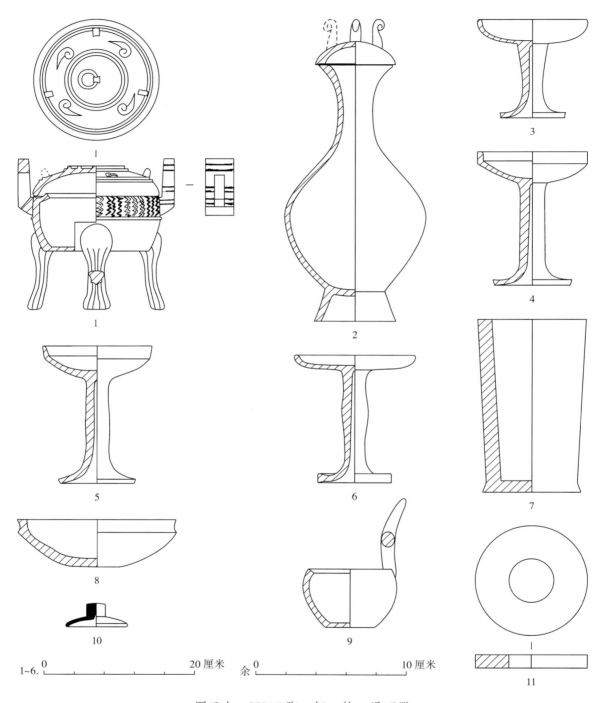

图三九　M017 陶、铜、铁、滑石器

1.陶鼎（4）　2.陶壶（2）　3~6.陶豆（6、14、11、15）　7.铁夯锤（21）　8.陶盘（13）　9.陶勺（19）　10.铜剑首（20）　11.滑石璧（1）

M017：14，同 M017：11，圈足低平。口径 14.6、高 18.4 厘米（图三九，4）。

M017：15，敞口，浅弧壁盘，柱状高柄中腰凸鼓，圈足低平。口径 16、高 17.6 厘米（图三九，6）。

4. 盘 3 件，修复 1 件。

M017：13，泥质灰陶。敞口，口外凹弧，斜壁，小平底。素面。口径 14、高 4.4 厘米（图三九，8）。

5. 勺 3 件，修复 1 件。

M017：19，泥质灰陶。平底钵形斗，锥状直柄弯曲。素面。宽 7、高 8.8 厘米（图三九，9）。

还有陶敦 1 件，残甚未修复。

（二）铜器

剑首 1 件。

M017：20，喇叭形首，上有实心短茎。直径 4、高 1.6 厘米（图三九，10）。

还有残铜器 1 件，器形不明。

（三）铁器

夯锤 1 件。

M017：21，圆筒形，口部略粗，平底出边。口径 7、高 12 厘米（图三九，7）。

（四）滑石器

璧 1 件。

M017：1，双面平素。肉径 7.6、好径 3、厚 0.9 厘米（图三九，11）。

一六 M018

一 墓葬形制（A 型Ⅳ式）

宽长方形竖穴土坑带高边龛。方向 10°。墓壁垂直，墓上部破坏。墓长 330、宽 154、残深 120 厘米。边龛位于墓坑头端右侧，龛底距墓底 90 厘米，龛宽 40、深 24、龛残高 20 厘米。随葬器物置于墓底头端及头龛内。填土中出铁臿 1 件。葬具及人骨架不存。墓中填五花土（图四〇）。

二 出土器物

19 件（套），陶器 12 件，铜器 2 件（套），铁器 1 件，玻璃器 3 件，玉器 1 件。

（一）陶器

1. 鼎 2 件，形态各异。泥质黑衣灰陶。

M018：6，敛口，沿微凹，扁圆腹外凸，平底，蹄形足直立，足断面略呈梯形。附耳微侈，

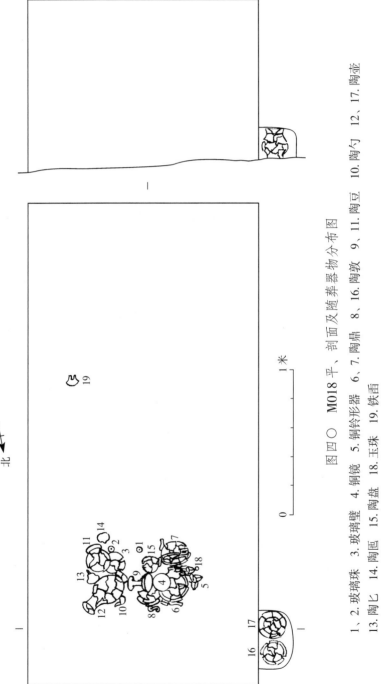

图四〇　M018 平、剖面及随葬器物分布图

1、2. 玻璃珠　3. 玻璃璧　4. 铜镜　5. 铜铃形器　6、7. 陶鼎　8、16. 陶敦　9、11. 陶豆　10. 陶勺　12、17. 陶壶　13. 陶匕　14. 陶匜　15. 陶盘　18. 玉珠　19. 铁臿

弓弧形盖。身、盖均有黑边红彩绘圆圈纹、云纹、弧形纹、波折纹等。口径 16.8、宽 20.8、高 18 厘米（图四一，1）。

M018：7，低子母口内敛，弧腹，口部较直，小平底。蹄形足直立，足断面略呈铲形。附耳直立。弓弧形素盖。器身涂白彩，口部及耳下方绘红、黑圈带纹。口径 15.2、宽 19.6、高 16.1 厘米（图四一，3）。

2. 敦　2 件，修复 1 件。

M018：8，器身直口，深弧腹，平底。盖较浅，敛口，弧壁，弧顶。抽象小卧兽足、纽。盖有红、黑彩绘圆圈纹、圆弧纹圈带纹等；器身下部也有圆圈纹。口径 16、高 19.2 厘米（彩版三，2；图四一，2）。

3. 豆　2 件，形态各异。泥质红灰陶。矮柄豆。

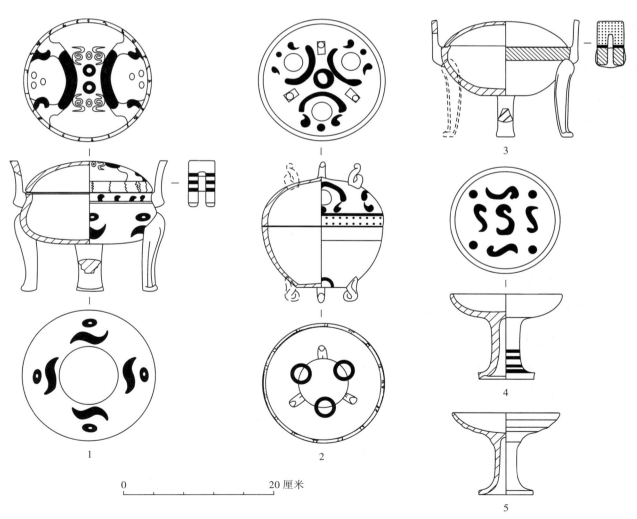

图四一　M018 陶器

1、3.鼎（6、7）　2.敦（8）　4、5.豆（9、11）

　　M018：9，敞口，弧壁，柱状矮足，小圈足外撇。豆柄红彩弦纹，盘内黑边红彩"S"纹和圆点纹。口径14.8、高11.6厘米（图四一，4）。

　　M018：11，敞口，弧壁下有瓦棱状凹弧，柱状矮足，喇叭状圈足。素面。口径14.4、高11.3厘米（图四一，5）。

　　4. 盘　1件。

　　M018：15，泥质灰陶。敞口，平折沿，斜弧壁，平底。素面。口径9.2、高2.4厘米（图四二，1）。

　　5. 勺　1件。

　　M018：10，泥质灰陶。算珠形斗，长柄直立。素面。宽5、高7厘米（图四二，2）。

　　6. 匜　1件。

　　M018：14，泥质灰陶。敞口，弧腹、平底。口沿一侧圆弧形流。素面。口径7.2~8、高1.6厘米（图四二，3）。

　　7. 匕　1件。

　　M018：13，泥质灰陶。平面呈扇形。前端呈敞口盘状，平底。柄斜伸。素面。两腰宽7.2、通宽8.6、高4.8厘米（图四二，4）。

　　还有陶壶2件，残甚，未修复。

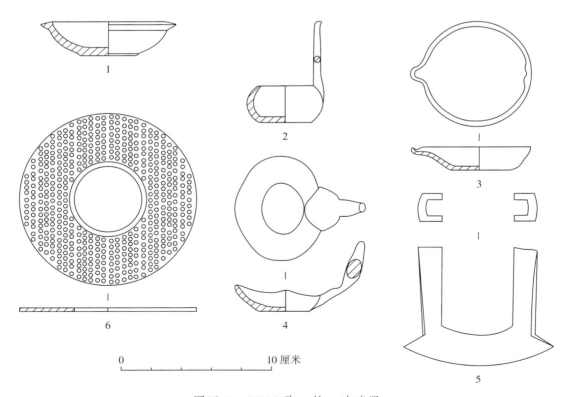

0　　　　　　　　　　　　　10厘米

图四二　M018陶、铁、玻璃器

1. 陶盘（15）　2. 陶勺（10）　3. 陶匜（14）　4. 陶匕（13）　5. 铁臿（19）　6. 玻璃璧（3）

（二）铜器

1. 镜　1件。

M018：4，云雷地纹镜。体薄，残甚。

2. 铃形器　12枚（M018：5）。形态相同，大小有异。双面透孔，以茎相连。上为环纽，铣间呈合瓦形（彩版三，3）。尺寸如表一四。

表一四　M018：5铜铃形器尺寸登记表

单位：厘米

器物号	通高	纽高	身高	舞广	舞修	洗间	备注	图号
M018：5-1	5.8	0.8	5	2.2	2.6	3	两件形态大小相同	四三，1
M018：5-2	5.8	0.8	5	2.2	2.6	3		
M018：5-3	5.6	0.8	4.8	2.8	1.8	3.8	两件形态大小相同	四三，2
M018：5-4	5.6	0.8	4.8	2.8	1.8	3.8		
M018：5-5	5.5	0.6	4.9	2.8	1.6	3		四三，3
M018：5-6	5.2	0.5	4.7	2.8	1.6	3.4		四三，4
M018：5-7	5.2	0.6	4.6	2.8	1.6	3.4	两件形态大小相同	四三，5
M018：5-8	5.2	0.6	4.6	2.8	1.6	3.4		
M018：5-9	4.6	0.6	4	2.2	1.2	2.8	两件形态大小相同	四三，6
M018：5-10	4.6	0.6	4	2.2	1.2	2.8		
M018：5-11	3.5	0.4	3.1	2	0.7	2.4	两件形态大小相同	四三，7
M018：5-12	3.5	0.4	3.1	2	0.7	2.4		

（三）铁器

铁臿　1件。

M018：19，凹口，大弧刃两角上翘，外与銎部折转。刃宽10、高8厘米（图四二，5）。

（四）玻璃器

1. 璧　1件。

M018：3，好周有郭，通体饰谷粒纹。肉径11.8、好径4.6、厚0.25厘米（彩版四，1；图四二，6）。

2. 珠　2件。蓝色。上下平，边缘弧，中有孔。周身交错饰三组突起的眼目纹，由蓝、白相间的"眼框"和同心圆纹的"眼珠"组成。"眼珠"凸鼓，眼目纹之间填以连珠纹。

M018：1，直径2.4、高1.9厘米（图四三，8）。

M018：2，直径1.6、高1.5厘米（图四三，9）。

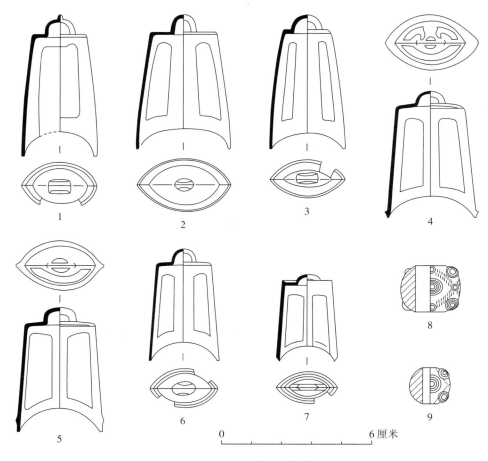

图四三　M018 铜、玻璃器

1~7.铜铃形器（5-1、5-3、5-5、5-6、5-7、5-9、5-11）　8、9.玻璃珠（1、2）

还有玉珠 1 件，残甚。

一七　M019

一　墓葬形制（A 型 I 式）

普通宽长方形竖穴土坑。方向 360°。墓壁垂直。墓长 300、宽 172、深 320 厘米。随葬器物位于墓底头端。葬具及人骨架不存。墓中填五花土（图四四）。

二　出土器物

10 件，陶器 8 件，铜器 1 件，玻璃器 1 件。

（一）陶器

1.鼎　2 件，修复 1 件。

M019：5，泥质灰陶。子母口内敛，窄肩承盖，扁弧腹，平底。蹄形足直立，足跟部有抽

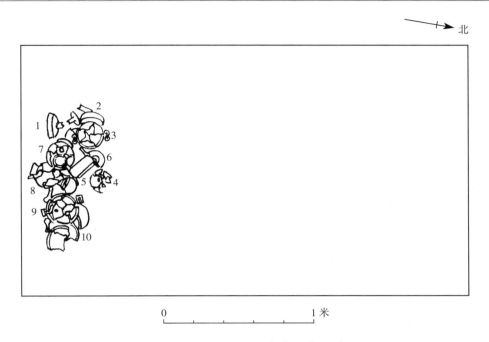

图四四　M019 平面及随葬器物分布图
1、2.陶豆　3、10.陶敦　4.铜镜　5、9.陶鼎　6.玻璃璧　7、8.陶壶

象兽面装饰，足断面呈多棱形。腹一周凸圈，附耳微侈。弓弧形盖，盖顶鼻纽衔环。口径16、宽22.4、高22厘米（图四五，1）。

2. 敦　2件，修复1件。

M019：10，泥质灰陶。身、盖同形。直口，弧腹，圜底、顶。抽象"S"形高兽足、纽。素面。口径16.2、通高26.2厘米（图四五，5）。

3. 壶　2件，形态大致相同。泥质灰褐陶。敞口，长弧颈，宽圆肩，弧腹，平底，圈足外撇。肩有对称鼻纽衔环，

M019：7，肩、腹共三周弦纹。碟状盖，子母口，盖面三个扁纽。口径9.6、腹径19.6、高30.8、带盖通高32.4厘米（图四五，2）。

M019：8，腹一周弦纹。弧状盖边缘斜折，盖面三个"S"形抽象矮兽纽。口径11、腹径20、高30、带盖通高35厘米（图四五，3）。

4. 豆　2件，修复1件。

M019：1，泥质灰陶。直口，折壁斜直，柱状高足，喇叭状圈足。素面。口径15.2、高19厘米（图四五，4）。

（二）玻璃器

璧　1件。

M019：6，通体饰谷粒纹。肉径11.5、好径4.4、厚0.2厘米（彩版四，2；图四五，6）。

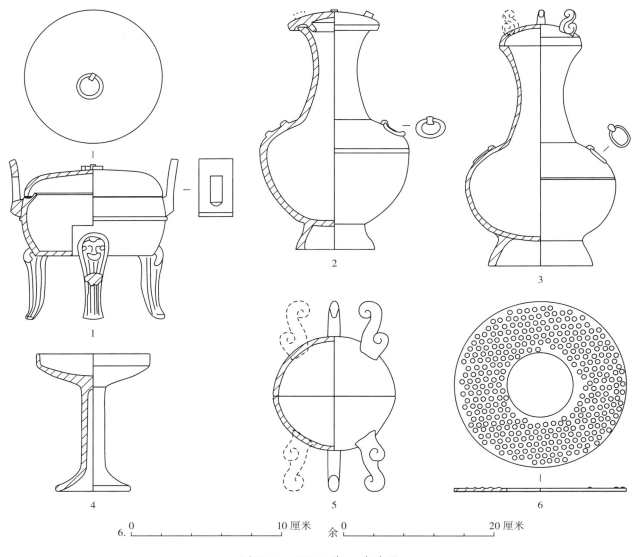

图四五　M019 陶、玻璃器

1.陶鼎（5）　2、3.陶壶（7、8）　4.陶豆（1）　5.陶敦（10）　6.玻璃璧（6）

还有铜镜 1 件，残甚，形制不明。

一八　M020

一　墓葬形制（A 型 II 式）

　　宽长方形竖穴土坑带斜坡墓道。方向 180°。墓壁倾斜呈覆斗形。墓口长 380、宽 268 厘米，墓底长 310、宽 192 厘米，墓深 510 厘米。墓道位于墓室北端中间，坡度 23°。墓道口长 757、宽 172 厘米，墓道下端宽 148 厘米，墓道下端距墓口 340、距墓底 170 厘米。随葬器物位于墓底头端。葬具及人骨架不存。墓中填五花土（图四六、四七）。

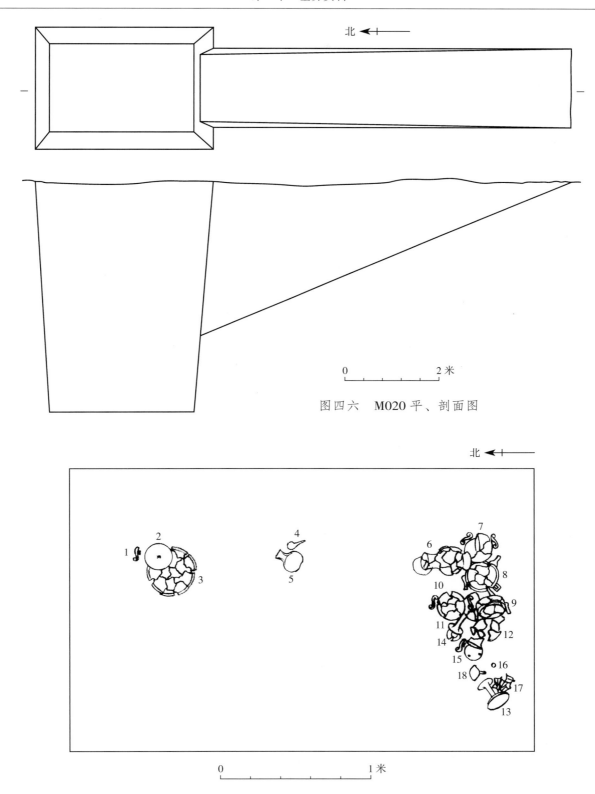

图四六　M020 平、剖面图

图四七　M020 随葬器物分布图

1、15. 滑石带钩　2. 铜镜　3. 陶盆　4. 陶斗　5. 陶匜　6、12. 陶壶　7、10. 陶敦　8、9. 陶鼎　11、13. 陶豆
14. 滑石璧　16. 玻璃珠　17. 铜铃形器　18. 陶匕

二　出土器物

18 件（套），陶器 12 件，铜器 2 件（套），玻璃器 1 件，滑石器 3 件。

（一）陶器

1. 敦　2 件，修复 1 件。

M020：10，泥质灰陶。身、盖同形。直口微敛，深弧腹，圜底、顶。抽象"S"形高兽足、纽。身下部两周弦纹，盖上部一周弦纹。口径 15.6、通高 23.6 厘米（图四八，2）。

2. 豆　2 件，修复 1 件。

M020：13，泥质灰陶。直口，弧折壁盘，柱状高柄上粗下细，圈足外撇。素面。口径 12.8、高 17.6 厘米（图四八，4）。

3. 盆　1 件。

M020：3，泥质灰陶。形体较大。敛口，斜折宽沿，折壁，底微凹。素面。口径 33.6、高 8.4

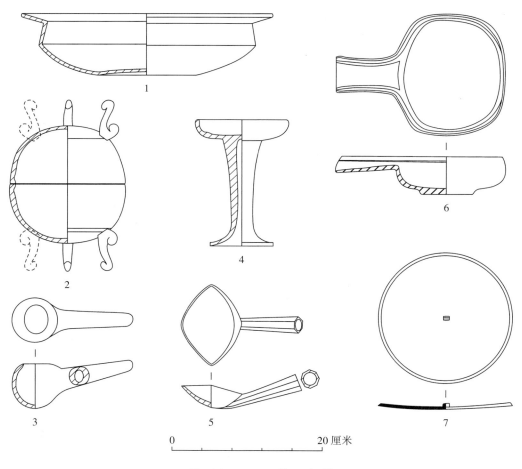

图四八　M020 陶、铜器

1. 陶盆（3）　2. 陶敦（10）　3. 陶斗（4）　4. 陶豆（13）　5. 陶匕（18）　6. 陶匜（5）　7. 铜镜（2）

厘米（彩版四，3；图四八，1）。

4. 匜　1件。

M020：5，泥质灰陶。敛口，弧腹，近底内凹呈假圈足状，平底。口沿一侧有长方宽流。口内红彩弦纹。长 22.2、宽 17、高 5.2 厘米（彩版四，4；图四八，6）。

5. 匕　1件。

M020：18，泥质灰陶。平面呈菱形，斜壁，圜底。八棱形空柄斜伸。素面。长 16、宽 11、高 4.6 厘米（图四八，5）。

6. 斗　1件。

M020：4，泥质灰陶。敛口，弧腹，圜底，锥柱状空柄斜伸。素面。宽 16、高 6.4 厘米（彩版四，5；图四八，3）。

还有陶鼎、壶各 2 件，残甚，未修复。

（二）铜器

1. 镜　1件。

M020：2，灰黑色。素镜。面微拱弧，两弦纽。直径 17.6、缘厚 4 厘米（彩版五，1；图四八，7）。

2. 铃形器　6 枚，残甚，形态及尺寸不明。

（三）玻璃器

珠　1件。

M020：16，蓝色。上下平，边缘弧，中有孔。周身交错饰四组突起的圆珠纹。直径 6、高 5.6 厘米（图四九，4）。

（四）滑石器

1. 璧　1件。

M020：14，双面平素。肉径 8.4、好径 3.6、厚 0.45 厘米（图四九，1）。

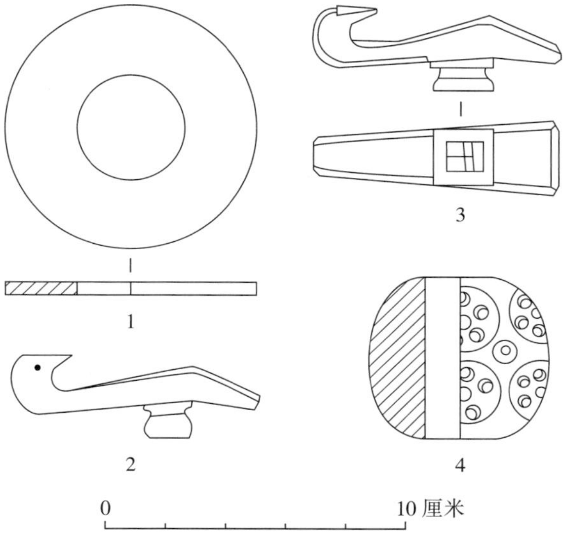

2. 带钩　2件，形态大致相同。平面呈梯形，鸟形勾首，后部上部折转，下有方扣。

M020：1，长 8.2 厘米（图四九，2）。

M020：15，长 8.2 厘米（图四九，3）。

图四九　M020 滑石、玻璃器

1. 滑石璧（14）　　2、3. 滑石带钩（1、15）　　4. 玻璃珠（16）

一九　M022

一　墓葬形制（A 型 I 式）

普通宽长方形竖穴土坑。方向 186°。墓壁垂直，一端宽一端窄。墓长 280、头端宽 130、足端宽150、深190厘米。随葬器物中1件滑石璧位于墓底头端，其余位于右侧一线。葬具及人骨架不存。墓中填五花土。M022打破M021东北角，M021无随葬品出土（图五〇、五一）。

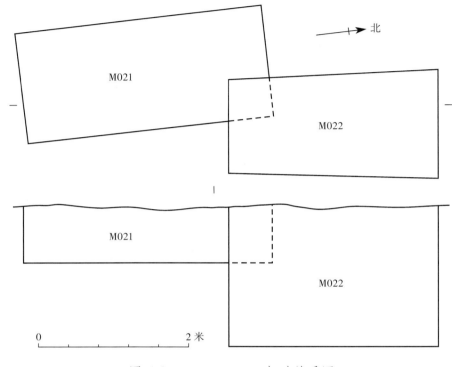

图五〇　M021、M022打破关系图

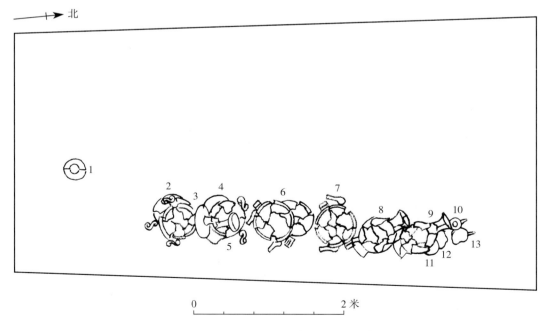

图五一　M022平面及随葬器物分布图

1.滑石璧　2、5.陶敦　3、4.陶豆　6、7.陶鼎　8、9.陶壶　10.陶勺　11.陶盘　12.陶匜　13.陶匕

二　出土器物

13 件，陶器 12 件，滑石器 1 件。

（一）陶器

仿铜陶礼器 12 件。

1. 壶　2 件，形态相同。泥质灰陶。敞口，弧颈，圆弧腹，凸底，高圈足外撇。

M022：8，腹一周弦纹。口径 9.6、腹径 18、高 35.2 厘米（图五二，1）。

M022：9，颈、腹各一周弦纹。口径 10.4、腹径 18、高 36 厘米（图五二，2）。

2. 豆　2 件。泥质灰陶。素面。

M022：3，敞口，弧壁，平盘外底三段瓦棱状凹弧，细高柄微鼓，喇叭状圈足。口径 15.6、高 17 厘米（图五二，3）。

M022：4，直口，折壁，浅平盘，高柄呈两段凸鼓，盖状圈足。口径 14.8、高 17.6 厘米（图五二，4）。

3. 盘　1 件。

M022：11，泥质灰陶。敞口，斜沿，弧壁，平底略凸。素面。口径 8.6、高 2 厘米（图五二，6）。

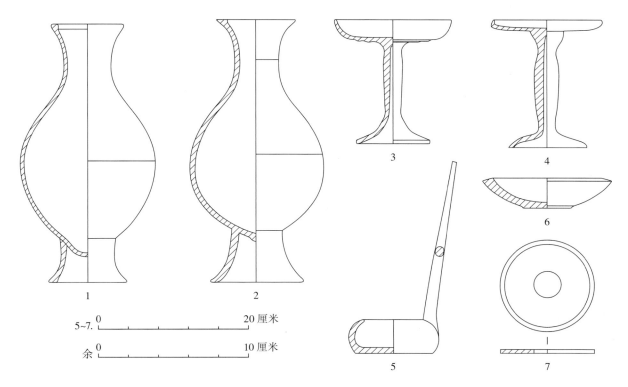

5~7. 0 ⊢——————————⊣ 20 厘米

余 0 ⊢——————————⊣ 10 厘米

图五二　M022 陶、滑石器

1、2. 陶壶（8、9）　3、4. 陶豆（3、4）　5. 陶勺（10）　6. 陶盘（11）　7. 滑石璧（1）

4.勺　1 件。

M022：10，泥质灰陶。算珠形斗，长锥形柄直立略斜。素面。宽 7.2、高 13.2 厘米（图五二，5）。

还有陶鼎、敦各 2 件，匜、匕各 1 件，残甚，未修复。

（二）滑石器

璧　1 件。

M022：1，双面平素，缘内有郭。肉径 12.4、好径 3.6、厚 0.5 厘米（彩版五，2；图五二，7）。

二〇　M023

一　墓葬形制（A 型 I 式）

普通宽长方形竖穴土坑。方向 180°。墓壁垂直。墓长 310、宽 174、深 360 厘米。随葬器物位于墓底头端及左侧。墓底两端有枕木沟，沟宽 20~24、深 10 厘米。葬具及人骨架不存。墓中填五花土（图五三）。

二　出土器物

15 件，陶器 13 件，残铁器 1 件，玻璃器 1 件。

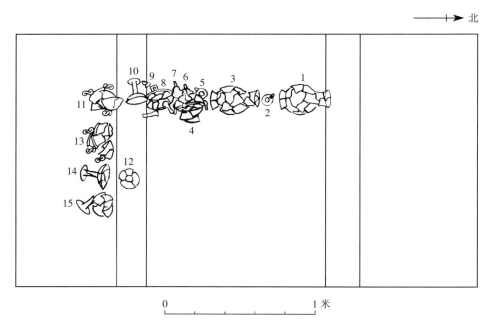

图五三　M023 平面及随葬器物分布图

1、3.陶壶　2、5.陶勺　4、8.陶鼎　6、7.陶匕　9.残铁器　10、14、15.陶豆　11、13.陶敦　12.玻璃璧

（一）陶器

仿铜陶礼器 13 件。

1. 鼎 2 件，形态相同。泥质灰陶。敛口，直腹，底边凹折，平底。蹄形足直立，足断面近菱形，足跟部有兽面装饰，腹两周弦纹。附耳直立。弓弧形素盖。

M023：4，口径 16、宽 20、高 17.6 厘米（图五四，1）。

M023：8，口径 14.8、宽 20、高 18 厘米（图五四，2）。

2. 敦 2 件，修复 1 件。

M023：11，泥质灰陶。身、盖同形，器体较扁，身、盖相合呈橄榄形。敞口，弧腹，圜底、顶。抽象小卧兽足、纽。素面。口径 18、通高 18 厘米（图五四，3）。

3. 壶 2 件，形态相同。泥质灰陶。敞口，弧颈，弧腹，中腹有折，近底向外斜折呈假圈足状，平底。素面。

M023：1，弧形盖，盖面三个小扁纽。口径 11.2、腹径 16.8、高 33.2、带盖通高 36 厘米

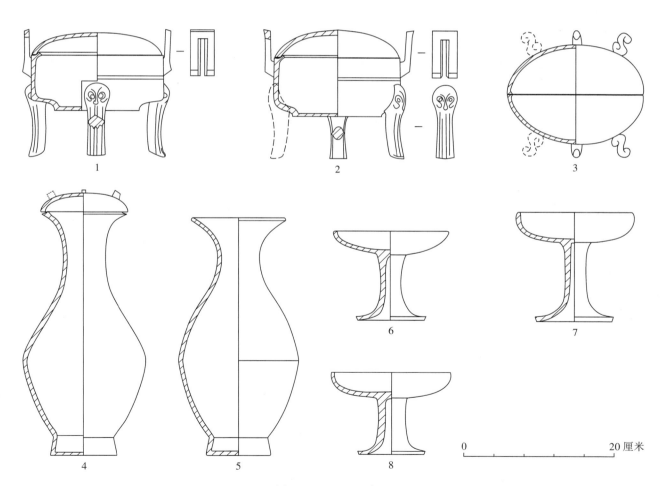

图五四 M023 陶器

1、2. 鼎（4、8） 3. 敦（11） 4、5. 壶（1、3） 6~8. 豆（10、14、15）

（图五四，4）。

　　M023：3，盖失。口径 12.6、腹径 16、高 32.2 厘米（图五四，5）。

　　4. 豆　3 件。泥质灰陶。素面。

　　M023：10，弧壁浅盘，柱状矮足，圈足低平。口径 15.2、高 12 厘米（图五四，6）。

　　M023：14，直口，盘较深，柱状高足，圈足外撇。口径 15.2、高 14.8 厘米（图五四，7）。

　　M023：15，弧壁盘，柱状矮足，圈足低平。口径 14.8、高 11.6 厘米（图五四，8）。

　　5. 勺　2 件，形态相同。泥质灰陶。算珠形斗，长柱柄斜直。素面。

　　M023：2，宽 5.8、高 8 厘米（图五五，1）。

　　M023：5，柄残。宽 5.4、高 5.6 厘米（图五五，2）。

　　6. 匕　2 件，修复 1 件。

　　M023：7，泥质灰陶。平面呈椭圆形。敞口，口沿弧曲，浅弧壁，平底。柄斜伸。素面。
口长径 8.8、宽 15.2、高 6.2 厘米（图五五，3）。

　　（二）玻璃器

　　璧　1 件。

　　M023：12，肉、好有郭，郭内饰谷粒纹。肉径 11.2、好径 4.2、厚 0.25 厘米（图五五，4）。
还有残铁器 1 件，器形不明。

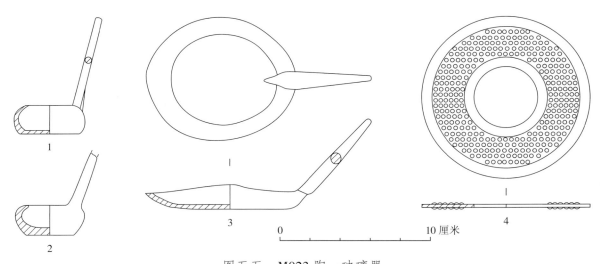

图五五　M023 陶、玻璃器
1、2. 陶勺（2、5）　3. 陶匕（7）　4. 玻璃璧（12）

二一　M024

一　墓葬形制（A 型 I 式）

　　普通宽长方形竖穴土坑。方向 180°。墓壁垂直。墓长 330、宽 184、深 332 厘米。随葬器

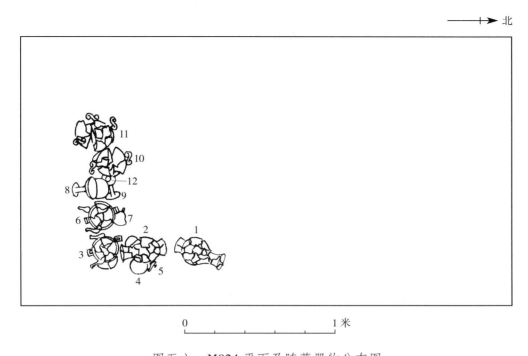

图五六　M024 平面及随葬器物分布图

1、2.陶壶　3、6.陶鼎　4.陶盘　5.铜带钩　7.陶匕　8、9.陶豆　10、11.陶敦　12.玻璃璧

物位于墓底头端及右侧。葬具及人骨架不存。墓中填五花土（图五六）。

二　出土器物

12 件，陶器 10 件，铜器 1 件，玻璃器 1 件。

（一）陶器

1.壶　2 件，形态相同。泥质灰陶。敞口，细弧颈，长弧腹，凸底，圈足外撇。中腹两周弦纹。弧形盖。

M024：1，盖顶一扁纽。口径 9.8、腹径 16.8、高 36、带盖通高 39 厘米（图五七，1）。

M024：2，盖顶三个扁纽。口径 8.8、腹径 16.8、高 35.2、带盖通高 38.4 厘米（图五七，2）。

2.盘　1 件。

M024：4，泥质灰陶。平沿，唇内外凸，弧壁，平底，内底两周凸圈。素面。口径 8.4、高 2.2 厘米（图五七，3）。

3.匕　1 件。

M024：7，泥质灰陶。敞口，口沿弧曲，凹腰，弧壁近底凹弧，饼形平底。柄斜伸。素面。腰宽 7.2、通宽 8.3、通高 4.7 厘米（图五七，4）。

还有陶鼎、敦、豆各 2 件，残甚，未修复。

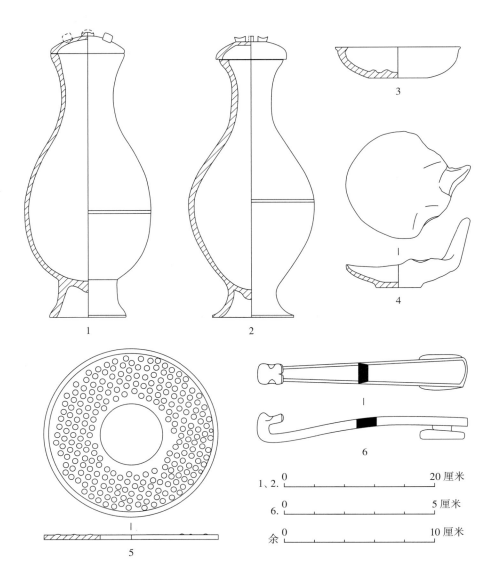

图五七　M024 陶、玻璃、铜器

1、2.陶壶（1、2）　3.陶盘（4）　4.陶匕（7）　5.玻璃璧（12）　6.铜带钩（5）

（二）铜器

带钩　1件。

M024：5，表面鎏金。平面呈琵琶形，中空，兽形勾首，尾端下有方扣。长 7 厘米（图五七，6）。

（三）玻璃器

璧　1件。

M024：12，缘内有郭，郭内饰谷粒纹。肉径 11.6、好径 4.2、厚 0.35 厘米（图五七，5）。

二二　M025

一　墓葬形制（A型Ⅰ式）

普通宽长方形竖穴土坑。方向 180°。墓壁垂直。墓长 320、宽 182、深 442 厘米。随葬器物位于墓底头端及右侧。填土中出铁臿 1 件。墓底两端有枕木沟，沟宽 30~35、深 10 厘米。葬具及人骨架不存。墓中填五花土（图五八）。

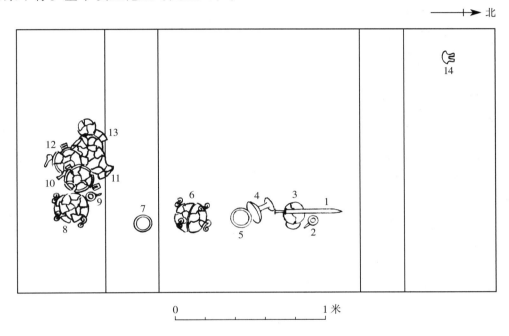

————→ 北

0　　　　　　　　1 米

图五八　M025 平面及随葬器物分布图

1.铜剑　2.陶斗　3、4.陶豆　5.陶盘　6、8.陶敦　7.陶壶盖　9.陶勺　10、12.陶鼎　11、13.陶壶　14.铁臿

二　出土器物

13 件，陶器 11 件，铜器 1 件，铁器 1 件（因 1 件陶壶盖与壶相距较远，单独编号，故编号至 14）。

（一）陶器

仿铜陶礼器。

1.鼎　2 件，修复 1 件。

M025：12，泥质灰陶。子母口内敛，窄肩承盖，浅弧腹，上腹呈台棱状凸出，圜底。蹄形足直立，足断面近梯形，跟部有抽象兽面装饰。附耳微侈。盖失。口径 17.6、宽 24、高 17.6 厘米（图五九，2）。

2.壶　2 件，修复 1 件。

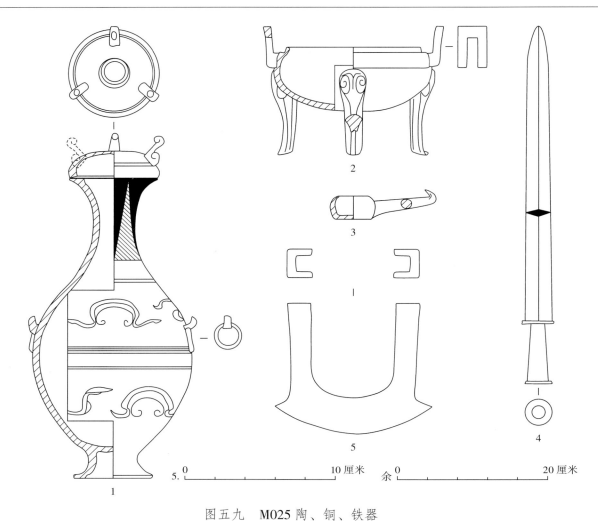

图五九　M025 陶、铜、铁器

1. 陶壶（13）　2. 陶鼎（12）　3. 陶勺（9）　4. 铜剑（1）　5. 铁臿（14）

　　M025：13，泥质灰陶。敞口，细弧颈，圆弧腹，圈足外撇。腹有对称鼻纽衔环，颈、腹有弦纹。碟状盖，盖面三个抽象卧兽纽，呈"S"形。器身红、黑彩绘蕉叶纹、圆圈纹、弦纹、虺形纹等；器身下部也有圆圈纹。盖面两周红彩圈带纹。口径 11.8、腹径 21.2、高 41.6、带盖通高 47.2 厘米（图五九，1）。

　　3. 勺　1 件。

　　M025：9，泥质灰陶。算珠形斗，柄平伸，尾端上勾。素面。宽 14、高 4 厘米（图五九，3）。

　　还有陶敦、豆各 2 件，盘、斗各 1 件，残甚，未修复。

　　（二）铜器

　　剑　1 件。

　　M025：1，灰黑色。璧形空首，空茎，"一"字形格。菱形脊。长 49.4 厘米（图五九，4）。

（三）铁器

铁臿　1件。

M025：14，凹口，大弧刃两角上翘，外与銎部折转。刃宽10.4、高9厘米（图五九，5）。

二三　M026

一　墓葬形制（B型I式）

普通窄长方形竖穴土坑。方向160°。墓壁垂直，墓上部破坏。墓长252、宽126、残深93厘米。随葬器物位于墓底头端。葬具及人骨架不存。墓中填五花土（图六〇）。

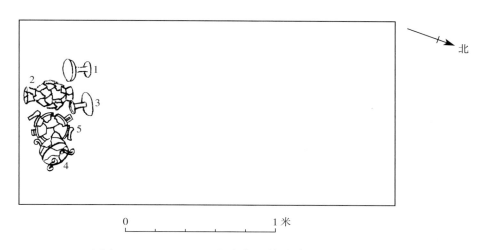

图六〇　M026平面及随葬器物分布图
1、3.陶豆　2.陶壶　4.陶敦　5.陶鼎

二　出土器物

仿铜陶礼器5件。

1. 鼎　1件。

M026：5，泥质灰陶。子母口内敛，窄肩承盖，扁弧腹，上腹呈台棱状凸出，平底。蹄形足略内聚，足断面近三角形，跟部有抽象兽面装饰。附耳直立。盘状盖，盖顶一周凸圈，盖面等列三个钉状小纽。口径13.6、宽19.4、高20.8厘米（图六一，1）。

2. 敦　1件。

M026：4，泥质灰陶。身、盖同形，直口，弧腹，圜底、顶。抽象卧兽形高足、纽。盖上部两周弦纹。口径16、通高24.4厘米（图六一，2）。

3. 壶　1件。

M026：2，泥质灰陶。直口，平沿，弧颈较直，弧腹微坠，圜底，大圈足外撇。颈、肩交

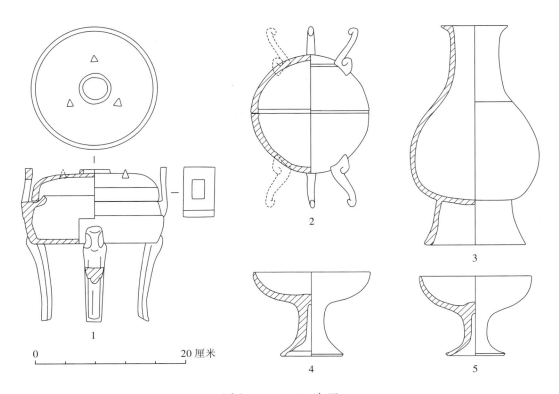

图六一　M026 陶器

1.鼎（5）　2.敦（4）　3.壶（2）　4、5.豆（1、3）

界处一周弦纹。口径 8.8、腹径 17.2、高 30 厘米（图六一，3）。

4.豆　2 件，形态相同。泥质褐陶。敞口，弧壁，内凸底，矮弧柄，喇叭状圈足。素面。

M026：1，口径 15.6、高 11.6 厘米（图六一，4）。

M026：3，口径 15、高 11 厘米（图六一，5）。

二四　M027

一　墓葬形制（C 型Ⅳ a 式）

狭长形竖穴土坑带高头龛及封闭二层台。方向 180°。墓壁垂直。墓口长 250、宽 96 厘米，墓底长 210、宽 68 厘米，墓残深 100 厘米。头龛位于墓坑南端，龛底与二层台平。龛宽 84、深 28、高 30 厘米，封闭形二层台高 60、宽 14~20 厘米。随葬器物置于头龛内。葬具及人骨架不存。墓中填五花土（图六二）。

二　出土器物

8 件，陶器 2 件，铜器 4 件，玉器 2 件。

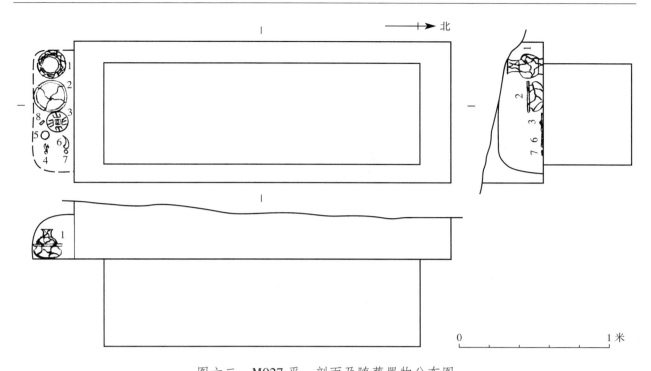

图六二　M027 平、剖面及随葬器物分布图

1. 陶壶　2. 陶盂　3. 铜镜　4. 铜带钩　5. 铜剑首　6. 玉觿　7. 玉串珠　8. 铜印章

（一）陶器

日用陶器 2 件。

1. 壶　1 件。

M027：1，泥质灰陶。侈口，高弧领，斜肩，弧腹，圜底，圈足略外斜。素面。口径 13.2、腹径 19.6、高 23.2 厘米（图六三，1）。

2. 盂　1 件。

M027：2，泥质灰陶。敛口，平折沿微坠，束颈，深斜弧腹，平底。素面。口径 20.8、高 10.8 厘米（图六三，2）。

（二）铜器

1. 镜　1 件。

M027：3，黑色。为十二花叶四竹叶羽状地四山纹镜。三弦纽，方纽座，窄素缘。主题纹饰为底边与纽座平行的四个左斜的"山"字纹；缘内"山"字间有横向四个竹叶形纹；纽座四角及"山"字纹间各有一叶片纹，两叶片之间以绹索状带纹相连，共十二叶片纹；主纹饰下满饰涡纹及羽状地纹。直径 13.6 厘米（彩版五，3；图六三，3）。

2. 剑首　1 件。

M027：5，喇叭形首，上连实心茎，茎上有凹。首径 3.2、高 2.2 厘米（图六三，4）。

3. 带钩　1 件。

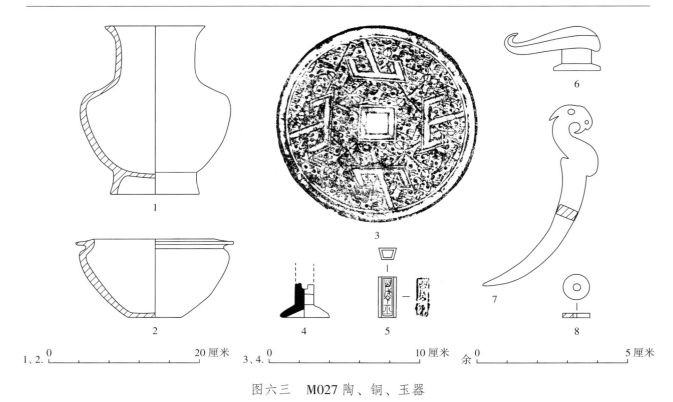

1、2. 0 ——————————— 20 厘米　　3、4. 0 ——————————— 10 厘米　　余 0 ——————————— 5 厘米

图六三　M027 陶、铜、玉器

1. 陶壶（1）　2. 陶盂（2）　3. 铜镜（3）　4. 铜剑首（5）　5. 铜印章（8）　6. 铜带钩（4）　7. 玉觿（6）　8. 玉串珠（7）

M027：4，勾首，尾端宽厚，圆扣。长 3.2 厘米（图六三，6）。

4. 印章　1 件。

M027：8，黑色。印面呈长方形，断面呈梯形，中空。印文为"尽金"二字。长 1.4、宽 0.4~0.6、高 0.4 厘米（彩版六，1；图六三，5）。

（三）玉器

1. 觿　1 件。

M027：6，乳白色。头端凤首形，勾喙，方茎，弯曲，尾端收尖。长 7 厘米（彩版六，2；图六三，7）。

2. 串珠　1 件。

M027：7，圆片状，中有孔。直径 0.8、厚 0.1 厘米（图六三，8）。

二五　M028

一　墓葬形制（B 型 I 式）

普通窄长方形竖穴土坑。方向 180°。墓壁垂直，墓上部破坏。墓长 270、宽 140、残深 174 厘米。随葬器物位于墓底头端左侧。葬具及人骨架不存。墓中填五花土（图六四）。

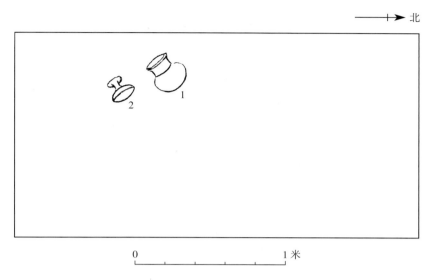

图六四 M028 平面及随葬器物分布图
1. 陶罐 2. 陶豆

二 出土器物

日用陶器 2 件。

1. 罐 1 件。

M028：1，泥质灰陶。侈口，三角形折沿，高弧领，圆肩，弧腹，凹圜底。腹饰粗绳纹。口径 14.8、腹径 22.4、高 23.6 厘米（图六五，1）。

2. 豆 1 件。

M028：2，泥质灰陶。口微敛，弧壁，矮柱状柄，圈足外撇。素面。口径 13.8、高 10 厘米（图六五，2）。

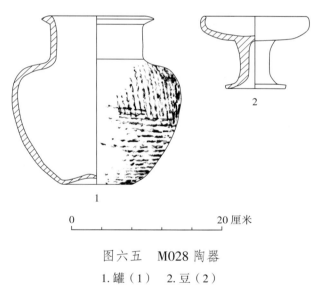

图六五 M028 陶器
1. 罐（1） 2. 豆（2）

二六 M030

一 墓葬形制（A 型 II 式）

宽长方形竖穴土坑带斜坡墓道。方向 5°。墓壁倾斜呈覆斗形，墓上部破坏。墓口长 340、宽 236 厘米，墓底长 300、宽 175 厘米，墓残深 300 厘米。墓道位于墓室北端中间，坡度 26°。墓道残长 270、宽 140 厘米，墓道下端距墓底 160 厘米。随葬器物位于墓底头端左侧。墓底两端有枕木沟，沟宽 30、深 5 厘米。葬具及人骨架不存。墓中填五花土（图六六、六七）。

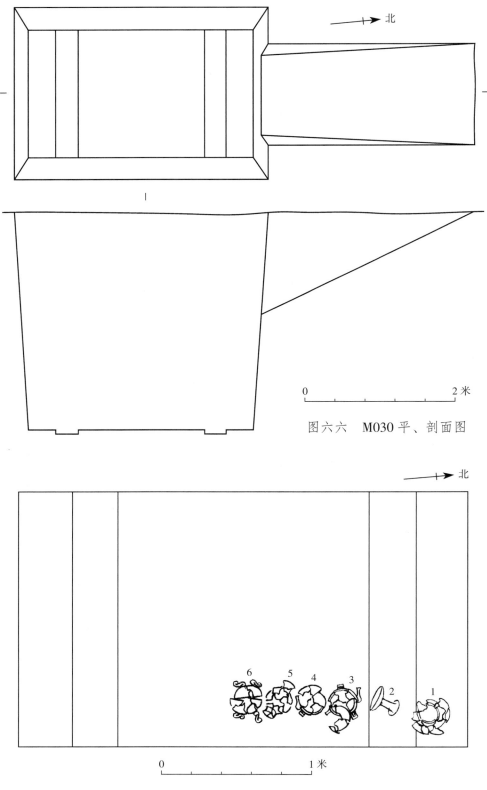

图六六　M030 平、剖面图

图六七　M030 随葬器物分布图

1.陶罐　2.陶豆　3、4.陶鼎　5.陶壶　6.陶敦

二　出土器物

仿铜陶礼器 6 件。均残甚，未修复。

二七　M031

一　墓葬形制（C 型 Ⅲ 式）

狭长形竖穴土坑带高头龛。方向 7°。墓壁垂直，墓上部破坏。墓长 230、宽 60、残深 60 厘米。头龛位于墓坑北端，龛底距墓底 24 厘米，龛宽 60、深 24、龛残高 36 厘米。随葬器物置于头龛内。葬具及人骨架不存。墓中填五花土（图六八）。

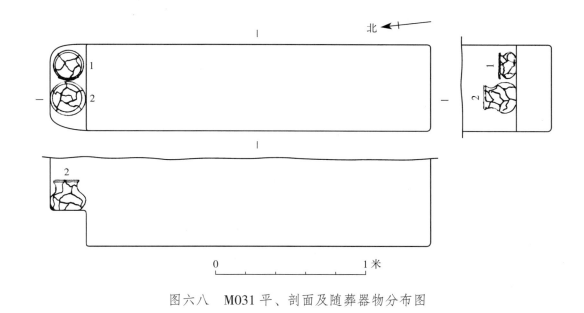

图六八　M031 平、剖面及随葬器物分布图
1. 陶盂　2. 陶罐

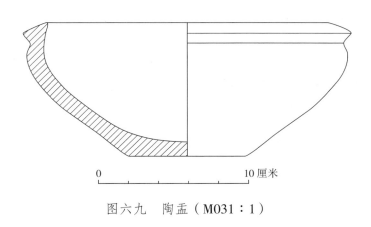

图六九　陶盂（M031∶1）

二　出土器物

日用陶器 2 件。

盂　1 件。

M031∶1，泥质灰陶。敛口，三角形凸唇，斜壁，平底。素面。口径 19.2、高 9 厘米（图六九）。

还有陶罐 1 件，残甚，未修复。

二八　M032

一　墓葬形制（C 型 I 式）

普通狭长方形竖穴土坑。方向 180°。墓壁垂直。墓长 236、宽 54、深 260 厘米。随葬器物置于墓底头端。葬具及人骨架不存。墓中填五花土（图七〇）。

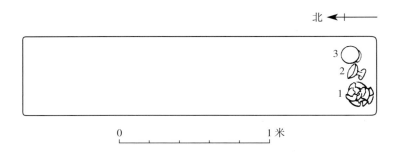

图七〇　M032 平面及随葬器物分布图
1.陶壶　2、3.陶豆

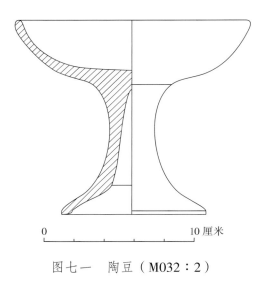

图七一　陶豆（M032：2）

二　出土器物

日用陶器 3 件。

陶豆　2 件，修复 1 件。

M032：2，泥质灰陶。敞口，弧壁，矮弧形柄，盖状圈足。素面。口径 15.4、高 13.5 厘米（图七一）。

还有陶壶 1 件，残甚，未修复。

二九　M033

一　墓葬形制（A 型 I 式）

普通宽长方形竖穴土坑。方向 265°。墓壁略斜，墓上部破坏。墓口长 330、宽 180 厘米，墓底长 300、宽 150 厘米，墓残深 130 厘米。随葬器物主要位于墓底头端，铜剑位于中部偏左侧，右侧亦有两件陶器。墓底两端向墓壁掏枕木槽，槽宽 30、深 16~20 厘米。葬具及人骨架不存。墓中填五花土（图七二）。

二　出土器物

10 件，陶器 8 件，铜器 2 件。

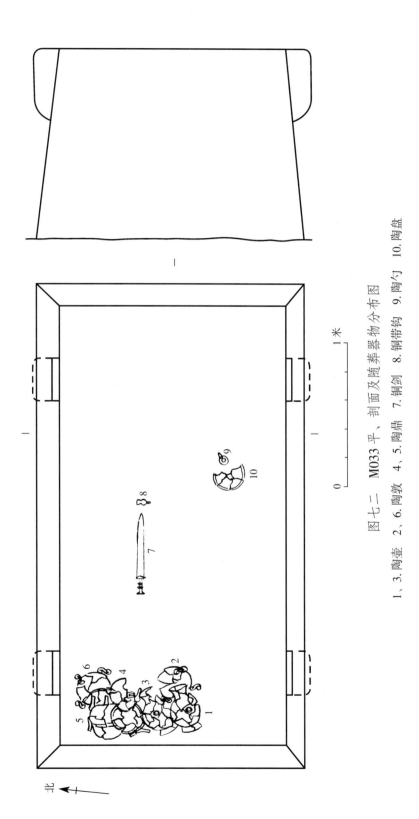

图七二　M033 平、剖面及随葬器物分布图

1、3.陶壶　2、6.陶敦　4、5.陶鼎　7.铜剑　8.铜带钩　9.陶勺　10.陶盘

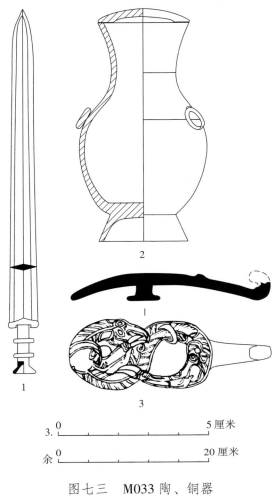

图七三　M033 陶、铜器
1. 铜剑（7）　2. 陶壶（1）　3. 铜带钩（8）

（一）陶器

仿铜陶礼器 8 件。

壶　2 件，修复 1 件。

M033：1，泥质灰陶。敞口，弧颈，弧腹，平底，圈足外斜。腹部有对称圆环，颈、腹各一周弦纹。弧形浅素盖。口径 12、腹径 17、通高 31.6 厘米（图七三，2）。

还有鼎、敦各 2 件，盘、勺各 1 件，残甚，未修复。

（二）铜器

1. 剑　1 件。

M033：7，灰绿色。喇叭形首，圆实茎有双箍，"凹"字形格。剑身菱形脊。长 50.4 厘米（彩版六，3；图七三，1）。

2. 带钩　1 件。

M033：8，绿色。前段钩首已残，后端呈"8"字形宽身，上透镂龙纹。身下圆扣。长 6.7、宽 2.4 厘米（图七三，3）。

三〇　M034

一　墓葬形制（A 型 I 式）

普通宽长方形竖穴土坑。方向 5°。墓壁垂直，墓上部破坏。墓长 336、宽 166、残深 130 厘米。随葬器物主要位于墓底头端，1 件铜带钩位于中部偏左侧。葬具及人骨架不存。墓中填五花土（图七四）。

二　出土器物

7 件，陶器 5 件，铜器 2 件。铜器残甚，仅存陶器。

仿铜陶礼器 5 件。

1. 敦　1 件。

M034：7，泥质灰陶。身、盖同形，敞口，凸唇，弧腹，圜底、顶。抽象卧兽形高足、纽。口径 19.8、通高 26 厘米（图七五，2）。

2. 壶　1 件。

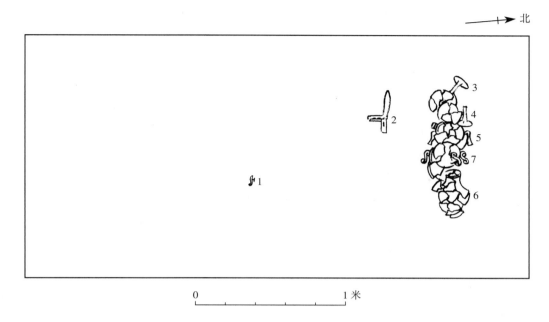

图七四　M034 平面及随葬器物分布图

1.铜带钩　2.铜戈　3、4.陶豆　5.陶鼎　6.陶壶　7.陶敦

M034：6，泥质灰陶。喇叭形敞口，细弧颈，圆弧腹，下腹向外斜折呈假圈足状，平底。颈至腹有三周弦纹。口径 10.4、腹径 18.8、高 33.6 厘米（图七五，1）。

3.豆　2件，修复1件。

M034：4，泥质灰陶。直口，弧壁浅平，柱状高柄，喇叭状圈足。素面。口径 14.6、高 16.4 厘米（图七五，3）。

还有陶鼎1件，铜戈、带钩各1件，残甚，未修复。

三一　M035

一　墓葬形制（B型Ⅰ式）

普通窄长方形竖穴土坑。方向 100°。墓壁略斜，墓上部破坏。墓口长 252、宽 110 厘米，墓底长 240、宽 90

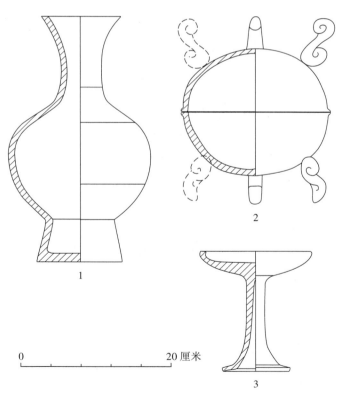

图七五　M034 陶器

1.壶（6）　2.敦（7）　3.豆（4）

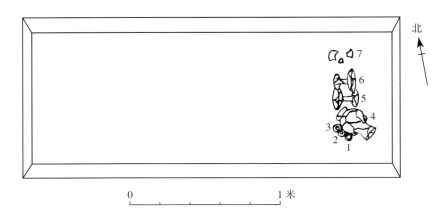

图七六　M035 平面及随葬器物分布图

1~3.铜砝码　4.陶壶　5、6.陶豆　7.玻璃璧

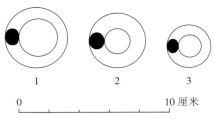

图七七　M035 铜砝码（1~3）

厘米，墓残深 52 厘米。随葬器物位于墓底头端。葬具及人骨架不存。墓中填五花土（图七六）。

二　出土器物

7 件，陶器 3 件，铜器 3 件，玻璃器 1 件。

铜砝码　3 枚。黑色。圆环形，椭圆茎。

M035：1，直径 4.2、茎粗 1.2 厘米，重 59 克（图七七，1）。

M035：2，直径 3.5、茎粗 1.2 厘米，重 38 克（图七七，2）。

M035：3，直径 2.8、茎粗 1 厘米，重 14 克（图七七，3）。

还有陶壶 1 件、豆 2 件以及玻璃璧 1 件，未修复。

三二　M036

一　墓葬形制（B 型 I 式）

普通窄长方形竖穴土坑。方向 90°。墓壁垂直，墓上部破坏。墓长 270、宽 130、残深 15 厘米。随葬器物位于墓底头端。葬具及人骨架不存。墓中填五花土（图七八）。

二　出土器物

陶壶　1 件。

M036：1，泥质灰陶。敞口，粗弧颈，溜肩，圆腹，圜底，圈足外撇。上腹有对称环耳，颈至腹有六组弦纹，每组两道。口径 10.4、腹径 17.6、高 21.6 厘米（图七九）。

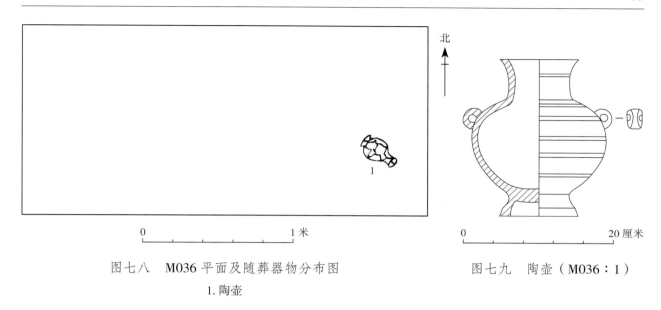

图七八　M036 平面及随葬器物分布图
1. 陶壶

图七九　陶壶（M036：1）

三三　M037

一　墓葬形制（C 型 III 式）

　　狭长形竖穴土坑带高头龛。方向 354°。墓壁垂直，墓上部破坏。墓长 228、宽 82、残深 60 厘米。头龛位于墓坑北端，龛底距墓底高 38 厘米，龛宽 38、深 26、龛残高 22 厘米。随葬器物置于头龛内。葬具及人骨架不存。墓中填五花土（图八〇）。

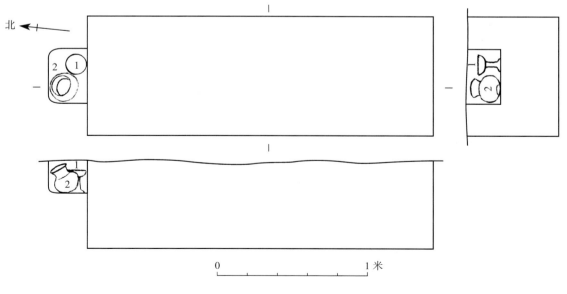

图八〇　M037 平、剖面及随葬器物分布图
1. 陶豆　2. 陶罐

二　出土器物

日用陶器 2 件。

陶豆　1 件。

M037 : 1，泥质灰陶。敞口，弧壁，矮弧形柄，圈足外撇。素面。口径 13、高 10.5 厘米（图八一）。

还有陶罐 1 件，残甚，未修复。

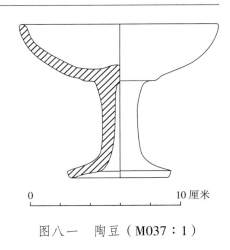

0　　　　　　　　　　　　10 厘米

图八一　陶豆（M037 : 1）

三四　M038

一　墓葬形制（A 型 II 式）

宽长方形竖穴土坑带斜坡墓道。方向 90°。墓壁倾斜呈覆斗形。墓口长 356、宽 240 厘米，墓底长 320、宽 172 厘米，墓深 330 厘米。墓道位于墓室东端中间，坡度 20°。墓道残长 320、宽 155 厘米，墓道下端距墓底 160 厘米。随葬器物位于墓底头端及右侧。墓底两端有枕木沟，沟宽 30、深 8 厘米。葬具及人骨架不存。墓中填五花土（图八二、八三）。

二　出土器物

9 件（套），陶器 7 件，铜器 1 件（铃形器 2 枚），玻璃器 1 件（珠 2 枚）。

（一）陶器

仿铜陶礼器 7 件。

1. 鼎　3 件，修复 1 件。

M038 : 3，泥质灰陶。高子母口内敛，窄肩承盖，深弧腹较直，平底。蹄形足外撇，足断面呈梯形，附耳略斜。腹两周弦纹。盘状盖边缘弧折，盖边等列三个棱锥形纽。口径 13.2、宽 21.9、高 21 厘米（图八四，2）。

2. 豆　4 件，修复 1 件。

M038 : 7，泥质灰陶。斜直口，折壁浅盘，柱状高柄，喇叭状圈足。盘内底有红彩圆圈纹和三个反 "S" 形纹，柄一周红彩弦纹，弦纹下竖条纹。口径 14.4、高 17.4 厘米（彩版六，4；图八四，1）。

（二）玻璃器

珠　2 枚，1 枚残。

M038 : 5-1，上下平，边缘弧，中有孔。周身饰四个凸起的同心圆珠纹。直径 1、高 0.6 厘米（图八四，3）。

还有铜铃形器 2 枚，残甚，形态及尺寸不明。

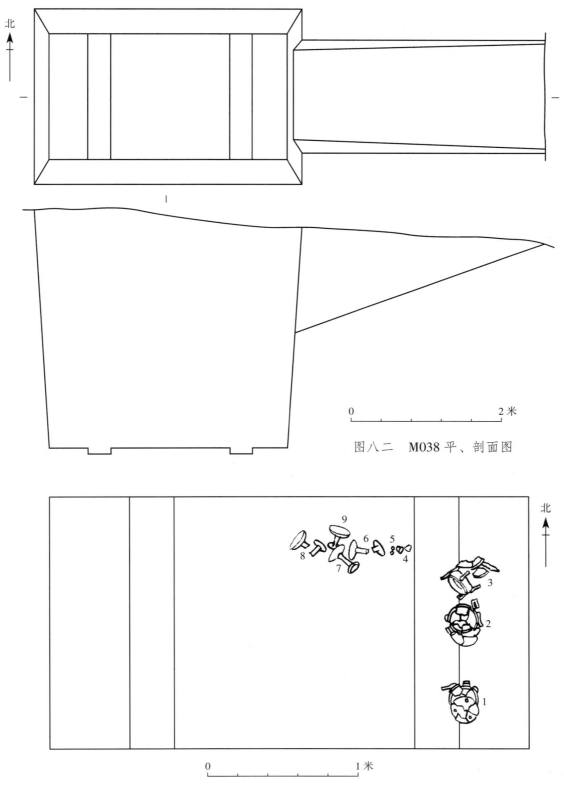

图八二 M038 平、剖面图

图八三 M038 随葬器物分布图

1~3.陶鼎 4.铜铃形器 5.玻璃珠 6~9.陶豆

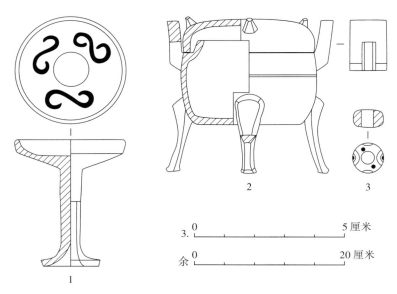

图八四　M038 陶、玻璃器

1. 陶豆（7）　2. 陶鼎（3）　3. 玻璃珠（5-1）

三五　M039

一　墓葬形制（A 型 I 式）

普通宽长方形竖穴土坑。方向 180°。墓壁垂直，墓上部破坏。墓长 292、宽 195、残深 175
厘米。随葬器物主要位于墓底头端。葬具及人骨架不存。墓中填五花土（图八五）。

二　出土器物

8 件，陶器 7 件，铜器 1 件。

（一）陶器

仿铜陶礼器 7 件。

1. 鼎　1 件。

M039：6，泥质灰陶。高子母口内敛，窄肩承盖，上腹较直，下腹折收，圜底。蹄形高足外撇，
足断面呈梯形。腹一周凸圈。附耳外张。弓弧形盖。盖面一周凸圈，凸圈上三个钉状纽。口径
15.3、宽 26.2、高 22.5 厘米（图八六，1）。

2. 敦　1 件。

M039：7，泥质灰陶。身、盖同形，相合呈橄榄形。直口，弧腹，圜底、顶，抽象勾首卷
尾高兽纽、足。口径 21.4、通高 28.2 厘米（图八六，2）。

3. 盘　1 件。

M039：4，泥质灰陶。敞口，宽平折沿微坠，斜折壁近底向下斜折，饼形平底。素面。口

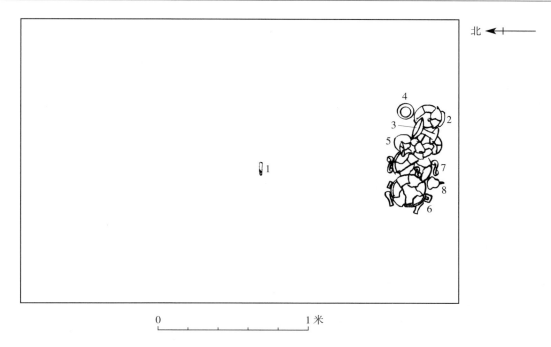

图八五　M039 平面及随葬器物分布图

1. 铜带钩　2、3.陶豆　4.陶盘　5.陶壶　6.陶鼎　7.陶敦　8.陶匕

径 26.6、高 6.2 厘米（图八六，3）。

4. 匕　1 件。

M039：8，泥质灰陶。平面呈扇形，斜壁，小平底。柱状实心柄斜伸，柄断面呈折角正方形。素面。长 20.4、宽 12.9、高 11 厘米（图八六，4）。

还有陶壶 1 件、豆 2 件，残甚，未修复。

（二）铜器

带钩　1 件。

M039：1，平面近长条形，前端鸭嘴形钩，后端下长方形扣。长 7.9 厘米（图八六，5）。

三六　M040

一　墓葬形制（A 型 I 式）

普通宽长方形竖穴土坑。方向 355°。墓壁垂直，墓上部破坏。墓长 320、宽 195、残深 150 厘米。随葬器物位于墓底头端。葬具及人骨架不存。墓中填五花土（图八七）。

二　出土器物

仿铜陶礼器 9 件。

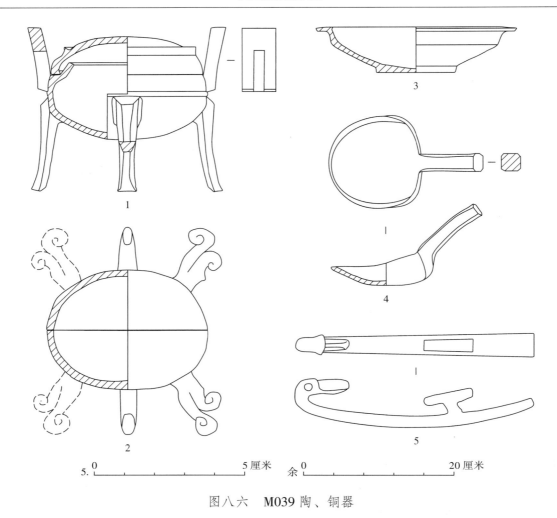

图八六　M039 陶、铜器

1. 陶鼎（6）　2. 陶敦（7）　3. 陶盘（4）　4. 陶匕（8）　5. 铜带钩（1）

1. 敦　1 件。

M040：4，泥质灰陶。身、盖同形，相合呈橄榄形。直口，弧腹，圜底、顶，抽象勾首卷尾兽纽、足。素面。口径 18.6、通高 20 厘米（图八八，2）。

2. 壶　1 件。

M040：3，泥质灰陶。喇叭形敞口，弧颈，弧腹，底微凹，矮圈足略外斜。腹有对称鼻纽衔环。腹一周弦纹。口径 11、腹径 18、高 26.8 厘米（图八八，1）。

3. 豆　4 件，修复 1 件。

M040：2，泥质灰陶。敞口，弧壁，高弧柄，喇叭状圈足。素面。口径 13、高 13.2 厘米（图八八，4）。

4. 盘　1 件。

M040：7，泥质灰陶。直口，宽平折沿微坠，斜折壁微凹弧，平底。素面。口径 27.4、高 6.6 厘米（图八八，5）。

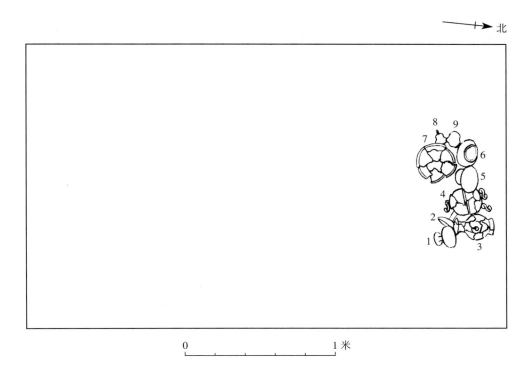

图八七　M040 平面及随葬器物分布图

1、2、5、6.陶豆　3.陶壶　4.陶敦　7.陶盘　8.陶匕　9.陶匜

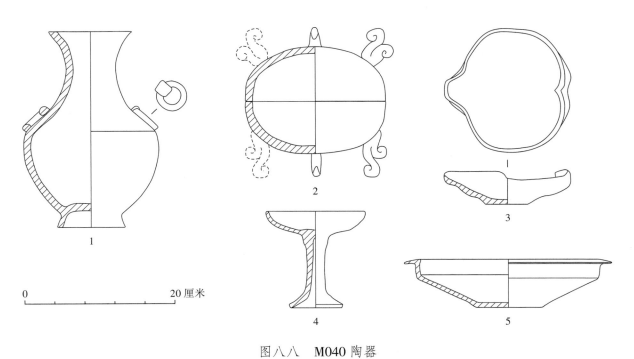

图八八　M040 陶器

1.壶（3）　2.敦（4）　3.匜（9）　4.豆（2）　5.盘（7）

5. 匜　1 件。

M040：9，泥质灰陶。直口，沿弧曲，斜壁，平底。口沿一侧弧形流，对应流一侧内瘪为扣手。口径 16.5~16.8、高 4.5 厘米（图八八，3）。

还有陶匕 1 件，残甚，未修复。

三七　M041

一　墓葬形制（B 型 Ⅰ 式）

普通窄长方形竖穴土坑。方向 90°。墓壁垂直，墓上部破坏。墓长 230、宽 100、残深 96 厘米。随葬器物位于墓底头端。葬具及人骨架不存。墓中填五花土（图八九）。

二　出土器物

日用陶器 6 件。

1. 罐　3 件，摞在一起。修复 1 件。

M041：4，泥质灰陶。侈口，束颈，圆肩，弧腹，圜底。腹饰席纹。口径 14.3、腹径 19.8、高 13.2 厘米（图九〇，1）。

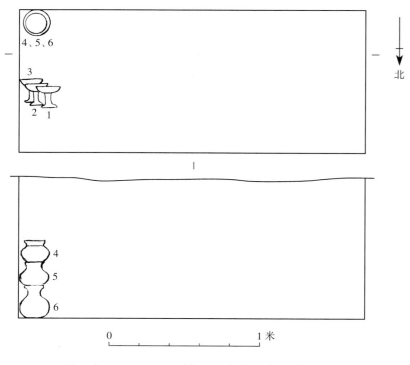

图八九　M041 平、剖面及随葬器物分布图

1~3. 陶豆　4~6. 陶罐

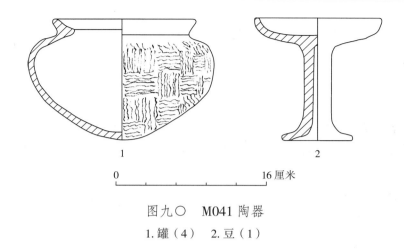

图九〇　M041 陶器

1.罐（4）　2.豆（1）

2.豆　3 件，并排而放。修复 1 件。

M041：1，泥质灰陶。敞口，弧壁，柱状柄，圈足外撇。素面。口径 13.5、高 13.5 厘米（图九〇，2）。

三八　M042

一　墓葬形制（B 型 I 式）

普通窄长方形竖穴土坑。方向 90°。墓壁垂直，墓上部破坏。墓长 310、宽 140、残深 100 厘米。随葬器物位于墓底头端。葬具及人骨架不存。墓中填五花土（图九一）。

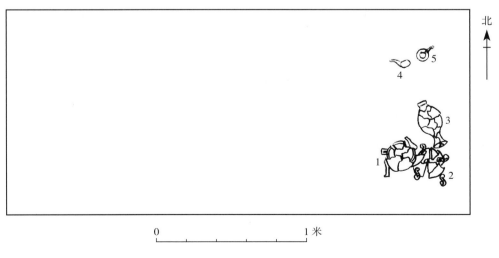

图九一　M042 平面及随葬器物分布图

1.陶鼎　2.陶敦　3.陶壶　4、5.陶勺

二　出土器物

仿铜陶礼器 5 件。

1. 鼎　1 件。

M042：1，泥质灰陶。低子母口内敛，凹沿承盖，直腹，平底。蹄形高足，足跟部有兽面装饰。腹一周凸圈。附耳直立。弓弧形素盖。口径 13.8、宽 19.8、通高 21.3 厘米（图九二，2）。

2. 壶　1 件。

M042：3，泥质灰陶。敞口，弧颈极细，长弧腹，小圈足外撇。腹有对称鼻纽衔环。腹一周弦纹。弧形盖，盖面三个抽象兽纽。口径 8、腹径 16、高 44、带盖通高 46.8 厘米（图九二，1）。

3. 勺　2 件，修复 1 件。

M042：4，泥质灰陶。斗为敛口，扁圆腹，饼形平底，长柄斜伸，尾端向右侧勾卷。素面。宽 10.2、高 4.6 厘米（图九二，3）。

还有陶敦 1 件，残甚，未修复。

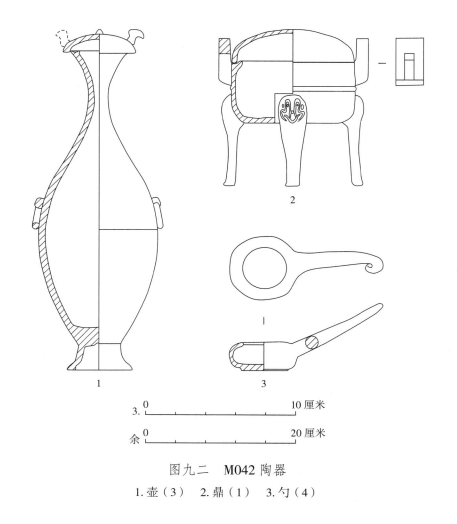

3. ⊢————0————————10 厘米

余 ⊢————0————————20 厘米

图九二　M042 陶器

1. 壶（3）　2. 鼎（1）　3. 勺（4）

三九 M043

一 墓葬形制（A型Ⅰ式）

普通宽长方形竖穴土坑。方向270°。墓壁垂直，墓上部破坏。墓长280、宽166、残深60厘米。随葬器物位于墓底头端及左侧。葬具及人骨架不存。墓中填五花土（图九三）。

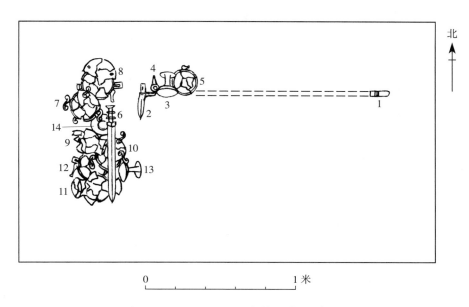

图九三 M043平面及随葬器物分布图

1.铜戈镦 2.铜戈 3、13.陶豆 4.陶斗 5.铜銮 6.铜剑 7、10.陶敦 8、12.陶鼎 9、11.陶壶 14.滑石璧

二 出土器物

14件，陶器9件，铜器4件，滑石器1件。

（一）陶器

仿铜陶礼器9件。

1. 鼎 2件，修复1件。

M043：8，泥质灰陶。高子母口内敛，窄肩承盖，弧腹较直，平底。蹄形高足细挑，略外撇，足断面呈梯形。腹一周凸圈。附耳外斜。弧形盖边等列三个扁纽。口径19.8、宽28.8、高24.6厘米（图九四，1）。

2. 敦 2件，修复1件。

M043：7，泥质灰陶。身、盖同形，相合呈椭圆形。直口，凸唇，弧腹，圜底、顶，抽象高兽纽、足外斜。身、盖各两周弦纹。口径18.8、通高26厘米（图九四，2）。

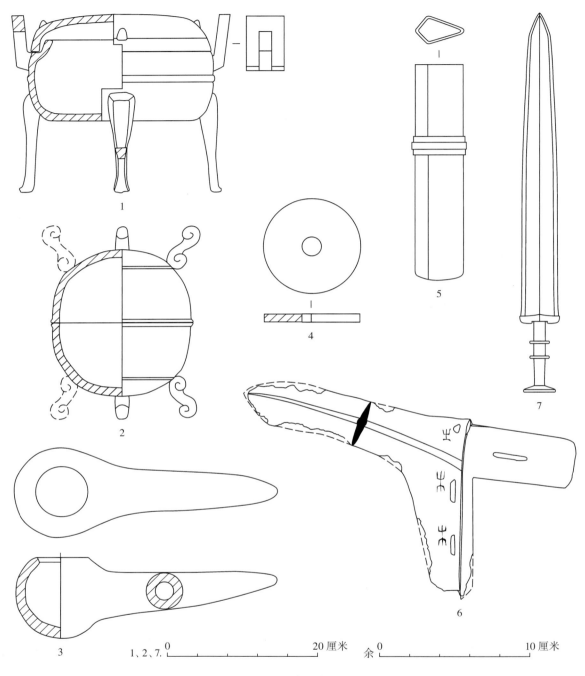

图九四　M043 陶、铜、滑石器

1.陶鼎（8）　2.陶敦（7）　3.陶斗（4）　4.滑石璧（14）　5.铜戈镦（1）　6.铜戈（2）　7.铜剑（6）

3. 斗　1 件。

M043：4，泥质灰陶。敛口，圆弧腹，圜底，锥柱状空柄斜伸。素面。宽 17.4、高 5.5 厘米（图九四，3）。

还有陶壶、豆各 2 件，残甚，未修复。

（二）铜器

1. 剑　1件。

M043：6，灰绿色。喇叭形首，圆实茎有双箍，"凹"字形宽格。剑身菱形脊。长52厘米（彩版七，1；图九四，7）。

2. 戈　1件。

M043：2，绿色。昂援，凸棱脊，刃缘崩残；长方内上一条形穿；长胡，阑侧三穿。胡部有"之、木、木"三字，未审何意。援、内通长约22.5、胡高12.3厘米（彩版七，2；图九四，6）。

3. 戈镈　1件。

M043：1，为M043：2戈之镈，镈与戈之间相距1.5米，乃为腐朽木柲的长度。绿色。直筒形，上部有三道凸箍，断面近圭形。长14.8厘米（图九四，5）。

还有铜銎1件，残甚，未修复。

（三）滑石器

璧　1件。双面平素。

M043：14，肉径6.4、好径1.2、厚0.6厘米（图九四，4）。

四〇　M044

一　墓葬形制（A型Ⅰ式）

普通宽长方形竖穴土坑。方向175°。墓壁垂直，墓上部破坏。墓长310、宽188、残深110厘米。随葬器物位于墓底头端及右侧。葬具及人骨架不存。墓中填五花土（图九五）。

二　出土器物

20件，陶器16件，铜器2件，玻璃器1件，石器1件。

（一）陶器

仿铜陶礼器。

1. 鼎　2件，修复1件。

M044：11，泥质灰陶。敛口，弧腹，底边下折，饼形平底。蹄形足细挑直立，足断面近梯形。附耳直立。腹有一周凸棱。平顶弧盖。口径14.4、宽19.8、高18.6厘米（图九六，1）。

2. 敦　2件，修复1件。

M044：19，泥质灰陶。身、盖大致同形，直口，弧腹，底较平，弧顶，抽象兽纽、足呈"S"形。身、盖各两周弦纹。口径15.3、通高20.8厘米（图九六，2）。

3. 壶　2件，修复1件。

M044：9，泥质灰陶。喇叭形敞口，弧颈，弧腹，凸底，圈足外撇。腹有对称鼻纽衔环，颈、

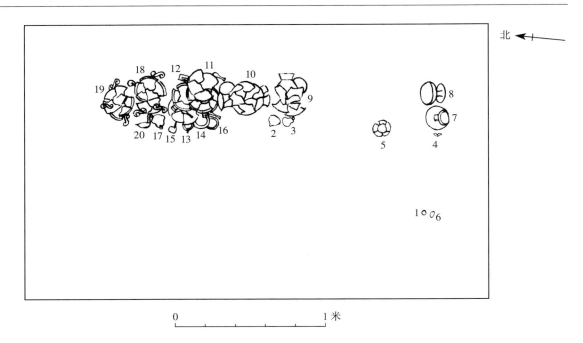

图九五　M044 平面及随葬器物分布图

1. 石珠　2、17. 陶匜　3、20. 陶匕　4. 铜剑格　5. 玻璃璧　6. 铜剑首　7、8. 陶豆　9、10. 陶壶　11、12. 陶鼎
13、15. 陶勺　14、16. 陶盘　18、19. 陶敦

腹各一周弦纹。碟状浅盖，盖面三个抽象兽纽。口径 12、腹径 20、高 36.4、带盖通高 41.6 厘米（图九六，3）。

　　4. 盘　2 件，修复 1 件。

　　M044：16，泥质灰陶。敞口，弧壁，平底。素面。口径 12、高 3 厘米（图九六，5）。

　　5. 勺　2 件，修复 1 件。

　　M044：15，泥质灰陶。敛口，弧腹，底边下折，饼形平底。锥状柄直立微弧。素面。腹径 6、高 7.2 厘米（图九六，7）。

　　6. 匜　2 件，修复 1 件。

　　M044：2，泥质灰陶。敞口，斜壁，饼形平底。口沿一侧弧形流。口径 9.8~10.6、高 3 厘米（图九六，8）。

　　7. 匕　2 件，修复 1 件。

　　M044：3，泥质灰陶。平面呈箕形，口两侧掐腰，平底。柱状柄向上，柄尾端外卷。素面。宽 11、高 7.8 厘米（图九六，4）。

　　还有陶豆 2 件，残甚，未修复。

　　（二）铜器

　　剑格　1 件。

　　M044：4，"凹"字形格。长 5、宽 2.2、高 1.2 厘米（图九六，10）。

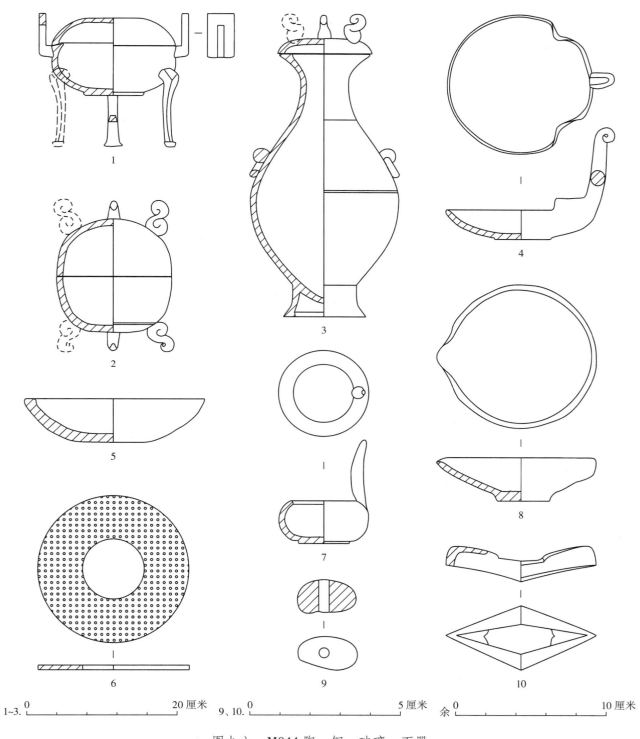

图九六　M044 陶、铜、玻璃、石器

1.陶鼎（11）　2.陶敦（19）　3.陶壶（9）　4.陶匕（3）　5.陶盘（16）　6.玻璃璧（5）　7.陶勺（15）　8.陶匜（2）
9.石珠（1）　10.铜剑格（4）

还有铜剑首 1 件，残甚。

（三）玻璃器

璧　1 件。

M044：5，通体饰谷粒纹。肉径 10、好径 4、厚 0.3 厘米（彩版七，3；图九六，6）。

（四）石器

珠　1 件。

M044：1，腰圆形砾石，中有穿孔。径 1.1~2、高 1.1 厘米（图九六，9）。

四一　M045

一　墓葬形制（B 型 I 式）

普通窄长方形竖穴土坑。方向 110°。墓壁垂直，墓上部破坏。墓长 300、宽 140、残深 130 厘米。随葬器物位于墓底头端。葬具及人骨架不存。墓中填五花土（图九七）。

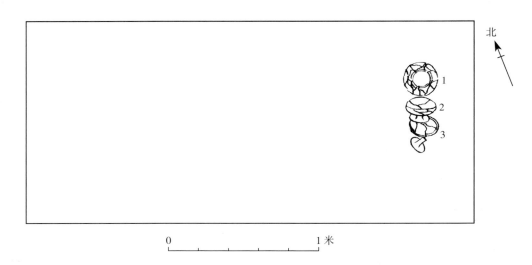

图九七　M045 平面及随葬器物分布图
1. 陶罐　2、3. 陶豆

二　出土器物

日用陶器 3 件。

罐　1 件。

M045：1，泥质灰陶。直口，厚折沿，高弧领，斜肩，弧腹，凹圜底。腹饰粗绳纹。口径 14.4、腹径 21.2、高 20 厘米（图九八）。

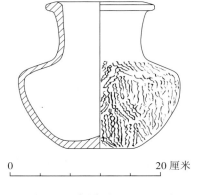

图九八　陶罐（M045：1）

还有陶豆 2 件，未修复。

四二　M046

一　墓葬形制（A 型 I 式）

普通宽长方形竖穴土坑。方向 90°。墓壁垂直，墓上部破坏。墓长 312、宽 220、残深 70 厘米。随葬器物位于墓底头端。葬具及人骨架不存。墓中填五花土（图九九）。

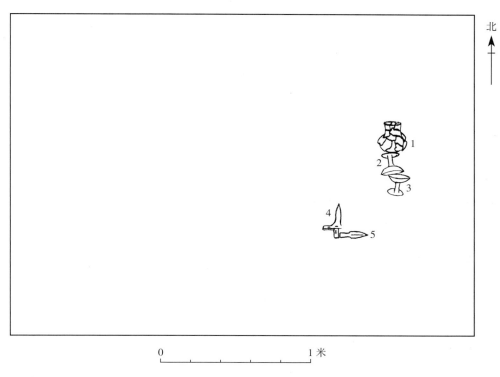

图九九　M046 平面及随葬器物分布图
1. 陶罐　2、3. 陶豆　4. 铜戈　5. 铜矛

二　出土器物

5 件，陶器 3 件，铜器 2 件。

（一）陶器

日用陶器 3 件。

罐　1 件。

M046：1，泥质灰陶。喇叭形敞口，平折沿，高弧领，溜肩，圆腹，凹圜底。颈、腹各一周弦纹。口径 12.4、腹径 13.6、高 17.6 厘米（图一〇〇，1）。

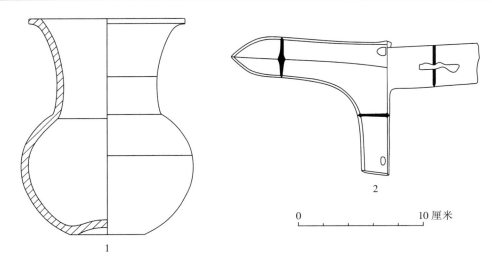

图一〇〇　M046 陶、铜器

1.陶罐（1）　2.铜戈（4）

还有陶豆 2 件，残甚，未修复。

（二）铜器

戈　1 件。

M046：4，灰黑色。直援，直内，援菱形脊，长方内上一长曲穿。长胡二穿。援、内通长 20、胡高 11 厘米（图一〇〇，2）。

还有铜矛 1 件，残甚，未修复。

四三　M048

一　墓葬形制（A 型 I 式）

普通宽长方形竖穴土坑。方向 60°。墓壁垂直，墓上部破坏。墓长 364、宽 220、残深 40 厘米。随葬器物位于墓底头端。葬具及人骨架不存。墓中填五花土（图一〇一）。

二　出土器物

日用陶器 3 件。

1.罐　1 件。

M048：1，泥质红灰陶。喇叭形敞口，平折沿，高斜领，斜肩，弧腹圆转，平底。素面。口径 11.2、腹径 16.8、高 15.6 厘米（图一〇二，1）。

2.豆　2 件，修复 1 件。

M048：3，泥质褐陶。敞口，弧壁，高柱状柄，喇叭状圈足。素面。口径 12.3、高 13.2 厘米（图一〇二，2）。

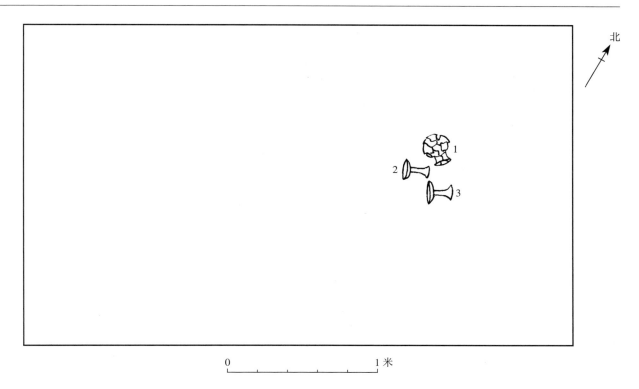

北

0　　　　　　　　　1 米

图一○一　　M048 平面及随葬器物分布图
1. 陶罐　2、3. 陶豆

四四　M049

一　墓葬形制（A 型 I 式）

普通宽长方形竖穴土坑。方向 80°。墓壁倾斜呈覆斗形，墓上部破坏。墓口长 345、宽 220 厘米，墓底长 300、宽 186 厘米，墓残深 150 厘米。随葬器物位于墓底头端及右侧。墓底两端有枕木沟，沟宽 26、深 8 厘米。葬具及人骨架不存。墓中填五花土（图一○三）。

二　出土器物

3 件，陶器 1 件，铜器 2 件。

铜器

1. 剑　1 件。

M049：1，灰绿色。喇叭形首，椭圆实茎有双箍，"凹"字形宽格。剑身菱形脊。长 52.4 厘米（图一○四，1）。

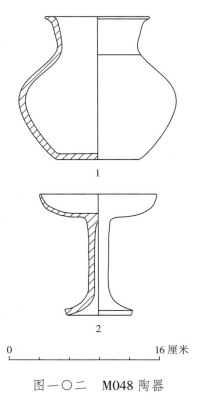

1

2

0　　　　　　　　16 厘米

图一○二　M048 陶器
1. 罐（1）　2. 豆（3）

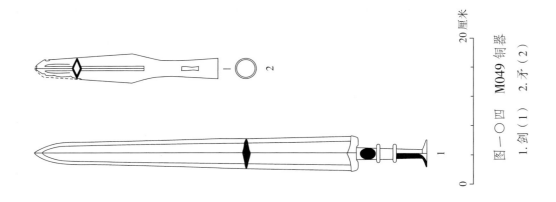

图一〇四　M049 铜器

1. 剑（1）　2. 矛（2）

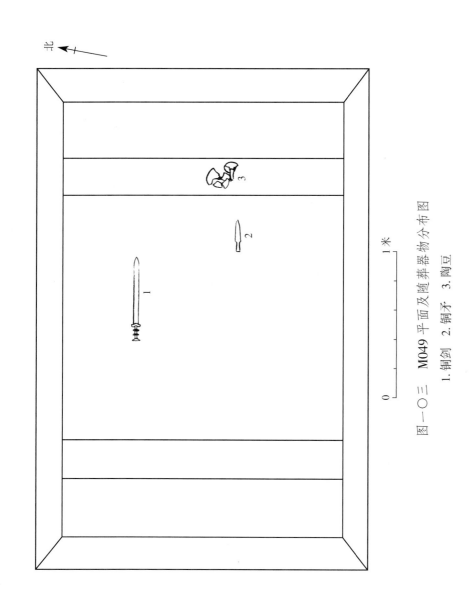

图一〇三　M049 平面及随葬器物分布图

1. 铜剑　2. 铜矛　3. 陶豆

2. 矛　1件。

M049：2，灰绿色。圆骹，一面有鼻纽，矛叶呈菱形，有凸棱脊。复原长24.4厘米（彩版八，1；图一〇四，2）。

还有陶豆1件，残甚，未修复。

四五　M050

一　墓葬形制（A型Ⅰ式）

普通宽长方形竖穴土坑。方向70°。墓壁垂直，墓上部破坏。墓长330、宽248、残深60厘米。随葬器物位于墓底头端。葬具及人骨架不存。墓中填五花土（图一〇五）。

二　出土器物

4件，陶器2件，铜器2件。

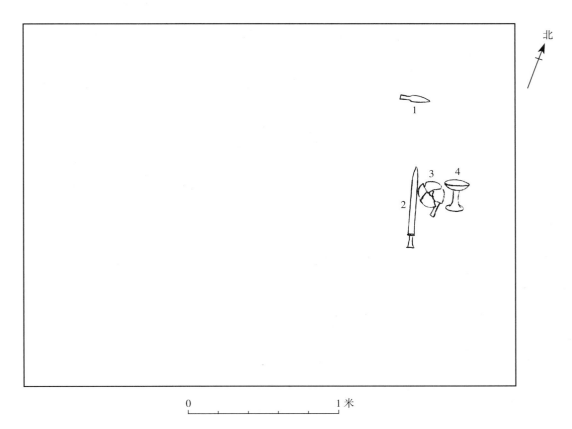

图一〇五　M050平面及随葬器物分布图
1.铜矛　2.铜剑　3、4.陶豆

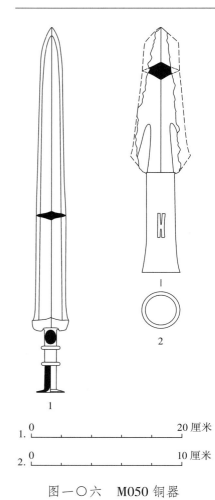

图一〇六　M050 铜器

1. 剑（2）　2. 矛（1）

铜器

1. 剑　1件。

M051：6，黑色。璧形空首，圆实茎，"一"字形窄格。剑身菱形脊。前锋残。复原长51.6厘米（图一〇八，1）。

2. 戈　2件。灰黑色。直援，直内，援菱形脊，长方内下角一缺，前部一长方穿。长胡三长方穿。

M051：4，援、内通长20.6、胡高12厘米（图一〇八，2）。

M051：5，援、内通长20.8、胡高12厘米（图一〇八，3）。

3. 矛　2件。灰绿色。圆骹，一面有鼻纽，矛叶前锋呈菱形，后部两侧有血槽。

M051：2，复原长14.2厘米（图一〇八，4）。

M051：3，叶残。复原长14.2厘米（图一〇八，5）。

还有陶豆1件，残甚，未修复。

铜器

1. 剑　1件。

M050：2，灰绿色。喇叭形首，椭圆实茎有双箍，"凹"字形宽格。剑身菱形脊。长50.4厘米（图一〇六，1）。

2. 矛　1件。

M050：1，灰绿色。圆骹，一面有鼻纽，矛叶前锋呈菱形，后部两侧有深血槽。叶及前锋残。复原长16.9厘米（图一〇六，2）。

还有陶豆2件，残甚，未修复。

四六　M051

一　墓葬形制（A 型 I 式）

普通宽长方形竖穴土坑。方向160°。墓壁两侧倾斜，头端略斜，足端垂直，墓上部破坏。墓口长320、宽250厘米，墓底长310、宽190厘米，墓残深170厘米。随葬器物位于墓底头端。墓底两端有枕木沟，沟宽20、深5厘米。葬具及人骨架不存。墓中填五花土（图一〇七）。

二　出土器物

6件，陶器1件，铜器5件。

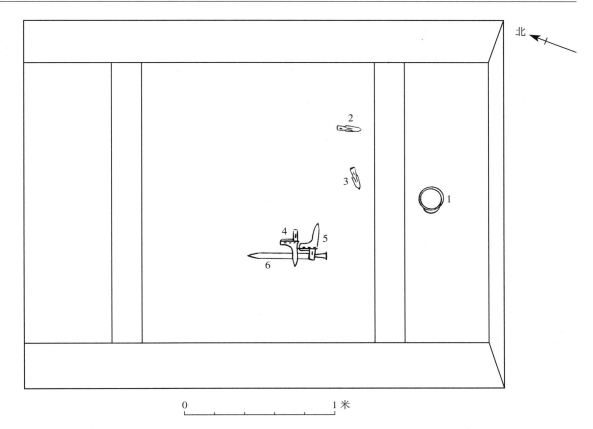

图一〇七　M051 平面及随葬器物分布图
1. 陶豆　2、3. 铜矛　4、5. 铜戈　6. 铜剑

四七　M052

一　墓葬形制（A 型 I 式）

普通宽长方形竖穴土坑。方向 290°。墓壁垂直，墓上部破坏。墓长 330、宽 180、残深 50 厘米。随葬器物位于墓底头端及中部。墓底两端有枕木沟，沟宽 30、深 8 厘米。葬具及人骨架不存。墓中填五花土（图一〇九）。

二　出土器物

10 件，陶器 4 件，铜器 4 件，铁器 1 件，滑石器 1 件。

（一）铜器

1. 剑　1 件。

M052：2，灰黑色。璧形空首，圆空茎，"一"字形窄格。剑身菱形脊。刃及前锋残。复原长 49.6 厘米（图一一〇，4）。

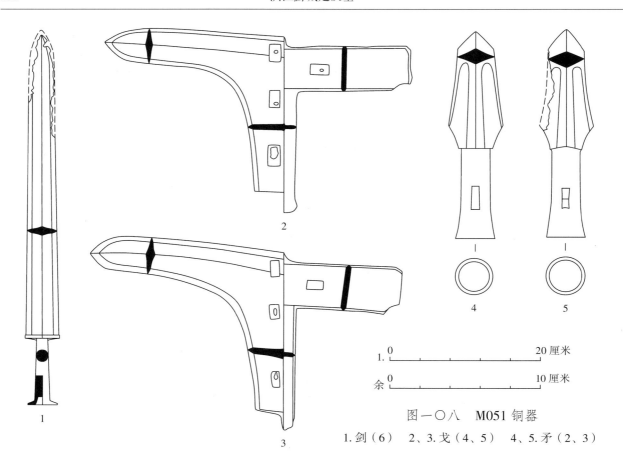

1.
0　　　　　　　　　　　　　　　20 厘米

余 0　　　　　　　　　　　10 厘米

图一〇八　M051 铜器

1. 剑（6）　2、3. 戈（4、5）　4、5. 矛（2、3）

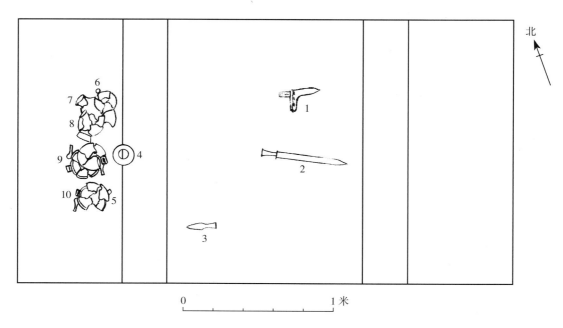

图一〇九　M052 平面及随葬器物分布图

1. 铜戈　2. 铜剑　3. 铜矛　4. 滑石璧　5. 残铜器　6. 铁环　7、8. 陶壶　9、10. 陶鼎

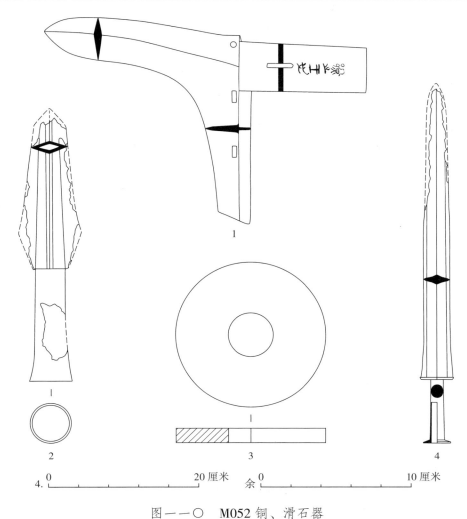

图一一〇　M052 铜、滑石器

1. 铜戈（1）　2. 铜矛（3）　3. 滑石璧（4）　4. 铜剑（2）

2. 戈　1件。

M052：1，绿色。昂援，直内，援菱形脊，长方内前部一长方穿。长胡三穿。内后有铭文"□之王戈"。援、内通长 21.5、胡高 12.9 厘米（彩版八，2、3；图一一〇，1）。

3. 矛　1件。

M052：3，灰绿色。圆骹，矛叶前锋呈菱形，后部两侧有血槽。复原长 18.6 厘米（图一一〇，2）。

（二）滑石器

璧　1件。

M052：4，双面平素。肉径 10、好径 3.1 厘米（图一一〇，3）。

还有陶鼎、壶各 2 件，残铜器 1 件以及铁环 1 件，残甚，未修复。

四八　M054

一　墓葬形制（A型Ⅰ式）

普通宽长方形竖穴土坑。方向260°。墓壁垂直，墓上部破坏。墓长316、宽174、残深70厘米。随葬器物位于墓底右侧。葬具及人骨架不存。墓中填五花土（图一一一）。

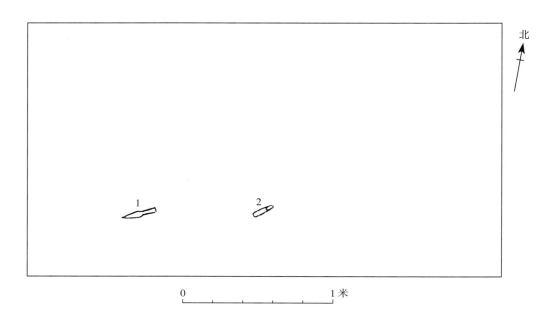

图一一一　M054平面及随葬器物分布图
1. 铜矛　2. 铜带钩

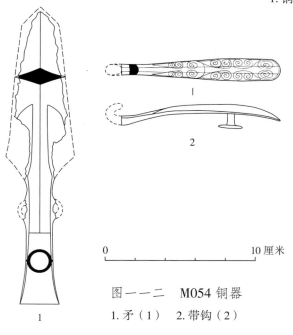

图一一二　M054铜器
1. 矛（1）　2. 带钩（2）

二　出土器物

铜器2件。

1. 矛　1件。

M054：1，绿色。圆骹，一面有鼻纽，矛叶前锋呈菱形，后部两侧有血槽。复原长20.4厘米（图一一二，1）。

2. 带钩　1件。

M054：2，平面呈琵琶形，钩残，圆扣。面上刻划对称卷云纹。残长10.6厘米（彩版八，4、5；图一一二，2）。

四九　M056

一　墓葬形制（A型Ⅰ式）

普通宽长方形竖穴土坑。方向90°。墓壁垂直，墓上部破坏。墓长320、宽214、残深90厘米。随葬器物位于墓底头端及中部。葬具及人骨架不存。墓中填五花土（图一一三）。

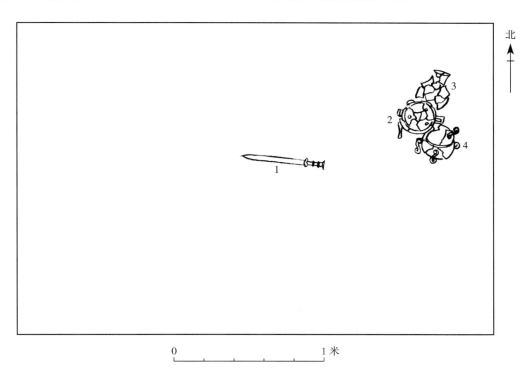

图一一三　M056平面及随葬器物分布图

1.铜剑　2.陶鼎　3.陶壶　4.陶敦

二　出土器物

4件，陶器3件，铜器1件。

（一）陶器

仿铜陶礼器3件。

1.鼎　1件。

M056：2，泥质灰陶。高子母口，窄肩承盖，弧腹，平底。蹄形高足直立，足断面近六棱形。附耳外侈。腹一周凸棱。平顶折壁盖。顶边一周凸圈，凸圈上等列三个扁立纽，顶中一圆角方纽。口径17.7、宽23.4、高20.7厘米，盖径19.8厘米，带盖通高21.3厘米（彩版九，1；图一一四，1）。

2.敦　1件。

M056：4，泥质灰陶。身、盖同形，纽、足异制。直口，弧腹，圜底、顶，方茎蹄形足下端斜削，

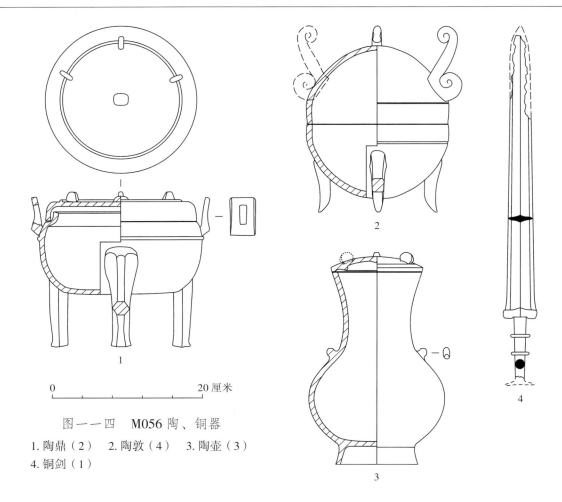

图一一四　M056 陶、铜器

1. 陶鼎（2）　2. 陶敦（4）　3. 陶壶（3）
4. 铜剑（1）

"S"形抽象高兽纽。身、盖各一周弦纹。口径 18.6、通高 25.5 厘米（图一一四，2）。

3. 壶　1 件。

M056：3，泥质灰陶。敞口，粗弧颈，圆腹，平底，圈足略外斜。颈、肩转折处有对称鼻纽。弧形浅盖有子母口，盖面一周弦纹，等列三个扁圆纽。口径 12、腹径 18、高 26.4、带盖通高 29.2 厘米（图一一四，3）。

（二）铜器

剑　1 件。

M056：1，绿色。首残，椭圆实茎上有双箍，"凹"字形格。剑身菱形脊。刃及前锋残。残存剑鞘。残长 47.2 厘米（图一一四，4）。

五〇　M057

一　墓葬形制（A 型 I 式）

普通宽长方形竖穴土坑。方向 350°。墓壁垂直。墓长 290、宽 180、深 280 厘米。随葬器

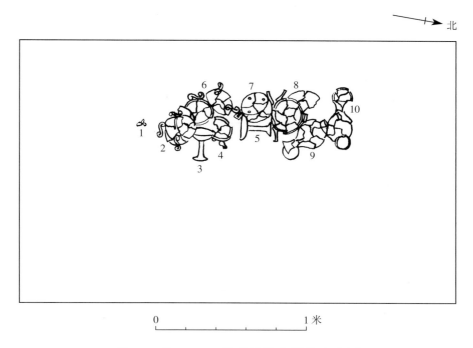

图一一五　M057 平面及随葬器物分布图

1. 残铜器　2、6. 陶敦　3、5. 陶豆　4. 铜奁　7、8. 陶鼎　9、10. 陶壶

物位于墓底右侧。葬具及人骨架不存。墓中填五花土（图一一五）。

二　出土器物

10 件，陶器 8 件，铜器 2 件。

仿铜陶礼器 8 件。

1. 鼎　2 件，形态相同。泥质褐陶。子母口内敛，凹肩承盖，上腹直，下腹折弧收，转折处微凸，平底。蹄形足直立，足多棱，断面呈钟形。附耳外斜。直边弧顶盖。边缘一周凸圈，凸圈上等列三个扁立纽，顶中鼻纽衔环。

M057：7，口径 13.8、通宽 19.8 厘米，盖径 16.8 厘米，带盖通高 19.2 厘米（图一一六，1）。

M057：8，口径 14.4、通宽 21 厘米，盖径 18 厘米，带盖通高 19 厘米（图一一六，2）。

2. 敦　2 件，形态相同。泥质褐陶。身、盖同形。敞口，弧腹，圜底、顶微凸。"S" 形抽象高兽足、纽。身、盖各一周弦纹。

M057：2，足、纽均残。口径 15.6、残通高 15 厘米（图一一六，3）。

M057：6，口径 16、通高 24 厘米（图一一六，4）。

3. 壶　2 件，修复 1 件。

M057：10，泥质褐陶。敞口，长弧颈，圆腹，平底，圈足外斜。腹有对称鼻纽衔环。颈至腹四周弦纹。弧形盖，盖面等列三个扁纽。口径 10.2、腹径 19.2、高 28.8、带盖通高 31.2 厘米

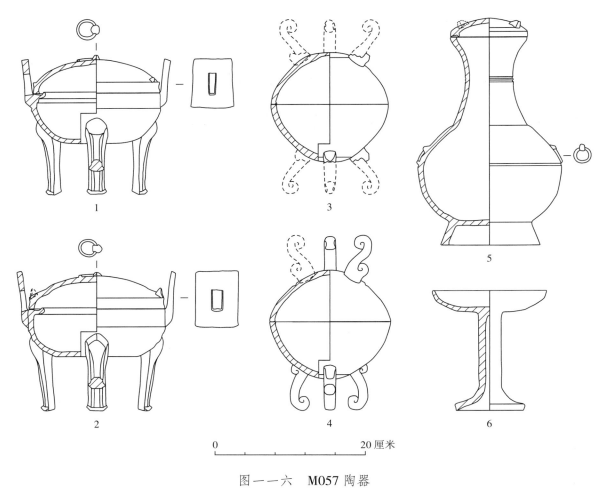

图一一六　M057 陶器

1、2.鼎（7、8）　3、4.敦（2、6）　5.壶（10）　6.豆（5）

（图一一六，5）。

4.豆　2件，修复1件。

M057：5，泥质黑衣灰陶。敞口，弧壁，高柱状柄，喇叭形圈足。素面。口径15.4、高16.5厘米（图一一六，6）。

还有铜釜及残铜器各1件，残甚。

五一　M058

一　墓葬形制（A型Ⅰ式）

普通宽长方形竖穴土坑。方向340°。墓壁垂直。墓长310、宽190、深270厘米。随葬器物位于墓底头端。葬具及人骨架不存。墓中填五花土（图一一七）。

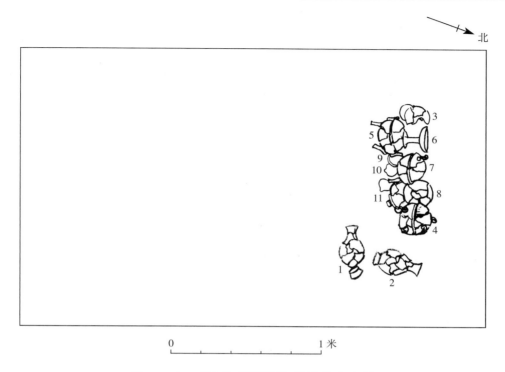

图一一七　M058 平面及随葬器物分布图

1、2.陶壶　3、6.陶豆　4、7.陶敦　5、8.陶鼎　9.陶盘　10、11.陶匜

二　出土器物

仿铜陶礼器 11 件。

1.敦　2 件，形态相同。泥质灰陶。身、盖同形。敞口，弧腹，圜底、顶。足、纽残。素面。

M058：4，口径 15.3、残通高 16.8 厘米（图一一八，1）。

M058：7，口径 15.3、残通高 16.8 厘米（图一一八，2）。

2.壶　2 件，形态相同。泥质红褐陶。喇叭形敞口，平折沿，束弧颈，弧腹有折，凸底，圈足外撇。腹有对称鼻纽衔环。颈、腹各两周弦纹。弧形素盖。

M058：1，盖残。口径 11.2、腹径 16、高 29.6 厘米（图一一八，3）。

M058：2，腹部鼻纽衔环脱落。口径 11.2、腹径 16、高 29.6、带盖通高 32 厘米（图一一八，4）。

3.豆　2 件，修复 1 件。

M058：6，泥质灰陶。敞口，弧壁，柱状柄中腰微鼓，喇叭形圈足平伸。素面。口径 15、高 12.9 厘米（图一一八，5）。

4.盘　1 件。

M058：9，泥质黑衣灰陶。敞口，平折沿微坠，弧壁，平底。素面。口径 10.4、高 2.6 厘米（图一一八，6）。

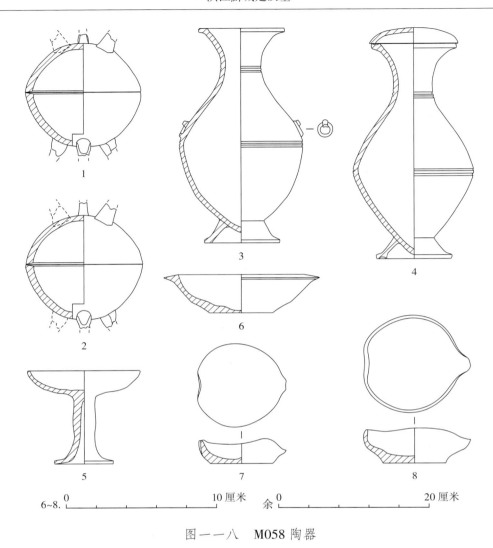

图一一八　M058 陶器

1、2.敦（4、7）　3、4.壶（1、2）　5.豆（6）　6.盘（9）　7、8.匜（11、10）

5.匜　2件。泥质红陶。

M058：10，直口，沿面弧曲，弧腹，下腹微凹，平底。口沿一侧弧形流，对应一侧略内瘪为扣手。口径 6.7~6.9、高 2.4 厘米（图一一八，8）。

M058：11，大致同 M058：10。平底较宽。口径 5.7~5.8、高 1.7 厘米（图一一八，7）。

还有陶鼎 2件，残甚，未修复。

五二　M059

一　墓葬形制（A 型 I 式）

普通宽长方形竖穴土坑。方向 245°。墓壁垂直，墓上部破坏。墓长 294、宽 150、残深 140

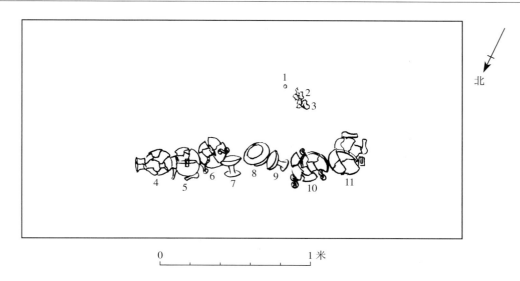

图一一九　M059 平面及随葬器物分布图

1.玻璃珠　2、3.残铜器　4、8.陶壶　5、11.陶鼎　6、10.陶敦　7、9.陶豆

厘米。随葬器物主要位于墓底左侧。葬具及人骨架不存，墓底见有红色漆皮及朱砂痕。墓中填五花土（图一一九）。

二　出土器物

11 件，陶器 8 件，铜器 2 件，玻璃器 1 件。

仿铜陶礼器 8 件。

1. 鼎　2 件。泥质灰陶。

M059：5，子母口内敛，凹肩承盖，弧腹直，腹一周凸圈，平底微凹。足较矮，直立，足有棱。附耳外斜。弧盖，盖面四周瓦棱状弦纹，三个小扁纽残，顶中鼻纽衔环亦残。口径 12.4、宽 18、高 15.6 厘米（图一二○，1）。

M059：11，高子母口内敛，扁弧腹，大平底。高足下端外撇，前有四道纵棱。附耳较直。盖失。口径 13.5、宽 19.5、高 18 厘米（图一二○，2）。

2. 壶　2 件，形态各异。

M059：4，泥质灰陶。敞口，弧颈，桶形弧腹，凹底，圈足外撇。上腹有鼻纽衔环。口径 10.8、腹径 15.2、高 26 厘米（图一二○，5）。

M059：8，泥质灰陶。敞口，沿面微凹，弧颈，溜肩，鼓腹，下腹近底向外斜折呈假圈足状，平底。上腹有对称双耳，颈、肩有弦纹。口径 10.6、腹径 19.2、高 26.6 厘米（图一二○，4）。

3. 豆　2 件，修复 1 件。

M059：9，泥质灰陶。敞口，弧壁，柱状柄，喇叭形圈足。素面。口径 14、高 12.9 厘米（图一二○，3）。

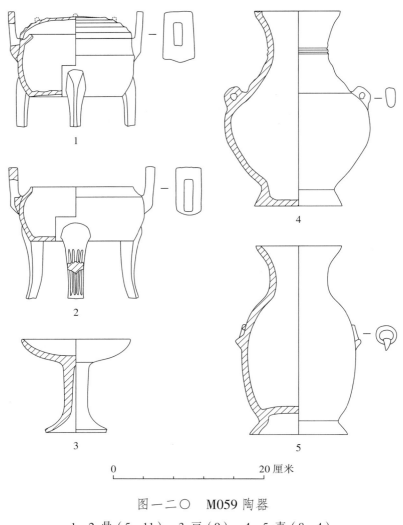

图一二〇　M059 陶器

1、2.鼎（5、11）　3.豆（9）　4、5.壶（8、4）

还有陶敦和残铜器各 2 件，玻璃珠 1 件，残甚，未修复。

五三　M060

一　墓葬形制（C 型Ⅳ b 式）

狭长形竖穴土坑带平头龛及封闭二层台。方向 315°。墓壁垂直。墓口长 245、宽 110 厘米，墓底长 216、宽 60 厘米，墓深 250 厘米。头龛位于墓坑北端，龛底与墓底平。龛宽同墓底，宽 60、深 20、高 40 厘米，封闭形二层台高 60、宽 14~25 厘米。随葬器物置于头龛内。葬具及人骨架不存。墓中填五花土（图一二一）。

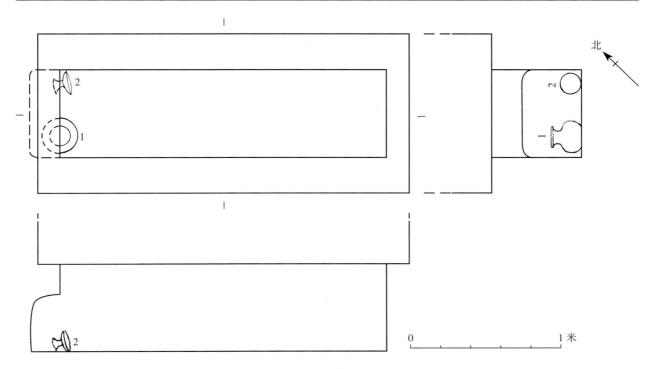

图一二一　M060平、剖面及随葬器物分布图

1. 陶罐　2. 陶豆

二　出土器物

日用陶器2件。

1. 罐　1件。

M060：1，泥质灰陶。敞口，折沿微坠，高弧领，鼓腹较矮，凹圜底。腹饰粗绳纹。口径15、腹径21.2、高20厘米（彩版九，2；图一二二，1）。

2. 豆　1件。

M060：2，泥质灰陶。敞口，深弧壁，柄极矮，喇叭形圈足，边缘直折。素面。口径14、高8.9厘米（图一二二，2）。

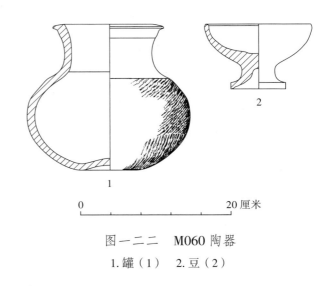

图一二二　M060陶器

1. 罐（1）　2. 豆（2）

五四　M061

一　墓葬形制（A型Ⅰ式）

普通宽长方形竖穴土坑。方向145°。墓壁垂直，墓上部破坏。墓长280、宽150、残深180

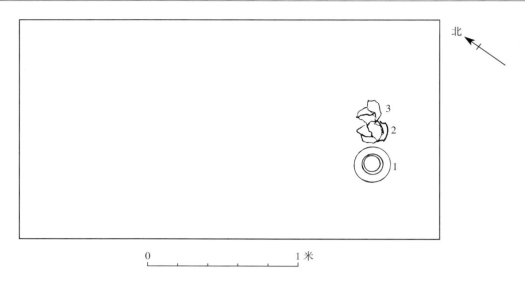

图一二三　M061 平面及随葬器物分布图
1. 陶罐　2、3. 残漆器

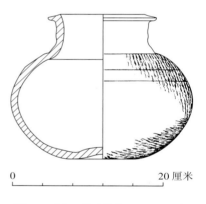

图一二四　陶罐（M061：1）

厘米。随葬器物位于墓底头端，有漆器彩绘残痕。葬具及人骨架不存。墓中填五花土（图一二三）。

二　出土器物

3 件，陶器 1 件，残漆器 2 件形态不明。

陶罐　1 件。

M061：1，泥质灰陶。侈口，折沿微坠，高弧领，鼓腹较矮，凹圜底。腹饰粗绳纹，上腹两周弦纹。口径 14.4、腹径 24、高 20 厘米（图一二四）。

五五　M062

一　墓葬形制（B 型Ⅲb 式）

窄长方形竖穴土坑带平头龛。方向 115°。墓壁垂直，墓上部破坏。墓长 260、宽 125、残深 36 厘米。头龛位于墓坑东南端，偏向左侧，龛底与墓底平。龛宽 84、深 38、残高 36 厘米。随葬器物置于头龛内。葬具及人骨架不存。墓中填五花土（图一二五）。

二　出土器物

4 件，陶器 3 件，残铜器 1 件形态不明。

仿铜陶礼器 3 件。

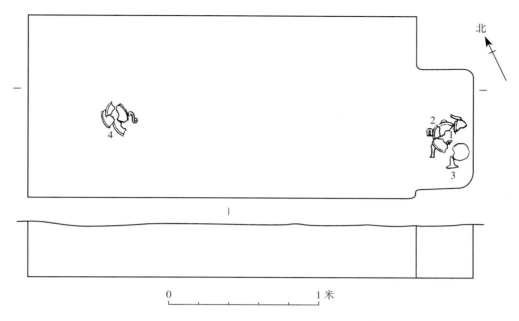

图一二五　M062平、剖面及随葬器物分布图
1.残铜器　2.陶鼎　3.陶豆　4.陶敦

1. 鼎　1件。

M062：2，泥质灰褐陶。低子母口，凹沿承盖，扁弧腹，腹一周弦纹，平底。蹄形足直立，正面削棱，断面呈"山"字形。附耳直立。盖失。口径14.2、宽17.7、高16.5厘米（图一二六，1）。

2. 豆　1件。

M062：3，泥质褐陶。敞口，弧壁，矮弧柄，喇叭形圈足。素面。口径13.8、高11.6厘米（图一二六，2）。

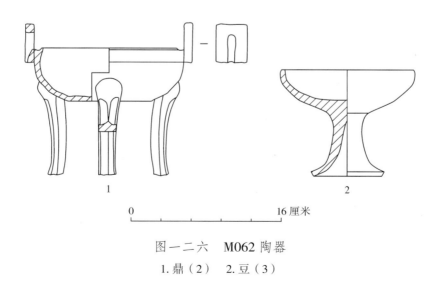

图一二六　M062陶器
1.鼎（2）　2.豆（3）

还有陶敦 1 件，残甚，未修复。

五六 M063

一 墓葬形制（C 型Ⅱb 式）

狭长形竖穴土坑带半封闭二层台。方向 120°。墓壁垂直，墓上部破坏。墓口长 240、宽 90 厘米，墓底长 220、宽 56 厘米，墓残深 140 厘米。头端以外有半封闭形二层台，二层台高 50、宽 14~20 厘米。随葬器物置于墓底头端。葬具及人骨架不存。墓中填五花土（图一二七）。

二 出土器物

日用陶器 3 件。

陶罐   1 件。

M063：3，泥质灰陶。侈口，平折沿微坠，高弧领，圆肩，弧腹近底向下斜折，呈矮假圈足状，平底。素面。口径 11.8、腹径 15.4、高 16.4 厘米（图一二八）。

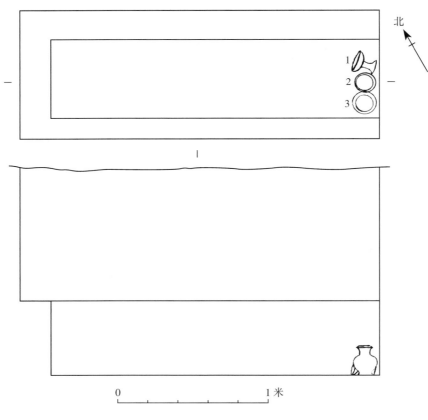

图一二七 M063 平、剖面及随葬器物分布图

1、2. 陶豆 3. 陶罐

还有陶豆2件，残甚，未修复。

五七 M064

一 墓葬形制（C型Ⅰ式）

普通狭长形竖穴土坑。方向225°。墓壁垂直，墓上部破坏。墓长240、宽70、残深70厘米。随葬器物位于墓底头端。葬具及人骨架不存。墓中填五花土（图一二九）。

二 出土器物

日用陶器2件。

陶罐　1件。

M064：1，泥质灰陶。敞口，高弧领，斜折肩，弧腹，平底。素面。口径10、腹径14.8、高14.4厘米（图一三〇）。

还有陶豆1件，残甚，未修复。

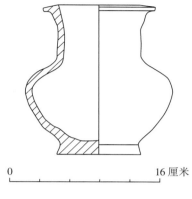

图一二八　陶罐（M063：3）

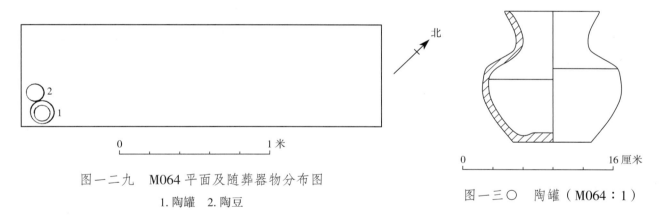

图一二九　M064平面及随葬器物分布图
1.陶罐　2.陶豆

图一三〇　陶罐（M064：1）

五八 M065

一 墓葬形制（A型Ⅰ式）

普通宽长方形竖穴土坑。方向220°。墓壁垂直。墓长280、宽145、深240厘米。随葬器物位于墓底头端，墓底有红色漆皮。葬具及人骨架不存。墓中填五花土（图一三一）。

二 出土器物

3件，陶器2件，铜器1件。

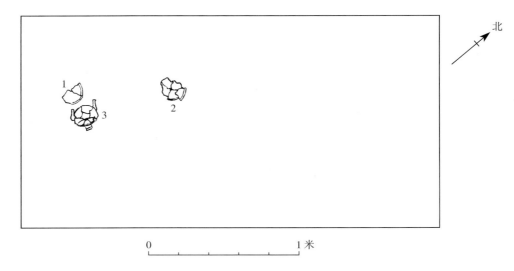

图一三一　M065 平面及随葬器物分布图

1、2.陶盘　3.铜鼎

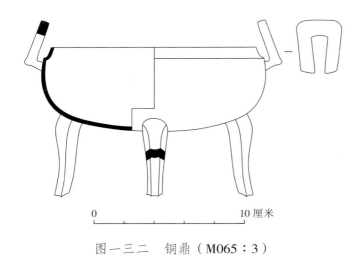

图一三二　铜鼎（M065：3）

铜鼎　1件。

M065：3，体轻薄。高子母口内敛，窄肩承盖，弧腹，圜底。蹄形足断面呈桥形。附耳内斜，耳正面呈梯形。盖失。素面。口径 13、宽 16.8、高 12 厘米（图一三二）。

还有陶盘 2件，残甚，未修复。

五九　M066

一　墓葬形制（A 型 I 式）

普通宽长方形竖穴土坑。方向 25°。墓壁垂直。墓长 280、宽 150、深 220 厘米。随葬器物位于墓底右侧。葬具及人骨架不存。墓中填五花土（图一三三）。

二　出土器物

7件，陶器 5件，铜器 1件，石器 1件。

（一）陶器

仿铜陶礼器 5件。

鼎　1件。

M066：7，泥质灰陶。子母口，窄肩承盖，斜弧腹，腹两周弦纹，小平底。蹄形足外撇。附耳外张。浅盘状素盖。口径 15.2、宽 19.8、高 15.6 厘米（图一三四，1）。

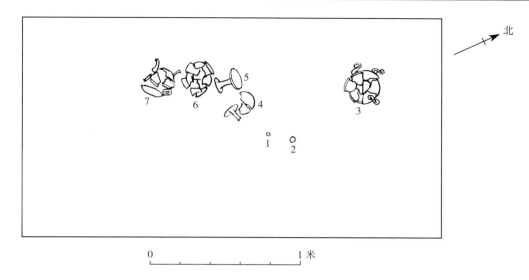

图一三三　M066 平面及随葬器物分布图
1.石珠　2.铜环　3.陶敦　4、5.陶豆　6.陶壶　7.陶鼎

还有陶敦、壶各1件，豆2件，残甚，未修复。

（二）石器

珠　1件。灰青色。

M066：1，圆形，中有穿孔。直径1.6、高1.5厘米（彩版一〇，1；图一三四，2）。

还有铜环1件，残甚。

六〇　M067

一　墓葬形制（A型Ⅰ式）

普通宽长方形竖穴土坑。方向45°。墓壁垂直，墓上部破坏。墓长295、宽160、残深130厘米。随葬器物位于墓底中部。葬具及人骨架不存。墓中填五花土（图一三五）。

二　出土器物

4件，陶器3件，铁器1件。

陶罐　1件。

M067：3，泥质灰陶。敞口，粗弧颈，斜圆肩，弧腹斜直，平底微凹。素面。口径12.6、腹径19.6、高24.4厘米（图一三六）。

还有陶豆2件以及铁鼎1件，残甚，未修复。

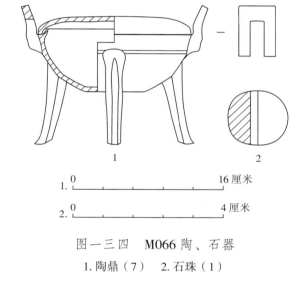

图一三四　M066 陶、石器
1.陶鼎（7）　2.石珠（1）

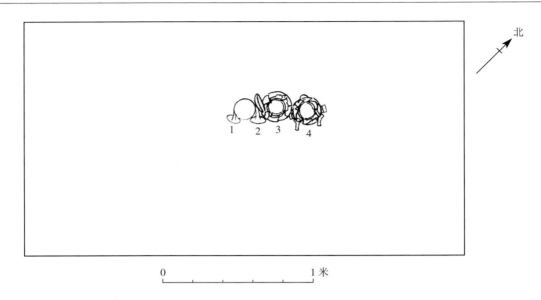

图一三五　M067 平面及随葬器物分布图

1、2. 陶豆　3. 陶罐　4. 铁鼎

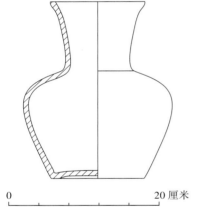

图一三六　陶罐（M067：3）

六一　M068

一　墓葬形制（A 型 I 式）

普通宽长方形竖穴土坑。方向 195°。墓壁垂直。墓长 320、宽 190、深 430 厘米。随葬器物位于墓底右侧。葬具及人骨架不存。墓中填五花土（图一三七）。

二　出土器物

仿铜陶礼器 8 件。

1. 敦　2 件，修复 1 件。

M068：3，泥质褐陶。身、盖同形，盖腹较浅。敞口，弧腹，平底、顶。"S"形抽象兽纽、足。素面。口径 15.9、通高 23.8 厘米（图一三八，1）。

2. 壶　2 件，形态接近。泥质灰陶。敞口，长弧颈，弧腹，圜底，圈足外撇。

M068：7，宽圆肩。颈、腹各一周弦纹。盖失。口径 10、腹径 17.6、高 26.8 厘米（图一三八，2）。

M068：8，斜折肩。浅弧盖。素面。口径 8.4、腹径 16.4、高 26.4、带盖通高 28 厘米（图一三八，3）。

3. 豆　2 件，修复 1 件。

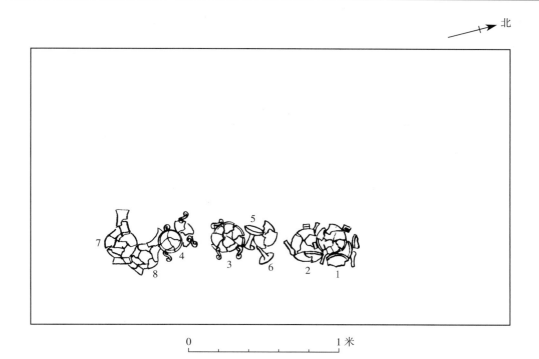

图一三七　M068 平面及随葬器物分布图

1、2.陶鼎　3、4.陶敦　5、6.陶豆　7、8.陶壶

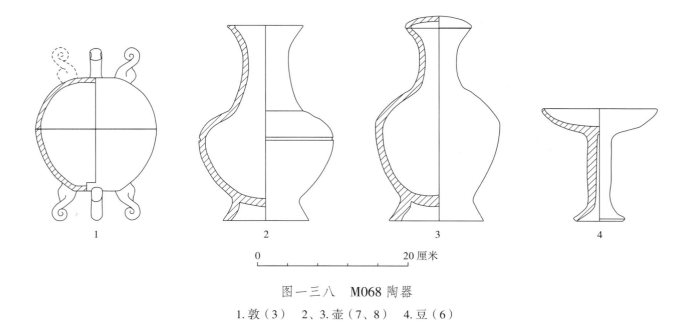

图一三八　M068 陶器

1.敦（3）　2、3.壶（7、8）　4.豆（6）

M068：6，泥质褐陶。敞口，弧壁，柱状高柄，小圈足外撇。素面。口径 15、高 15.3 厘米（图一三八，4）。

还有陶鼎 2 件，残甚，未修复。

六二　M072

一　墓葬形制（A型Ⅰ式）

普通宽长方形竖穴土坑。方向95°。墓壁垂直，墓上部破坏。墓长320、宽175、残深150厘米。随葬器物位于墓底头端。葬具及人骨架不存。墓中填五花土（图一三九）。

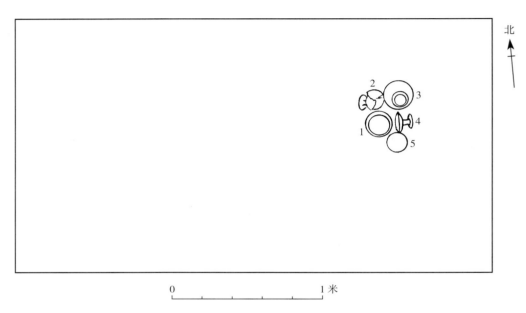

图一三九　M072平面及随葬器物分布图

1.陶盂　2、4、5.陶豆　3.陶罐

二　出土器物

日用陶器5件。

1.罐　1件。

M072∶3，泥质灰陶。直口，折沿微坠，高直领，斜肩，鼓腹，平底微凹。腹饰粗绳纹。口径13.4、腹径15.6、高15.3厘米（图一四〇，1）。

2.盂　1件。

M072∶1，泥质红灰陶。直口，弧颈，斜弧腹，平底微凹。素面。口径21.2、高10厘米（图一四〇，2）。

3.豆　3件，修复2件。形态相同。泥质灰陶。弧壁，矮弧柄，喇叭状圈足。盘外底一周凸圈。

M072∶2，口较直。口径12、高9.7厘米（图一四〇，3）。

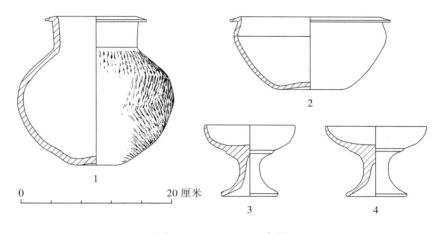

图一四〇　M072 陶器

1.罐（3）　2.盂（1）　3、4.豆（2、5）

M072：5，敞口。口径 13.5、高 9.6 厘米（图一四〇，4）。

六三　M073

一　墓葬形制（B 型 I 式）

普通窄长方形竖穴土坑。方向 95°。墓壁两侧倾斜，两端垂直，墓上部破坏。墓口长 300、宽 185 厘米，墓底长 300、宽 140 厘米，墓残深 160 厘米。随葬器物位于墓底头端。填土中出铁臿 1 件。葬具及人骨架不存。墓中填五花土（图一四一）。

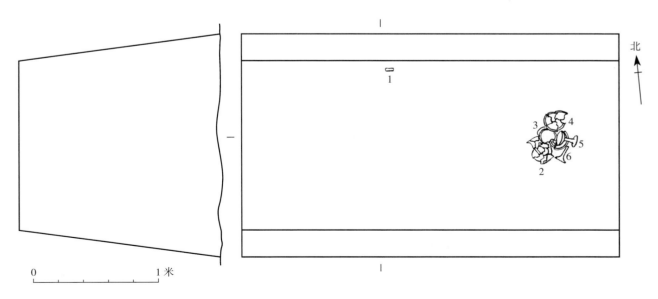

图一四一　M073 平、剖面及随葬器物分布图

1.铁臿　2.陶壶　3、5、6.陶豆　4.陶盂

二 出土器物

6 件，陶器 5 件，铁器 1 件。

日用陶器 5 件。

1. 壶 1 件。

M073：2，泥质灰陶。口微敛，斜折沿，高弧领，斜肩，弧腹，平底微凹，圈足斜直。上腹两周弦纹。口径 11.8、腹径 17.2、高 20.4 厘米（图一四二，1）。

2. 豆 3 件，修复 2 件。形态各异。泥质灰陶。素面。

M073：5，敞口，弧壁，高柱状柄，喇叭状圈足。口径 15、高 18 厘米（图一四二，2）。

M073：6，敞口，弧壁，盘外底一周凸圈。矮弧形柄，喇叭状圈足。口径 12.3、高 11 厘米（图一四二，3）。

还有陶盂 1 件及铁臿 1 件，残甚，未修复。

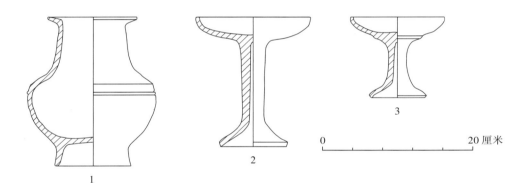

图一四二 M073 陶器
1. 壶（2） 2、3. 豆（5、6）

六四 M074

一 墓葬形制（A 型 I 式）

普通宽长方形竖穴土坑。方向 90°。墓壁垂直，墓上部破坏。墓长 320、宽 154、残深 140 厘米。随葬器物位于墓底头端。填土中出铁臿 1 件。葬具及人骨架不存。墓中填五花土（图一四三）。

二 出土器物

7 件，陶器 4 件，铜器 2 件，铁器 1 件。

仿铜陶礼器 4 件。

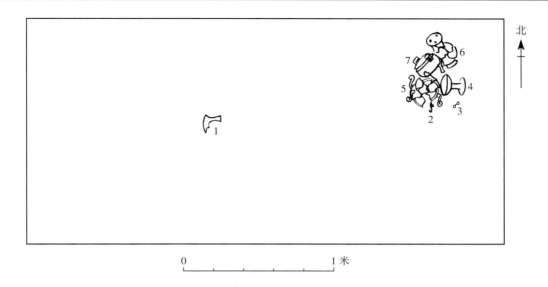

图一四三　M074平面及随葬器物分布图

1.铁臿　2.铜带钩　3.铜棺饰　4.陶豆　5.陶敦　6.陶壶　7.陶鼎

1.鼎　1件。

M074：7，泥质灰褐陶。子母口内敛，窄肩承盖，扁弧腹，上腹呈肩状突出，大平底。蹄形高足直立，足断面略呈梯形，附耳残。腹呈台棱状突出。盖失。口径12.4、腹径17.4、残高17.2厘米（图一四四，1）。

2.敦　1件。

M074：5，泥质灰陶。仅存一半。直口微敛，弧腹，圜底。"S"形抽象卧兽高足。素面。口径17、高13.2厘米（图一四四，2）。

3.壶　1件。

M074：6，泥质灰陶。敞口，斜直颈，斜肩，弧腹，平底，矮直圈足。浅弧盖有子母口，盖面等列三个扁立纽。口径9、腹径17.4、高24、带盖通高26.8厘米（图一四四，3）。

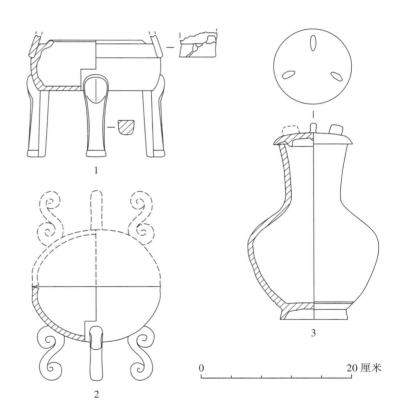

图一四四　M074陶器

1.鼎（7）　2.敦（5）　3.壶（6）

还有陶豆1件，铜带钩、棺饰各1件及铁臿1件，残甚，未修复。

六五　M075

一　墓葬形制（A 型 I 式）

普通宽长方形竖穴土坑。方向 95°。墓壁垂直。墓长 330、宽 170、深 260 厘米。随葬器物位于墓底头端。墓底两端有枕木沟，沟宽 22~24、深 14 厘米。葬具及人骨架不存。墓中填五花土（图一四五）。

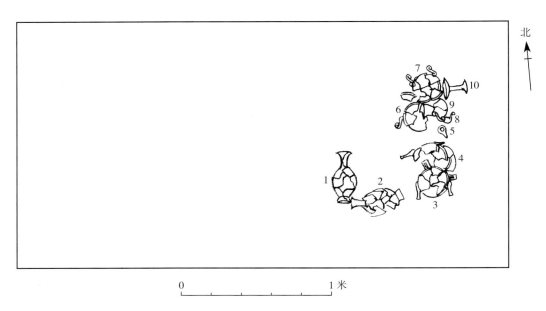

图一四五　M075 平面及随葬器物分布图

1、2.陶壶　3、4.陶鼎　5.陶斗　6、7.陶敦　8.陶勺　9、10.陶豆

二　出土器物

仿铜陶礼器 10 件。

1.鼎　2 件，形态相同。泥质褐陶。子母口内敛，窄肩承盖，斜弧腹，凹底。腹有一周凸棱。蹄形高足，足跟部有抽象兽面装饰。附耳略斜。弓弧形盖。

M075：3，蹄形高足直立，耳残，盖失。口径 15.2、肩宽 18、残高 14.7 厘米（图一四六，2）。

M075：4，蹄形高足外撇。口径 15、宽 20.7、高 21 厘米（图一四六，1）。

2.壶　2 件，修复 1 件。

M075：2，泥质灰陶。喇叭口，细束颈，长弧腹，近底向下斜折呈假圈足状，平底。腹一周弦纹。口径 10.8、腹径 19.2、高 38.8 厘米（图一四六，3）。

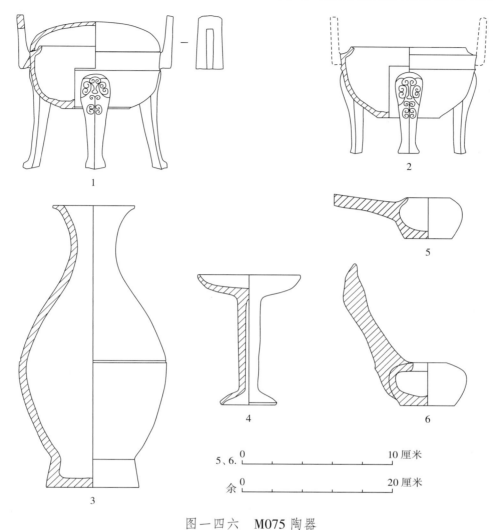

图一四六　M075 陶器

1、2.鼎（4、3）　3.壶（2）　4.豆（10）　5.斗（5）　6.勺（8）

3.豆　2件，修复1件。

M075：10，泥质灰陶。敞口，弧壁，高柱状柄，盖状圈足。素面。口径13.5、高18厘米（图一四六，4）。

4.勺　1件。

M075：8，泥质灰陶。敛口盂形斗，长柄上斜，尾端弯曲。素面。宽8.2、高9.8厘米（图一四六，6）。

5.斗　1件。

M075：5，泥质灰陶。敛口盂形斗，圆柄平伸，略上斜。素面。宽8.4、高3厘米（图一四六，5）。

还有陶敦2件，残甚，未修复。

六六　M076

一　墓葬形制（A 型 I 式）

普通宽长方形竖穴土坑。方向 90°。墓壁垂直。墓长 340、宽 210、深 350 厘米。随葬器物位于墓底头端。葬具及人骨架不存。墓中填五花土（图一四七）。

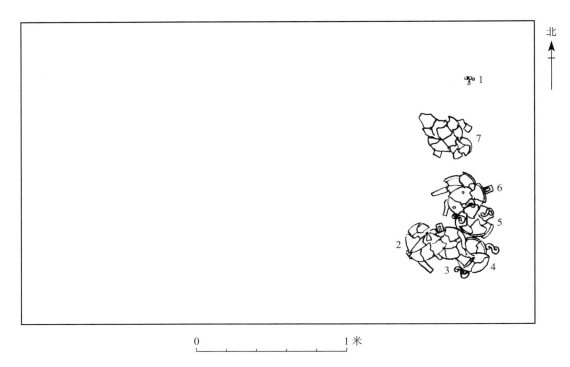

图一四七　M076 平面及随葬器物分布图
1.残铜器　2、6.陶鼎　3、7.陶壶　4、5.陶敦

二　出土器物

7 件，陶器 6 件，铜器 1 件。

仿铜陶礼器 6 件。

1.鼎　2 件，修复 1 件。

M076：2，泥质灰陶。子母口直立，窄肩承盖，圆弧腹，圜底。腹有一周弦纹。柱状足直立。腹饰粗绳纹。附耳残。盘状浅盖，直口，弧顶。盖面两周弦纹，第一周弦纹内等列三个扁纽，顶中一扁纽。口径 18.6、残宽 23.4、高 21 厘米（图一四八，1）。

2.敦　2 件，修复 1 件。

M076：5，泥质灰陶。仅存一半。直口，弧腹，凸底。"S"形抽象卧兽足残。素面。口径 19.2、高 11.4 厘米（图一四八，2）。

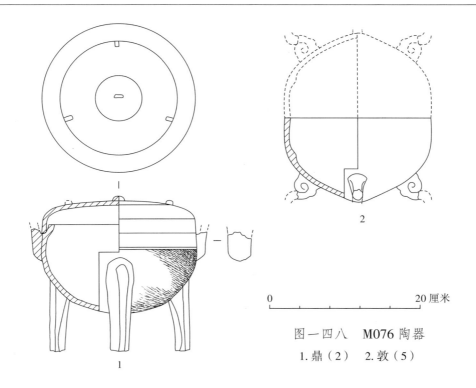

图一四八　M076 陶器

1. 鼎（2）　2. 敦（5）

还有陶壶 2 件，残甚，未修复；残铜器 1 件，形态不明。

六七　M077

一　墓葬形制（A 型 I 式）

普通宽长方形竖穴土坑。方向 190°。墓壁口部倾斜，口部以下垂直。墓口长 310、宽 210 厘米，墓底长 275、宽 160 厘米，墓深 510 厘米。随葬器物位于墓底右侧。葬具及人骨架不存。墓中填五花土（图一四九）。

二　出土器物

仿铜陶礼器 9 件。

1. 鼎　2 件，修复 1 件。

M077 : 6，泥质灰褐陶。子母口内敛，窄肩承盖，扁折腹，转折处呈台棱状凸出。平底。蹄形足直立。附耳外张。盘状浅盖，斜直口，折壁，弧顶。盖面等列三个扁纽。口径 13.2、宽 20、高 21.9 厘米（图一五〇，1）。

2. 敦　2 件，形态接近。泥质灰陶。直口，弧腹，小平底、顶。"S"形抽象卧兽足、纽。

M077 : 5，盖一周弦纹。口径 16.5、通高 21.3 厘米（图一五〇，5）。

M077 : 7，盖较身略大。身、盖各两周弦纹。器表红彩脱落。口径 15、通高 21.3 厘米

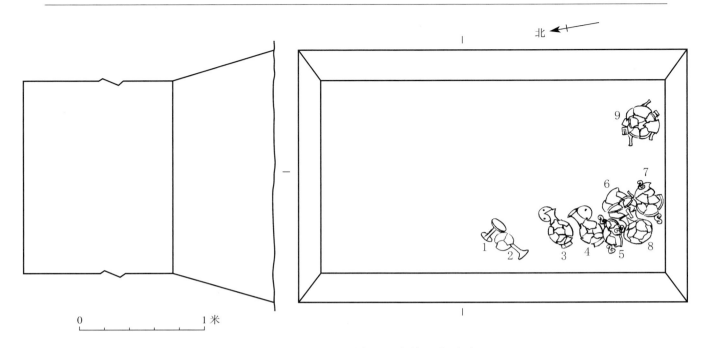

图一四九　M077 平、剖面及随葬器物分布图
1、2.陶豆　3、4.陶壶　5、7.陶敦　6、9.陶鼎　8.陶罐

（彩版一○，2；图一五○，6）。

3.壶　2件。泥质灰陶。

M077：3，喇叭口，细长颈，圆腹，圜底，圈足外撇，腹有对称鼻纽衔环。浅弧盖，高子母口，盖面等列三个扁纽。口径10.2、腹径18.8、高29.2、带盖通高32厘米（图一五○，2）。

M077：4，喇叭口，束颈，折弧腹，凸圜底，圈足外撇。腹有对称鼻纽衔环。颈一周弦纹。弧形盖残。器表红彩脱落。口径12.8、腹径21.2、高38.8、复原通高42厘米（图一五○，3）。

4.罐　1件。泥质灰陶。

M077：8，直口，折沿微坠，高弧领，溜肩，弧腹，凹圜底。腹饰粗绳纹。口径15.6、腹径23.6、高26厘米（图一五○，4）。

5.豆　2件，形态接近。泥质灰陶。敞口，弧壁浅盘，高柱状柄，喇叭状圈足。素面。

M077：1，口径14.7、高13.5厘米（图一五○，7）。

M077：2，柄较M077：1更高。口径14、高20厘米（图一五○，8）。

六八　M080

一　墓葬形制（B型Ⅰ式）

普通窄长方形竖穴土坑。方向270°。墓壁倾斜呈覆斗形，墓上部破坏。墓口长310、宽

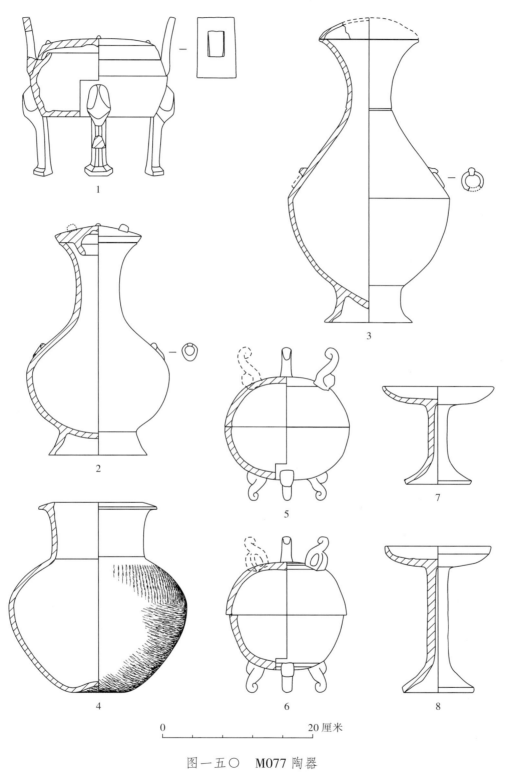

图一五〇　M077 陶器

1.鼎（6）　2、3.壶（3、4）　4.罐（8）　5、6.敦（5、7）　7、8.豆（1、2）

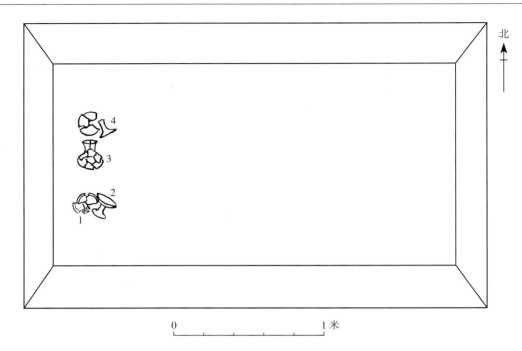

图一五一　M080平面及随葬器物分布图

1.陶盂　2、4.陶豆　3.陶罐

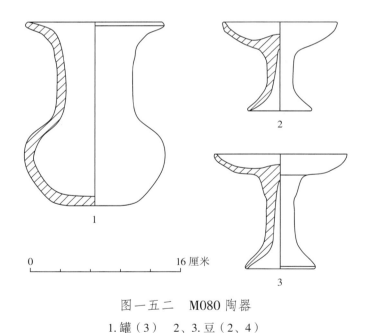

图一五二　M080陶器

1.罐（3）　2、3.豆（2、4）

195 厘米，墓底长 270、宽 140 厘米，墓残深 130 厘米。随葬器物位于墓底头端。葬具及人骨架不存。墓中填五花土（图版二，1；图一五一）。

二　出土器物

日用陶器 4 件。

1.罐　1 件。

M080：3，泥质灰陶。喇叭形敞口，长颈，溜肩，鼓腹，平底。颈一周弦纹。口径 14.6、腹径 14.8、高 20.4 厘米（图一五二，1）。

2.豆　2 件，形态接近。泥质褐陶。

敞口，弧壁浅盘，盘内底中心上凸，弧形柄，喇叭状圈足。素面。

M080：2，矮足。口径 12、高 12.9 厘米（图一五二，2）。

M080：4，口径 14、高 12.6 厘米（图一五二，3）。

还有陶盂 1 件，残甚，未修复。

六九 M081

一 墓葬形制（A型I式）

普通宽长方形竖穴土坑。方向200°。墓壁倾斜呈覆斗形，墓上部破坏。墓口长385、宽245厘米，墓底长285、宽145厘米，墓残深190厘米。随葬器物位于墓底头端及左侧。葬具及人骨架不存。墓中填五花土（图一五三）。

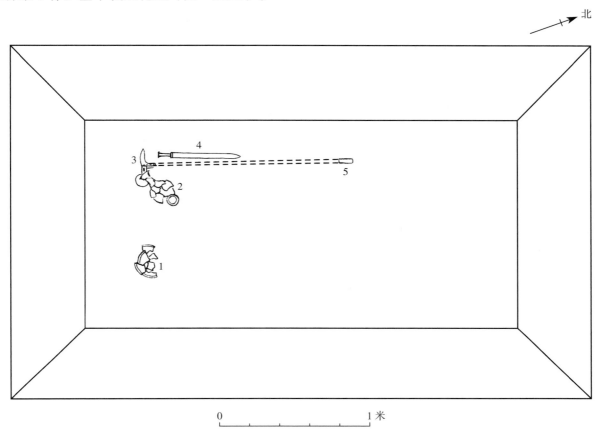

图一五三 M081平面及随葬器物分布图
1.陶盂 2.陶壶 3.铜戈 4.铜剑 5.铜戈镈

二 出土器物

5件，陶器2件，铜器3件。

（一）陶器

日用陶器2件。

壶 1件。

M081:2，泥质红灰陶。喇叭形敞口，长颈，溜肩，弧腹略有折，凹底，圈足外斜。颈、腹各两周弦纹。口径 14、腹径 14、高 24 厘米（图一五四，2）。

还有陶盂 1 件，残甚，未修复。

（二）铜器

1. 剑　1 件。

M081：4，墨绿色。喇叭形首，圆实茎有双箍，"凹"字形宽格。剑身菱形脊。长 49.2 厘米（图一五四，1）。

2. 戈　1 件。

M081：3，绿色。直援，直内，援菱形脊，长方内前部一穿。长胡三穿。胡、援、内均残。援、内残通长 20.6、胡残高 10.2 厘米。戈与镦在墓中的间距为 120 厘米（图一五四，3）。

还有铜戈镦 1 件，残甚。

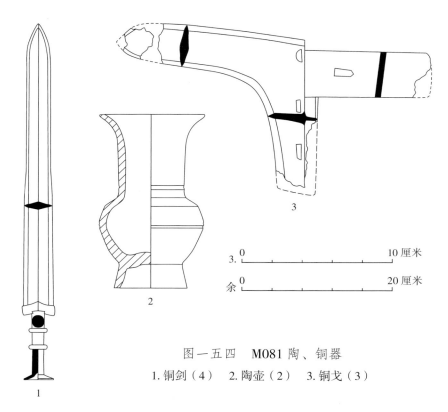

图一五四　M081 陶、铜器
1. 铜剑（4）　2. 陶壶（2）　3. 铜戈（3）

七〇　M082

一　墓葬形制（A 型 Ⅱ 式）

宽长方形竖穴土坑带斜坡墓道。方向 285°。墓壁倾斜呈覆斗形，墓上部破坏。墓口长 430、宽 310 厘米，墓底长 320、宽 220 厘米，墓残深 260 厘米。墓道位于墓室西端中间，坡度 20°。墓道口残长 226、宽 142 厘米，墓道下端宽 136 厘米，墓道下端距墓口 75、距墓底 185

厘米。随葬器物位于墓底头端。墓底两端有枕木沟，沟宽30、深10厘米。葬具及人骨架不存。墓中填五花土（图版二，2；图一五五、一五六）。

二　出土器物

7件，陶器6件，滑石器1件。

（一）陶器

仿铜陶礼器6件。

1. 壶　3件，修复1件。

M082：4，泥质红褐陶。敞口，长弧颈，平肩，弧腹，下腹向下斜折呈假圈足状，平底。颈、上腹共三周弦纹。浅弧盖，低子母口，盖面等列三个卷首纽。口径10.2、腹径16、高25.6、带盖通高30厘米（彩版一〇，3；图一五七，1）。

2. 豆　2件，修复1件。

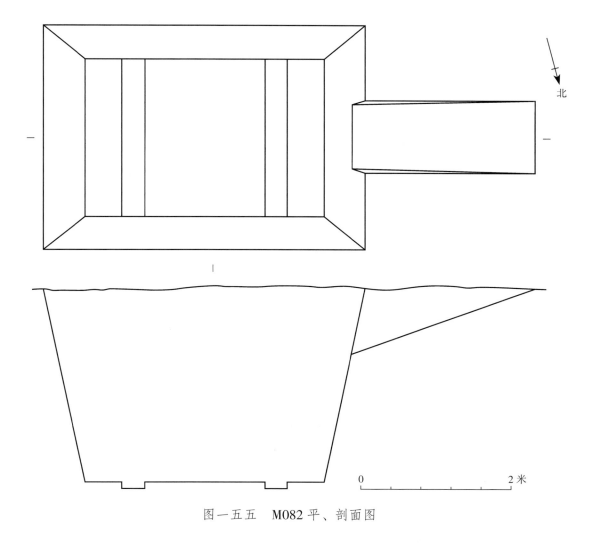

图一五五　M082平、剖面图

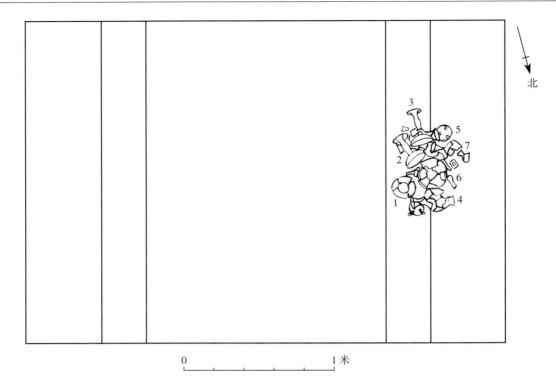

图一五六　M082平面及随葬器物分布图

1. 滑石璧　2、3. 陶豆　4、5、7. 陶壶　6. 陶鼎

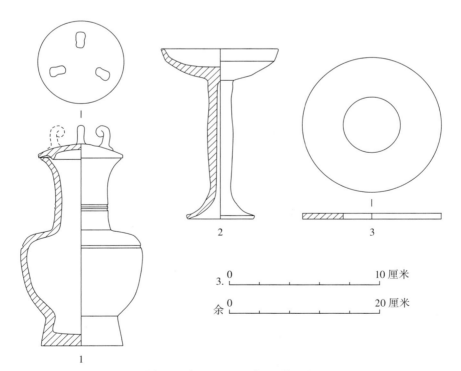

图一五七　M082陶、滑石器

1. 陶壶（4）　2. 陶豆（3）　3. 滑石璧（1）

M082：3，敞口，折壁浅盘，高柱状柄中腰微鼓，喇叭状圈足。素面。口径 15.3、高 23.4 厘米（图一五七，2）。

还有陶鼎 1 件，残甚，未修复。

（二）滑石器

璧 1 件。

M082：1，双面平素。肉径 9、好径 3.7 厘米（彩版一〇，4；图一五七，3）。

七一 M083

一 墓葬形制（C 型 Ｉ 式）

普通狭长形竖穴土坑。方向 100°。墓壁垂直，墓上部破坏。墓长 230、宽 60、残深 45 厘米。随葬器物位于墓底头端。葬具及人骨架不存。墓中填五花土（图一五八）。

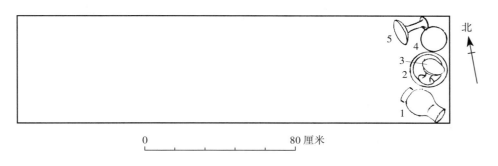

图一五八 M083 平面及随葬器物分布图
1.陶壶 2.陶盂 3~5.陶豆

二 出土器物

日用陶器 5 件。

1.壶 1 件。

M083：1，泥质褐陶。敞口，平折沿，沿一周凸圈，粗直颈，溜肩，弧腹，凹圜底，圈足较直。素面。口径 12、腹径 15.4、高 21.2 厘米（图一五九，1）。

2.盂 1 件。

M083：2，泥质红灰陶。直口，折沿微坠，短弧颈，弧腹，凹圜底。腹饰粗绳纹。口径 26、高 10.4 厘米（图一五九，2）。

3.豆 3 件，修复 2 件。形态各异。泥质灰陶。

M083：3，敞口较直，弧壁盘较深，盘外底一周凸圈，矮弧柄，喇叭状圈足。素面。口径 13.8、高 12 厘米（图一五九，3）。

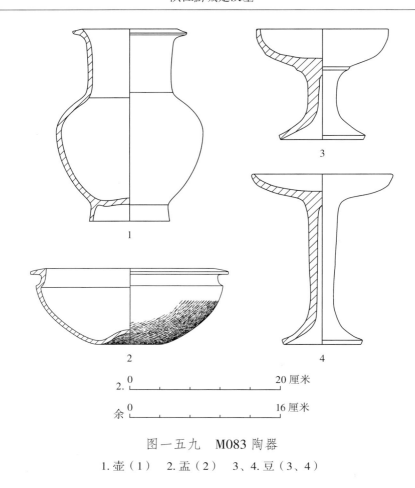

2. ┣━━━━━━━━━━━━━━┫ 20 厘米
　　0　　　　　　　　　　　　　　

余 ┣━━━━━━━━━━━━━━┫ 16 厘米
　　0　　　　　　　　　　　　　　

图一五九　M083 陶器

1.壶（1）　2.盂（2）　3、4.豆（3、4）

M083：4，敞口，弧壁浅盘，高柱状柄，喇叭状圈足。素面。口径 14.6、高 18.6 厘米
（图一五九，4）。

七二　M084

一　墓葬形制（C 型 I 式）

普通狭长形竖穴土坑。方向 20°。墓壁垂直，墓上部破坏。墓长 230、宽 65、残深 40 厘米。
随葬器物位于墓底头端。葬具及人骨架不存。墓中填五花土（图版三，1；图一六〇）。

二　出土器物

日用陶器 4 件。

1.罐　1 件。

M084：1，泥质灰陶。侈口，三角唇，粗弧领，弧腹，下腹微凹，平底。素面。口径
10.4、腹径 12、高 12.4 厘米（图一六一，1）。

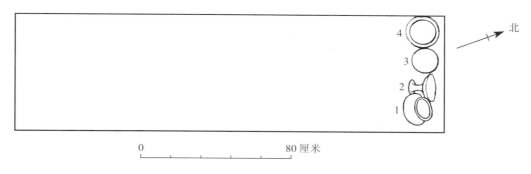

图一六〇 M084 平面及随葬器物分布图
1.陶罐 2、3.陶豆 4.陶钵

2. 钵 1件。

M084：4，泥质灰陶。敞口，弧腹，平底。素面。口径16.2、高6厘米（图一六一，2）。

3. 豆 2件。泥质灰陶。敞口，弧壁，矮弧柄，喇叭状圈足。素面。

M084：2，盘内微凸，柄略高。口径13.8、高11.4厘米（图一六一，3）。

M084：3，弧壁盘较深，外壁一周弦纹。口径12、高10.5厘米（图一六一，4）。

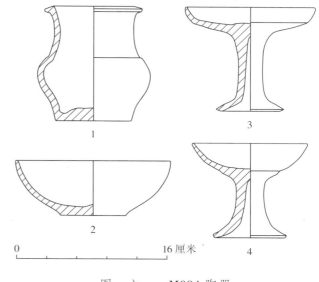

图一六一 M084 陶器
1.罐（1） 2.钵（4） 3、4.豆（2、3）

七三 M087

一 墓葬形制（A型Ⅰ式）

普通宽长方形竖穴土坑。方向175°。墓壁倾斜呈覆斗形，墓上部破坏。墓口长360、宽220厘米，墓底长300、宽164厘米，墓残深150厘米。随葬器物位于墓底头端。葬具及人骨架不存。墓中填五花土（图一六二）。

二 出土器物

日用陶器2件。

陶豆 1件。

M087：1，泥质褐陶。直口，深弧壁略有折，盘内底凸起，矮弧柄，喇叭状圈足。素面。口径12、高12.6厘米（图一六三）。

还有陶壶1件，残甚，未修复。

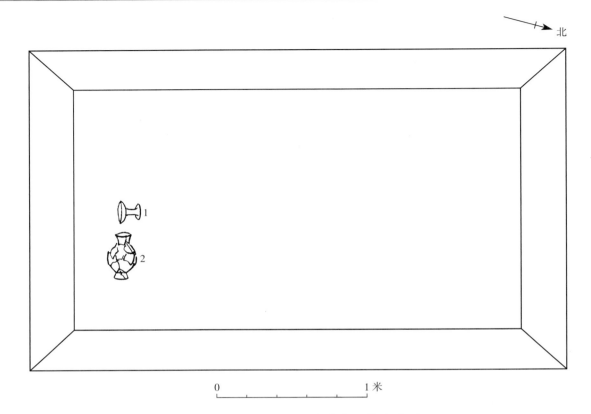

图一六二　M087 平面及随葬器物分布图
1. 陶豆　2. 陶壶

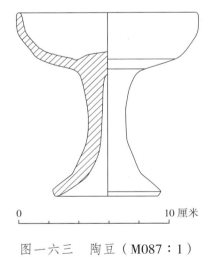

图一六三　陶豆（M087：1）

（一）陶器

仿铜陶礼器 5 件。

豆　3 件，修复 1 件。

M088：2，泥质红灰陶。直口，深弧壁，矮柱柄，喇叭状圈足。素面。口径 14.7、高 12.6

七四　M088

一　墓葬形制（A 型 I 式）

普通宽长方形竖穴土坑。方向 200°。墓壁倾斜呈覆斗形，墓上部破坏。墓口长 330、宽 210 厘米，墓底长 300、宽 170 厘米，墓残深 140 厘米。随葬器物位于墓底头端。葬具及人骨架不存。墓中填五花土（图一六四）。

二　出土器物

6 件，陶器 5 件，铜器 1 件。

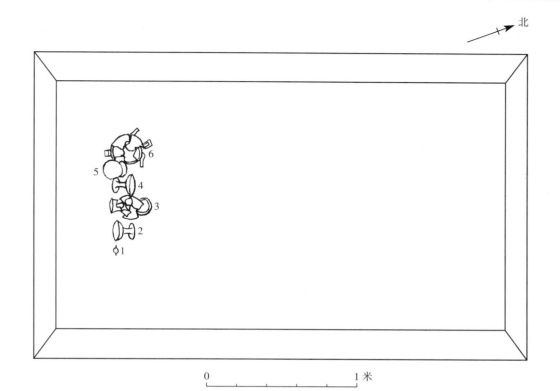

图一六四 M088 平面及随葬器物分布图
1. 铜剑 2、4、5. 陶豆 3. 陶壶 6. 陶鼎

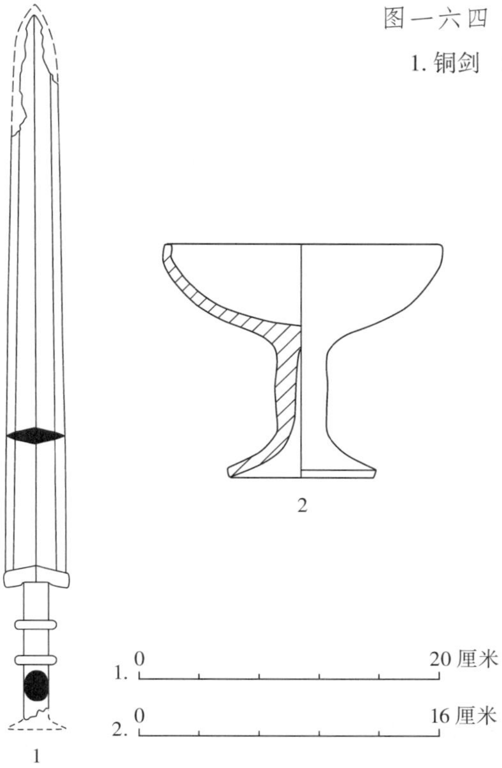

厘米（图一六五，2）。

还有陶鼎、壶各 1 件，残甚，未修复。

（二）铜器

剑 1 件。

M088：1，绿色。首残，首端向上直立于墓坑中。椭圆实茎有双箍，"凹"字形宽格。剑身菱形脊。前锋残。有木剑鞘残痕。残长 48 厘米（图一六五，1）。

七五 M089

一 墓葬形制（A 型 I 式）

普通宽长方形竖穴土坑。方向 115°。墓壁倾斜呈覆斗形，墓上部破坏。墓口长 340、宽 200 厘米，墓底长 280、宽 160 厘米，墓残深 205 厘米。随葬器物位于墓底头端。葬具及人骨架不存。墓中填五花土

图一六五 M088 陶、铜器
1. 铜剑（1） 2. 陶豆（2）

1. 0 ————————— 20 厘米
2. 0 ————————— 16 厘米

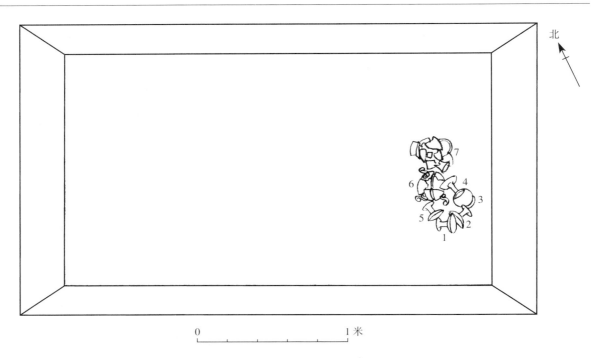

图一六六　M089 平面及随葬器物分布图

1~5. 陶豆　　6. 陶敦　　7. 陶壶

（图一六六）。

二　出土器物

仿铜陶礼器 7 件。

陶豆　5 件，形态大致相同。泥质灰褐陶。敞口，弧壁，矮弧柄，喇叭状圈足。素面。

M089：1，口径 13.8、高 11 厘米（图一六七，1）。

M089：2，口径 14.7、高 12.9 厘米（图一六七，2）。

M089：3，盘内底凸。口径 12.3、高 10.4 厘米（图一六七，3）。

M089：4，口径 13.8、高 10.7 厘米（图一六七，4）。

M089：5，盘外底凹折。口径 13.2、高 11.4 厘米（图一六七，5）。

还有陶敦、壶各 1 件，残甚，未修复。

七六　M091

一　墓葬形制（B 型 I 式）

普通窄长方形竖穴土坑。方向 110°。墓壁倾斜呈覆斗形，墓上部破坏。墓口长 315、宽 172 厘米，墓底长 295、宽 140 厘米，墓残深 155 厘米。随葬器物位于墓底头端。葬具及人骨架

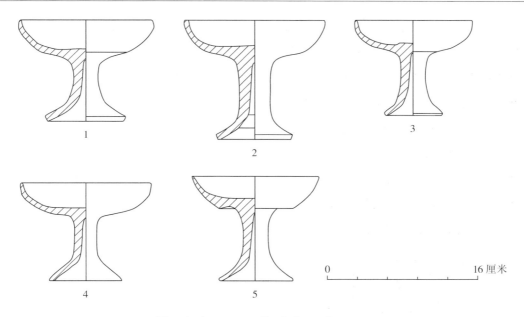

图一六七　M089 陶豆（1~5）

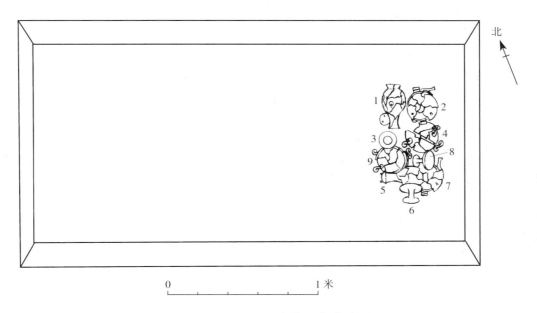

图一六八　M091 平面及随葬器物分布图
1、5.陶壶　2、7.陶鼎　3.滑石璧　4、9.陶敦　6、8.陶豆

不存。墓中填五花土（图版三，2；图一六八）。

二　出土器物

9件，陶器8件，滑石器1件。

仿铜陶礼器8件。

　　1.鼎　2件，形态相同。泥质灰陶。高子母口，窄肩承盖，弧腹较直，大平底。腹一周凸棱。蹄形高足直立，足断面呈六棱形。附耳外侈。弧形深盖，盖面等列三个扁立纽。

　　M091：2，口径15.6、宽23、高23厘米（图一六九，1）。

　　M091：7，口径15、宽22.5、高22厘米（图一六九，2）。

　　2.敦　2件，形态相同。泥质红灰陶。身、盖同形，相合呈球形。直口，弧腹，圜底、顶，"S"形抽象兽纽、足。身、盖各一周弦纹。

　　M091：4，口径18.6、通高24.6厘米（彩版一一，1；图一六九，3）。

　　M091：9，口径18.9、通高25.5厘米（图一六九，4）。

　　3.壶　2件，形态大致相同。泥质红灰陶。敞口，长弧颈，长鼓腹，平底，圈足外斜。腹

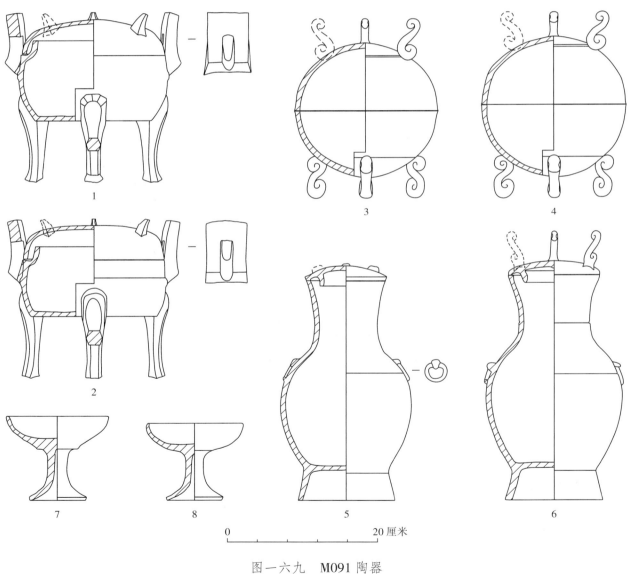

图一六九　M091 陶器

1、2.鼎（2、7）　3、4.敦（4、9）　5、6.壶（1、5）　7、8.豆（8、6）

有对称鼻纽衔环。弧形盖，子母口。

M091：1，盖面三个扁纽。口径10.4、腹径17.4、高30、带盖通高32.4厘米（图一六九，5）。

M091：5，盖面三个"S"形抽象兽纽。口径12、腹径18、高30.8、带盖通高36.8厘米（图一六九，6）。

4.豆 2件，形态略异。泥质红灰陶。

M091：6，直口，弧壁，柱状矮柄，喇叭状圈足。素面。口径12.6、高10.5厘米（图一六九，8）。

M091：8，敞口，斜壁略弧，外底边有折。余同M091：6。口径13.4、高11.4厘米（图一六九，7）。

还有滑石璧1件，残甚。

七七 M093

一 墓葬形制（B型Ⅱa式）

窄长方形竖穴土坑带平行二层台。方向200°。墓上部破坏，墓壁倾斜。墓口长300、宽200厘米，墓底长250、宽110厘米，墓残深270厘米。二层台位于墓坑两侧壁，距墓底180、

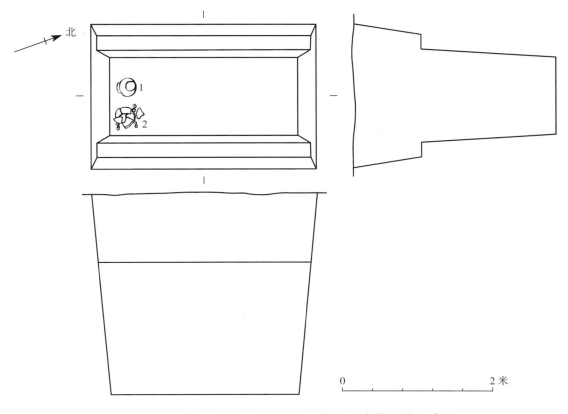

图一七〇 M093平、剖面及随葬器物分布图

1.陶壶 2.陶敦

宽 20 厘米。随葬器物位于墓底头端。葬具及人骨架不存。墓中填五花土（图版四，1；图一七〇）。

二　出土器物

出土陶敦、壶各 1 件，未修复。

七八　M094

一　墓葬形制（A 型 I 式）

普通宽长方形竖穴土坑。方向 110°。墓壁倾斜呈覆斗形，墓上部破坏。墓口长 310、宽 250 厘米，墓底长 280、宽 200 厘米，墓残深 210 厘米。随葬器物位于墓底一侧。葬具及人骨架不存。墓中填五花土（图一七一）。

二　出土器物

仿铜陶礼器 4 件。

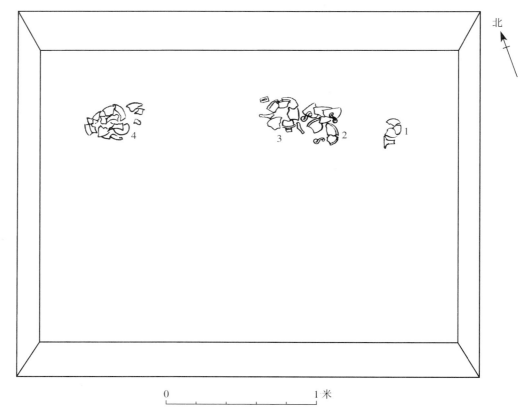

图一七一　M094 平面及随葬器物分布图

1. 陶豆　2. 陶敦　3. 陶鼎　4. 陶壶

陶豆　1件。

M094：1，泥质红灰陶。敞口，弧壁，矮弧柄，喇叭状圈足。素面。口径13、高11.7厘米（图一七二）。

还有陶鼎、敦、壶各1件，残甚，未修复。

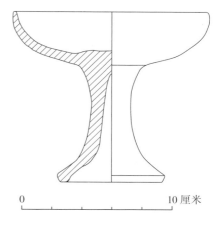

图一七二　陶豆（M094：1）

七九　M096

一　墓葬形制（A型Ⅰ式）

普通宽长方形竖穴土坑。方向75°。墓壁倾斜呈覆斗形。墓口长320、宽190厘米，墓底长280、宽150厘米，墓深300厘米。随葬器物位于墓底头端。葬具及人骨架不存。墓中填五花土（图版四，2；图一七三）。

二　出土器物

日用陶器4件。

1. 壶　1件。

M096：4，泥质灰陶。敞口，粗弧颈，鼓腹，凹底，圈足直。素面。口径10、腹径15.6、高23.2厘米（图一七四，1）。

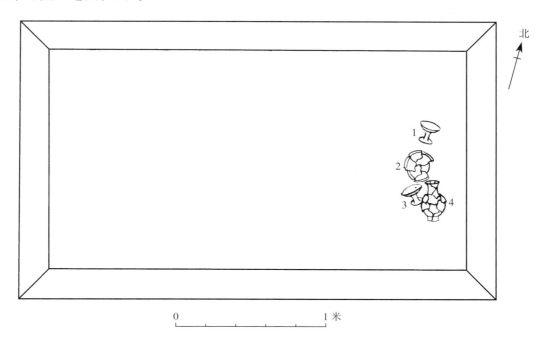

图一七三　M096平面及随葬器物分布图
1、3.陶豆　2.陶盂　4.陶壶

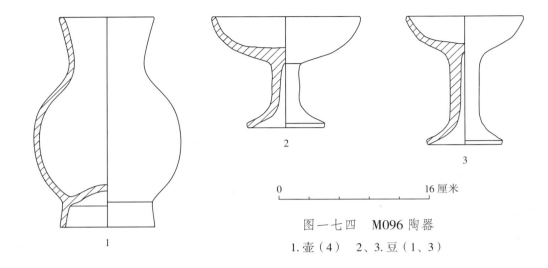

图一七四　M096 陶器

1. 壶（4）　2、3. 豆（1、3）

2. 豆　2件。泥质褐陶。

M096：1，敞口，弧壁，矮柱柄，喇叭状圈足。素面。口径 15.6、高 12 厘米（图一七四，2）。

M096：3，柄较高。余同 M096：1。口径 12.3、高 14 厘米（图一七四，3）。

还有陶盂 1 件，残甚，未修复。

八〇　M098

一　墓葬形制（C 型Ⅳ b 式）

狭长形竖穴土坑带平头龛及平行二层台。方向 55°。墓壁垂直。墓口长 240、宽 90 厘米，墓底长 240、宽 70 厘米，墓深 280 厘米。头龛位于墓坑东北端，龛底与墓底平。龛宽同墓底，宽 70、深 18、高 50 厘米。两侧壁有平行二层台，二层台高 60、宽 10 厘米。随葬器物置于头龛内。葬具及人骨架不存。墓中填五花土（图版四，3；图一七五）。

二　出土器物

陶壶　1件。

M098：1，泥质红陶。敞口，粗弧颈，鼓腹，圜底，圈足极矮。素面。口径 9.7、腹径 16.2、高 23 厘米（图一七六）。

八一　M099

一　墓葬形制（C 型Ⅱ a 式）

狭长形竖穴土坑带平行二层台。方向 80°。二层台以上墓壁略斜，二层台以下墓壁垂直，

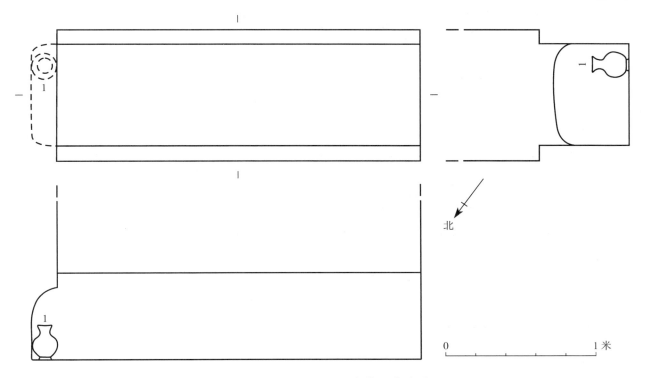

图一七五　M098 平面及随葬器物分布图
1. 陶壶

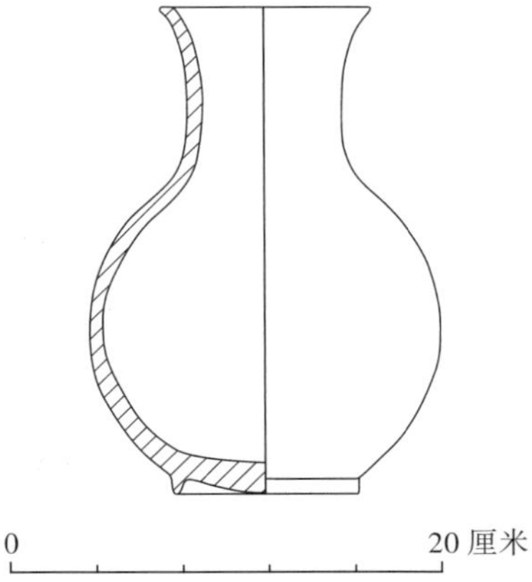

墓上部破坏。墓口长 290、宽 150 厘米，墓底长 260、宽 64 厘米，墓残深 135 厘米。两侧壁有平行二层台，二层台高 56、宽 32 厘米。随葬器物置于墓底头端。葬具及人骨架不存。墓中填五花土（图一七七）。

二　出土器物

日用陶器 2 件。

1. 罐　1 件。

M099：2，泥质灰陶。敞口，折沿微坠，高弧领，圆肩，弧腹微凹，平底。颈及下腹三周弦纹。口径 11.2、腹径 14.4、高 16.8 厘米（彩版一一，2；图一七八，1）。

2. 盂　1 件。

M099：1，泥质灰陶。平折沿，束颈，弧壁，平底。素面。口径 18、高 6 厘米（彩版一二，1；图一七八，2）。

图一七六　陶壶（M098：1）

图一七七　M099 平、剖面及随葬器物分布图
1. 陶盂　2. 陶罐

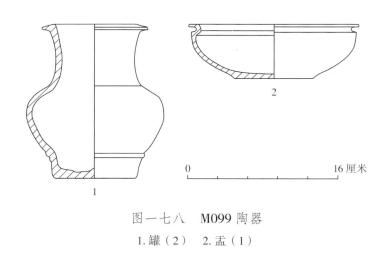

图一七八　M099 陶器
1. 罐（2）　2. 盂（1）

八二　M100

一　墓葬形制（A型Ⅰ式）

普通宽长方形竖穴土坑。方向90°。墓壁垂直，墓上部破坏。墓长300、宽170、残深40厘米。

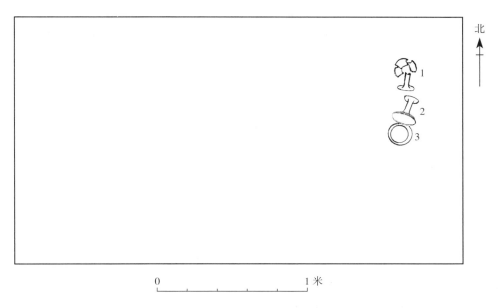

图一七九　M100平面及随葬器物分布图
1~3.陶豆

随葬器物位于墓底头端。葬具及人骨架不
存。墓中填五花土（图一七九）。

二　出土器物

陶豆　3件，修复2件。泥质灰陶。

M100：1，敞口，弧壁，柱柄细高，
喇叭状圈足。素面。口径15.9、高15厘米
（图一八〇，1）。

M100：3，直口，弧壁，盘外底凹
弧，矮弧形柄，喇叭状圈足。素面。口径
12.3、高10.9厘米（图一八〇，2）。

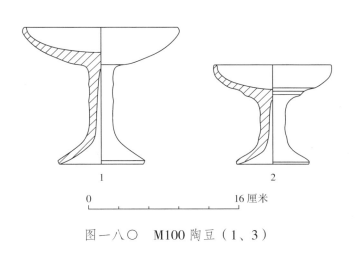

图一八〇　M100陶豆（1、3）

八三　M101

一　墓葬形制（A型Ⅰ式）

普通宽长方形竖穴土坑。方向100°。墓壁倾斜呈覆斗形，墓上部破坏。墓口长390、宽
230厘米，墓底长330、宽170厘米，墓残深200厘米。随葬器物位于墓底头端。葬具及人骨架
不存。墓中填五花土（图一八一）。

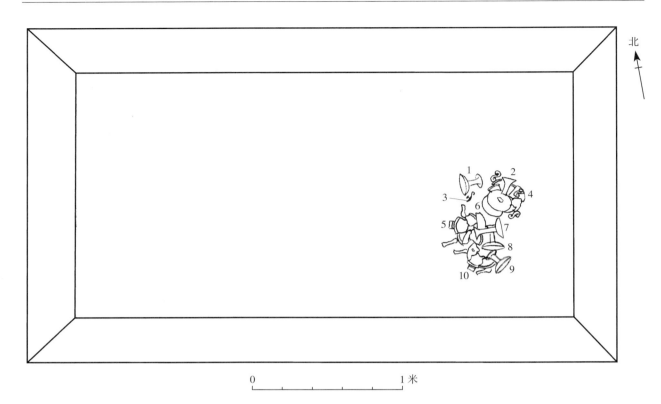

北

0　　　　　　　　　　　　　1 米

图一八一　M101 平面及随葬器物分布图
1、2、6~9.陶豆　3.铜带钩　4.陶敦　5、10.陶鼎

二　出土器物

10 件，陶器 9 件，铜器 1 件。

陶豆　6 件。泥质褐陶。高柄豆和矮柄豆各 3 件。

高柄豆，形态相同。敞口较直，折壁，高柱柄，喇叭状圈足。素面。

M101：2，口径 13.8、高 16.4 厘米（图一八二，2）。

M101：7，口径 15.2、高 15.6 厘米（图一八二，4）。

M101：8，口径 13.4、高 16.8 厘米（图一八二，5）。

矮柄豆，形态相同。敞口，弧壁，矮弧柄，喇叭状圈足。素面。

M101：1，外底一周凸圈。口径 13.8、高 10.8 厘米（图一八二，1）。

M101：6，口径 14.5、高 10.9 厘米（图一八二，3）。

M101：9，口径 14.8、高 12.6 厘米（图一八二，6）。

还有陶鼎 2 件、敦 1 件以及铜带钩 1 件，残甚，未修复。

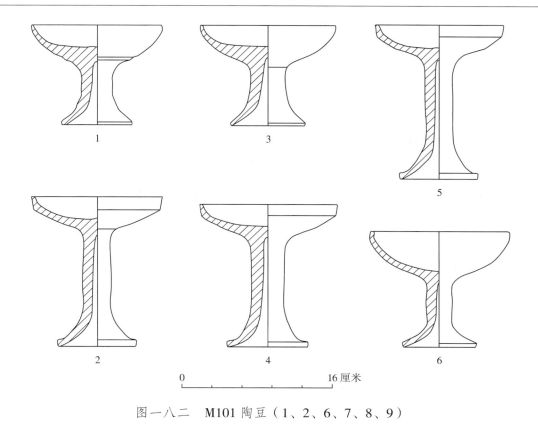

图一八二　M101 陶豆（1、2、6、7、8、9）

八四　M102

一　墓葬形制（A型Ⅰ式）

普通宽长方形竖穴土坑。方向 185°。墓壁垂直，墓上部破坏。墓长 280、宽 160、残深 70 厘米。随葬器物位于墓底头端。葬具及人骨架不存。墓中填五花土（图一八三）。

二　出土器物

仿铜陶礼器 5 件。

1. 鼎　1 件。

M102：2，泥质红灰陶。高子母口，窄肩承盖，扁弧腹，平底微凹。蹄形足直立，附耳外斜，封闭耳孔。盖直口，弧壁，平顶。盖面两周凸圈，第一周凸圈上等列三个扁纽，顶中一鼻纽。口径 17、宽 24、高 21.6 厘米，盖径 19.2 厘米，带盖通高 23 厘米（彩版一二，2；图一八四，1）。

2. 敦　1 件。

M102：3，泥质红灰陶。身、盖同形，相合呈球形。直口，弧腹，圜底、顶。勾首卷尾抽象立兽纽。素面。口径 18.4、通高 26.4 厘米（图一八四，2）。

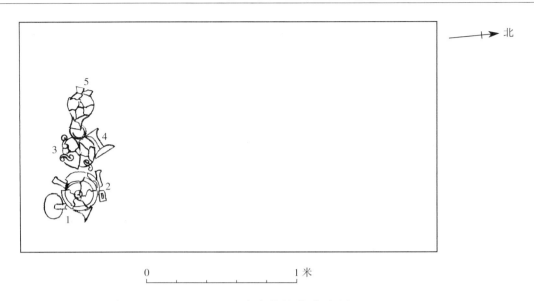

图一八三　M102 平面及随葬器物分布图
1、4.陶豆　2.陶鼎　3.陶敦　5.陶壶

3. 壶　1件。

M102：5，泥质红灰陶。直口略斜，粗弧颈，弧腹，下腹向下斜折呈假圈足状，平底。腹有对称鼻纽衔环。颈至腹数周弦纹。弧形浅盖，子母口。盖上三纽残。口径 10.2、腹径 18.6、高 30.4、残通高 32 厘米（图一八四，3）。

4. 豆　2件。泥质红灰陶。斜直口，斜折壁，柱状高柄，喇叭形圈足。素面。

M102：1，口径 13.9、高 16.2 厘米（图一八四，4）。

M102：4，口径 13.8、高 16.2 厘米（图一八四，5）。

八五　M104

一　墓葬形制（A 型 I 式）

普通宽长方形竖穴土坑。方向 165°。墓壁略斜，墓上部破坏。墓口长 354、宽 190 厘米，墓底长 320、宽 170 厘米，墓残深 100 厘米。随葬器物位于墓底头端。葬具及人骨架不存。墓中填五花土（图一八五）。

二　出土器物

6件，陶器 5件，铜器 1件。

（一）陶器

1. 壶　1件。

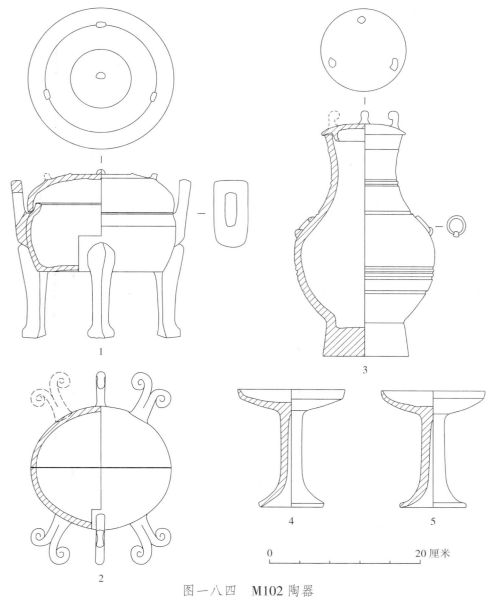

图一八四　M102 陶器

1.鼎（2）　2.敦（3）　3.壶（5）　4、5.豆（1、4）

M104：4，泥质灰褐陶。敞口，粗弧颈，斜肩，弧腹，下腹向下斜折呈假圈足状，平底。上腹一周瓦棱状凹圈。口径 11.4、腹径 17.2、高 22.8 厘米（图一八六，1）。

2. 豆　3 件。泥质褐陶。敞口，弧壁，矮弧柄，喇叭形圈足。素面。

M104：1，盘较深。口径 13、高 11.4 厘米（图一八六，2）。

M104：2，盘外底一周凸圈。口径 15、高 11.8 厘米（图一八六，3）。

M104：3，柄略细高。口径 17.4、高 14.7 厘米（图一八六，4）。

还有盂 1 件，残甚，未修复。

北

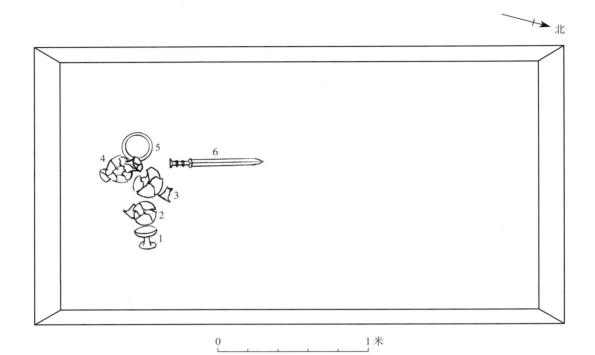

0　　　　　　　　　　　　　1 米

图一八五　M104 平面及随葬器物分布图

1~3. 陶豆　4. 陶壶　5. 陶盉　6. 铜剑

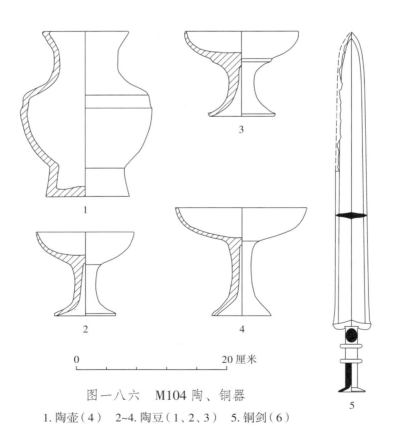

0　　　　　　　　　　　　　20 厘米

图一八六　M104 陶、铜器

1. 陶壶（4）　2~4. 陶豆（1、2、3）　5. 铜剑（6）

（二）铜器

剑　1件。

M104：6，暗绿色。喇叭形首，椭圆实茎有双箍，"凹"字形宽格。剑身菱形脊。刃略残。长49.4厘米（图一八六，5）。

八六　M105

一　墓葬形制（A型Ⅰ式）

普通宽长方形竖穴土坑。方向175°。墓壁略斜，墓上部破坏。墓口长335、宽180厘米，墓底长316、宽166厘米，墓残深75厘米。随葬器物位于墓底头端及中部。葬具及人骨架不存。墓中填五花土（图一八七）。

二　出土器物

仿铜陶礼器8件。

1. 鼎　2件，修复1件。

M105：4，泥质红灰陶。高子母口直立，窄肩承盖，弧腹，圜底。蹄形足直立，附耳直立，耳正面呈长圆形，封闭耳孔。折壁弧顶盖。盖面三个扁钮，盖顶一钮。口径18、通宽24.3、高

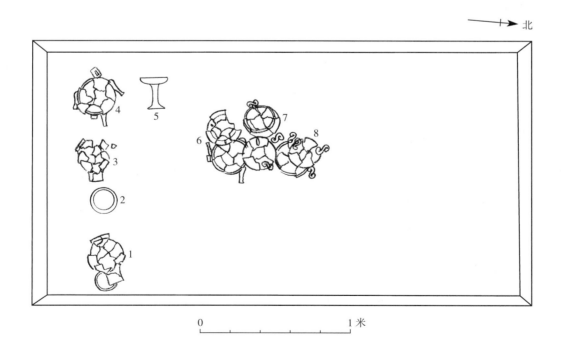

图一八七　M105平面及随葬器物分布图

1、3.陶壶　2、5.陶豆　4、6.陶鼎　7、8.陶敦

19.6 厘米，盖径 20.4、带盖通高 21 厘米（图一八八，1）。

2. 壶　2 件，修复 1 件。

M105：1，泥质灰陶。直口，粗直颈，鼓腹，圜底，矮直圈足。浅弧素盖。口径 11.2、腹径 18.4、高 25.2、带盖通高 27.2 厘米（图一八八，2）。

3. 豆　2 件，修复 1 件。

M105：5，泥质红陶。敞口，弧壁，高柱柄，喇叭形小圈足。素面。口径 10.8、高 15.3 厘米（图一八八，3）。

还有陶敦 2 件，残甚，未修复。

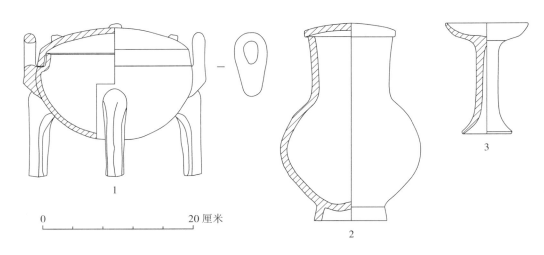

0　　　　　　　20 厘米

图一八八　M105 陶器
1. 鼎（4）　2. 壶（1）　3. 豆（5）

八七　M106

一　墓葬形制（A 型 I 式）

普通宽长方形竖穴土坑。方向 180°。墓壁略斜，墓上部破坏。墓口长 330、宽 195 厘米，墓底长 310、宽 180 厘米，墓残深 100 厘米。随葬器物位于墓底头端。填土中出铁臿 1 件。葬具及人骨架不存。墓中填五花土（图一八九）。

二　出土器物

14 件，陶器 10 件，铜器 3 件，铁器 1 件。

（一）陶器

仿铜陶礼器 10 件。

1. 鼎　2 件，修复 1 件。

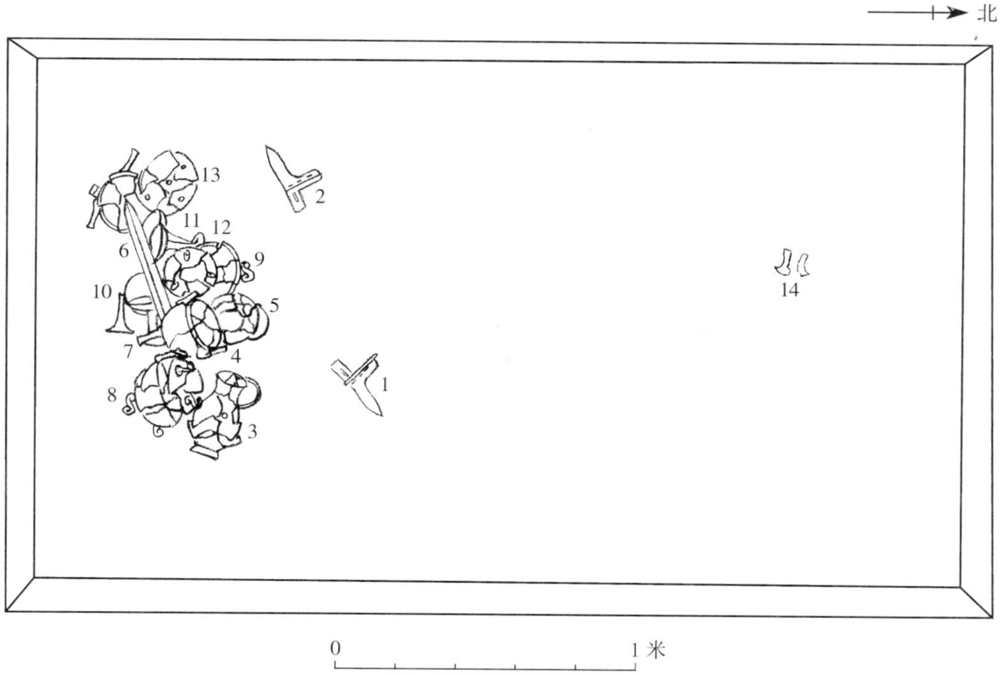

图一八九　M106平面及随葬器物分布图

1、2. 铜戈　3、5. 陶壶　4、13. 陶鼎　6. 铜剑　7、10~12. 陶豆　8、9. 陶敦　14. 铁臿

M106：4，泥质褐陶。子母口内敛，凹肩承盖，弧腹，圜底，高蹄足。附耳外斜，耳正面呈勺形，封闭耳孔。折壁弧顶盖，盖面三个小扁纽，顶中一纽。口径16.8、宽23、高19.2厘米（图一九〇，1）。

2. 敦　2件，修复1件。

M106：9，泥质褐陶。仅存一半，直口，弧腹，凸底。足残。素面。口径17、残高9.6厘米（图一九〇，2）。

3. 壶　2件，修复1件。

M106：3，泥质灰陶。直口，粗颈斜直，长鼓腹，圜底，矮圈足外斜。肩部有对称小纽，颈、肩共三周弦纹。浅弧盖。口径11.2、腹径16、高26.4、通高27.6厘米（图一九〇，3）。

4. 豆　4件，修复1件。

M106：7，泥质灰褐陶。敞口，弧壁，柱状高柄，小圈足外撇。素面。口径13.8、高15.4厘米（图一九〇，4）。

（二）铜器

1. 剑　1件。

M106：6，灰绿色。喇叭形首，椭圆实茎有双箍，“凹”字形宽格。剑身菱形脊。格、箍有浅刻花纹，首内有同心圆深槽。花纹内原应有镶嵌物，现脱落。长50.6厘米（图一九一，

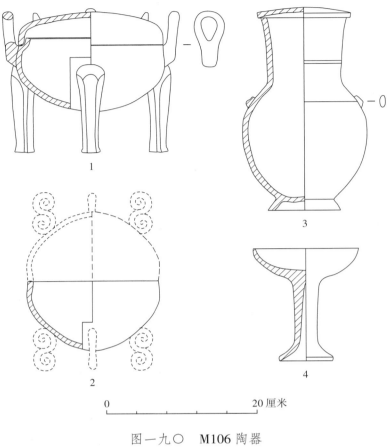

图一九〇　M106 陶器

1.鼎（4）　2.敦（9）　3.壶（3）　4.豆（7）

3~6）。

2.戈　2件，形态大致相同。灰绿色。直援，直内，援梭形脊，长方内上一长方穿。长胡三穿。

M106：1，内三方有刃，后端略宽。胡及援锋端残。援、内通长 19.8、胡残高 10.2 厘米（图一九一，1）。

M106：2，内后下方有凹缺。援残断。援、内复原通长 19、胡高 11.4 厘米（图一九一，2）。

还有铁臿 1 件，残甚。

八八　M107

一　墓葬形制（B 型Ⅲa 式）

窄长方形竖穴土坑带高头龛。方向 180°。墓壁略斜，墓上部破坏。墓口长 240、宽 110 厘米，墓底长 220、宽 90 厘米，墓残深 90 厘米。头龛位于墓坑南端，龛底距墓底 65 厘米，龛宽 78、深 36、龛残高 25 厘米。随葬器物中陶器置于头龛内，铜器置于墓坑底部。葬具及人骨架不存。

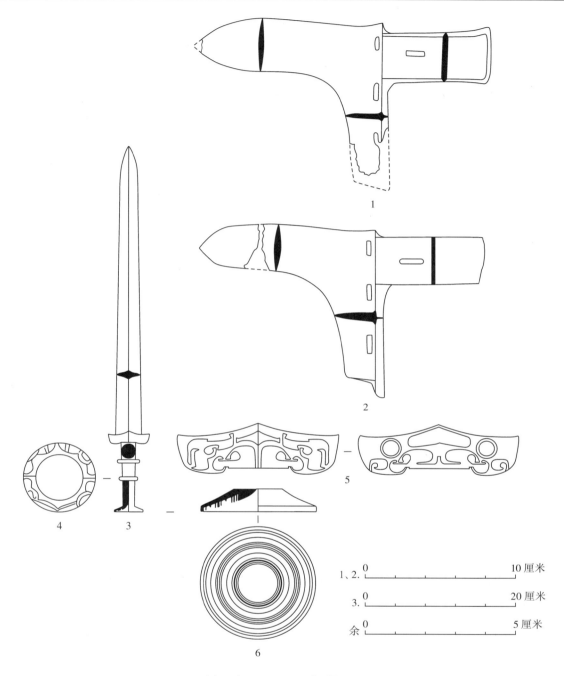

图一九一 M106 铜器

1、2.戈（1、2） 3~6.剑及箍、格、首（6）

墓中填五花土（图一九二）。

二 出土器物

10 件，陶器 5 件，铜器 5 件。

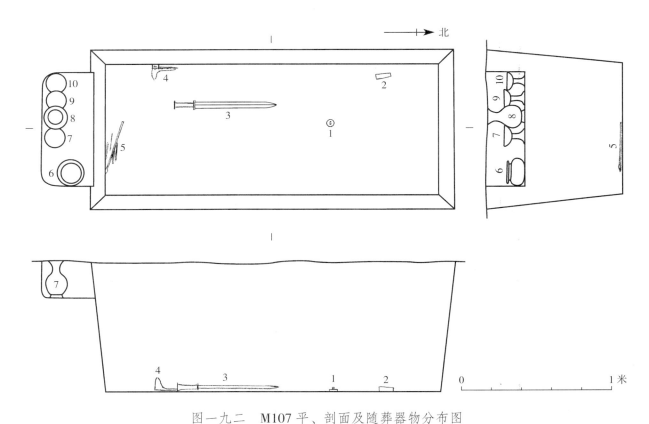

图一九二　M107 平、剖面及随葬器物分布图

1. 铜印章　2. 铜戈镦　3. 铜剑　4. 铜戈　5. 铜箭镞　6. 陶盉　7、9、10. 陶豆　8. 陶壶

铜器

1. 剑　1 件。

M107:3，灰绿色。璧形空首，空茎，"一"字形格。菱形脊。长 62 厘米（图一九三，1）。

2. 戈　1 件。

M107:4，绿色。援略昂，凸棱脊，刃缘崩残。直内后端圆削，三方有刃，前部一穿，刃残。长胡，阑侧三穿，胡部残。援、内通长 25、胡残高 12 厘米（图一九三，4）。戈与镦之间相距 1.3 米，应为木柲长度。

3. 箭镞　数支，1 支保存完好。

M107:5，三棱翼，三棱形长关，圆铤残。残长 25.7 厘米（彩版一三，1；图一九三，2）。

4. 印章　1 件。

M107:1，黑色。印体圆饼形，半环形纽。印面阴刻边框，框内阴刻竖向"沅昜"二字。直径 1.8、印厚 0.4、纽高 0.75、通高 1.15 厘米（彩版一三，2、3；图一九三，3）。

还有陶壶、盉各 1 件，豆 3 件，铜戈镦 1 件，均未修复。

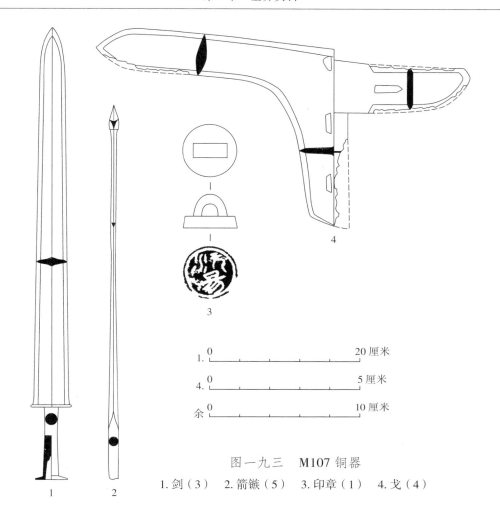

图一九三　M107 铜器

1. 剑（3）　2. 箭镞（5）　3. 印章（1）　4. 戈（4）

八九　M108

一　墓葬形制（C 型 III 式）

狭长形竖穴土坑带高头龛。方向 180°。墓壁略斜，墓上部破坏。墓口长 234、宽 90 厘米，墓底长 220、宽 80 厘米，墓残深 100 厘米。头龛位于墓坑南端，龛底距墓底 50 厘米，龛宽 46、深 30、龛高 30 厘米。随葬器物中陶盂 1 件置于头龛内，铜带钩 1 件置于墓底左侧。葬具及人骨架不存。墓中填五花土（图一九四）。

二　出土器物

2 件，陶器 1 件，铜器 1 件。

陶盂　1 件。

M108：1，泥质红灰陶。三角形平折沿，弧颈，上腹圆弧，下腹斜直，凹圜底。素面。口

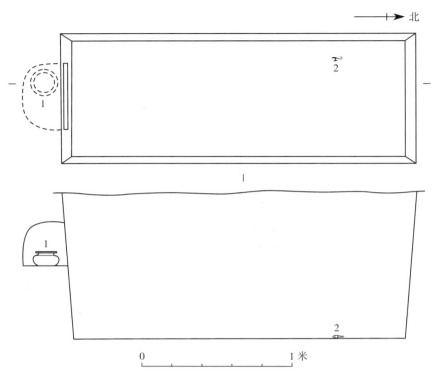

图一九四　M108 平、剖面及随葬器物分布图
1. 陶盂　2. 铜带钩

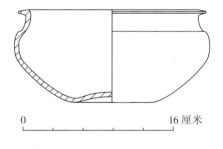

图一九五　陶盂（M108：1）

径 20.2、腹径 21.1、高 10.2 厘米（图一九五）。

还有铜带钩 1 件，残甚。

九〇　M109

一　墓葬形制（C 型 I 式）

普通狭长形竖穴土坑。方向 356°。墓壁垂直，墓上部破坏。墓长 225、宽 83、残深 90 厘米。随葬器物置于墓底头端。葬具及人骨架不存。墓中填五花土（图一九六）。

二　出土器物

铜铃形器　2 枚，均残。

M109：1，双面透孔，以茎相连。上为环纽，器身呈合瓦形。残高 2.2 厘米（图一九七）。

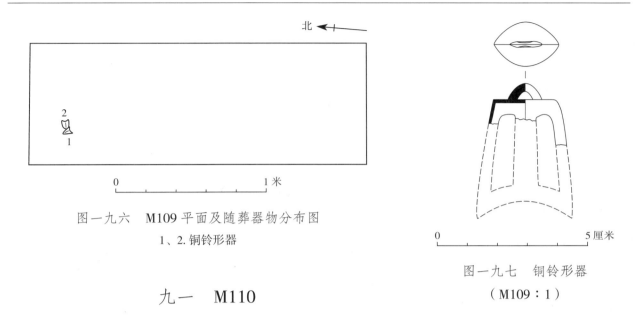

图一九六　M109平面及随葬器物分布图

1、2.铜铃形器

图一九七　铜铃形器

（M109：1）

九一　M110

一　墓葬形制（A型Ⅰ式）

普通宽长方形竖穴土坑。方向115°。墓壁垂直，墓上部破坏。墓长315、宽170、残深80厘米。随葬器物置于墓底头端。葬具及人骨架不存。墓中填五花土（图一九八）。

二　出土器物

日用陶器6件。

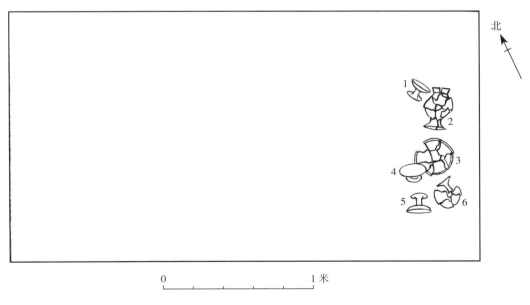

图一九八　M110平面及随葬器物分布图

1、4~6.陶豆　2.陶壶　3.陶盂

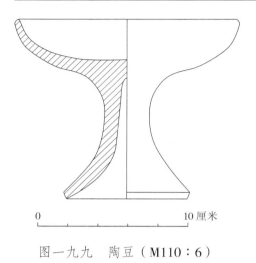

0　　　　　　　　　　10 厘米

图一九九　陶豆（M110：6）

陶豆　4件，修复1件。泥质红灰陶。

M110：6，敞口，弧壁，矮弧柄，喇叭形圈足。素面。口径14.5、高12.3厘米（图一九九）。

还有壶、盂各1件，残甚，未修复。

九二　M111

一　墓葬形制（A型Ⅰ式）

普通宽长方形竖穴土坑。方向85°。墓壁倾斜呈覆斗形，墓上部破坏。墓口长320、宽190厘米，墓底长288、宽150厘米，墓残深140厘米。随葬器物主要置于墓底头端，1件铜带钩置于中腰。葬具及人骨架不存。墓中填五花土（图二〇〇）。

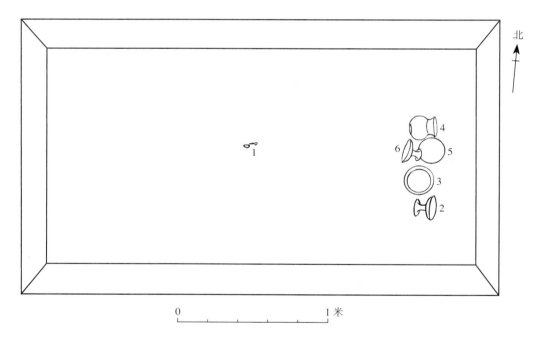

0　　　　　　　　　　1 米

图二〇〇　M111平面及随葬器物分布图
1.铜带钩　2、5、6.陶豆　3.陶盂　4.陶罐

二　出土器物

6件，陶器5件，铜器1件。

陶豆　3件，修复2件。形态相同。粗泥红褐陶。敞口，弧壁，内底上凸，矮弧柄，喇叭形圈足。素面。

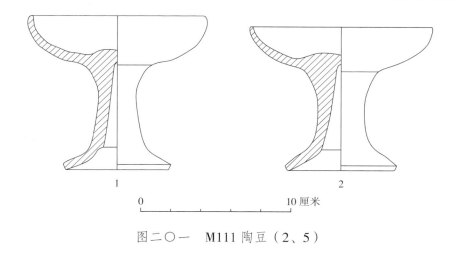

图二〇一　M111 陶豆（2、5）

M111：2，口径 11.7、高 10.5 厘米（图二〇一，1）。

M111：5，口径 12、高 9.9 厘米（图二〇一，2）。

还有陶罐、盂及铜带钩各 1 件，残甚，未修复。

九三　M113

一　墓葬形制（A 型 I 式）

普通宽长方形竖穴土坑。方向 98°。墓壁略斜，墓上部破坏。墓口长 324、宽 194 厘米，墓底长 310、宽 170 厘米，墓残深 145 厘米。随葬器物中陶器置于墓底头端，铜兵器置于墓两侧，应为椁室边厢位置。葬具及人骨架不存。墓中填五花土（图二〇二）。

二　出土器物

14 件，陶器 8 件，铜器 6 件。

（一）陶器

仿铜陶礼器 8 件。

豆　2 件，形态相同。粗泥红褐陶。敞口，浅弧壁，高柱柄上粗下细，盖状圈足。素面。

M113：6，口径 13.8、高 17.8 厘米（图二〇三，2）。

M113：13，口径 13.2、高 18 厘米（图二〇三，3）。

还有陶鼎、敦、壶各 2 件，未修复。

（二）铜器

1. 剑　1 件。

M113：2，绿色。璧形空首，空茎，"一"字形格。菱形脊。刃及前锋崩残。残长 61.2 厘米

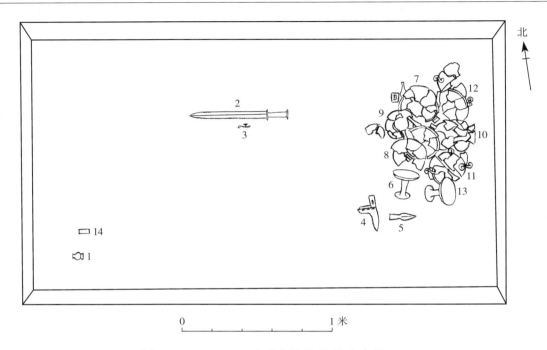

图二〇二　M113 平面及随葬器物分布图

1.铜矛镦　2.铜剑　3.铜带钩　4.铜戈　5.铜矛　6、13.陶豆　7、8.陶鼎　9、10.陶壶　11、12.陶敦　14.铜戈镦

（图二〇三，1）。

2.矛　1件。

M113：5，灰黑色。圆骹。銎部凹口，一面有一鼻。叶前部菱形脊，后部两侧有血槽。通长 17.8 厘米（图二〇三，5）。矛与矛镦间距 204 厘米，应为矛柲长度。

3.矛镦　1件。

M113：1，呈葫芦形，中有一孔。长 6 厘米（图二〇三，6）。

4.戈镦　1件。

M113：14，略呈椭圆筒形。中有一孔，底部有三孔。长 7 厘米（图二〇三，4）。戈与戈镦间距 180 厘米，应为戈柲长度。

还有铜戈、带钩各 1 件，残甚。

九四　M114

一　墓葬形制（A 型 I 式）

普通宽长方形竖穴土坑。方向 95°。墓壁略斜，墓上部破坏。墓口长 340、宽 230 厘米，墓底长 310、宽 180 厘米，墓残深 165 厘米。随葬器物置于墓底头端。葬具及人骨架不存。墓中填五花土（图二〇四）。

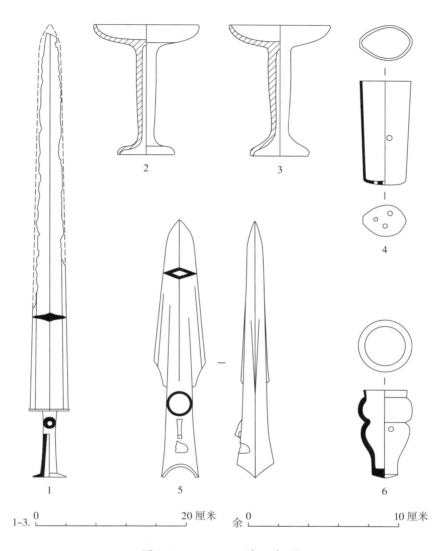

图二〇三　　M113 陶、铜器

1. 铜剑（2）　　2、3. 陶豆（6、13）　　4. 铜戈镦（14）　　5. 铜矛（5）　　6. 铜矛镦（1）

二　出土器物

仿铜陶礼器 5 件。

陶豆　2 件，形态相同。泥质红灰陶。敞口，浅弧壁，高柱柄上粗下细，盖状圈足。圈足上有一道弦纹。

M114：1，口径 13.2、高 17.1 厘米（图二〇五，1）。

M114：2，口径 13.5、高 17.4 厘米（图二〇五，2）。

还有陶鼎、敦、壶各 1 件，残甚，未修复。

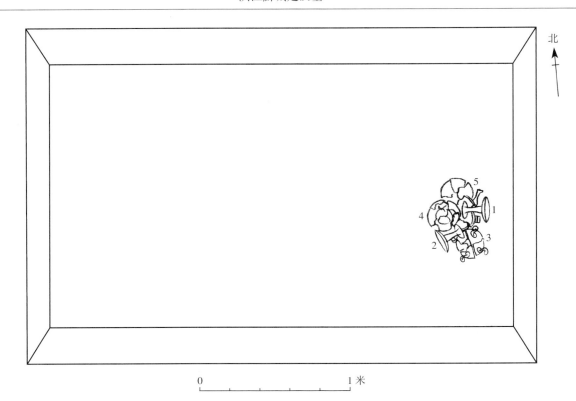

图二〇四　M114平面及随葬器物分布图
1、2.陶豆　3.陶敦　4.陶壶　5.陶鼎

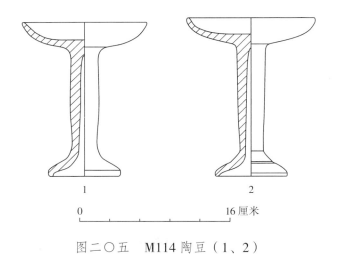

图二〇五　M114陶豆（1、2）

九五　M115

一　墓葬形制（A型Ⅰ式）

普通宽长方形竖穴土坑。方向80°。墓壁略斜，墓上部破坏。墓口长340、宽210厘米，墓

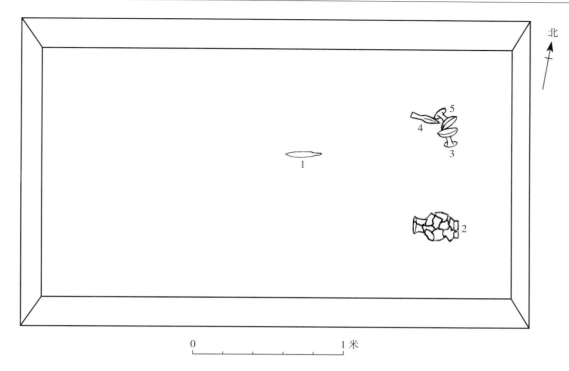

图二〇六　M115 平面及随葬器物分布图
1.铜剑　2.陶壶　3、5.陶豆　4.铜矛

底长 315、宽 170 厘米，墓残深 220 厘米。随葬器物主要置于墓底头端，铜剑 1 件置于中部。葬具及人骨架不存。墓中填五花土（图二〇六）。

二　出土器物

5 件，陶器 3 件，铜器 2 件。

（一）陶器

日用陶器 3 件。

1.壶　1 件。

M115：2，泥质褐陶。敞口，粗弧颈，圆肩，斜弧腹，凹圜底，矮直圈足。素面。口径 13.2、腹径 16、高 20.4 厘米（图二〇七，1）。

2.豆　2 件，形态大致相同。泥质褐陶。敞口，弧壁略有折，矮柱柄，喇叭形圈足。素面。

M115：3，口径 12、高 12 厘米（图二〇七，2）。

M115：5，柄略高。口径 13.5、高 14.7 厘米（图二〇七，3）。

（二）铜兵器

1.剑　1 件。

M115：1，灰绿色。扁茎。身、茎一体，削刃为茎，茎下端一孔。茎残。身、茎均菱形脊。

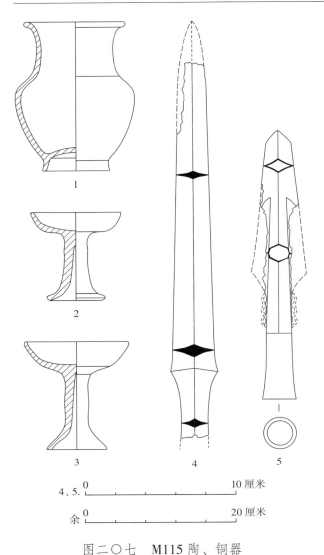

图二〇七　M115陶、铜器

1.陶壶（2）　　2、3.陶豆（3、5）　4.铜剑（1）
5.铜矛（4）

前锋残。残长25.8厘米（图二〇七，4）。

2. 矛　1件。

M115：4，灰绿色。圆骹，两侧有三连鼻。叶前部菱形脊，后部两侧有血槽，残。长18.4厘米（图二〇七，5）。

九六　M116

一　墓葬形制（A型I式）

普通宽长方形竖穴土坑。方向130°。墓壁倾斜呈覆斗形，墓上部破坏。墓口长320、宽200厘米，墓底长280、宽154厘米，墓残深190厘米。随葬器物中陶器置于墓底头端，铜兵器置于墓两侧，应为椁室边厢位置。葬具及人骨架不存。墓中填五花土（图二〇八）。

二　出土器物

4件，陶器3件，铜器1件。

（一）陶器

仿铜陶礼器3件。

1. 鼎　1件。

M116：3，泥质灰陶。高子母口，窄肩承盖，弧腹，圜底。柱状高足直立。附耳外张。弧顶盘状盖，盖面纽残。口径15、宽21.6、高17.4、残通高18厘米（图二〇九，2）。

2. 壶　1件。

M116：2，泥质灰陶。敞口，粗弧颈，圆弧腹，凹圜底。上腹有对称鼻纽。颈、腹各两周弦纹。弧形深盖。盖面等列三个扁纽。口径11.2、腹径16.6、高22、带盖通高25.6厘米（图二〇九，3）。

还有陶敦1件，残甚，未修复。

（二）铜器

剑　1件。

M116：1，灰绿色。璧形空首，空茎，"一"字形格。菱形脊。前锋残。残长49.2厘米

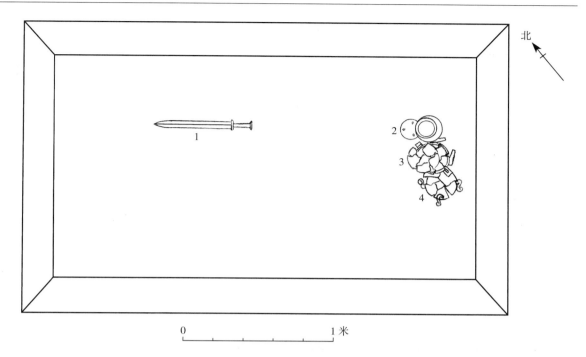

图二〇八　M116 平面及随葬器物分布图

1. 铜剑　2. 陶壶　3. 陶鼎　4. 陶敦

（图二〇九，1）。

九七　M117

一　墓葬形制（A 型 I 式）

普通宽长方形竖穴土坑。方向 105°。墓壁倾斜呈覆斗形，墓上部破坏。墓口长 370、宽 220 厘米，墓底长 330、宽 190 厘米，墓残深 190 厘米。随葬器物置于墓底头端。填土中出铁䦆 1 件。葬具及人骨架不存。墓中填五花土（图二一〇）。

二　出土器物

4 件，陶器 3 件，铁器 1 件。
日用陶器 3 件。

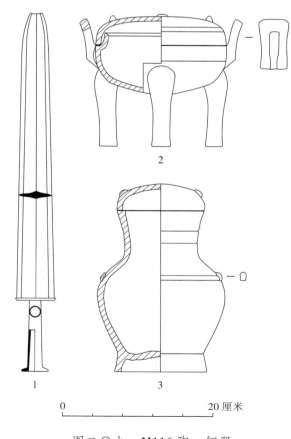

图二〇九　M116 陶、铜器

1. 铜剑（1）　2. 陶鼎（3）　3. 陶壶（2）

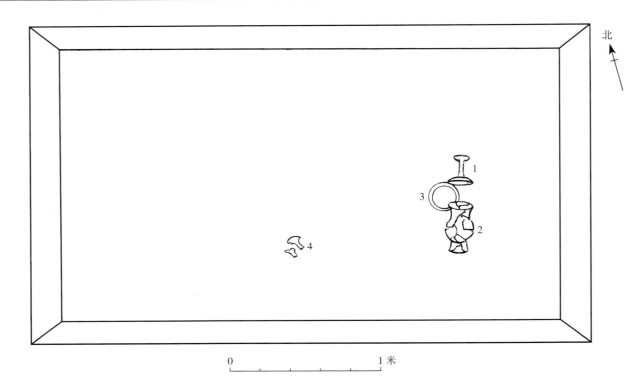

图二一〇 M117 平面及随葬器物分布图
1.陶豆 2.陶壶 3.陶盂 4.铁臿

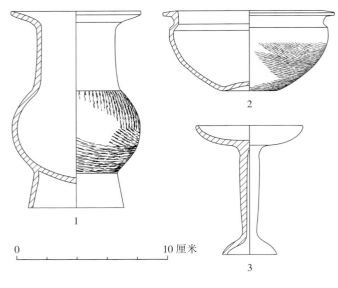

图二一一 M117 陶器
1.壶（2） 2.盂（3） 3.豆（1）

1. 壶 1件。

M117：2，泥质红灰陶。敞口，宽斜折沿，粗弧颈，鼓腹，圜底，高圈足斜直。腹饰粗绳纹。口径16.8、腹径16.8、高27.2厘米（图二一一，1）。

2. 盂 1件。

M117：3，泥质红灰陶。直口，平折沿微坠，束颈，弧腹，凹圜底。腹饰粗绳纹。口径22.6、高11厘米（图二一一，2）。

3. 豆 1件。

M117：1，泥质灰陶。敞口，浅弧壁，高柱状柄下端略细，盖状圈足。素面。口径14.2、高17.7厘米（图二一一，3）。

还有铁臿1件，残甚。

九八 M118

一 墓葬形制（A型Ⅰ式）

普通宽长方形竖穴土坑。方向110°。墓壁倾斜呈覆斗形。墓口长340、宽210厘米，墓底长280、宽146厘米，墓深530厘米。随葬器物中陶器置于墓底头端。葬具及人骨架不存。墓中填五花土（图二一二）。

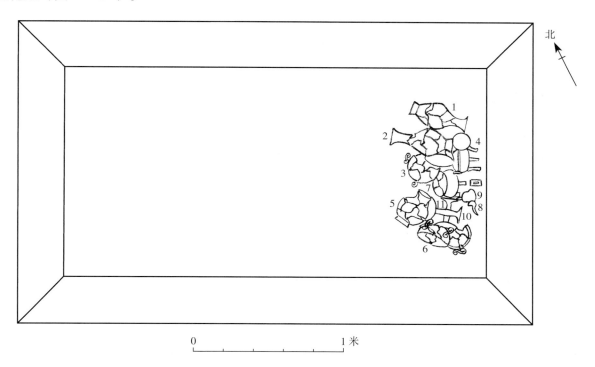

图二一二 M118平面及随葬器物分布图
1、2、5.陶壶 3、6.陶敦 4、7.陶鼎 8.陶勺 9.陶匕 10、11.陶豆

二 出土器物

仿铜陶礼器11件。

1.壶 3件，泥质灰陶。两种形态。

M118：1，喇叭形敞口，凹沿，长弧颈，折弧腹，平底，圈足外撇。上腹有对称鼻纽衔环及对称圆孔，颈、腹各一周弦纹。口径11.2、腹径17.8、高39.2厘米（图二一三，1）。

M118：2，形态同M118：1。口径11.6、腹径18、高40厘米（图二一三，2）。

M118：5，敞口，凸唇，高弧领，圆肩，弧腹，凹圜底，矮直圈足。肩一周弦纹。口径13、腹径20.4、高25.2厘米（彩版一四，1；图二一三，3）。

2.豆 2件，修复1件。

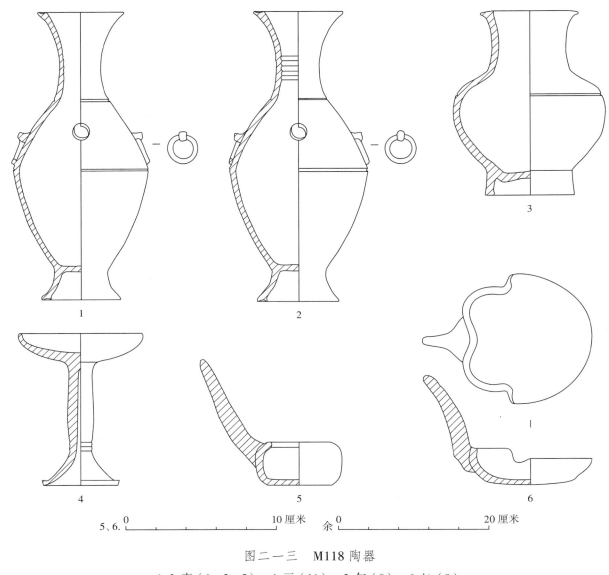

图二一三　M118 陶器

1~3.壶（1、2、5）　4.豆（11）　5.勺（8）　6.匕（9）

　　M118：11，泥质灰陶。敞口，弧壁，高柱状柄中腰凸鼓，喇叭形圈足。柄下端三周弦纹。口径 16.2、高 21 厘米（图二一三，4）。

　　3. 勺　1件。

　　M118：8，泥质红灰陶，算珠形斗，锥柱状柄斜伸。素面。宽 9.3、高 8.6 厘米（图二一三，5）。

　　4. 匕　1件。

　　M118：9，泥质灰陶。平面呈箕形，凹腰，弧壁，锥柱柄弯曲。圜底。两腰宽 9、通宽 11、高 7.6 厘米（图二一三，6）。

　　还有陶鼎、敦各 2 件，残甚，未修复。

九九 M119

一 墓葬形制（A型Ⅰ式）

普通宽长方形竖穴土坑。方向265°。墓壁倾斜呈覆斗形，墓上部破坏。墓口长365、宽255厘米，墓底长310、宽170厘米，墓残深190厘米。随葬器物中陶器置于墓底头端，铜剑置于右侧。葬具及人骨架不存。墓中填五花土（图二一四）。

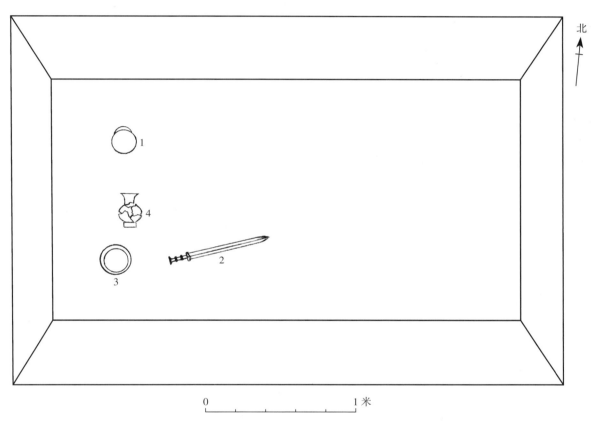

图二一四 M119平面及随葬器物分布图
1.陶豆 2.铜剑 3.陶盂 4.陶壶

二 出土器物

4件，陶器3件，铜器1件。

（一）陶器

日用陶器3件。

1.壶 1件。

M119:4，泥质褐陶。敞口，粗弧颈，鼓腹，凹圜底，圈足直立。素面。口径12、腹径

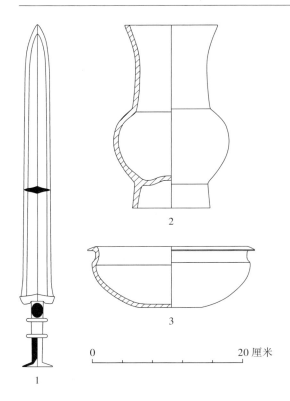

15.2、高 25.2 厘米（图二一五，2）。

2. 盂　1件。

M119：3，泥质红灰陶。侈口，平折沿微坠，弧颈，弧腹，平底。素面。口径 22、高 8.4 厘米（图二一五，3）。

还有陶豆 1 件，残甚，未修复。

（二）铜器

剑　1件。

M119：2，墨绿色。喇叭形首，椭圆实茎上双箍，"凹"字形格。菱形脊。长 47.2 厘米（图二一五，1）。

一〇〇　M120

一　墓葬形制（A 型 I 式）

普通宽长方形竖穴土坑。方向 105°。墓壁略斜，墓上部破坏。墓口长 340、宽 205 厘米，墓底

图二一五　M119 陶、铜器

1. 铜剑（2）　2. 陶壶（4）　3. 陶盂（3）

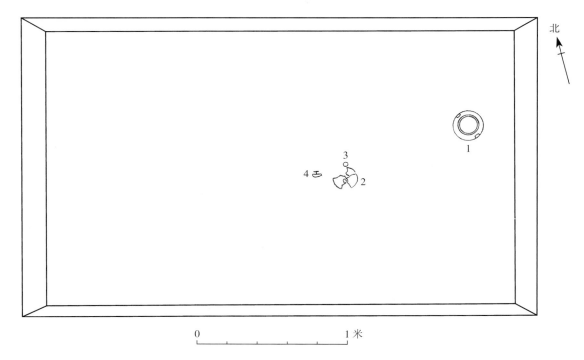

图二一六　M120 平面及随葬器物分布图

1. 陶罐　2. 铜镜　3. 玻璃珠　4. 铜带钩

长 310、宽 190 厘米，墓残深 200 厘米。随葬器物置于墓底头端及中部。葬具及人骨架不存。墓中填五花土（图二一六）。

二　出土器物

4 件，陶器 1 件，铜器 2 件，玻璃器 1 件。

（一）陶器

罐　1 件。

M120：1，泥质灰陶。矮直领，圆肩，弧腹，平底，肩有对称竖耳。下腹有横断绳纹。口径 11.2、腹径 21.6、高 15.4 厘米（彩版一四，2；图二一七，1）。

（二）铜器

带钩　1 件。

M120：4，首残。平面呈琵琶形。方茎，尾部下有圆扣。残长 3.6 厘米（图二一七，2）。

还有铜镜 1 件，残甚，形制不明。

（三）玻璃器

珠　1 件。

M120：3，圆形，中有孔。直径 1.7 厘米（图二一七，3）。

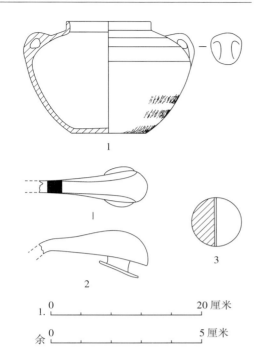

图二一七　M120 陶、铜、玻璃器

1. 陶罐（1）　2. 铜带钩（4）　3. 玻璃珠（3）

一〇一　M121

一　墓葬形制（A 型 I 式）

普通宽长方形竖穴土坑。方向 105°。墓壁倾斜呈覆斗形。墓口长 360、宽 230 厘米，墓底长 300、宽 170 厘米，墓深 300 厘米。随葬器物置于墓底头端。葬具及人骨架不存。墓中填五花土（图二一八）。

二　出土器物

仿铜陶礼器 5 件。

豆　2 件，形态相同。泥质褐陶。敞口，弧壁，高柱状柄，喇叭形圈足。素面。

M121：1，口径 12.9、高 13.2 厘米（图二一九，1）。

M121：2，口径 13.8、高 14.7 厘米（图二一九，2）。

还有陶鼎、敦、壶各 1 件，残甚，未修复。

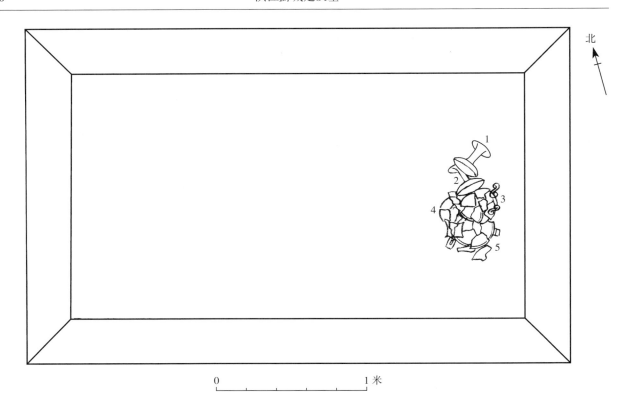

图二一八　M121 平面及随葬器物分布图
1、2.陶豆　3.陶敦　4.陶壶　5.陶鼎

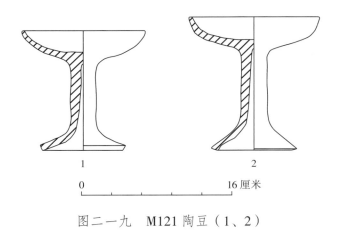

图二一九　M121 陶豆（1、2）

一○二　M122

一　墓葬形制（A 型 I 式）

普通宽长方形竖穴土坑。方向 180°。墓壁倾斜呈覆斗形。墓口长 440、宽 280 厘米，墓底长 320、宽 160 厘米，墓残深 320 厘米。随葬器物中陶器置于墓底头端，铜剑置于右侧。葬具及人骨架不存。墓中填五花土（图二二○）。

二　出土器物

4 件，陶器 3 件，铜器 1 件。

铜剑　1 件。

M122：4，灰绿色。喇叭形首，椭圆实茎上双箍，"凹"字形格。菱形脊。前锋及刃缘略崩残。复原长 62.4 厘米（图二二一）。

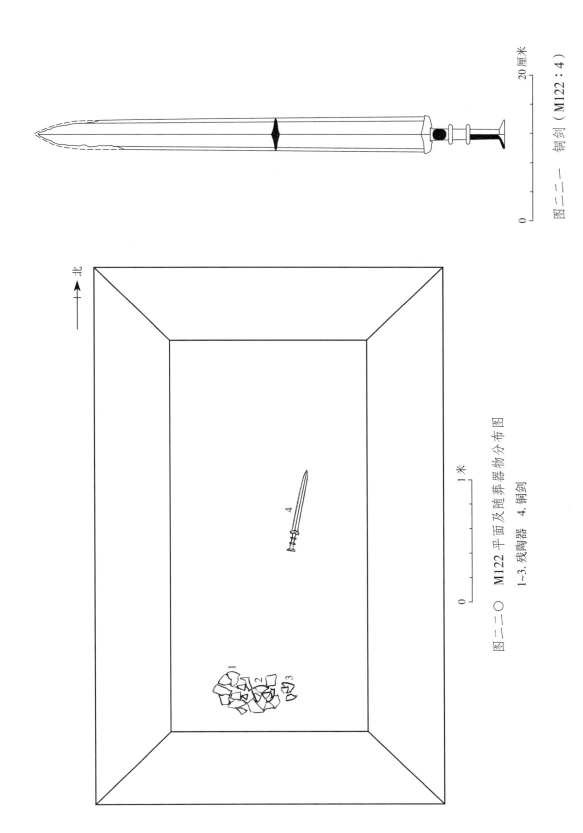

图二二一　铜剑（M122：4）

图二二〇　M122 平面及随葬器物分布图
1~3.残陶器　4.铜剑

还有残陶器 3 件，器形不明。

一〇三　M125

一　墓葬形制（B 型Ⅱ b 式）

窄长方形竖穴土坑带封闭二层台。方向 185°。墓壁垂直，墓上部破坏。墓口长 256、宽 136 厘米，墓底长 220、宽 100 厘米，墓残深 180 厘米。封闭形二层台高 70、宽 18 厘米。随葬器物置于头部。葬具及人骨架不存。墓中填五花土（图二二二）。

图二二二　M125 平、剖面及随葬器物分布图

1. 陶豆　2. 陶罐

二 出土器物

日用陶器 2 件。

1. 罐 1 件。

M125 ： 2，泥质灰陶。侈口，平折沿，高弧领，圆肩，弧腹，凹圜底。素面。口径 13.6、腹径 16.8、高 15.2 厘米（图二二三，1）。

2. 豆 1 件。

M125 ： 1，泥质灰陶。敞口，弧壁，外底一周凸棱，矮弧柄，喇叭形圈足。口径 14.5、高 10.8 厘米（图二二三，2）。

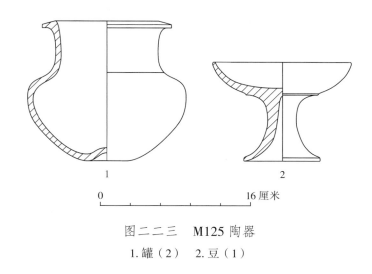

图二二三 M125 陶器
1. 罐（2） 2. 豆（1）

一〇四 M126

一 墓葬形制（B 型 I 式）

普通窄长方形竖穴土坑。方向 60°。墓壁垂直，墓上部破坏。墓长 300、宽 140、残深 60 厘米。随葬器物置于墓底头端。填土中出铁镢 1 件。葬具及人骨架不存。墓中填五花土（图二二四）。

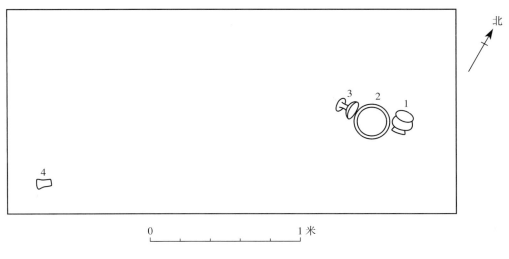

图二二四 M126 平面及随葬器物分布图
1. 陶壶 2. 陶盂 3. 陶豆 4. 铁镢

二　出土器物

4 件，陶器 3 件，铁器 1 件。

（一）陶器

1. 壶　1 件。

M126 : 1，泥质青灰陶。敞口，粗弧颈，鼓腹，凹圜底，高圈足外撇。腹一周弦纹。口径 12、腹径 14.4、高 22.8 厘米（图二二五，1）。

2. 盂　1 件。

M126 : 2，泥质灰陶。直口，宽平折沿微坠，弧颈，弧腹，圜底近平。素面。口径 23.5、高 7 厘米（图二二五，2）。

3. 豆　1 件。

M126 : 3，泥质褐陶。敞口，弧壁，内底中心上凸，高柱柄，喇叭形圈足。口径 13.8、高 13.5 厘米（图二二五，3）。

（二）铁器

镢　1 件。

M126 : 4，平面呈梯形，长方銎，刃口残。残高 14.6 厘米（图二二五，4）。

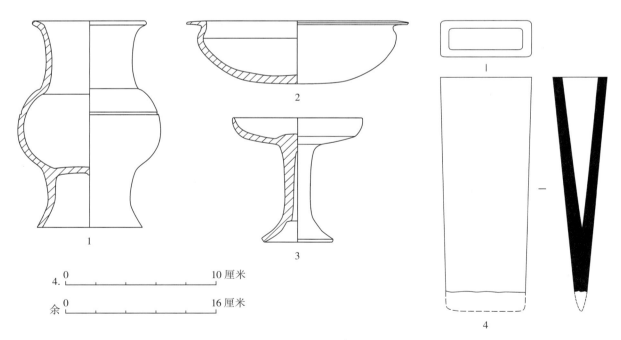

图二二五　M126 陶、铁器

1. 陶壶（1）　2. 陶盂（2）　3. 陶豆（3）　4. 铁镢（4）

一〇五　M128

一　墓葬形制（A型I式）

普通宽长方形竖穴土坑。方向150°。墓壁略斜，墓上部破坏。墓口长320、宽180厘米，墓底长290、宽160厘米，墓残深220厘米。随葬器物中陶器置于墓底头端，铜兵器置于左边厢位置。葬具及人骨架不存。墓中填五花土（图二二六）。

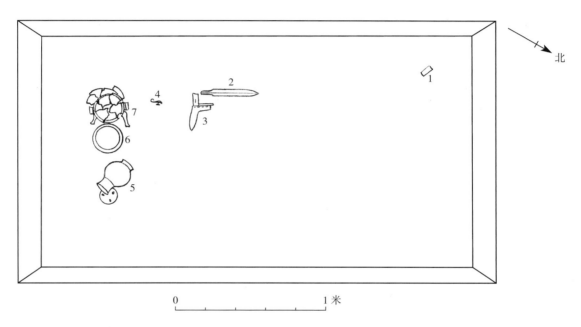

图二二六　M128平面及随葬器物分布图
1. 铜戈镈　2. 铜剑　3. 铜戈　4. 铜带钩　5. 陶壶　6. 陶盂　7. 陶鼎

二　出土器物

7件，陶器3件，铜器4件。

（一）陶器

1. 鼎　1件。

M128：7，泥质红灰陶。高子母口内敛，窄肩承盖，弧腹有折，圜底。腹一周弦纹。蹄形高足直立。附耳外张。折壁弧顶盘状盖，盖面两周弦纹，第一周弦纹上等列三个扁纽。口径15.6、宽22.2、高18.9、带盖通高19.8厘米（图二二七，1）。

2. 壶　1件。

M128：5，泥质红灰陶。敞口，粗弧颈，鼓腹，凹圜底，矮直圈足。颈、腹三周弦纹。弓弧形盖，盖面三个扁纽。口径11.2、腹径16.8、高22.8、通高26厘米（图二二七，2）。

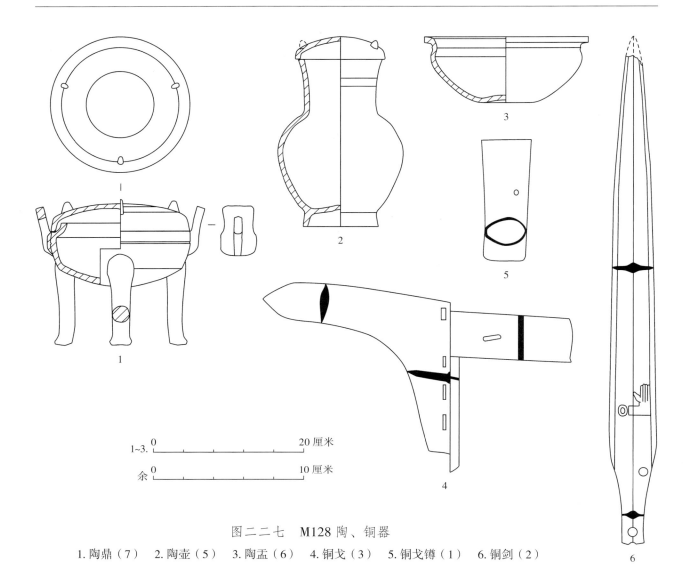

图二二七　M128 陶、铜器

1. 陶鼎（7）　2. 陶壶（5）　3. 陶盂（6）　4. 铜戈（3）　5. 铜戈镡（1）　6. 铜剑（2）

3. 盂　1 件。

M128：6，泥质红灰陶。侈口，平折沿，弧颈，弧腹，凹圈底。颈一周凸棱。口径 21.6、高 9 厘米（图二二七，3）。

（二）铜兵器

1. 剑　1 件。

M128：2，墨绿色。扁茎。身、茎一体，削刃为茎，茎一侧及下端中间各一孔，身、茎均菱形脊。前锋残。剑身后部一面有手心纹。残长 33.6 厘米（图二二七，6）。

2. 戈　1 件。

M128：3，绿色。昂援，梭形脊。长方直内上一条形穿；长胡，阑侧四穿。援、内通长 20.8、胡高 11.6 厘米（图二二七，4）。

3. 戈镦　1件。

M128：1，为 M128：3 戈之镦，绿色。直筒形，中有一孔，断面略呈枣核形。口部残。长 4.3 厘米（图二二七，5）。戈与镦之间相距 140 厘米，应为木柲长度。

还有带钩 1 件，残甚，形态不明。

一〇六　M129

一　墓葬形制（A型Ⅰ式）

普通宽长方形竖穴土坑。方向 250°。墓壁倾斜呈覆斗形，墓上部破坏。墓口长 350、宽 250 厘米，墓底长 260、宽 130 厘米，墓残深 240 厘米。随葬器物中铜戈、矛置于左边厢位置，其余置于头端。葬具及人骨架不存。墓中填五花土（图二二八）。

二　出土器物

10 件，陶器 7 件，铜器 3 件。

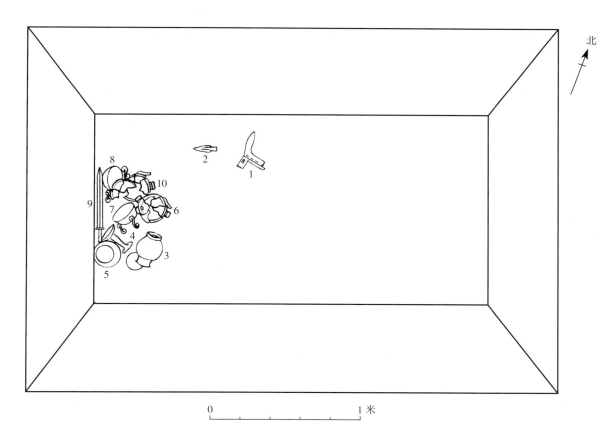

图二二八　M129 平面及随葬器物分布图

1. 铜戈　2. 铜矛　3、5. 陶壶　4. 陶豆　6、10. 陶鼎　7、8. 陶敦　9. 铜剑

（一）陶器

1.鼎　2件，形态相同。泥质黑衣红陶。子母口内敛，窄肩承盖，圆弧腹，圜底。腹一周弦纹。蹄形足内聚。附耳外侈。盘状盖，盖面两周弦纹，第一周弦纹上等列三个扁纽。

M129：6，盖残。口径 15、宽 22.2、高 19.5 厘米（图二二九，1）。

M129：10，口径 14.4、宽 21.9、高 19.8 厘米（彩版一五，1；图二二九，2）。

2.敦　2件，形态相同。泥质褐陶。身、盖同形。直口，弧腹，凸底、顶。抽象兽形高足、

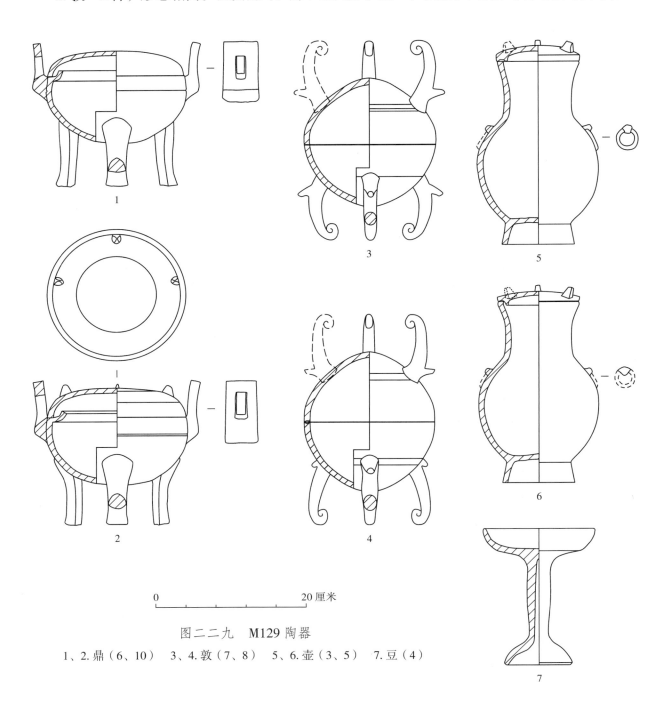

图二二九　M129 陶器

1、2.鼎（6、10）　3、4.敦（7、8）　5、6.壶（3、5）　7.豆（4）

纽。身、盖各两周弦纹。

M129：7，口径 17.4、通高 27.3 厘米（图二二九，3）。

M129：8，口径 17.4、通高 28.8 厘米（彩版一五，2；图二二九，4）。

3. 壶　2 件，形态相同。泥质褐陶。敞口，粗弧颈，溜肩，圆弧腹，平底，圈足斜直。肩部有对称鼻纽衔环。浅弧盖，低子母口。盖面三个扁立纽。

M129：3，口径 10.8、腹径 16、高 25.2、带盖通高 28 厘米（图二二九，5）。

M129：5，口径 10.4、腹径 16、高 25、带盖通高 27.2 厘米（图二二九，6）。

4. 豆　1 件。

M129：4，泥质褐陶。敞口，弧壁，外底有折，高柄上粗下细，盖状圈足。素面。口径 14.4、高 18.6 厘米（图二二九，7）。

（二）铜兵器

1. 剑　1 件。

M129：9，绿色。璧形首，圆空茎，"一"字形窄格，剑身菱形脊。前锋残。复原长 48.4 厘米（图二三〇，1）。

2. 戈　1 件。

M129：1，绿色。昂援，菱形脊。长方直内上一三角形穿；长胡，阑侧三穿。内后刻铭

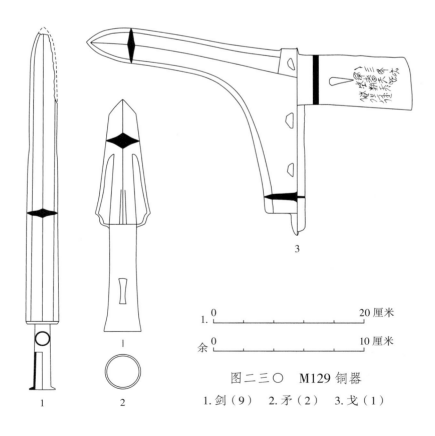

图二三〇　M129 铜器
1. 剑（9）　2. 矛（2）　3. 戈（1）

文"十四年□□啬夫□□□□□□□"。援、内通长 22、胡高 12.6 厘米（彩版一六，1、2；图二三〇，3）。

3. 矛　1 件。

M129：2，灰绿色。圆骹，骹一面有一鼻。叶前部菱形脊，后部两侧有血槽。通长 15.8 厘米（彩版一六，3；图二三〇，2）。

一〇七　M130

一　墓葬形制（B 型 I 式）

普通窄长方形竖穴土坑。方向 115°。墓壁垂直。墓长 230、宽 90、深 300 厘米。随葬器物置于墓底两侧。葬具及人骨架不存。墓中填五花土（图二三一）。

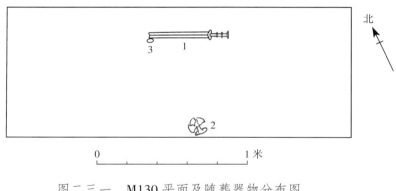

北

图二三一　M130 平面及随葬器物分布图
1. 铜剑　2. 陶豆　3. 铜饰件

二　出土器物

3 件，陶器 1 件，铜器 2 件。

铜器

1. 剑　1 件。

M130：1，灰绿色。首残。椭圆实茎上双箍，"凹"字形格，剑身菱形脊。刃及前锋残。残长 50.8 厘米（图二三二，1）。

2. 饰件　1 件。

M130：3，椭圆形。有鎏金果实状花纹。长径 4、短径 3.1 厘米（图二三二，2）。

还有陶豆 1 件。残甚，未修复。

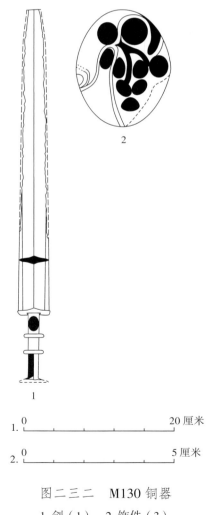

图二三二　M130 铜器
1. 剑（1）　2. 饰件（3）

一○八　M131

一　墓葬形制（A型 I 式）

普通宽长方形竖穴土坑。方向 80°。墓壁倾斜呈覆斗形，墓上部破坏。墓口长 345、宽 260 厘米，墓底长 280、宽 180 厘米，墓残深 270 厘米。随葬器物置于墓底头端。葬具及人骨架不存。墓中填五花土（图二三三）。

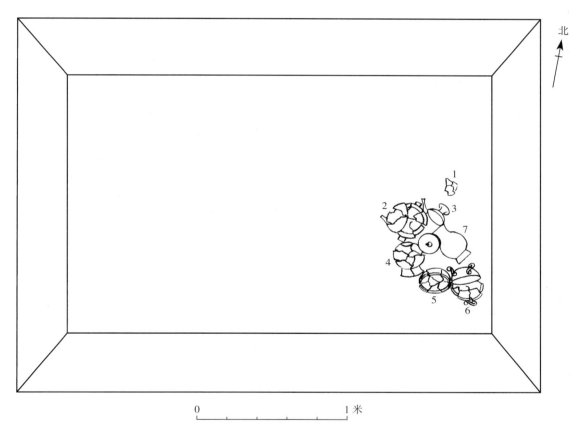

图二三三　M131 平面及随葬器物分布图
1. 残铜器　2. 陶鼎　3. 陶豆　4. 陶罐　5. 陶盂　6. 陶敦　7. 陶壶

二　出土器物

7 件，陶器 6 件，铜器 1 件。

仿铜陶礼器、日用陶器各 1 套。

1. 鼎　1 件。

M131：2，泥质褐陶。高子母口直立，窄肩承盖，圆弧腹，圜底。腹一周凸圈。蹄形高足直立。

足断面呈六棱形。附耳直立。折壁平顶盘状盖，盖面一周凸圈，凸圈上三个扁立纽，顶中鼻纽衔环。口径 17.4、通宽 23.7、高 21.3、带盖通高 21.5 厘米（图二三四，1）。

2. 敦　1 件。

M131：6，泥质褐陶。身、盖同形，相合呈椭圆形。直口，深弧腹，圜底、顶。勾首卷尾抽象兽形高足、纽。素面。口径 18.8、通高 26.1 厘米（图二三四，2）。

3. 壶　1 件。

M131：7，泥质褐陶。敞口，粗弧颈，溜肩，圆弧腹，圜底，圈足斜直。肩部有对称鼻纽衔环。浅弧盖，沿平伸，低子母口。盖中一环纽。口径 11.6、腹径 21.2、高 30、带盖通高 32.5 厘米（图二三四，3）。

4. 罐　1 件。

M131：4，泥质红灰陶。敞口，高弧领，溜肩，圆弧腹，凹圜底。颈、腹各两周弦纹。口

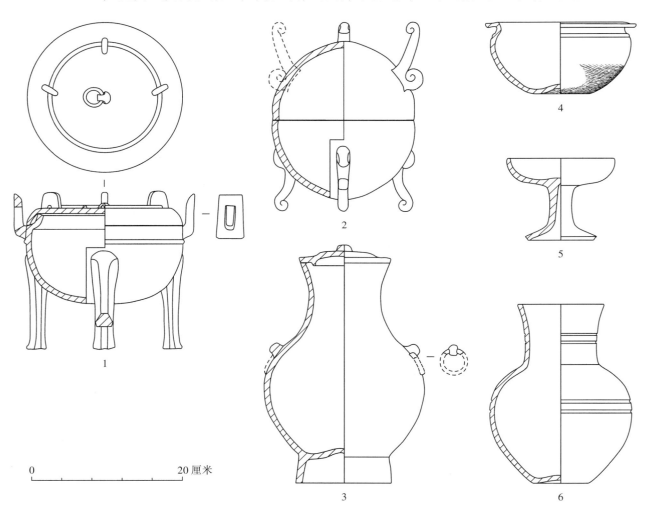

图二三四　M131 陶器
1.鼎（2）　2.敦（6）　3.壶（7）　4.盂（5）　5.豆（3）　6.罐（4）

径 11.2、腹径 18.8、高 24.4 厘米（图二三四，6）。

5. 盂　1 件。

M131：5，泥质灰陶。侈口，宽平折沿，束颈，弧壁，凹圜底。颈下一周凸圈，下腹饰粗绳纹。口径 19.8、高 9.8 厘米（彩版一七，1；图二三四，4）。

6. 豆　1 件。

M131：3，泥质褐陶。敞口，弧壁，内底微凸，矮弧柄，喇叭状圈足。素面。口径 13.9、高 11.4 厘米（图二三四，5）。

还有残铜器 1 件，残甚，器形不明。

一〇九　M134

一　墓葬形制（A 型 I 式）

普通宽长方形竖穴土坑。方向 165°。墓壁垂直。墓长 330、宽 180、深 250 厘米。随葬器物置于墓底头端。葬具及人骨架不存。墓中填五花土（图二三五）。

二　出土器物

仿铜陶礼器 4 件。

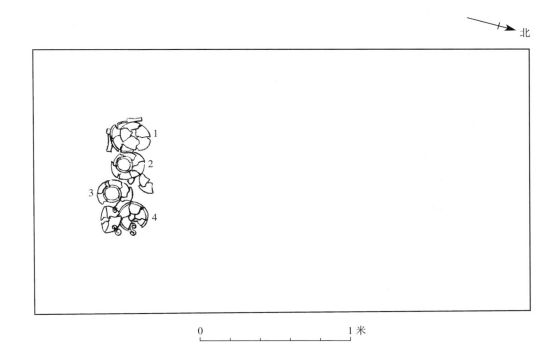

图二三五　M134 平面及随葬器物分布图
1. 陶鼎　2、3. 陶壶　4. 陶敦

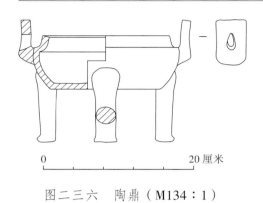

图二三六　陶鼎（M134：1）

陶鼎　1 件。

M134：1，粗泥红陶。高子母口直立，窄肩承盖，扁弧腹，平底。圆柱状足直立。附耳直立，封闭耳孔。盖失。口径 16.5、通宽 22.5、高 16.8 厘米（图二三六）。

还有陶敦 1 件、壶 2 件，残甚，未修复。

一一〇　M135

一　墓葬形制（A 型 I 式）

普通宽长方形竖穴土坑。方向 285°。墓壁略斜。墓口长 270、宽 190 厘米，墓底长 260、宽 160 厘米，墓深 310 厘米。随葬器物置于墓底头端。葬具及人骨架不存。墓中填五花土（图二三七）。

二　出土器物

日用陶器 6 件。

1. 壶　1 件。

M135：1，泥质灰陶。敞口，粗直颈，溜肩，圆弧腹，凹圜底，矮直圈足。素面。口径 12、腹径 16、高 20.8 厘米（图二三八，1）。

图二三七　M135 平面及随葬器物分布图
1. 陶壶　2、3、5. 陶豆　4. 陶鬲　6. 陶盂

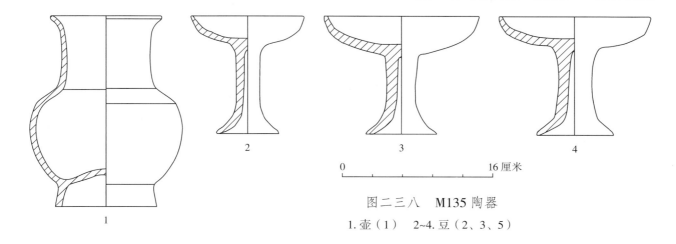

图二三八　M135 陶器

1. 壶（1）　2~4. 豆（2、3、5）

2. 豆　3件。泥质灰陶。基本形态为敞口，弧壁，柱状柄，喇叭状小圈足。素面。

M135：2，柄较高。口径 12、高 12.9 厘米（图二三八，2）。

M135：3，矮柄。口径 16.2、高 12.9 厘米（图二三八，3）。

M135：5，矮弧形柄。口径 15.9、高 12.9 厘米（图二三八，4）。

还有鬲、盂各 1件，残甚，未修复。

一一一　M138

一　墓葬形制（C 型Ⅳ b 式）

狭长形竖穴土坑带平头龛及半封闭二层台。方向 210°。墓壁略斜。墓口长 236、宽 96 厘米，墓底长 210、宽 57 厘米，墓深 190 厘米。头龛位于墓坑西南端，龛底与墓底平。龛宽同墓底，宽 57、深 12、高 36 厘米。头端以外有半封闭形二层台，二层台高 36、宽 10~20 厘米。随葬器物置于头龛内。葬具及人骨架不存。墓中填五花土（图二三九）。

二　出土器物

陶罐　1件。

M138：1，泥质灰陶。高领残，溜肩，鼓腹，凹圜底。腹饰横断粗绳纹。腹径 23、残高 16.4 厘米（图二四〇）。

一一二　M141

一　墓葬形制（A 型Ⅰ式）

普通宽长方形竖穴土坑。方向 135°。墓壁垂直，墓上部破坏。墓长 270、宽 145、残深 190

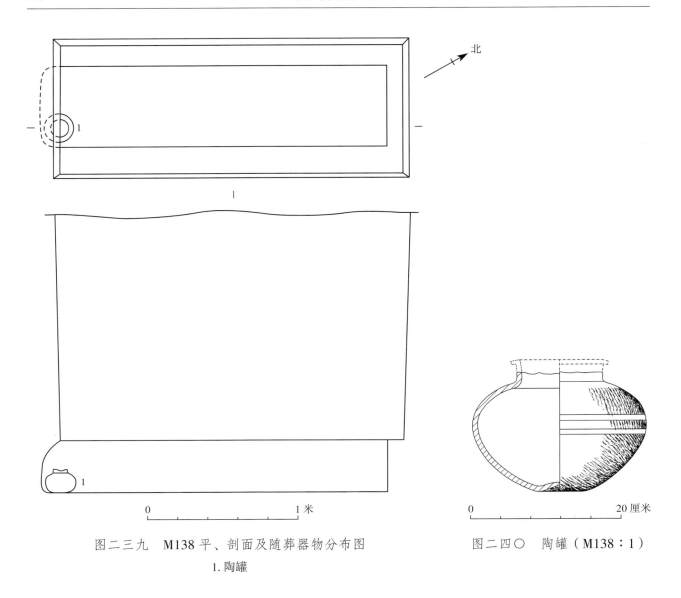

图二三九　M138 平、剖面及随葬器物分布图　　　　图二四〇　陶罐（M138：1）
1. 陶罐

厘米。随葬器物置于墓底头端。葬具及人骨架不存。墓中填五花土（图二四一）。

二　出土器物

日用陶器 2 件。

1. 陶壶　1 件。

M141：1，泥质红陶。侈口，粗直颈。长鼓腹，平底，圈足斜直。素面。口径 10、腹径 13.6、高 22.8 厘米（图二四二，1）。

2. 陶罐　1 件。

M141：2，泥质灰陶。侈口，粗弧领，溜肩，扁鼓腹，平底。腹有对称双耳及两道凹圈。口径 13.2、腹径 19.2、高 16.4 厘米（图二四二，2）。

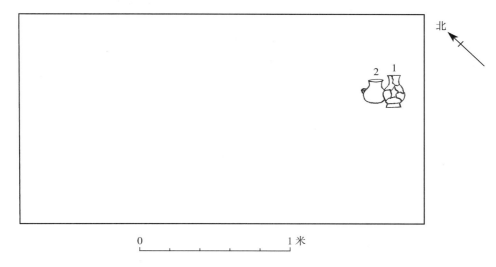

图二四一　M141 平面及随葬器物分布图

1. 陶壶　2. 陶罐

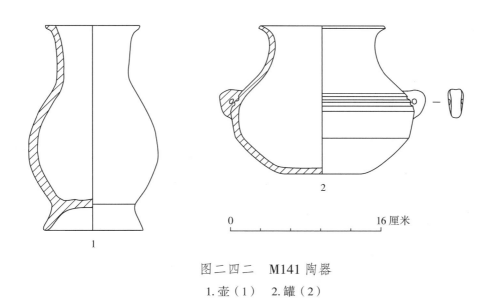

图二四二　M141 陶器

1. 壶（1）　2. 罐（2）

一一三　M142

一　墓葬形制（C 型Ⅳa 式）

狭长形竖穴土坑带高头龛及平行二层台。方向 225°。墓壁垂直。墓口长 235、宽 106 厘米，墓底长 235、宽 60 厘米，墓深 170 厘米。头龛位于墓坑西南端，龛底距墓底高 44 厘米，龛宽同墓底，宽 60、深 20、高 26 厘米。墓坑两侧壁有平行二层台，二层台高 70、宽 22~24 厘米。随葬器物置于头龛内。葬具及人骨架不存。墓中填五花土（图二四三）。

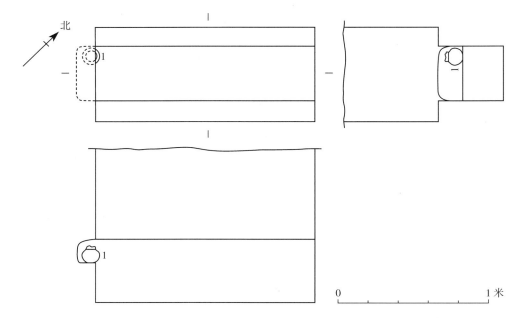

图二四三　M142平、剖面及随葬器物分布图

1. 陶罐

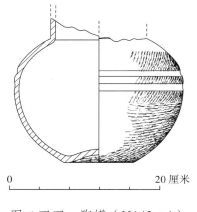

图二四四　陶罐（M142：1）

二　出土器物

陶罐　1件。

M142：1，泥质灰陶。高领残。溜肩，鼓腹，凹圜底。腹饰横断粗绳纹。腹径22.4、残高20厘米（图二四四）。

一一四　M143

一　墓葬形制（C型Ⅳb式）

狭长形竖穴土坑带平头龛及半封闭二层台。方向40°。墓壁垂直。墓口长230、宽80厘米，墓底长215、宽50厘米，墓深170厘米。头龛位于墓坑东北端，龛底与墓底平。龛宽同墓底，宽50、深20、高50厘米。头端以外有半封闭形二层台，二层台高50、宽15厘米。随葬器物置于头龛内。葬具及人骨架不存。墓中填五花土（图二四五）。

二　出土器物

陶罐1件。未修复。

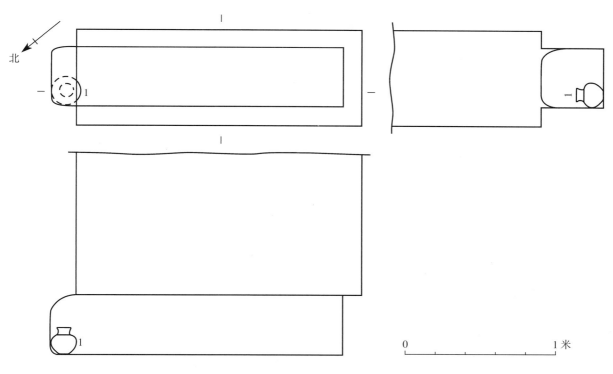

图二四五　M143 平、剖面及随葬器物分布图
1. 陶罐

一一五　M144

一　墓葬形制（A 型 I 式）

普通宽长方形竖穴土坑。方向 120°。墓壁垂直。墓长 290、宽 165、深 430 厘米。随葬器物置于墓底头端。葬具及人骨架不存。墓中填五花土（图二四六）。

二　出土器物

仿铜陶礼器 4 件。

1. 鼎　2 件，形态略异。

M144：3，泥质灰陶。低子母口，窄肩承盖，弧腹扁直，平底微凹。蹄形足下端尖削，正面有四道竖刻槽。附耳外张。弧顶盖较深。盖面三周弦纹，等列三个扁立纽。口径 16.2、通宽 22、高 18.9、带盖通高 19.5 厘米（图二四七，1）。

M144：4，泥质褐陶。腹较深，平底，蹄形足直立。盖顶平。余与 M144：3 同。口径 15.6、通宽 20.4、带盖通高 18.9 厘米（图二四七，2）。

2. 壶　2 件，形态各异。

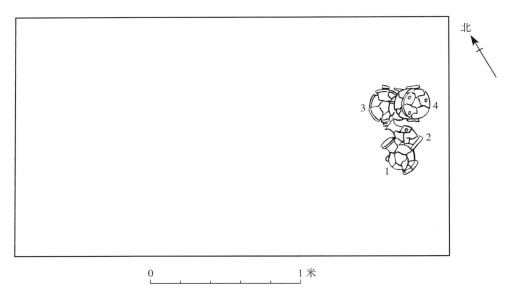

图二四六　M144 平面及随葬器物分布图

1、2.陶壶　3、4.陶鼎

M144：1，泥质青灰陶。敞口有折，略呈盘状，粗弧颈，圆鼓腹，圜底，矮圈足外撇。肩部有对称双耳。颈、腹各一周凹圈。下腹饰粗绳纹。口径 12.2、腹径 22、高 27.4 厘米（彩版一七，2；图二四七，3）。

M144：2，粗泥褐陶。敞口略有折，弧颈，长弧腹略有折，平底，圈足斜直。中腹有对称圆环，颈三周弦纹，上腹一周弦纹。浅弧形盖，低子母口。盖面等列三个扁纽。口径 11.2、腹径 17.2、高 31.8、带盖通高 34.4 厘米（图二四七，4）。

一一六　M145

一　墓葬形制（A 型 I 式）

普通宽长方形竖穴土坑。方向 210°。墓壁垂直，墓上部破坏。墓长 290、宽 150、残深 120 厘米。随葬器物置于墓底头端。墓底两端有枕木沟，沟宽 30、深 4 厘米。葬具及人骨架不存。墓中填五花土（图二四八）。

二　出土器物

日用陶器 2 件。

1. 壶　1 件。

M145：1，泥质灰陶。敞口，粗直颈，长鼓腹，凹圜底，矮直圈足。素面。口径 10.4、腹

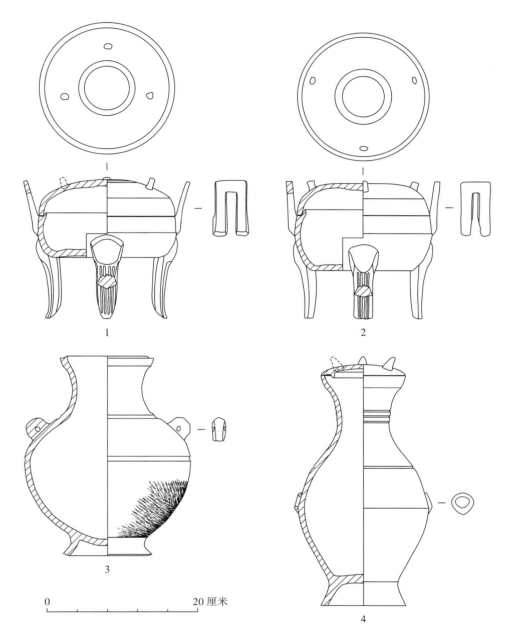

图二四七　M144 陶器

1、2.鼎（3、4）　3、4.壶（1、2）

径 17.6、高 26.4 厘米（图二四九，1）。

2.豆　1件。

M145：2，泥质灰陶。敞口，弧壁，矮弧柄，喇叭状圈足。圈足内壁有瓦棱状弦纹。口径
14.4、高 9.9 厘米（图二四九，2）。

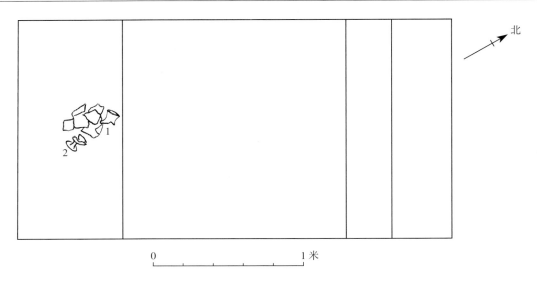

图二四八　M145 平面及随葬器物分布图

1. 陶壶　2. 陶豆

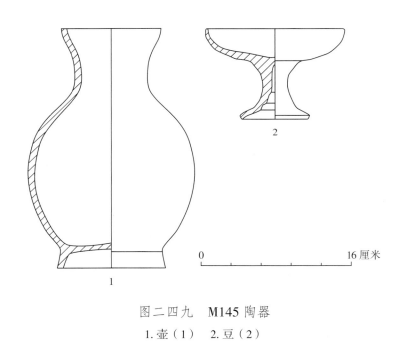

图二四九　M145 陶器

1. 壶（1）　2. 豆（2）

一一七　M146

一　墓葬形制（A 型 I 式）

普通宽长方形竖穴土坑。方向 245°。墓壁垂直，墓上部破坏。墓长 315、宽 175、残深 220 厘米。随葬器物置于墓底中部。葬具及人骨架不存。墓中填五花土（图二五〇）。

二　出土器物

日用陶器 3 件。

1. 罐　1 件。

M146：1，泥质灰陶。直口微敛，三角形折沿，高领，溜肩，鼓腹，凹圜底。腹有横断粗绳纹。口径 15.2、腹径 24.8、高 23.4 厘米（图二五一，1）。

2. 豆　2 件，修复 1 件。

M146：3，泥质褐陶。敞口略有折，深弧壁，矮弧柄，喇叭状小圈足。圈足内壁有瓦棱状弦纹。

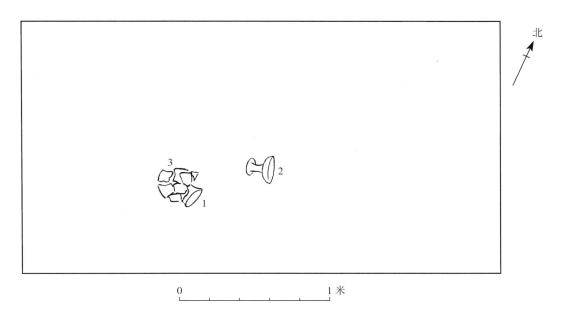

图二五〇　M146 平面及随葬器物分布图
1. 陶罐　2、3. 陶豆

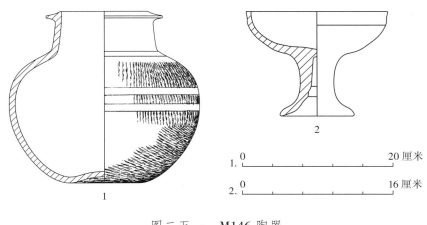

图二五一　M146 陶器
1. 罐（1）　2. 豆（3）

口径 14.7、高 11.4 厘米（图二五一，2）。

一一八　M148

一　墓葬形制（A型 I 式）

普通宽长方形竖穴土坑。方向 245°。墓壁垂直，墓上部破坏。墓长 295、宽 164、残深 170 厘米。随葬器物置于墓底头端靠右侧。墓底两端有枕木沟，沟宽 20、深 8 厘米。葬具及人骨架不存。墓中填五花土（图二五二）。

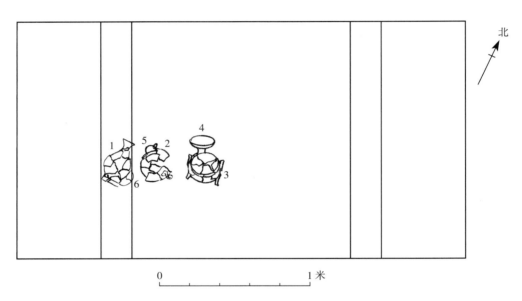

图二五二　M148 平面及随葬器物分布图
1. 陶壶　2. 陶敦　3. 陶鼎　4. 陶豆　5. 陶勺　6. 滑石璧

二　出土器物

6 件，陶器 5 件，滑石器 1 件。

仿铜陶礼器 5 件。

1. 鼎　1 件。

M148：3，泥质灰陶。子母口内敛，窄肩承盖，折腹，转折处呈台棱状凸出，平底微凹。方柱足外斜。附耳向上弯曲。折壁盘状素盖。口径 12、通宽 18.6、高 15.6 厘米（图二五三，1）。

2. 豆　1 件。

M148：4，泥质灰陶。敞口，深弧壁，矮弧柄，喇叭状圈足较低。素面。口径 13.8、高 10.2 厘米（图二五三，2）。

3. 勺　1 件。

M148：5，泥质灰陶。敛口，弧腹，平底向下略出边，长柄上斜，尾端向一侧弯曲。通宽8.6、通高9.8厘米（图二五三，3）。

还有陶敦、壶及滑石璧各1件，残甚，未修复。

一一九　M152

一　墓葬形制（A型Ⅰ式）

普通宽长方形竖穴土坑。方向225°。墓壁垂直，墓上部破坏。墓长280、宽155、残深170厘米。随葬器物置于墓底头端。葬具及人骨架不存。墓中填五花土（图二五四）。

二　出土器物

仿铜陶礼器3件。

壶　1件。

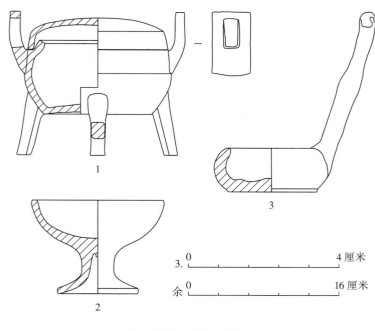

图二五三　M148陶器

1.鼎（3）　2.豆（4）　3.勺（5）

M152：1，泥质红褐陶。颈以上残。溜肩，鼓腹，圜底，矮圈足外斜。上腹有对称圆弧形纽。颈、腹饰粗绳纹。腹径22、残高21.2厘米（图二五五）。

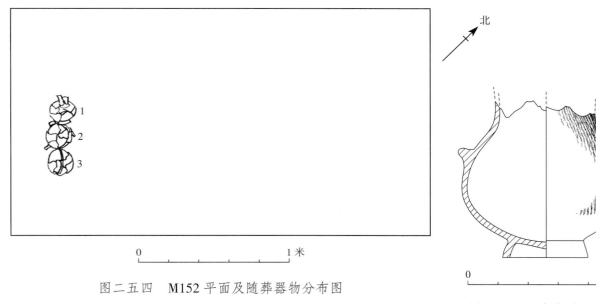

图二五四　M152平面及随葬器物分布图

1.陶壶　2.陶鼎　3.陶敦

图二五五　陶壶（M152：1）

还有鼎、敦各 1 件，残甚，未修复。

一二○　M153

一　墓葬形制（A 型 I 式）

普通宽长方形竖穴土坑。方向 35°。墓壁垂直。墓长 340、宽 230、深 370 厘米。随葬器物分布于墓底头端中部。葬具及人骨架不存。墓中填五花土（图二五六）。

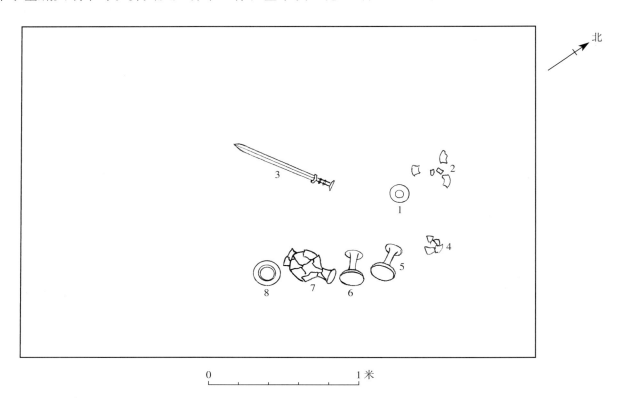

图二五六　M153 平面及随葬器物分布图
1.玉璧　2.玻璃璧　3.铜剑　4.残铜器　5、6.陶豆　7、8.陶壶

二　出土器物

8 件。陶器 4 件，铜器 2 件，玉器 1 件，玻璃器 1 件。

（一）陶器

1.壶　2 件，形态大致相同。泥质褐陶。敞口，弧颈，斜肩，弧腹，近底向下斜折呈假圈足状，平底。上腹对称鼻纽衔环。浅弧盖，盖面三个锥状纽，顶中鼻纽衔环。

M153：7，口径 9.6、腹径 17.6、高 29.2 厘米（图二五七，1）。

M153：8，颈较直。盖失。口径 6、腹径 15.6、高 25 厘米（图二五七，2）。

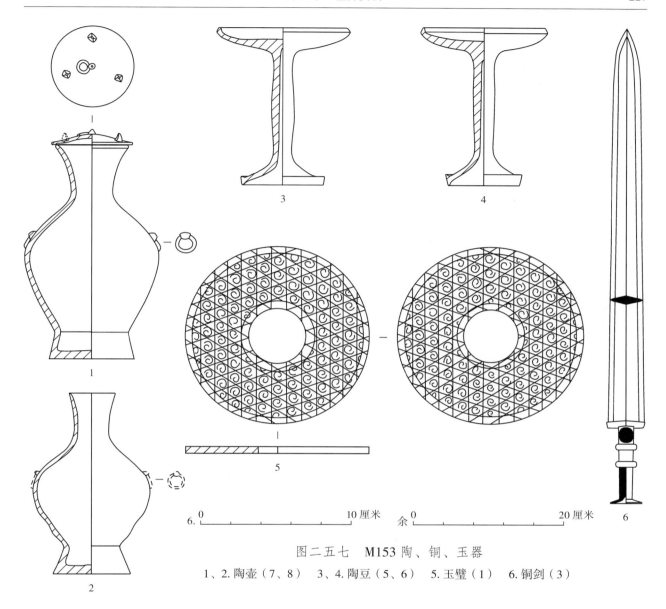

图二五七　M153 陶、铜、玉器

1、2.陶壶（7、8）　3、4.陶豆（5、6）　5.玉璧（1）　6.铜剑（3）

　　2.豆　2件，形态相同。泥质褐陶。折敛口，浅弧壁，细高柄中腰微鼓，喇叭状圈足，足沿翘折。素面。

　　M153：5，口径 17、高 21.6 厘米（图二五七，3）。

　　M153：6，口径 16.2、高 21.6 厘米（图二五七，4）。

　　（二）铜器

　　剑　1件。

　　M153：3，墨绿色。喇叭形首，椭圆实茎有双箍，"凹"字形格。剑身菱形脊。长 65.6 厘米（图二五七，6）。

　　还有残铜器 1 件，器形不明。

（三）玉器

璧　1件。

M153：1，双面肉、好均有郭，郭内刻六棱框格，格内填涡纹。肉径12.2、好径3.8、厚0.45厘米（彩版一七，3、4；图二五七，5）。

还有玻璃璧1件。残甚，形态不明。

一二一　M154

一　墓葬形制（B型Ⅲb式）

狭长形竖穴土坑带平头龛。方向230°。墓壁垂直，墓上部破坏。墓长230、宽60、残深30厘米。随葬器物置于墓底头端，器物保存较好，原应有平头龛，随葬器物应置于头龛内。葬具及人骨架不存。墓中填五花土（图二五八）。

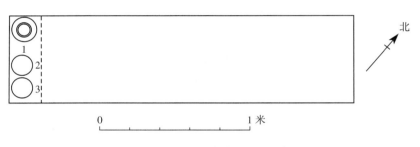

图二五八　M154平面及随葬器物分布图
1.陶壶　2、3.陶豆

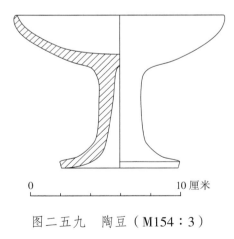

图二五九　陶豆（M154：3）

二　出土器物

日用陶器3件。

豆　2件，修复1件。

M154：3，泥质褐陶。敞口，弧壁，矮柱柄，喇叭状圈足低平。素面。口径13.8、高10.5厘米（图二五九）。

还有壶1件，未修复。

一二二　M158

一　墓葬形制（C型Ⅳb式）

狭长形竖穴土坑带平头龛及半封闭二层台。方向50°。墓壁垂直，墓上部破坏。墓口长240、宽110厘米，墓底长220、宽70厘米，墓残深90厘米。头龛位于墓坑东北端，龛底与墓

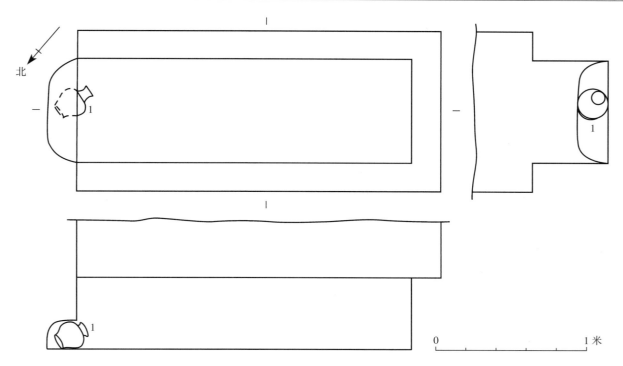

图二六〇　M158 平、剖面及随葬器物分布图

1. 陶罐

底平。龛宽同墓底，宽 70、深 20、高 20 厘米。头端以外有半封闭二层台，二层台高 50、宽 20 厘米。随葬器物置于头龛内。葬具及人骨架不存。墓中填五花土（图二六〇）。

二　出土器物

陶罐　1 件。

M158：1，泥质青灰陶。直口，折沿，沿面凹，高弧领，斜折肩，弧腹略有折，平底。素面。口径 10.4、腹径 19.2、高 18.8 厘米（彩版一八，1；图二六一）。

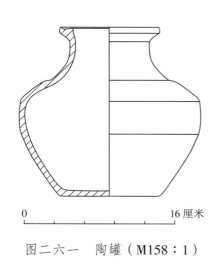

图二六一　陶罐（M158：1）

一二三　M160

一　墓葬形制（C 型Ⅳ b 式）

狭长形竖穴土坑带平头龛及封闭二层台。方向 30°。墓壁垂直，墓上部破坏。墓口长 290、宽 110 厘米，墓底长 230、宽 60 厘米，墓残深 110 厘米。头龛位于墓坑东北端，龛底与墓底平。龛宽同墓底，宽 60、深 20、高 50 厘米。封闭二层台高 50、宽 25~30 厘米。随葬器物置于头龛内。

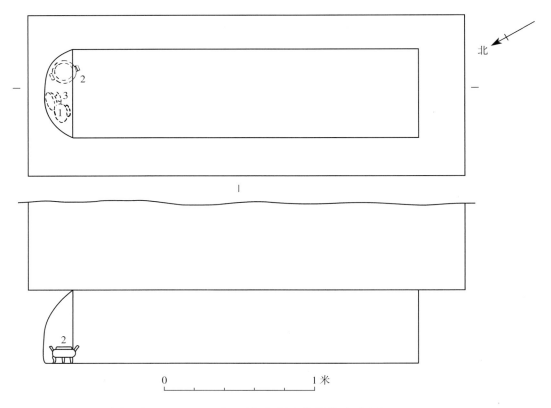

图二六二　M160 平、剖面及随葬器物分布图
1、3.陶豆　2.陶鼎

葬具及人骨架不存。墓中填五花土（图二六二）。

二　出土器物

陶器 3 件。

1. 鼎　1 件。

M160：2，泥质灰陶。子母口内敛，浅弧腹，大平底。蹄形足弯曲。附耳向上弯曲。盖失。素面。口径 14.2、通宽 20.4、高 16.5 厘米（图二六三，1）。

2. 豆　2 件，形态相同。泥质红灰陶。敞口，弧壁深盘，矮弧柄，喇叭状圈足。素面。

M160：1，口径 14.1、高 10.2 厘米（图二六三，2）。

M160：3，口径 13.5、高 10.5 厘米（图二六三，3）。

一二四　M167

一　墓葬形制（C 型Ⅳc 式）

狭长形竖穴土坑带头、足双高龛及半封闭二层台。方向 25°。二层台以上墓壁垂直，二层

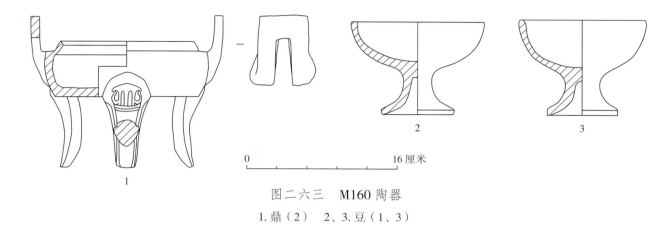

图二六三　M160 陶器

1. 鼎（2）　　2、3. 豆（1、3）

台以下墓壁倾斜，无二层台一端从上到下皆倾斜。墓上部破坏。墓口长 250、宽 120 厘米，墓底长 190、宽 70 厘米，墓残深 120 厘米。墓坑南、北两端均有高壁龛，其中南龛距墓底高 25、宽同墓底，宽 70、深 24、高 35 厘米。北龛距墓底高 25、宽 30、深 30、高 28 厘米。北龛以外有半封闭二层台，二层台高 66、宽 10 厘米。葬具及人骨架不存。墓中填五花土（图二六四）。

无随葬器物出土。

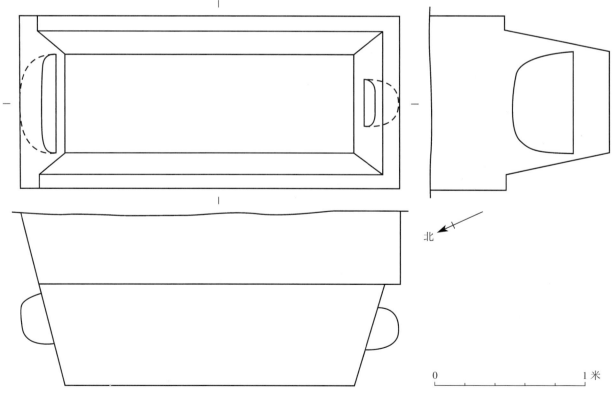

北

图二六四　M167 平、剖面图

一二五　M170

一　墓葬形制（A型Ⅰ式）

普通宽长方形竖穴土坑。方向215°。墓壁垂直，墓上部破坏，墓坑亦扰乱。墓长260、宽150、残深80厘米。随葬器物位于墓底足端一侧。葬具及人骨架不存。墓中填五花土（图二六五）。

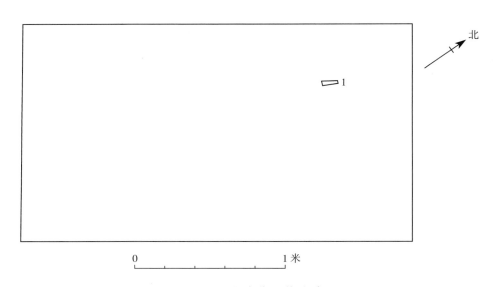

图二六五　M170平面及随葬器物分布图
1.铜矛镦

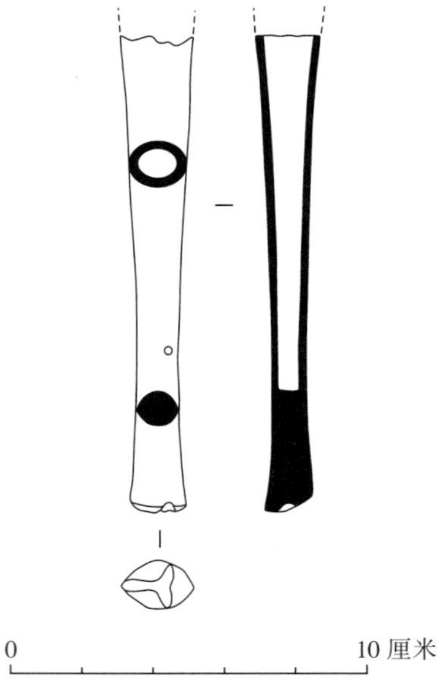

二　出土器物

铜矛镦　1件，因墓被扰乱，矛不存。

M170：1，圆筒形，下方有一小孔。銎部残。残长13.8厘米（图二六六）。

图二六六　铜矛镦（M170：1）

一二六　M171

一　墓葬形制（A型Ⅰ式）

普通宽长方形竖穴土坑。方向320°。墓壁垂直，墓上部破坏。墓长270、宽160、残深180厘米。随葬器物置于墓底右侧。葬具及人骨架不存。墓中填五花土（图二六七）。

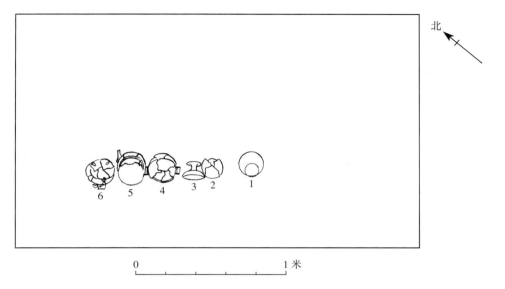

图二六七　M171 平面及随葬器物分布图
1.陶壶　2、3.陶豆　4、5.陶鼎　6.陶敦

二　出土器物

仿铜陶礼器 6 件。

1. 鼎　2 件，形态略异。泥质红陶。子母口内敛，窄肩承盖，扁弧腹有折，转折处呈台棱状突出。大平底。方柱状足直立。封闭附耳。弧形盖边缘斜折。

M171：4，腹较浅，耳外斜。口径 13.8、通宽 20.1、高 14.7 厘米（图二六八，1）。

M171：5，腹较深，耳较直。口径 14.4、通宽 21、高 16.5 厘米（图二六八，2）。

2. 壶　1 件。

M171：1，泥质红陶。敞口，弧颈，圆弧腹，平底。中腹一周弦纹。弧盖，子母口。盖顶一凸纽。口径 10、腹径 16、高 23、带盖通高 26.8 厘米（图二六八，3）。

3. 豆　2 件，修复 1 件。

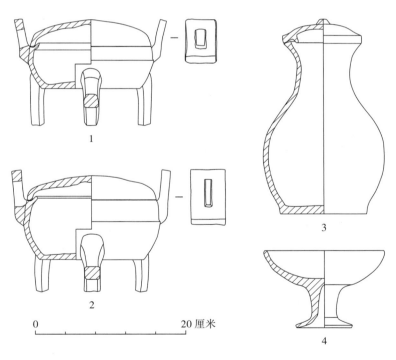

图二六八　M171 陶器
1、2.鼎（4、5）　3.壶（1）　4.豆（3）

M171：3，泥质灰褐陶。敞口，弧壁，矮弧柄，喇叭状低圈足。素面。口径15.9、高10.5厘米（图二六八，4）。

还有陶敦1件，残甚，未修复。

一二七　M172

一　墓葬形制（A型Ｉ式）

普通宽长方形竖穴土坑。方向310°。墓壁垂直，墓上部破坏。墓长310、宽180、残深200厘米。随葬器物置于墓底右侧。葬具及人骨架不存。墓中填五花土（图二六九）。

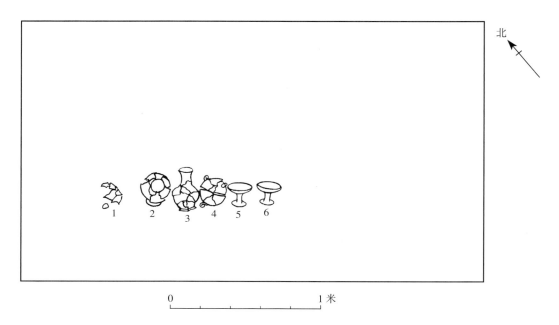

图二六九　M172平面及随葬器物分布图
1.陶鼎　2、3.陶壶　4.陶敦　5、6.陶豆

二　出土器物

仿铜陶礼器6件。

1. 壶　2件，修复1件。

M172：3，泥质褐陶。侈口，长弧颈较直，鼓腹，平底，矮圈足斜直。弧盖，低子母口。素面。口径9.6、腹径17.2、高26.4、带盖通高28.4厘米（图二七〇，1）。

2. 豆　2件，修复1件。

M172：5，泥质褐陶。敞口，口外有折，弧壁，矮弧柄，喇叭状圈足。素面。口径14.4、高12.6厘米（图二七〇，2）。

还有陶鼎、敦各 1 件，未修复。

一二八　M173

一　墓葬形制（A 型 I 式）

普通宽长方形竖穴土坑。方向 205°。墓壁略斜，墓上部破坏。墓口长 270、宽 170 厘米，墓底长 260、宽 160 厘米，墓残深 150 厘米。随葬器物置于墓底右侧。葬具及人骨架不存。墓中填五花土（图二七一）。

二　出土器物

仿铜陶礼器 6 件。

1. 鼎　1 件。

M173：1，泥质褐陶。子母口内敛，窄肩承盖，浅扁弧腹，大平底。蹄形足外撇，足断面呈六棱形。附耳外张。盖失。素面。口径 14.4、通宽 20.4、高 14.7 厘米（图二七二，1）。

2. 敦　1 件。

M173：2，泥质褐陶。身、盖大致同形。器身敞口，斜直腹，平底、顶。盖略浅，顶略

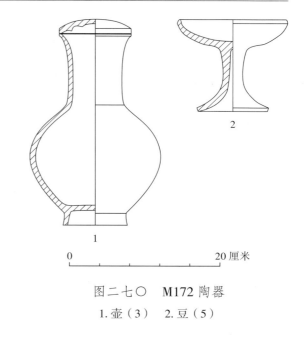

图二七〇　M172 陶器

1. 壶（3）　2. 豆（5）

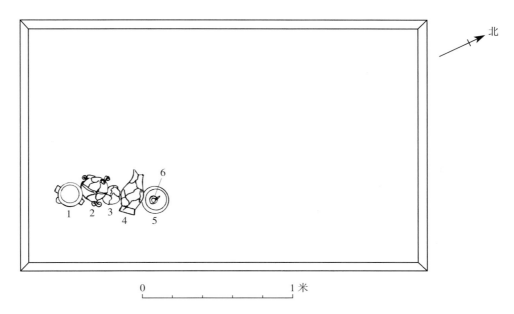

图二七一　M173 平面及随葬器物分布图

1. 陶鼎　2. 陶敦　3. 陶豆　4. 陶壶　5. 陶盘　6. 陶勺

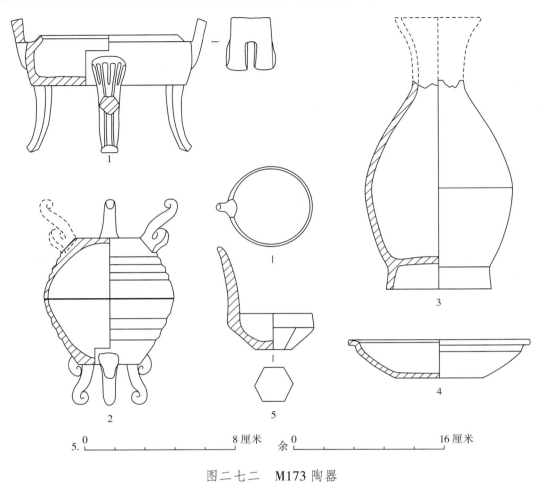

图二七二　M173 陶器

1.鼎（1）　2.敦（2）　3.壶（4）　4.盘（5）　5.勺（6）

宽。"S"形抽象兽足、纽。身、盖分别有三、四周瓦棱状弦纹。口径 13.6、通高 22.5 厘米（图
二七二，2）。

　　3.壶　1件。

　　M173：4，泥质褐陶。颈以上残，长弧腹，中腹略有折，平底，广圈足较直。素面。腹径
15.8、残高 22.8 厘米（图二七二，3）。

　　4.盘　1件。

　　M173：5，泥质灰陶。敞口，斜折沿，斜弧壁，平底。素面。口径 19、高 4.2 厘米（图
二七二，4）。

　　5.勺　1件。

　　M173：6，泥质灰陶。直口，斜折腹，下腹削棱呈六棱形。平底，锥状柄直立略斜弧。素面。
通宽 5、通高 5.6 厘米（图二七二，5）。

　　还有陶豆 1件，未修复。

一二九　M174

一　墓葬形制（C型Ⅱb式）

狭长形竖穴土坑带半封闭二层台。方向215°。墓壁垂直，墓上部破坏。墓口长270、宽120厘米，墓底长263、宽56厘米，墓残深130厘米。足端以外有半封闭二层台，头端二层台较窄，两侧较宽。二层台高40、头端宽8、两侧宽30~34厘米。随葬品置于墓底头端。葬具及人骨架不存。墓中填五花土（图二七三）。

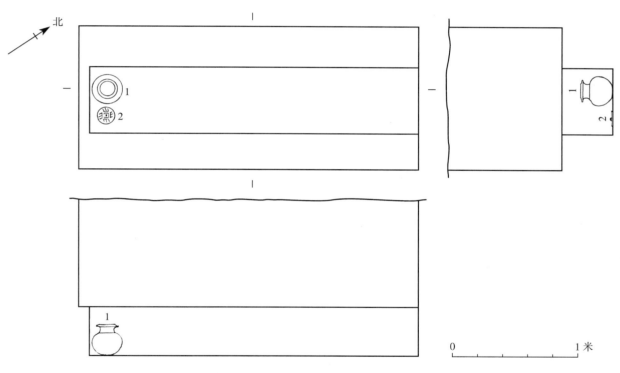

图二七三　M174平、剖面及随葬器物分布图
1.陶罐　2.铜镜

二　出土器物

2件，陶器、铜器各1件。

（一）陶器

罐　1件。

M174：1，泥质青灰陶。三角形折沿，高弧领，溜肩，鼓腹，凹圜底。腹饰横断粗绳纹。口径16、腹径23.6、高22厘米（彩版一八，2；图二七四，1）。

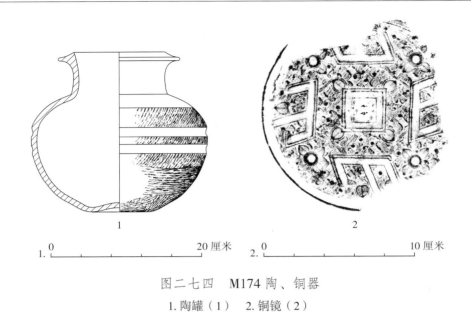

图二七四　M174 陶、铜器

1. 陶罐（1）　2. 铜镜（2）

（二）铜器

镜　1件。

M174：2，亮黑色。三弦纽，方纽座，三角高缘。羽状地纹之上四个左斜的"山"字纹，"山"字底边与纽座边缘平行。纽座外四角各一花瓣纹，花瓣延伸近缘处又各有一花朵纹，花朵由圆形花蕊和四片花瓣组成。在"山"字右胁还各有一个心形花瓣。全镜共有四花朵八花瓣，花朵与花瓣之间皆以直线或弧形的绳索状花枝连缀。已残。直径 13.4、缘厚 0.4 厘米（图二七四，2）。

一三〇　M180

一　墓葬形制（C 型Ⅳ b 式）

狭长形竖穴土坑带平头龛及封闭二层台。方向 230°。墓壁垂直，墓上部破坏。墓口长 250、宽 90 厘米，墓底长 226、宽 44 厘米，墓残深 150 厘米。头龛位于墓坑西南端，龛底与墓底平，龛一端向侧壁掏进，致龛底宽于墓底。龛宽 56、深 20、高 36 厘米。封闭二层台两端窄，两侧宽，而且左侧高，右侧低，两端二层台呈坡状。二层台左侧高 60、右侧高 40、宽 12~26 厘米。随葬器物置于头龛内。葬具及人骨架不存。墓中填五花土（图二七五）。

二　出土器物

日用陶器 2 件。

1. 罐　1件。

M180：2，泥质灰陶。平折沿，高弧领，圆肩，鼓腹，底微凹。通体饰绳纹，上腹数周弦纹。

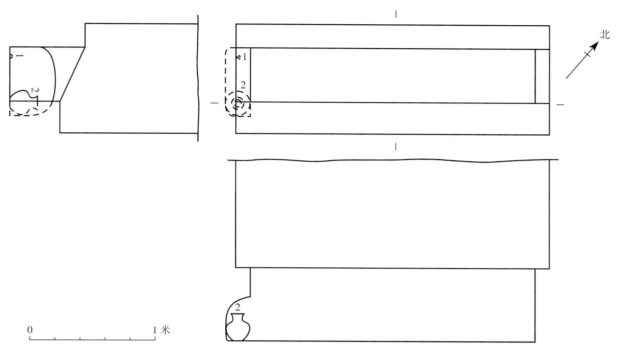

图二七五　M180平、剖面及随葬器物分布图

1. 陶纺轮　2. 陶罐

口径 16、腹径 24、高 23.4 厘米
（彩版一八，3；图二七六，1）。

2. 纺轮　1件。

M180：1，粗泥褐陶。上下
平，折壁，中有圆孔。直径 3.8、
高 2.3 厘米（彩版一八，4；图
二七六，2）。

一三一　M181

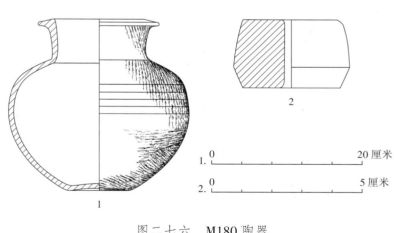

图二七六　M180陶器

1. 罐（2）　2. 纺轮（1）

一　墓葬形制（C型Ⅱb式）

狭长形竖穴土坑带半封闭二层台。方向 130°。二层台以上墓壁垂直，二层台以下墓壁倾
斜。墓口长 270、宽 120 厘米，墓底长 230、宽 58 厘米，墓残深 200 厘米。头端以外有半封闭
二层台。二层台高 50、宽 20 厘米。随葬品置于墓底头端。葬具及人骨架不存。墓中填五花土
（图二七七）。

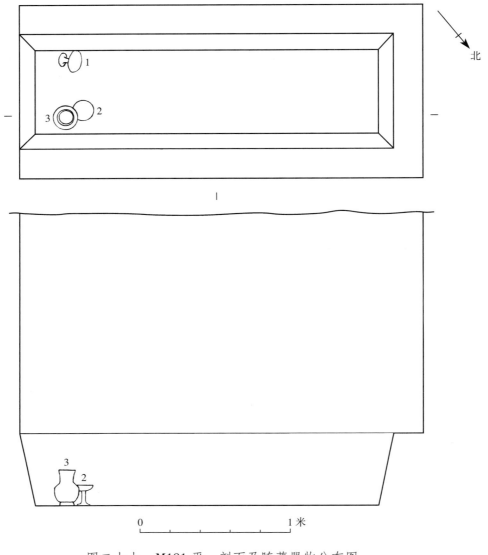

图二七七　M181 平、剖面及随葬器物分布图

1、2.陶豆　3.陶壶

二　出土器物

陶器 3 件。

1.壶　1 件。

M181：3，泥质灰陶。敞口，粗弧颈，斜肩，弧腹，平底，极矮圈足。肩部有对称双耳，颈至上腹三组弦纹，每组三道。弧形素盖，子母口。口径 8.7、腹径 14.7、高 18.6、带盖通高 20.4 厘米（图二七八，1）。

2.豆　2 件，修复 1 件。

M181：1，泥质褐陶。折敛口，弧壁，矮弧柄，喇叭状圈足。素面。口径 12.6、高 8.1 厘米

（图二七八，2）。

一三二　M182

一　墓葬形制（C型Ⅰ式）

普通狭长形竖穴土坑。方向145°。墓壁垂直，墓上部破坏，足端挖毁。墓残长 100、宽 80、残深20 厘米。随葬器物置于墓底头端。葬具及人骨架不存。墓中填五花土（图二七九）。

二　出土器物

日用陶器 2 件。

豆　1 件。

M182：1，泥质灰陶。敞口，弧壁，矮弧柄，喇叭状圈足。素面。口径 15.6、高 9.3 厘米（图二八〇）。

还有残陶器 1 件，形态不明。

一三三　M188

一　墓葬形制（A型Ⅰ式）

普通宽长方形竖穴土坑。方向 75°。墓壁垂直，墓上部破坏。墓长 300、宽 180、残深130 厘米。随葬器物置于墓底右侧。葬具及人骨架不存。墓中填五花土（图二八一）。

二　出土器物

5 件，陶器 4 件，铜器 1 件。

铜套筒　1 件。

M188：4，圆筒形。直壁，平底。直径 4、高 2.8 厘米（图二八二）。

还有陶鼎、敦、壶、豆各 1 件，均残甚，未修复。

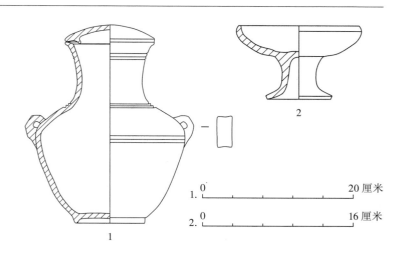

图二七八　M181 陶器
1. 壶（3）　2. 豆（1）

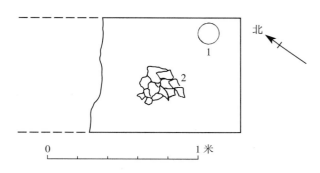

图二七九　M182 平面及随葬器物分布图
1. 陶豆　2. 残陶器

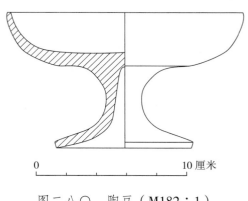

图二八〇　陶豆（M182：1）

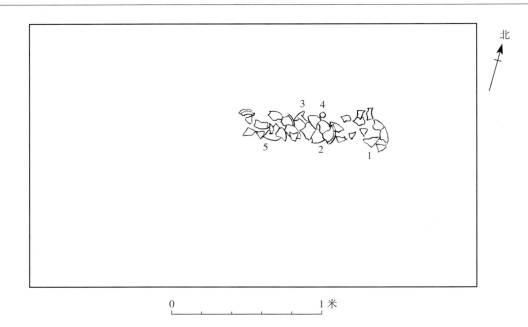

图二八一　M188 平面及随葬器物分布图
1.陶壶　2.陶鼎　3.陶豆　4.铜套筒　5.陶敦

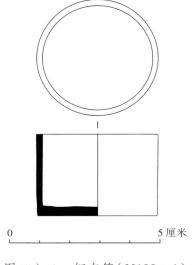

图二八二　铜套筒（M188：4）

一三四　M192

一　墓葬形制（B 型Ⅱa 式）

窄长方形竖穴土坑带平行二层台。方向 120°。墓壁垂直，墓上部破坏。墓口长 300、宽 170 厘米，墓底长 300、宽 120 厘米，墓残深 100 厘米。墓坑两侧壁有平行二层台，二层台高 30、宽 25 厘米。随葬器物位于墓底头端。填土中出铁臿 1 件。葬具及人骨架不存。墓中填五花土（图二八三）。

二　出土器物

3 件，陶器 2 件，铁器 1 件。

（一）陶器

1.鼎　1 件。

M192：1，泥质灰陶。子母口内敛，弧腹，上腹两道台棱状突出，平底。方柱状足直立。附耳外侈，残。盘状浅平盖。盖面三个乳突纽。口径 17.4、通高 17.7 厘米（图二八四，1）。

2.罐　1 件。

M192：2，泥质灰陶。平折沿，高弧领，斜肩，弧腹，凹圜底。腹饰绳纹，上腹三周弦纹。

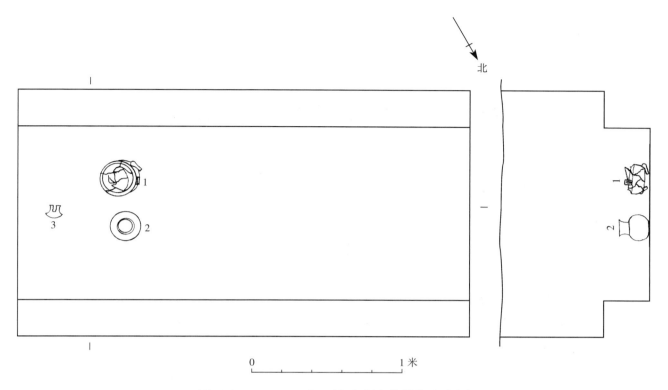

图二八三　M192 平、剖面及随葬器物分布图
1. 陶鼎　2. 陶罐　3. 铁臿

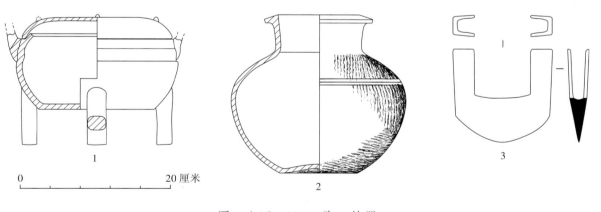

图二八四　M192 陶、铁器
1. 陶鼎（1）　2. 陶罐（2）　3. 铁臿（3）

口径 14.8、腹径 23.2、高 21.6 厘米（图二八四，2）。

（二）铁器

臿　1 件。

M192：3，凹口，大弧刃。宽 13.2、高 12.6 厘米（图二八四，3）。

第二章　出土器物型式分析

第一节　概述

在本报告所纳入的 152 座战国及秦代墓中，共出土器物 879 件。按质地分有陶、铜、铁、玉、滑石、玻璃等；按组合类别及功用分有仿铜陶礼器、日用陶器、兵器、妆饰器、衡器、工具等；按器形分则有 50 种（残器除外，高柄豆和矮柄豆计 1 种）。

数字统计显示，出土品中以陶器为主，为仿铜陶礼器和日用陶器。以鼎、敦、壶、罐、豆数量较多，次为盂、盘、勺、匜、匕；铜器以剑为主，少量戈、矛、带钩、镜等；铁器主要为臿，个别为镢和夯锤；滑石器、玻璃器主要为璧。

在 879 件出土器物中，经修复而形态明确的有 504 件，器形为 45 种。其中陶器 374 件，17 种；铜器 91 件，16 种；铁器 8 件，3 种；玉、滑石、玻璃器 31 件，9 种（表一五）。

下面对可进行型式划分的器形进行分析。有陶器和铜器两类中的部分器物以及铁臿、滑石璧等，共 21 种器形。

表一五　战国至秦代墓葬出土器物统计表

单位：件

器类	器形	甲		乙		丙		丁		合计	
		出土	现存	出土	现存	出土	现存	出土	现存	出土	现存
陶器	鼎	64	32	40	20					104	52
	敦	59	25	33	10					92	35
	壶	64	38	44	23	17	12			125	73
	盘	16	10	4	4			2		22	14
	勺	19	14	6	5					25	19
	匜	9	7	1	1					10	8

续表一五

器类	器形		甲		乙		丙		丁		合计	
			出土	现存	出土	现存	出土	现存	出土	现存	出土	现存
陶器	匕		14	8	4	3					18	11
	斗		4	3							4	3
	鬲						1				1	
	簋						1	1			1	1
	罐		1	1	5	3	36	25			42	29
	盂				3	2	16	10			19	12
	豆	高柄	66	20	67	16	70	9	10	1	213	46
		矮柄		11		22		31		2		66
	盆		1	1							1	1
	钵						1	1			1	1
	杯				1	1					1	1
	纺轮						1	1			1	1
	珠						1	1			1	1
	残器								4		4	
小计			317	170	208	110	144	91	16	3	685	374
铜器	剑		9	8	7	7	5	5	5	5	26	25
	剑格		1	1							1	1
	剑首		2	1			1	1			3	2
	戈		6	5	1	1	3	3	2	2	12	11
	戈镦		2	2	1	1	2				5	3
	矛		3	3	1	1	2	1	5	5	11	10
	矛镦		1	1					1	1	2	2
	镞						1	1			1	1
	鼎								1	1	1	1
	镜		4	2			3	2			7	4
	带钩		4	3	5	1	4	2	1	1	14	7
	饰件				2				1	1	3	1

续表一五

器类	器形	甲		乙		丙		丁		合计	
		出土	现存	出土	现存	出土	现存	出土	现存	出土	现存
铜器	奁	3	1	1	1					4	2
	铃形器	18	12	6	2			2	2	26	16
	砝码					3	3			3	3
	印章					2	2			2	2
	套筒		1							1	
	残器	6		4		1		1		12	
小计		59	39	29	14	27	20	19	18	134	91
铁器	臿	5	3	3	1	3	1			11	5
	镢	1	1			1	1			2	2
	夯锤	1	1							1	1
	鼎					1				1	
	环	1								1	
	残器	1								1	
小计		9	5	3	1	5	2			17	8
玉、滑石、玻璃器等	滑石璧	7	7	6	5					13	12
	滑石带钩	2	2							2	2
	滑石瑗			1	1					1	1
	滑石环			1	1					1	1
	玉璧			1						1	
	玉觿					1	1			1	1
	玉珠	1				1	1			2	1
	玻璃璧	6	5	1		1				8	5
	玻璃珠	5	3	4	3	1				10	6
	石珠	1	1	1	1					2	2
	残漆器					2				2	
小计		22	18	15	11	6	2			43	31
合计		407	232	255	136	182	115	35	21	879	504

第二节 部分陶器型式分析

一 鼎

形态明确的 52 件。主要依据鼎身腹、底等部位差异分五型。

A 型 10 件。高子母口，弧腹，圜底。盖沿较直，弧顶较平或平顶。根据腹、足的变化分三式。

Ⅰ式 2 件。子母口直立，深弧腹，上腹较直。高足直立，断面呈六棱形。附耳呈长方"回"字形。

标本 M076：2，上腹一周弦纹。弦纹以下饰粗绳纹。柱状足削棱。附耳残。盘状浅盖，弧顶。盖面两周弦纹，第一周弦纹内等列三个扁纽，顶中一扁纽。口径 18.6、残通宽 23.4、通高 21 厘米（图二八五，1）。

标本 M131：2，弧腹深直。腹一周凸圈。蹄形高足。附耳直。折壁平顶盖，盖面一周凸圈，凸圈上三个扁立纽，顶中鼻纽衔环。口径 17.4、通宽 23.7、高 21.3、带盖通高 21.5 厘米（图版五，1；图二八五，2）。

Ⅱ式 4 件。弧腹较Ⅰ式浅，均匀下弧，圜底微凸。柱状足断面呈弧边三角形。附耳呈长方或长弧形"回"字形。

标本 M106：4，子母口内敛，凹肩承盖，弧腹，圜底，高蹄足。附耳外斜，耳正面呈勺形，封闭耳孔。折壁弧顶盖，盖面三个小扁纽，顶中一纽。口径 16.8、通宽 23、高 19.2 厘米（图版五，2；图二八五，3）。

标本 M129：10，子母口内敛，肩较宽，圆弧腹，圜底。腹一周弦纹。蹄形足内聚。附耳外侈。盘状盖，盖面两周弦纹，第一周弦纹上等列三个扁立纽。口径 14.4、通宽 21.9、高 19.8 厘米（图版六，1；图二八五，4）。

Ⅲ式 4 件。腹较Ⅱ式更浅，上腹较直，下腹折收或弧收。柱状或蹄形足较细挑。附耳外张，耳孔呈"∩"形。

标本 M025：12，子母口内敛，浅弧腹，上腹呈台棱状突出，圜底。蹄形足直立，足断面近倒梯形，跟部有抽象兽面装饰。附耳微侈。盖失。口径 17.6、通宽 24、高 17.6 厘米（图二八六，1）。

标本 M039：6，高子母口内敛，上腹较直，下腹折收，圜底。蹄形高足外撇，足断面呈倒梯形。腹一周凸圈。附耳外张。弓弧形盖。盖面一周凸圈。口径 15.3、通宽 26.2、高 22.5 厘米（图二八六，2）。

标本 M128：7，高子母口，弧腹有折，圜底。腹一周弦纹。蹄形高足直立。附耳外张。折壁弧顶盘状盖，盖面两周弦纹，第一周弦纹上等列三个扁立纽。口径 15.6、通宽 22.2、高

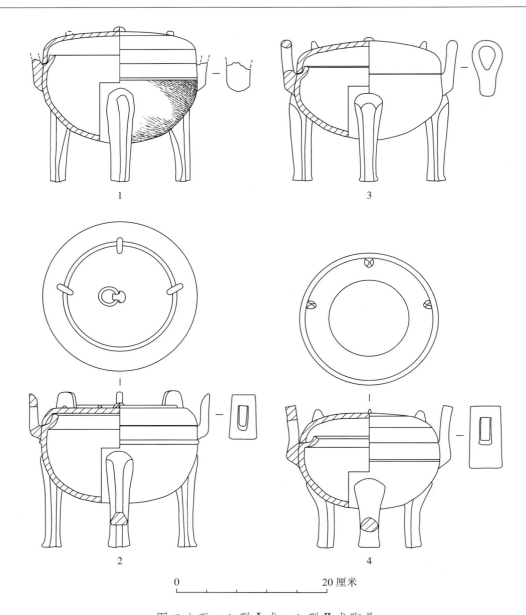

图二八五   A 型 I 式、A 型 II 式陶鼎
1、2. A 型 I 式（M076∶2、M131∶2）   3、4. A 型 II 式（M106∶4、M129∶10）

18.9、带盖通高 19.8 厘米（图版六，2；图二八六，3）。

B 型   27 件。直腹或弧腹较直，大平底。主要根据腹的变化分三式。

I 式   1 件。除平底外，余同 A 型 I 式中的标本 M131∶2。

标本 M056∶2，蹄形高足断面近六棱形。腹一周凸棱。平顶折壁盖。顶边一周凸圈，凸圈上不对称三个扁立纽，顶中一圆角方纽。口径 17.7、通宽 23.4、高 20.7 厘米，盖径 19.8 厘米，带盖通高 21.3 厘米（图版七，1；图二八七，1）。

II 式   17 件。扁弧腹深直，底边磬折。耳孔多呈"回"字形封闭状态。

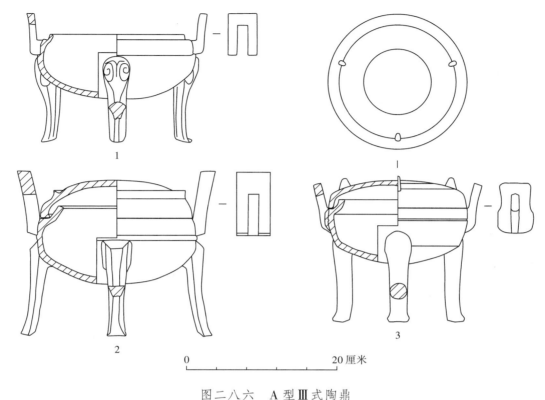

图二八六　A 型 Ⅲ 式陶鼎
1. M025：12　2. M039：6　3. M128：7

　　标本 M005：4，子母口内敛，蹄形高足直立，足跟部有兽面装饰，足断面有棱。附耳直立。腹有两周凸弦纹。盘状平盖，盖面三周凸圈，第一周凸圈内等列三个扁纽。鼎口径 16.4、通宽 24.4 厘米，盖径 19.6 厘米，通高 23.6 厘米（图二八七，2）。

　　标本 M009：6，子母口高直，蹄形高足直立，足断面呈八棱形。附耳直立。腹一周凸圈。平底边缘微凹。弓弧形盖。盖面等列三个方锥形纽，纽内两周弦纹。鼎口径 13.6、通宽 21.6、高 19.2 厘米，盖径 16.8 厘米，带盖通高 20.4 厘米（图二八七，3）。

　　标本 M017：4，子母口内敛，凹沿，蹄形高足外撇，附耳直立。腹有一周凸圈。弓弧形盖，盖面两周凸圈，第一周凸圈上等列三个扁纽。鼎耳有黑彩横线纹，上腹红黑相间波折纹；盖面有四个云气纹。口径 13.6、通宽 20.8、高 20.8 厘米（图二八七，4）。

　　标本 M059：5，子母口内敛，窄凹肩承盖，弧腹深直，腹一周凸圈，平底微凹。足较矮，直立，足有棱。附耳外斜。弧盖，盖面四周瓦棱状弦纹，三个小扁纽残，顶中鼻纽衔环亦残。口径 12.4、通宽 18、高 15.6 厘米（图二八八，1）。

　　标本 M077：6，扁折腹，转折处呈台棱状凸出。蹄形足较写实。附耳外张。折壁盘状浅盖。盖面等列三个小纽。口径 13.2、通宽 20、高 21.9 厘米（图二八八，2）。

　　标本 M091：2，高子母口，腹一周凸棱。蹄形高足直立，足断面呈六棱形。厚附耳外侈。

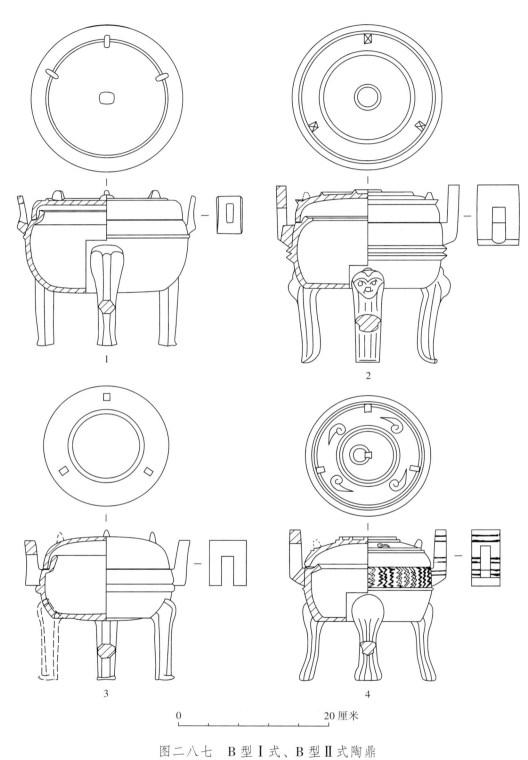

0　　　　　　　　　　　　　　20厘米

图二八七　B型Ⅰ式、B型Ⅱ式陶鼎

1.B型Ⅰ式（M056:2）　2~4.B型Ⅱ式（M005:4、M009:6、M017:4）

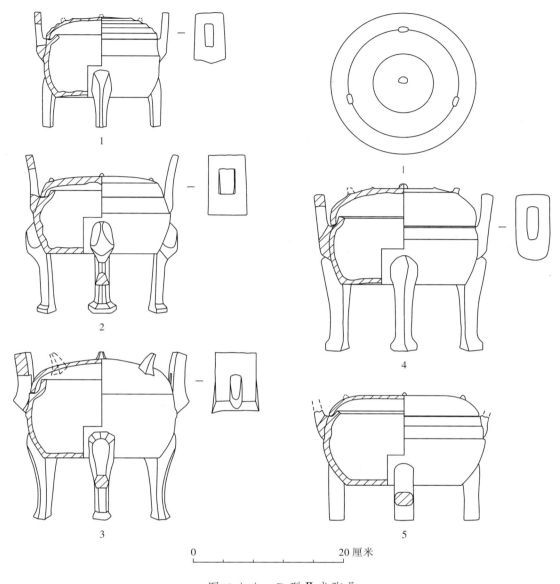

图二八八　B 型 Ⅱ 式陶鼎

1. M059：5　2. M077：6　3. M091：2　4. M102：2　5. M192：1

弧形深盖，盖面等列三个扁立纽。口径 15.6、通宽 23、高 23 厘米（图版七，2；图二八八，3）。

　　标本 M102：2，平底微凹。蹄形足直立。盖直口，弧壁，平顶。盖面两周凸圈，第一周凸圈上等列三个扁纽，顶中一鼻纽。口径 17、通宽 24、高 21.6 厘米，盖径 19.2 厘米，带盖通高 23 厘米（图版八，1；图二八八，4）。

　　标本 M192：1，低子母口内敛，弧腹略有折，上腹两道台棱状突出。方柱状足直立。附耳外侈，残。盘状浅平盖。盖面三个乳突纽。口径 17.4、通高 17.7 厘米（图二八八，5）。

　　Ⅲ式　9 件。浅扁腹，大平底，子母口多较低。耳孔或封闭或不封闭。

　　标本 M026：5，子母口内敛，上腹呈台棱状突出。蹄形足略内聚，足断面近三角形，跟部有抽象兽面装饰。封闭附耳直立。盘状盖，盖顶一周凸圈，盖面等列三个钉状小纽。口径 13.6、通宽 19.4、高 20.8 厘米（图二八九，1）。

　　标本 M043：8，高子母口内敛。蹄形高足细挑，略外撇，足断面呈梯形。腹一周凸圈。附耳外斜。弧形盖边等列三个扁纽。口径 19.8、通宽 28.8、通高 24.6 厘米（图二八九，2）。

　　标本 M134：1，高子母口直立。圆柱状足直立。附耳直立，封闭耳孔。盖失。口径 16.5、通宽 22.5、高 16.8 厘米（图二八九，3）。

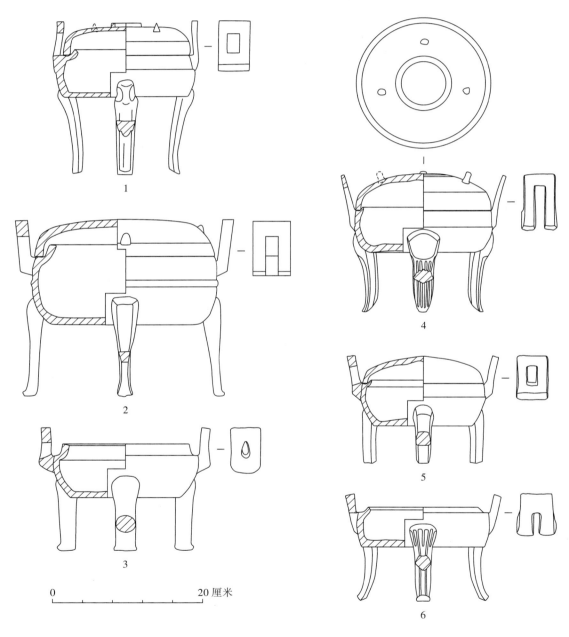

0　　　　　　　　　　　　　20 厘米

图二八九　B 型 Ⅲ 式陶鼎

1. M026：5　2. M043：8　3. M134：1　4. M144：3　5. M171：4　6. M173：1

标本 M144：3，低子母口，平底微凹。蹄形足下端尖削，正面有四道竖刻槽。附耳外张。弧顶盖较深。盖面三周弦纹及三个扁立纽。口径 16.2、通宽 22、高 18.9、带盖通高 19.5 厘米（图版八，2；图二八九，4）。

标本 M171：4，低子母口内敛，扁腹有折，转折处呈台棱状突出。方柱状足直立。封闭附耳外斜。弧形盖边缘斜折。口径 13.8、通宽 20.1、高 14.7 厘米（图版九，1；图二八九，5）。

标本 M173：1，腹特浅。蹄形足外撇，足断面呈六棱形。附耳外斜。盖失。素面。口径 14.4、通宽 20.4、高 14.7 厘米（图二八九，6）。

C 型　10 件。主要特征是子母口较矮，或凹沿略呈子母口状。弧腹，平底较 B 型小。根据腹部差异分二式。

Ⅰ 式　4 件。弧腹较深。

标本 M011：2，腹一周凸圈。蹄形高足外撇，足跟部有兽面装饰，断面呈六棱形。附耳外撇。弓弧形素盖。鼎口径 14.4、通宽 20、高 21.6 厘米（图二九〇，1）。

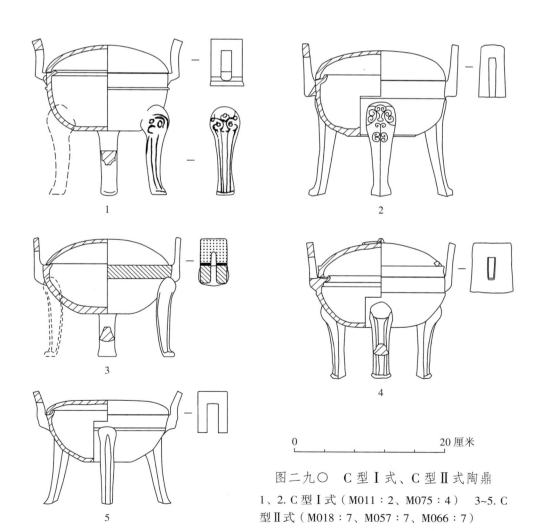

图二九〇　C 型 Ⅰ 式、C 型 Ⅱ 式陶鼎

1、2. C 型 Ⅰ 式（M011：2、M075：4）　3~5. C 型 Ⅱ 式（M018：7、M057：7、M066：7）

标本 M075：4，斜弧腹。腹有一周凸棱。蹄形高足外斜，足跟部有抽象兽面装饰。弓弧形盖。口径 15、通宽 20.7、高 21 厘米（图版九，2；图二九〇，2）。

Ⅱ式　6件。浅斜腹。

标本 M018：7，子母口极低，内敛，口部较直，小平底。蹄形足直立，足断面略呈铲形。附耳直立。弓弧形素盖。器身涂白彩，口部及耳下方绘红、黑圈带纹。口径 15.2、通宽 19.6、高 16.1 厘米（图版一〇，1；图二九〇，3）。

标本 M057：7，上腹直，下腹折弧收，转折处微凸。蹄形足多棱，断面呈钟形。附耳外斜。直边弧顶盖。边缘一周凸圈，凸圈上等列三个扁立纽，顶中鼻纽衔环。口径 13.8、通宽 19.8 厘米，盖径 16.8 厘米，带盖通高 19.2 厘米（图版一〇，2；图二九〇，4）。

标本 M066：7，斜弧腹，腹两周弦纹，小平底。蹄形足外撇。附耳外张。浅盘状素盖。口径 15.2、通宽 19.8、高 15.6 厘米（图二九〇，5）。

D 型　4件。主要特征是凹沿或略呈子母口，平底下凸。分二式。

Ⅰ式　2件。弧腹，小平底。蹄形高足细挑。附耳直立。耳孔呈"∏"形。

标本 M012：11，直口凹弧，下腹折弧收。腹呈瓦棱状弧曲。足跟部有抽象兽面装饰。盖失。口径 14.4、通宽 17.8、高 16.8 厘米（图二九一，1）。

标本 M044：11，蹄形足细挑直立，断面略呈梯形。腹有一周凸棱。平顶弧盖。口径 14.4、通宽 19.8、高 18.6 厘米（图二九一，2）。

Ⅱ式　2件。均出自 M023。直腹较深，底两次凹折，平底较Ⅰ式宽。

标本 M023：4，敛口，蹄形足直立，足断面略呈菱形，足跟部有兽面装饰，腹两周弦纹。附耳直立。弓弧形素盖。口径 16、通宽 20、高 17.6 厘米（图版一一，1；图二九一，3）。

E 型　1件。

标本 M018：6，凹沿，扁圆腹外凸，平底圆转，呈盂形。蹄形足直立，足断面略呈梯形。附耳微侈。弓弧形盖。身、盖均有黑边红彩绘圆圈纹、云纹、弧形纹、波折纹等花纹。口径 16.8、通宽 20.8、高 18 厘米（图版一一，2；图二九一，4）。

二　敦

形态明确的 35 件。基本上都是身、盖等大，纽、足同形的形态。少数身、盖异制，纽、足异形。几全为卧兽形足、纽。主要依据身、盖的差异分三型。

A 型　27件。主要特征是弧壁，圜底、顶。分六式。

Ⅰ式　2件。深腹，高盖，口部较直。身、盖同形，身、盖相合呈椭圆形。勾首卷尾的抽象卧兽形高足、纽，足或呈方锥形。

标本 M056：4，足、纽异制。方茎蹄形足下端斜削，勾首卷尾抽象兽形高足、纽。身、盖各一周弦纹。口径 18.6、通高 25.5 厘米（图版一二，1；图二九二，1）。

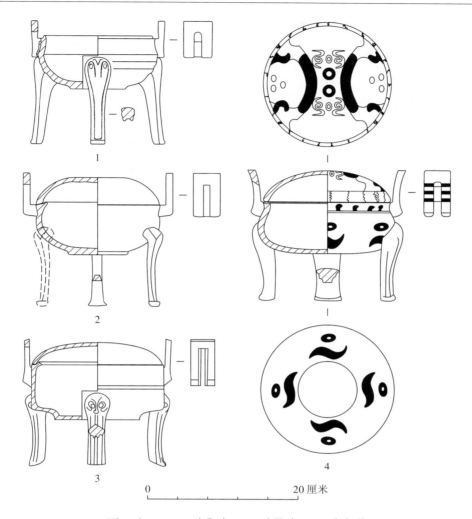

图二九一　D型Ⅰ式、D型Ⅱ式、E型陶鼎

1、2. D型Ⅰ式（M012：11、M044：11）　　3. D型Ⅱ式（M023：4）　　4. E型（M018：6）

标本 M131：6，足、纽同形。素面。口径 18.8、通高 26.1 厘米（图版一二，2；图二九二，2）。

Ⅱ式　4件。弧壁或口部较直，凸底、顶。高立兽纽或低卧兽纽。

标本 M076：5，仅存一半。抽象卧兽足残。素面。口径 19.2、高 11.4 厘米（图二九二，3）。

标本 M129：7，抽象兽形高足、纽。身、盖各两周弦纹。口径 17.4、通高 27.3 厘米（图版一二，3；图二九二，4）。

Ⅲ式　4件。直壁，圜顶、底较平。体较Ⅱ式略矮。

标本 M043：7，身、盖相合略呈椭圆形。抽象高兽纽、足外斜。身、盖各两周弦纹。口径 18.8、通高 26 厘米（图二九三，1）。

标本 M044：19，身、盖大致同形，身、盖各两周弦纹。口径 15.3、通高 20.8 厘米（图二九三，2）。

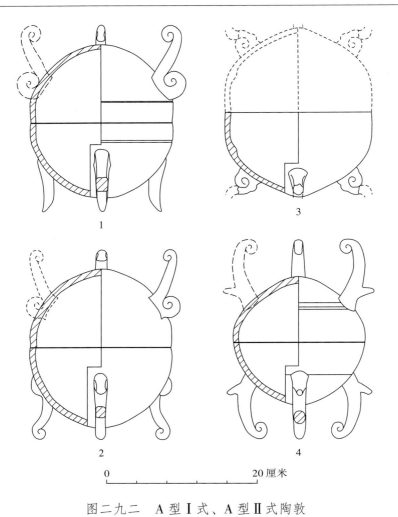

图二九二　A 型 I 式、A 型 II 式陶敦

1、2. A 型 I 式（M056：4、M131：6）　3、4. A 型 II 式（M076：5、M129：7）

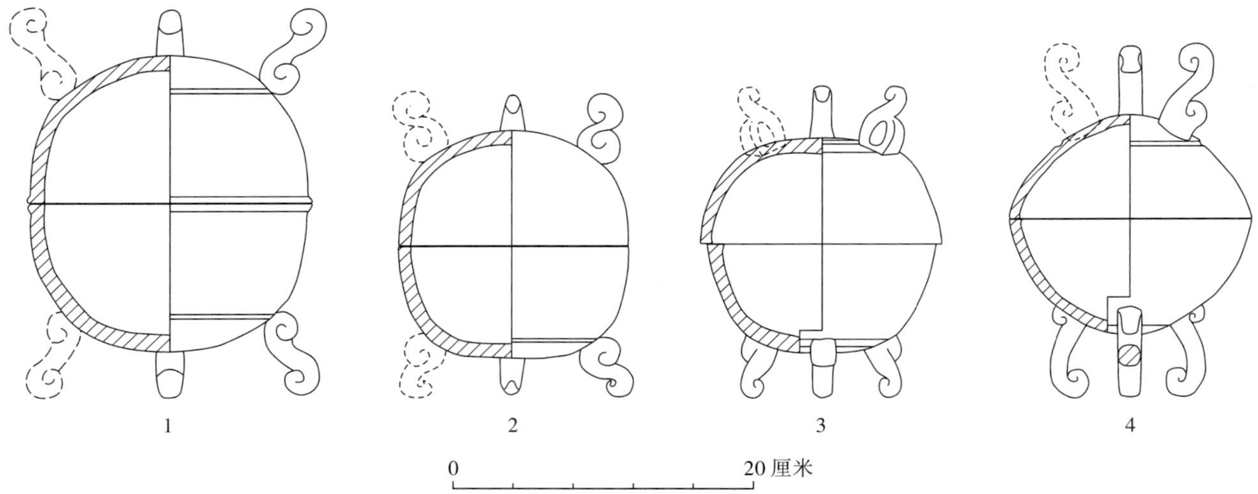

图二九三　A 型 III 式、A 型 IV 式陶敦

1~3. A 型 III 式（M043：7、M044：19、M077：7）　4. A 型 IV 式（M057：6）

标本 M077：7，盖较身略大。身、盖各两周弦纹。器表红彩脱落。口径 15、通高 21.3 厘米（图版一二，4；图二九三，3）。

Ⅳ式　4 件。斜弧壁，圜底、顶。身、盖宽与高度相当。足、纽聚于底、顶。

标本 M057：6，身、盖各一周弦纹。口径 16、通高 24 厘米（图版一三，1；图二九三，4）。

Ⅴ式　5 件。身、盖相合呈球形。

标本 M005：2，身、盖相合略呈椭球体。直口微敛，素面。口径 20、通高 33.2 厘米（图二九四，1）。

标本 M091：4，身、盖各一周弦纹。口径 18.6、通高 24.6 厘米（图版一三，2；图二九四，2）。

Ⅵ式　8 件。浅弧腹，身、盖相合呈橄榄形。

标本 M023：11，抽象小卧兽足、纽。素面。口径 18、通高 18 厘米（图二九四，3）。

标本 M040：4，直口，抽象勾首卷尾兽纽、足。素面。口径 18.6、通高 20 厘米（图二九四，4）。

标本 M102：3，勾首卷尾抽象立兽纽较高。素面。口径 18.4、通高 26.4 厘米（图版一三，3；图二九四，5）。

B 型　7 件。主要特征为平底、顶，余同 A 型。分二式。

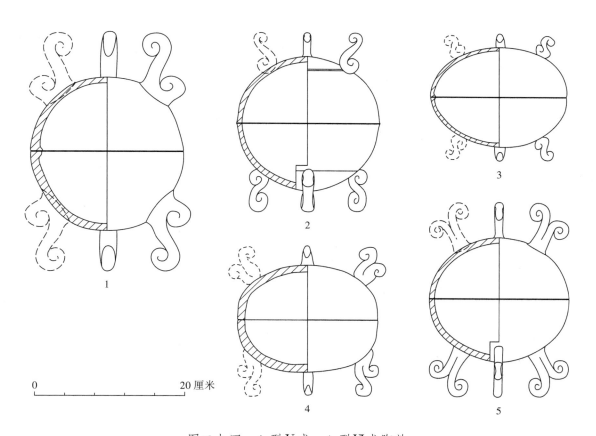

0　　　　　　　　20 厘米

图二九四　A 型 Ⅴ 式、A 型 Ⅵ 式陶敦

1、2. A 型 Ⅴ 式（M005：2、M091：4）　3~5. A 型 Ⅵ 式（M023：11、M040：4、M102：3）

Ⅰ式　4件。斜直壁，身、盖呈斗形。

标本 M008：4，抽象立兽矮纽、足极矮。素面。口径 15.5、通高 17.6 厘米（图二九五，1）。

标本 M012：8，通体涂白彩。身、盖黑边红彩圆圈纹、柿蒂纹、虺形纹、曲折纹等。口径 16、通高 18.4 厘米（图二九五，2）。

标本 M173：2，身、盖大致同形，盖略浅，顶略宽。抽象高兽足、纽。身、盖分别有三、四周瓦棱状弦纹。口径 13.6、通高 22.5 厘米（图版一三，4；图二九五，3）。

Ⅱ式　3件，弧壁，平底、顶较小。

标本 M011：9，抽象立兽高纽、足。通体涂白彩，器盖有红、黑彩圈带纹等。口径 16.4、通高 24.2 厘米（图版一四，1；图二九五，5）。

标本 M011：10，抽象兽纽、足外撇较甚。器身有红彩云纹、圈带纹等。口径 17.2、通高 21.6 厘米（图二九五，4）。

C 型　1件。

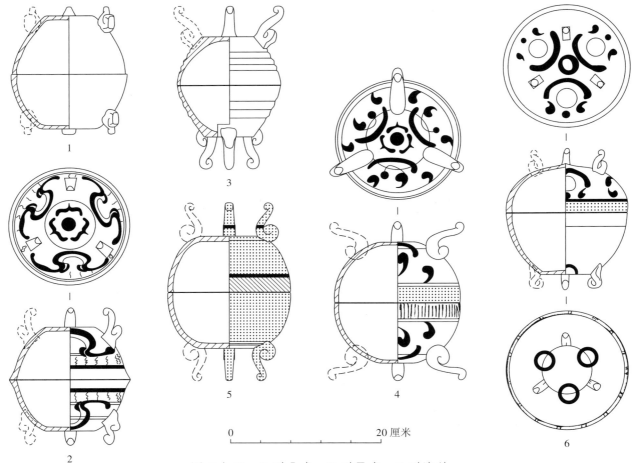

0　　　　　　　　　　　　20厘米

图二九五　B 型Ⅰ式、B 型Ⅱ式、C 型陶敦

1~3. B 型Ⅰ式（M008：4、M012：8、M173：2）　4、5. B 型Ⅱ式（M011：10、M011：9）　6. C 型（M018：8）

标本 M018：8，身、盖异制。斜弧壁，平底，弧壁，尖顶呈蒙古包形，足、纽矮小。盖较身浅。抽象小卧兽足、纽。盖有红、黑彩绘圆圈纹、圆弧纹圈带纹等，器身下部也有圆圈纹。口径 16、通高 19.2 厘米（图版一四，2；图二九五，6）。

三 壶

形态明确的有 73 件。根据各部位差异分十型。

A 型 17 件。粗颈，弧腹，圈足。分五式。

Ⅰ式 2 件。敞口，粗弧颈，圆弧腹，平底或凹圜底，矮圈足斜直。肩有对称鼻纽衔环。

标本 M131：7，凹圜底，浅弧盖，沿平伸，低子母口。盖中一环纽。口径 11.6、腹径 21.2、高 30、带盖通高 32.5 厘米（图二九六，1）。

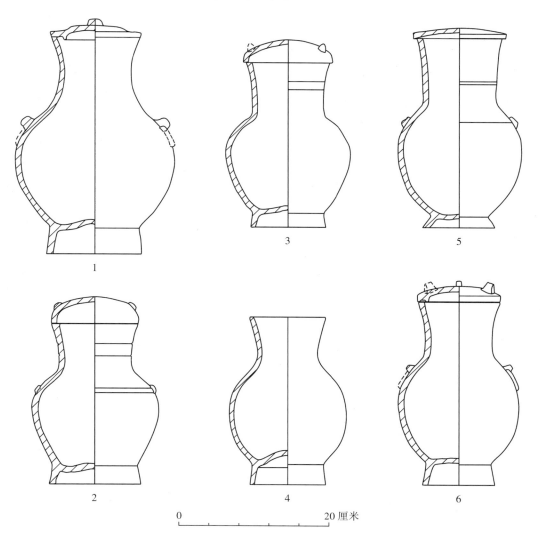

图二九六 A 型Ⅰ式、A 型Ⅱ式、A 型Ⅲ式陶壶

1. A 型Ⅰ式（M131：7） 2、3. A 型Ⅱ式（M116：2、M128：5） 4~6. A 型Ⅲ式（M096：4、M106：3、M129：3）

Ⅱ式　2件。体较Ⅰ式短，粗颈斜直，弧腹，最大腹径靠上，凹圜底，斜直圈足较Ⅰ式更矮。弧形盖边缘较直。

标本 M116：2，上腹有对称鼻纽。颈、腹各两周弦纹。弧形深盖。盖面等列三个扁纽。口径 11.2、腹径 16.6、高 22、带盖通高 25.6 厘米（图版一四，3；图二九六，2）。

标本 M128：5，颈、腹三周弦纹。弓弧形盖，盖面三个扁纽。口径 11.2、腹径 16.8、高 22.8、通高 26 厘米（图二九六，3）。

Ⅲ式　5件。与Ⅱ式接近，其区别在于圆弧腹，最大腹径在中部。

标本 M096：4，圈足直。素面。口径 10、腹径 15.6、高 23.2 厘米（图二九六，4）。

标本 M106：3，长鼓腹，矮圈足外斜。肩部有对称小纽，颈、肩共三周弦纹。浅弧盖。口径 11.2、腹径 16、高 26.4、通高 27.6 厘米（图版一四，4；图二九六，5）。

标本 M129：3，圈足斜直。肩部有对称鼻纽衔环。浅弧盖，低子母口。盖面三个扁立纽。口径 10.8、腹径 16、高 25.2、带盖通高 28 厘米（图二九六，6）。

Ⅳ式　7件。敞口，弧颈，长弧腹，圈足斜直。腹有对称鼻纽衔环。或有子母口浅盖，盖上有纽。

标本 M009：4，颈、腹各一周弦纹。碟状浅盖有子母口，盖面三个凸纽。口径 10、腹径 16、高 28、带盖通高 30.8 厘米（图二九七，1）。

标本 M059：4，桶形弧腹，底较宽，圈足外撇。口径 10.8、腹径 15.2、高 26 厘米（图二九七，2）。

标本 M091：5，圈足较高。弧形盖，子母口。盖面三个抽象高兽纽。口径 12、腹径 18、高 30.8、带盖通

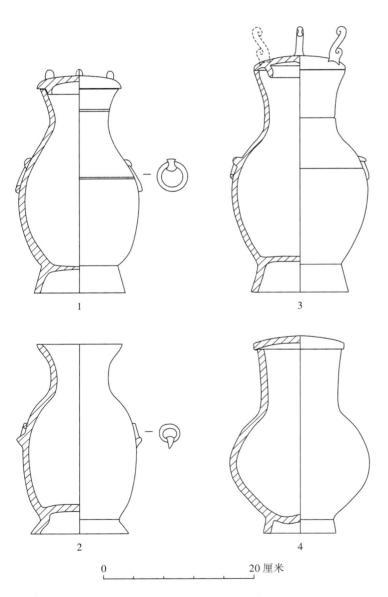

0　　　　　　　　　　20 厘米

图二九七　A 型Ⅳ式、A 型Ⅴ式陶壶

1~3. A 型Ⅳ式（M009：4、M059：4、M091：5）　4. A 型Ⅴ式（M105：1）

高 36.8 厘米（图版一五，1；图二九七，3）。

　　V 式　1 件。与 II 式、III 式相仿，中腹外凸，弧形转折。

　　标本 M105：1，浅弧素盖。口径 11.2、腹径 18.4、高 25.2、带盖通高 27.2 厘米（图版一五，2；图二九七，4）。

　　B 型　10 件。颈较 A 型细长，体较高，侈口。余大致同 A 型。分四式。

　　I 式　2 件。长直颈，弧腹微凸，平底，极矮圈足较直。

　　标本 M074：6，浅弧盖有子母口，盖面等列三个扁立纽。口径 9、腹径 17.4、高 24、带盖通高 26.8 厘米（图版一五，3；图二九八，1）。

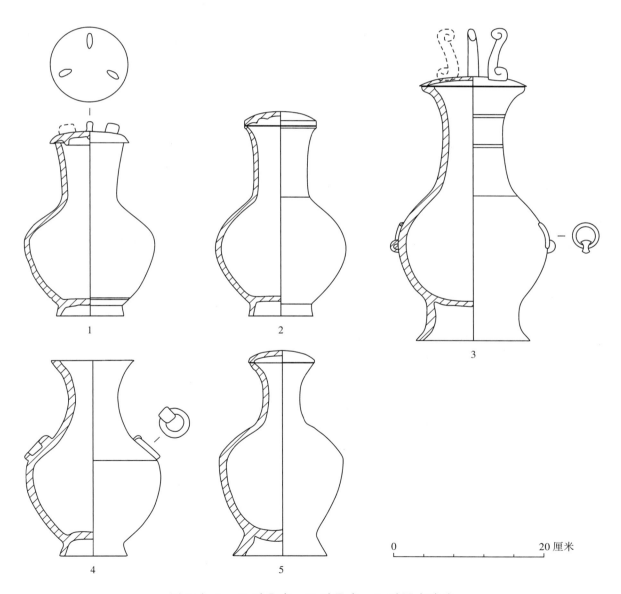

图二九八　B 型 I 式、B 型 II 式、B 型 III 式陶壶

1、2.B 型 I 式（M074：6、M172：3）　3.B 型 II 式（M005：1）　4、5.B 型 III 式（M040：3、M068：8）

标本 M172：3，侈口，长弧颈较直，弧盖，低子母口。素面。口径 9.6、腹径 17.2、高 26.4、带盖通高 28.4 厘米（图二九八，2）。

Ⅱ式　1件。

标本 M005：1，喇叭形敞口，长弧颈，圆腹，圜底，高圈足外撇。颈部两周弦纹，腹有对称鼻纽衔环。浅弧盖，盖面三个抽象高兽纽。口径 13.8、腹径 20、高 35.2、带盖通高 43.2 厘米（图版一五，4；图二九八，3）。

Ⅲ式　2件。喇叭形敞口，弧颈较Ⅱ式短，斜折肩，矮圈足外斜。

标本 M040：3，底微凹。腹有对称鼻纽衔环。腹一周弦纹。口径 11、腹径 18、高 26.8 厘米（图二九八，4）。

标本 M068：8，圜底，浅弧盖。素面。口径 8.4、腹径 16.4、高 26.4、带盖通高 28 厘米（图二九八，5）。

Ⅳ式　5件。喇叭形敞口，长弧颈，宽圆肩，肩有对称鼻纽衔环。球形圆腹较宽，略扁。圈足斜直。

标本 M019：8，平底。腹一周弦纹。弧状盖边缘斜折，盖面三个"S"形抽象矮兽纽。口径 11、腹径 20、高 30、带盖通高 35 厘米（图版一六，1；图二九九，1）。

标本 M057：10，平底。颈至腹四周弦纹。弧形盖，盖面等列三个扁纽。口径 10.2、腹径 19.2、高 28.8、带盖通高 31.2 厘米（图二九九，2）。

标本 M077：3，圜底。浅弧盖，高子母口，盖面等列三个扁纽。口径 10.2、腹径 18.8、高

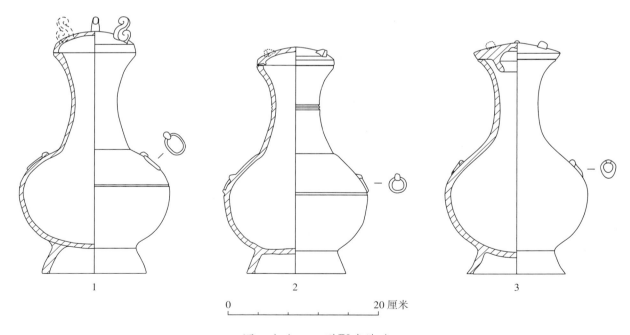

图二九九　B 型Ⅳ式陶壶

1. M019：8　2. M057：10　3. M077：3

29.2、带盖通高 32 厘米（图二九九，3）。

C 型　18 件。弧颈较细长，长弧腹，圈足多较小。多有弧形盖，盖上有抽象卧兽形纽。分四式。

Ⅰ式　1 件。

标本 M024：1，长弧颈较粗，长弧腹，高圈足外撇。中腹两周弦纹。弧形盖，盖顶一扁纽。口径 9.8、腹径 16.8、高 36、带盖通高 39 厘米（图三〇〇，1）。

Ⅱ式　8 件。喇叭口，细弧颈，圆弧腹，圜底。

标本 M012：1，圈足外撇较甚。腹有对称鼻纽衔环。弧形盖，盖面三个抽象卧兽纽。壶身黑边红彩蕉叶纹、虺形纹、曲折纹等，盖有圆圈纹、虺形纹。口径 10.4、腹径 18、高 32.8、带盖通高 37.6 厘米（图三〇〇，3）。

标本 M017：2，圈足外斜。弓弧形盖，盖面三个抽象勾首兽纽。素面。口径 10、腹径 18.8、高 35.2、带盖通高 41.2 厘米（图三〇〇，2）。

标本 M022：9，凸底，高圈足外撇。颈、腹各一周弦纹。口径 10.4、腹径 18、高 36 厘米（图三〇〇，4）。

标本 M025：13，细弧颈，圈足外撇。腹有对称鼻纽衔环，颈、腹有弦纹。碟状盖，盖面三个抽象卧兽纽。器身红、黑彩绘蕉叶纹、圆圈纹、弦纹、虺形纹等，器身下部也有圆圈纹。盖面两周红彩圈带纹。口径 11.8、腹径 21.2、高 41.6、带盖通高 47.2 厘米（图版一六，2；图三〇〇，5）。

Ⅲ式　8 件。折腹，余大致同Ⅱ式。

标本 M011：5，小圈足外撇。腹有对称鼻纽衔环，颈部两周弦纹及红彩蕉叶纹。腹饰云纹、宽带纹及窗棂纹等。碟状盖，盖面三个"S"形抽象卧兽纽。口径 10.4、腹径 19.6、高 40.4、带盖通高 44.4 厘米（图版一六，3；图三〇一，1）。

标本 M058：2，凸底。腹有对称鼻纽衔环。颈、腹各两周弦纹。弧形素盖。腹部鼻纽衔环脱落。口径 11.2、腹径 16、高 29.6、带盖通高 32 厘米（图三〇一，2）。

标本 M118：2，平底。上腹有对称鼻纽衔环及对称圆孔，颈、腹各一周弦纹。口径 11.6、腹径 18、高 40 厘米（图三〇一，3）。

Ⅳ式　1 件。

标本 M042：3，颈特细长，弧腹特长，小圈足外撇。腹有对称鼻纽衔环。腹一周弦纹。弧形盖，盖面三个抽象兽纽。口径 8、腹径 16、高 44、带盖通高 46.8 厘米（图版一六，4；图三〇一，4）。

D 型　3 件。主要特征是喇叭口，粗短颈，短弧腹，圈足极矮。肩部有对称环耳。分二式。

Ⅰ式　1 件。

标本 M181：3，斜肩略有折，腹较斜直，圈足极矮，底微凹。颈至上腹三组弦纹，每组三道。弧形素盖，子母口。口径 8.7、腹径 14.7、高 18.6、带盖通高 20.4 厘米（图版一七，1；图三〇一，5）。

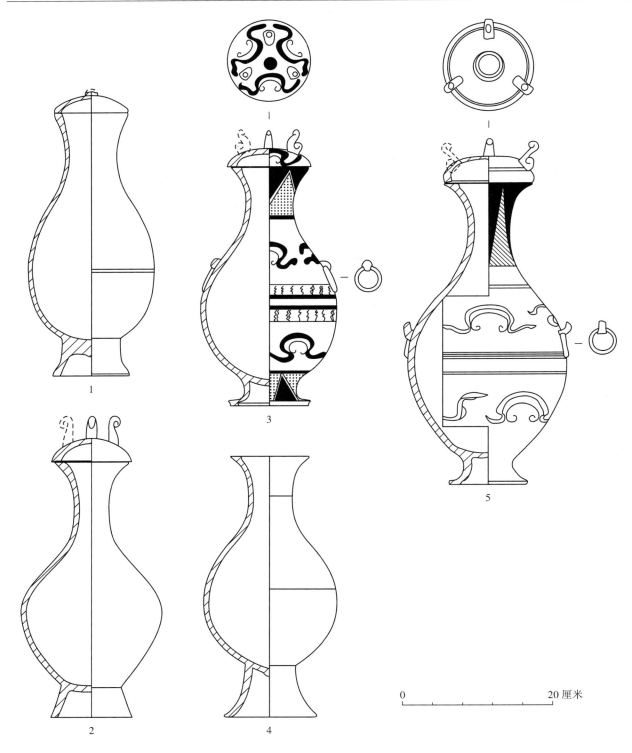

图三〇〇　C型Ⅰ式、C型Ⅱ式陶壶

1. C型Ⅰ式（M024：1）　2~5. C型Ⅱ式（M017：2、M012：1、M022：9、M025：13）

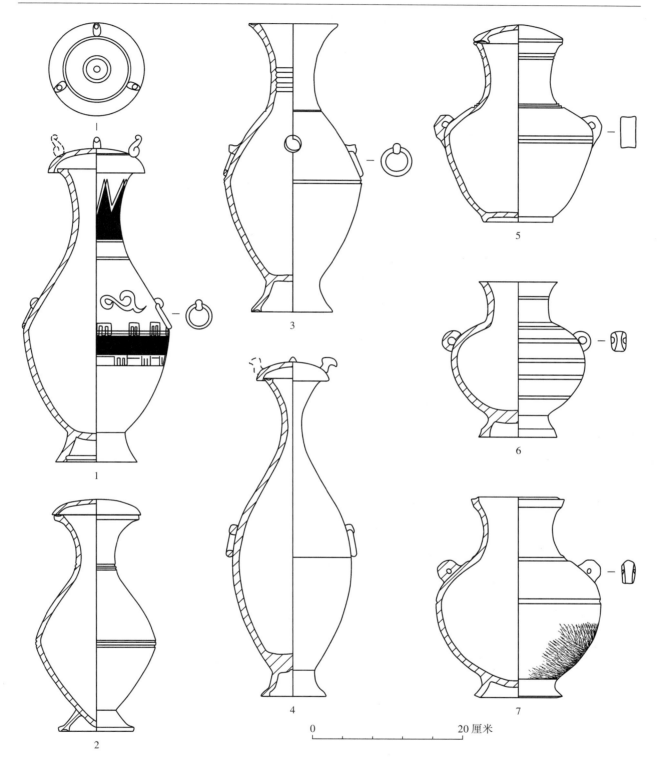

图三〇一　C 型Ⅲ式、C 型Ⅳ式、D 型Ⅰ式、D 型Ⅱ式陶壶

1~3. C 型Ⅲ式（M011：5、M058：2、M118：2）　4. C 型Ⅳ式（M042：3）　5. D 型Ⅰ式（M181：3）　6、7. D 型Ⅱ式
（M036：1、M144：1）

Ⅱ式　2件。圆肩，弧腹，圜底，圈足较Ⅰ式高。

标本 M036：1，颈至腹六组弦纹，每组两道。口径 10.4、腹径 17.6、高 21.6 厘米（图三〇一，6）。

标本 M144：1，敞口有折，略呈盘状，颈、腹各一周凹圈。下腹饰粗绳纹。口径 12.2、腹径 22、高 27.4 厘米（图版一七，2；图三〇一，7）。

E 型　6件。主要特征是敞口，粗弧颈，下腹向下斜折呈假圈足，平底。分四式。

Ⅰ式　1件。

标本 M102：5，弧颈较直。腹有对称鼻纽衔环。颈至腹数周弦纹。弧形浅盖，子母口。盖上三纽残。口径 10.2、腹径 18.6、高 30.4、残通高 32 厘米（图版一七，3；图三〇二，1）。

Ⅱ式　1件。

标本 M082：4，喇叭形敞口，肩较平，圆转，弧腹斜直。颈、上腹共三周弦纹。浅弧盖，低子母口，盖面等列三个卷首纽。口径 10.2、腹径 16、高 25.6、带盖通高 30 厘米（图版一七，4；图三〇二，2）。

Ⅲ式　2件。弧颈粗短，斜肩有折，腹较浅。

标本 M059：8，沿面微凹，上腹有对称双耳，颈、肩有弦纹。口径 10.6、腹径 19.2、高 26.6 厘米（图版一八，1；图三〇二，4）。

标本 M104：4，上腹一周瓦棱状凹圈。口径 11.4、腹径 17.2、高 22.8 厘米（图三〇二，3）。

Ⅳ式　2件。圆弧腹较长。

标本 M010：12，腹有对称鼻纽衔环。碟状浅盖有子母口，盖面三个抽象卧兽纽。口径 10.4、腹径 16.4、高 28、带盖通高 33.2 厘米（图三〇二，6）。

标本 M014：5，腹有对称兽面铺首衔环。肩、腹共六周弦纹。口径 11.2、腹径 18、高 30 厘米（图三〇二，5）。

F 型　6件。主要特征是喇叭形敞口，细弧颈，假圈足外斜。根据腹部差异分三式。

Ⅰ式　2件。圆弧腹。

标本 M034：6，颈至腹三周弦纹。口径 10.4、腹径 18.8、高 33.6 厘米（图三〇三，1）。

Ⅱ式　1件。

标本 M153：7，弧腹较Ⅰ式略长，最大腹径靠上。上腹对称鼻纽衔环。浅弧盖，盖面三个锥状纽，顶中鼻纽衔环。口径 9.6、腹径 17.6、高 29.2 厘米（图版一八，2；图三〇三，2）。

Ⅲ式　3件。长腹，中腹有折。

标本 M023：1，素面。弧形盖，盖面三个小扁纽。口径 11.2、腹径 16.8、高 33.2、带盖通高 36 厘米（图版一八，3；图三〇三，3）。

标本 M075：2，腹一周弦纹。口径 10.8、腹径 19.2、高 38.8 厘米（图三〇三，4）。

G 型　1件。

标本 M026：2，坠腹壶。直口，平沿，弧颈较直，弧腹微坠，圜底，大圈足外撇。颈、肩

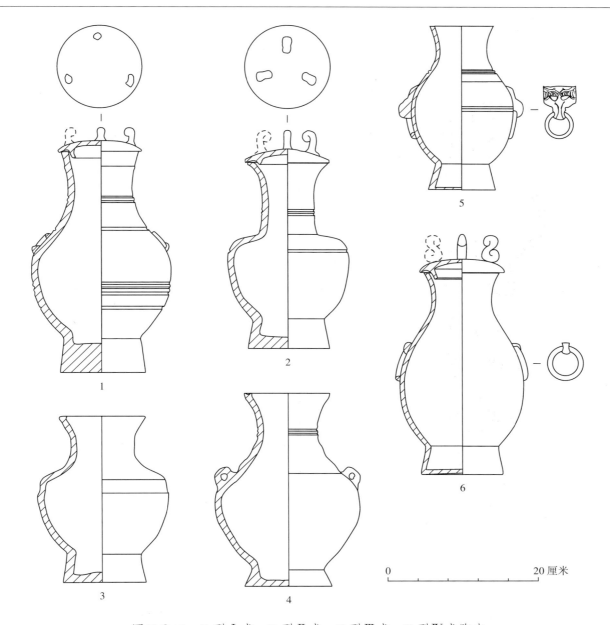

图三〇二　E 型 I 式、E 型 II 式、E 型 III 式、E 型 IV 式陶壶

1. E 型 I 式（M102 : 5）　　2. E 型 II 式（M082 : 4）　　3、4. E 型 III 式（M104 : 4、M059 : 8）　　5、6. E 型 IV 式（M014 : 5、M010 : 12）

交界处一周弦纹。口径 8.8、腹径 17.2、高 30 厘米（图版一八，4；图三〇三，5）。

H 型　1 件。

标本 M171 : 1，平底壶。敞口，弧颈，圆弧腹，平底。中腹一周弦纹。弧盖，子母口。盖顶一凸纽。口径 10、腹径 16、高 23、带盖通高 26.8 厘米（图版一九，1；图三〇三，6）。

J 型　10 件。罐形壶，为日用陶器，在组合中取代罐而出现。基本特征为敞口，粗颈较直，圈足。主要根据腹部变化分三式。

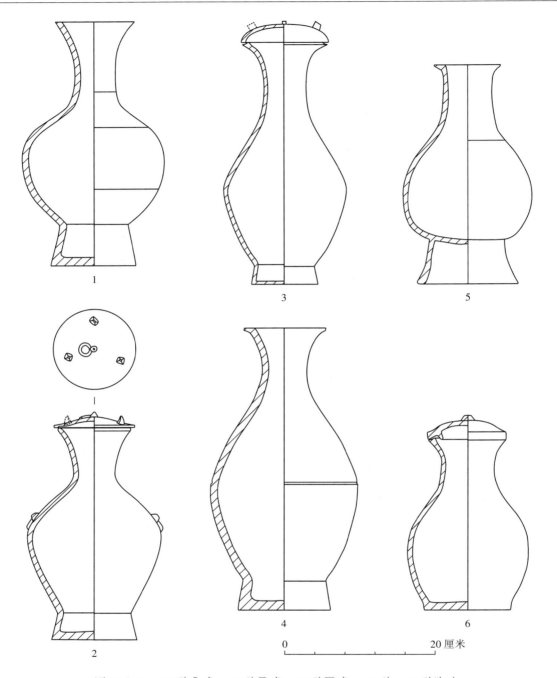

图三〇三 F 型 I 式、F 型 II 式、F 型 III 式、G 型、H 型陶壶

1. F 型 I 式（M034：6） 2. F 型 II 式（M153：7） 3、4. F 型 III 式（M023：1、M075：2） 5. G 型（M026：2）
6. H 型（M171：1）

I 式 1 件。

标本 M117：2，敞口，宽斜折沿，粗颈高直，球形圆腹，圜底。腹饰粗绳纹。口径 16.8、腹径 16.8、高 27.2 厘米（图版一九，2；图三〇四，1）。

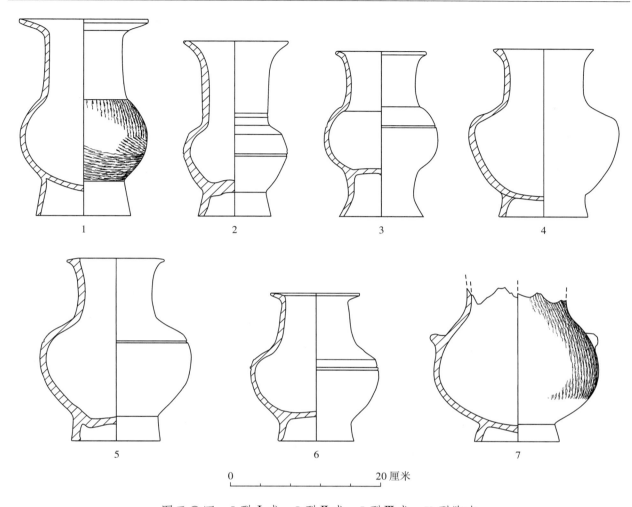

图三〇四　J 型 I 式、J 型 II 式、J 型 III 式、K 型陶壶

1. J 型 I 式（M117∶2）　2、3. J 型 II 式（M081∶2、M126∶1）　4~6. J 型 III 式（M027∶1、M118∶5、M073∶2）
7. K 型（M152∶1）

　　II 式　3 件。侈口，弧腹较扁，余同 I 式。

　　标本 M081∶2，颈、腹各两周弦纹。口径 14、腹径 14、高 24 厘米（图版一九，3；图三〇四，2）。

　　标本 M126∶1，凹圜底，高圈足外撇。腹一周弦纹。口径 12、腹径 14.4、高 22.8 厘米（图三〇四，3）。

　　III 式　6 件。颈较 I、II 式粗短，斜溜肩，弧腹，最大腹径靠上。

　　标本 M027∶1，侈口，圜底，圈足略外斜。素面。口径 13.2、腹径 19.6、高 23.2 厘米（图三〇四，4）。

　　标本 M073∶2，口微敛，平底微凹，圈足斜直。上腹两周弦纹。口径 11.8、腹径 17.2、高 20.4 厘米（图三〇四，6）。

标本 M118：5，凸唇，凹圜底，矮直圈足。肩一周弦纹。口径 13、腹径 20.4、高 25.2 厘米（图版一九，4；图三〇四，5）。

K 型　1 件。

标本 M152：1，颈以上残。溜肩，鼓腹，圜底，矮圈足外斜。上腹有对称圆弧形纽。颈、腹饰粗绳纹。腹径 22、残高 21.2 厘米（图三〇四，7）。

四　盘

形态明确的 14 件，分六型。

A 型　2 件。形体较大。主要特征是口较直，宽平折沿，斜直折壁，平底。素面。分二式。

Ⅰ 式　1 件。

标本 M040：7，直口，宽平折沿微坠。口径 27.4、高 6.6 厘米（图三〇五，1）。

Ⅱ 式　1 件。

标本 M039：4，斜直口，宽平折沿。平底向下出边呈极矮圈足状。口径 26.6、高 6.2 厘米（图三〇五，2）。

B 型　6 件。形体较小。敞口，斜弧壁，平底。分三式。

Ⅰ 式　2 件。短斜折沿，上壁斜直，下壁凹折。

标本 M011：15，内底有六出红彩花瓣纹。口径 12.8、高 3.2 厘米（图三〇五，4）。

标本 M012：12，斜折壁近底微凹。内底有竹叶形刻划纹。口径 9.9、高 2 厘米（图版二〇，1；图三〇五，3）。

Ⅱ 式　1 件。

标本 M173：5，口部微折，斜直壁。素面。口径 19、高 4.2 厘米（图版二〇，2；图三〇五，5）。

Ⅲ 式　3 件。沿外斜，弧壁，平底向下略出边。素面。

标本 M018：15，口径 9.2、高 2.4 厘米（图三〇五，6）。

标本 M022：11，口径 8.6、高 2 厘米（图版二〇，3；图三〇五，7）。

C 型　2 件。敞口或内外有凸，弧壁，平底圆转。素面。

标本 M024：4，内底两周凸圈。口径 8.4、高 2.2 厘米（图版二〇，4；图三〇六，1）。

标本 M044：16，口径 12、高 3 厘米（图三〇六，2）。

D 型　1 件。

标本 M017：13，直口外凹弧，斜直折壁。小平底。素面。口径 14、高 4.4 厘米（图三〇六，3）。

E 型　2 件。折敛口，斜直壁，平底向下略出边。

标本 M008：11，内底有涡状轮刮痕。口径 8、高 2.4 厘米（图版二〇，5；图三〇六，4）。

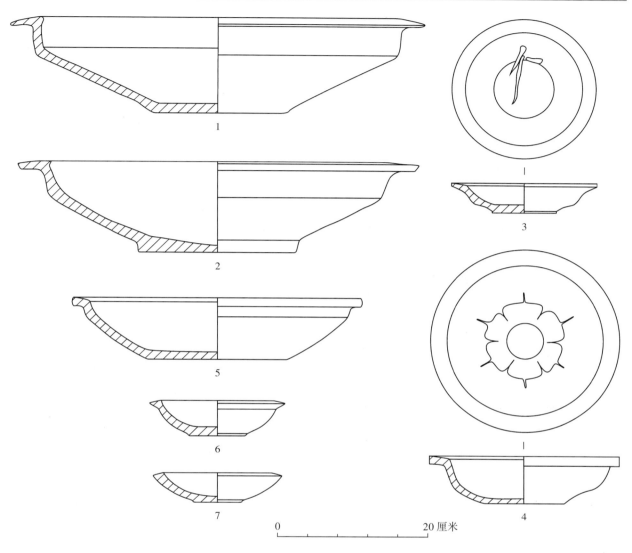

图三〇五　A型Ⅰ式、A型Ⅱ式、B型Ⅰ式、B型Ⅱ式、B型Ⅲ式陶盘

1. A型Ⅰ式（M040：7）　2. A型Ⅱ式（M039：4）　3、4. B型Ⅰ式（M012：12、M011：15）　　5. B型Ⅱ式（M173：5）
6、7. B型Ⅲ式（M018：15、M022：11）

F型　1件。

标本M016：7，直口，平折沿，折壁，大平底。素面。口径24、高3.6厘米（图版二〇，6；图三〇六，5）。

五　勺

形态明确的19件。主要根据柄的形态差异分三型。

A型　9件。盂形斗，柄斜伸。分三式。

Ⅰ式　1件。

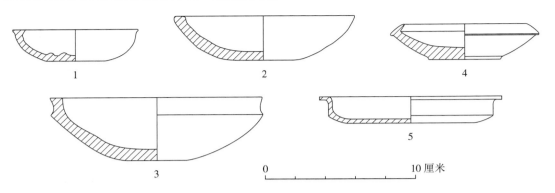

图三〇六　C型、D型、E型、F型陶盘

1、2. C型（M024∶4、M044∶16）　3. D型（M017∶13）　4. E型（M008∶11）　5. F型（M016∶7）

标本M012∶14，斜柄尾端略内卷。通体饰白彩。内底有涡状轮刮痕。通宽7.3、通高6.4厘米（图版二一，1；图三〇七，1）。

Ⅱ式　4件。斜锥状柄。

标本M011∶3，通宽8.8、通高5.1厘米（图版二一，2；图三〇七，2）。

Ⅲ式　4件。柄较直，尾端或内卷。

标本M008∶8，底向下略出边。通体涂白衣，斗口部绘红彩四出火焰纹。通宽6、通高9.8厘米（图三〇七，4）。

标本M148∶5，平底向下略出边，尾端向一侧卷曲。通宽8.6、通高9.8厘米（图版二一，3；图三〇七，3）。

B型　7件。直立柄。分三式。

Ⅰ式　4件。钵形或盂形斗，直立锥状柄弯曲。

标本M016∶6，盂形斗。腹径6.2、通高11.6厘米（图三〇八，1）。

标本M017∶19，平底钵形斗。通宽7、通高8.8厘米（图版二一，4；图三〇八，2）。

标本M044∶15，底边下折，饼形平底。腹径6、通高7.2厘米（图三〇八，3）。

Ⅱ式　2件。盂形斗扁平，圆柱状长柄略斜。

标本M022∶10，通宽7.2、通高13.2厘米（图版二一，5；图三〇八，4）。

标本M023∶2，通宽5.8、通高8厘米（图三〇八，5）。

Ⅲ式　1件。

标本M173∶6，直口折壁斗，斜折腹，下腹削棱呈六棱形。平底。通宽5、通高5.6厘米（图版二一，6；图三〇八，6）。

C型　3件。盂形斗，柄平伸。分三式。

Ⅰ式　1件。

标本M025∶9，算珠形斗，柄尾端上勾。通宽14、通高4厘米（图版二二，1；图三〇八，7）。

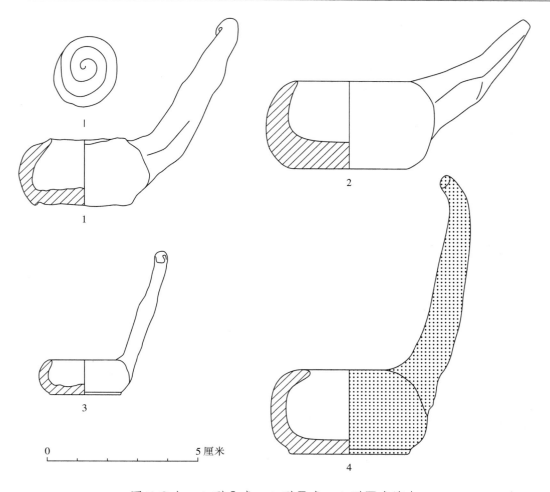

图三〇七 A 型 I 式、A 型 II 式、A 型 III 式陶勺
1. A 型 I 式（M012：14） 2. A 型 II 式（M011：3） 3、4. A 型 III 式（M148：5、M008：8）

II 式 1 件。

标本 M042：4，敛口，扁圆腹，饼形平底，长柄略斜，尾端向右侧勾卷。素面。通宽 10.2、通高 4.6 厘米（图版二二，2；图三〇八，9）。

III 式 1 件。

标本 M014：2，敛口，直壁，圆柱状柄平伸。通宽 11.2、通高 4.4 厘米（图版二二，3；图三〇八，8）。

六 匜

形态明确的 8 件。均弧壁，平底。分三型。

A 型 3 件。圆盘，弧形短流，与流对应一侧向内捏作弧形扣手。分三式。

I 式 1 件。

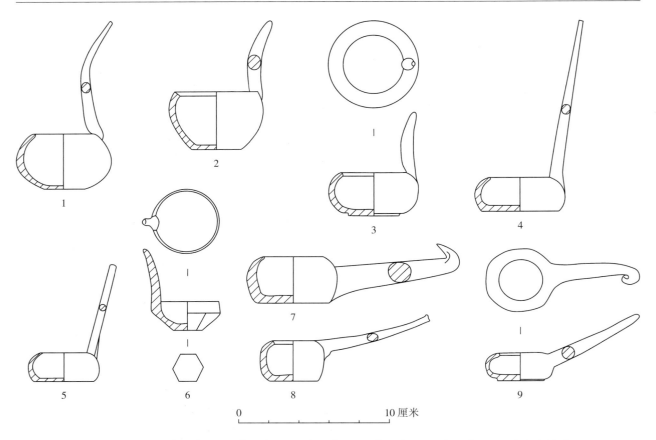

图三〇八　B 型 I 式、B 型 II 式、B 型 III 式、C 型 I 式、C 型 II 式、C 型 III 式陶勺
1~3、B 型 I 式（M016：6、M017：19、M044：15）　4、5. B 型 II 式（M022：10、M023：2）　6. B 型 III 式（M173：6）
7. C 型 I 式（M025：9）　8. C 型 III 式（M014：2）　9. C 型 II 式（M042：4）

标本 M040：9，斜壁弧曲，小平底，流略方。口径 16.5~16.8、高 4.5 厘米（图三〇九，1）。

II 式　1 件。

标本 M058：10，直口，下腹微凹。口径 6.7~6.9、高 2.4 厘米（图版二二，4；图三〇九，2）。

III 式　1 件。

标本 M058：11，斜直壁，大平底。口径 5.7~5.8、高 1.7 厘米（图版二二，5；图三〇九，3）。

B 型　4 件。无扣手，余同 A 型。分三式。

I 式　1 件。

标本 M011：16，斜弧壁，小平底。口径 10.4~11、高 3.2 厘米（图三〇九，4）。

II 式　2 件。弧壁较直，底较宽。

标本 M008：14，内壁红彩绘柿蒂纹。口径 8~8.8、高 2.5 厘米（图版二二，6；图三〇九，5）。

标本 M018：14，口径 7.2~8、高 1.6 厘米（图三〇九，6）。

III 式　1 件。

标本 M044：2，斜直壁，饼形平底。口径 9.8~10.6、高 3 厘米（图三一〇，1）。

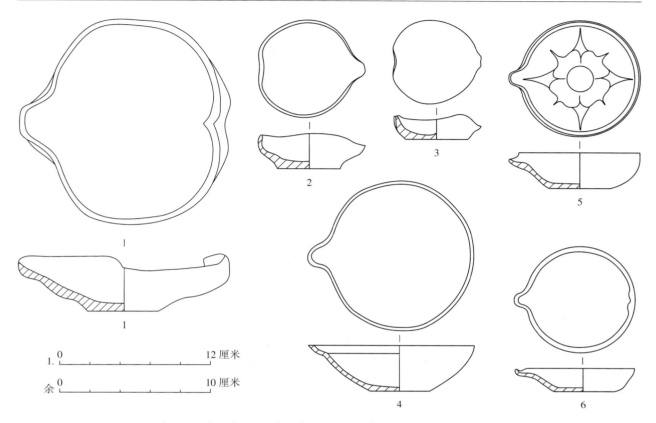

图三〇九　A 型 I 式、A 型 II 式、A 型 III 式、B 型 I 式、B 型 II 式陶匜

1. A 型 I 式（M040：9）　2. A 型 II 式（M058：10）　3. A 型 III 式（M058：11）　4. B 型 I 式（M011：16）
5、6. B 型 II 式（M008：14、M018：14）

C 型　1 件。

标本 M020：5，弧形方盘，长方宽流，近底内凹呈假圈足状。口内红彩弦纹。通长 22.2、宽 17、高 5.2 厘米（图版二二，7；图三一〇，2）。

七　匕

形态明确的 11 件，根据盘和柄的差异分六型。

A 型　1 件。

标本 M039：8，平面呈扇形，斜直壁，平底圆转。柱状实心柄斜伸，柄断面呈截角正方形。长 20.4、宽 12.9、通高 11 厘米（图版二二，8；图三一一，1）。

B 型　5 件。锥形柄略斜，盘两侧掐腰。分四式。

I 式　1 件。

标本 M024：7，斜弧壁，饼形平底。腰宽 7.2、通宽 8.3、通高 4.7 厘米（图版二三，1；图三一一，2）。

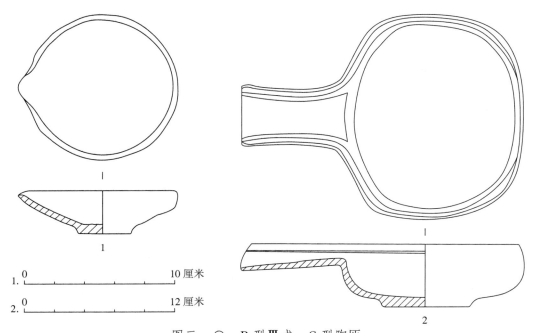

图三一〇　B 型Ⅲ式、C 型陶匜

1. B 型Ⅲ式（M044：2）　　2. C 型（M020：5）

Ⅱ式　1件。

标本 M012：5，平面呈箕形，弧壁，锥柱柄较直。凹底。两腰宽 6.7、通宽 7.5、通高 5.9 厘米（图版二三，2；图三一一，3）。

Ⅲ式　2件。弧壁微折，圆锥柄。

标本 M118：9，圜底。两腰宽 9、通宽 11、通高 7.6 厘米（图版二三，3；图三一一，4）。

Ⅳ式　1件。

标本 M044：3，斜弧壁，饼形平底，直柄尾端外卷。通宽 11、通高 7.8 厘米（图三一一，5）。

C 型　2件。圆弧盘无掐腰。分二式。

Ⅰ式　1件。

标本 M016：5，平面略呈椭圆形，斜弧壁，锥状直柄略弯曲，平底。两腰宽 8.6、通宽 8.9、通高 7.8 厘米（图三一一，6）。

Ⅱ式　1件。

标本 M018：13，椭圆形盘，斜直壁，折柄。两腰宽 7.2、通宽 8.6、通高 4.8 厘米（图三一一，7）。

D 型　1件。柱状柄平伸，两腰凹弧。

标本 M014：3，凹腰，平底，柱柄斜伸。两腰宽 6、通宽 9.6、通高 2.4 厘米（图三一二，1）。

E 型　1件。

标本 M020：18，平面呈菱形，斜壁，圜底。八棱形空柄斜伸。长 16、宽 11、通高 4.6 厘米

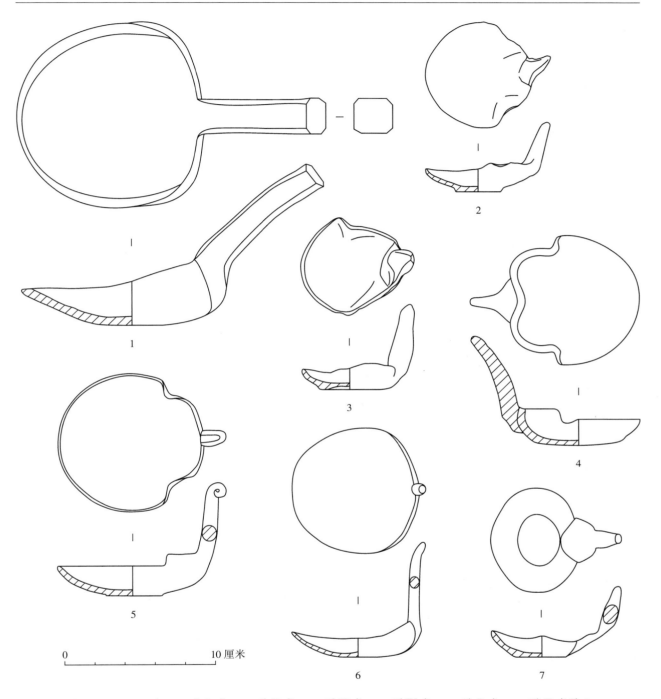

图三一一　A 型、B 型 I 式、B 型 II 式、B 型 III 式、B 型 IV 式、C 型 I 式、C 型 II 式陶匕

1. A 型（M039：8）　2. B 型 I 式（M024：7）　3. B 型 II 式（M012：5）　4. B 型 III 式（M118：9）　5. B 型 IV 式（M044：3）
6. C 型 I 式（M016：5）　　7. C 型 II 式（M018：13）

（图版二三，4；图三一二，2）。

　　F 型　1 件。

　　标本 M023：7，平面呈椭圆形，平底。柱状柄斜伸。口宽 8.8、通宽 15.2、通高 6.2 厘米

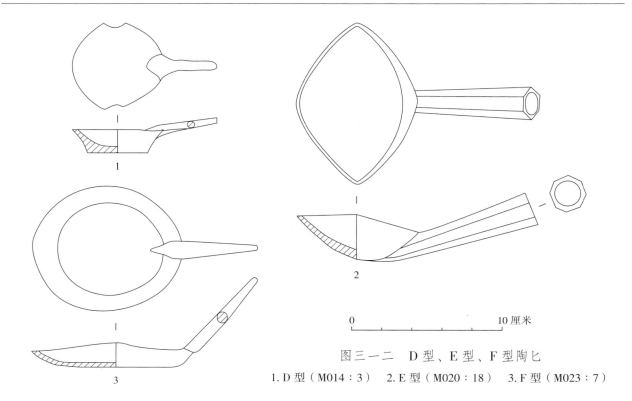

图三一二　D 型、E 型、F 型陶匕

1. D 型（M014：3）　2. E 型（M020：18）　3. F 型（M023：7）

（图三一二，3）。

八　斗

形态明确的 3 件。敛口，弧壁，柄平伸。分二型。

A 型　2 件。圜底。圆锥状柄平伸。

标本 M020：4，通宽 16、通高 6.4 厘米（图版二三，5；图三一三，1）。

标本 M043：4，通宽 17.4、高 5.5 厘米（图版二三，6；图三一三，2）。

B 型　1 件。

标本 M075：5，敛口盂形斗，平底。圆柄平伸，略上斜。通宽 8.4、通高 3 厘米（图版二三，7；图三一三，3）。

九　罐

形态明确的 29 件。根据各部位差异分八型。

A 型　2 件。喇叭口，短折沿，高弧领，圆腹。分二式。

Ⅰ式　1 件。

标本 M046：1，凹圜底。颈、腹各一周弦纹。口径 12.4、腹径 13.6、高 17.6 厘米（图三一四，1）。

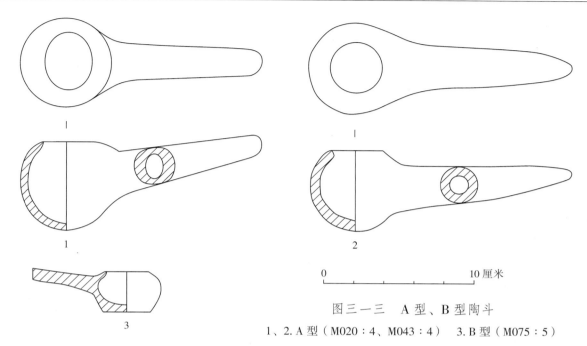

图三一三　A 型、B 型陶斗
1、2. A 型（M020∶4、M043∶4）　3. B 型（M075∶5）

Ⅱ式　1 件。

标本 M080∶3，平底。颈一周弦纹。口径 14.6、腹径 14.8、高 20.4 厘米（图版二四，1；图三一四，2）。

B 型　14 件。高直领，弧腹，凹圜底。腹饰绳纹或横断绳纹。分五式。

Ⅰ式　5 件。三角形折沿，球形圆腹。

标本 M146∶1，口微敛，腹有横断粗绳纹。口径 15.2、腹径 24.8、高 23.4 厘米（图三一四，3）。

标本 M174∶1，侈口。腹饰横断粗绳纹。口径 16、腹径 23.6、高 22 厘米（图三一四，4）。

标本 M180∶2，通体饰绳纹，上腹数周弦纹。口径 16、腹径 24、高 23.4 厘米（图版二四，2；图三一四，5）。

Ⅱ式　2 件。斜肩或圆肩，弧腹较Ⅰ式略深。

标本 M015∶1，腹饰交错绳纹。口径 15.2、腹径 21.4、高 23.2 厘米（图三一四，6）。

标本 M028∶2，上腹竖绳纹，下腹横绳纹。口径 14.8、腹径 22.4、高 23.6 厘米（图版二四，3；图三一四，7）。

Ⅲ式　2 件。斜肩较平，圆弧形转折，腹较浅。

标本 M016∶2，圆肩。腹饰交错绳纹。口径 16、腹径 24、高 22 厘米（图版二四，4；图三一四，8）。

标本 M045∶1，厚折沿，斜肩。腹饰粗绳纹。口径 14.4、腹径 21.2、高 20 厘米（图三一四，9）。

Ⅳ式　1 件。

标本 M077∶8，直口，折沿微坠，领较高，溜肩，弧腹微凸。腹饰粗绳纹。口径 15.6、腹径 23.6、高 26 厘米（图版二五，1；图三一五，1）。

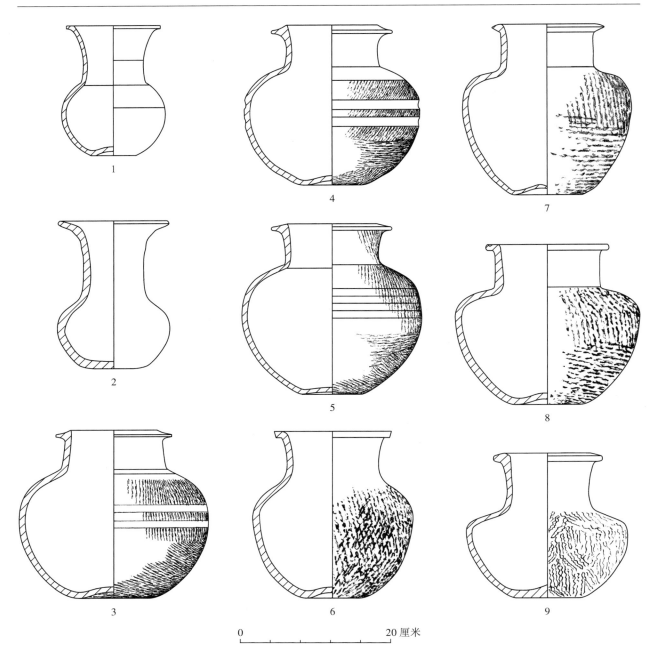

图三一四　A型Ⅰ式、A型Ⅱ式、B型Ⅰ式、B型Ⅱ式、B型Ⅲ式陶罐

1. A型Ⅰ式（M046：1）　2. A型Ⅱ式（M080：3）　3~5. B型Ⅰ式（M146：1、M174：1、M180：2）　6、7. B型Ⅱ式（M015：1、M028：2）　8、9. B型Ⅲ式（M016：2、M045：1）

Ⅴ式　4件。敞口，折沿微坠，领较矮，圆腹较宽较浅。

标本 M060：1，腹饰粗绳纹。口径15、腹径21.2、高20厘米（图版二五，2；图三一五，2）。

标本 M061：1，腹饰粗绳纹，上腹两周弦纹。口径14.4、腹径24、高20厘米（图三一五，3）。

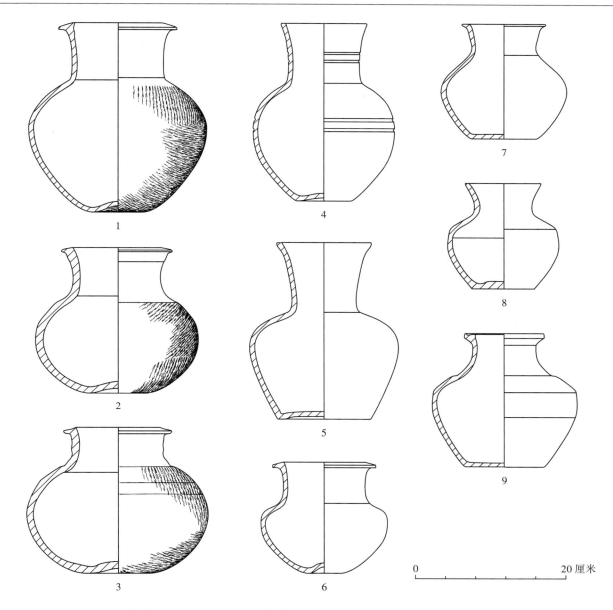

图三一五　B 型Ⅳ式、B 型Ⅴ式、C 型Ⅰ式、C 型Ⅱ式、D 型Ⅰ式、D 型Ⅱ式、D 型Ⅲ式陶罐

1. B 型Ⅳ式（M077∶8）　2、3. B 型Ⅴ式（M060∶1、M061∶1）　4. C 型Ⅰ式（M131∶4）　5. C 型Ⅱ式（M067∶3）
6. D 型Ⅰ式（M125∶2）　7. D 型Ⅱ式（M048∶1）　8、9. D 型Ⅲ式（M064∶1、M158∶1）

　　C 型　2 件。敞口，高弧领，平底微凹，素面，或有弦纹。分二式。

　　Ⅰ式　1 件。

　　标本 M131∶4，溜肩，圆弧腹，底较小。颈、腹各两周弦纹。口径 11.2、腹径 18.8、高 24.4 厘米（图三一五，4）。

　　Ⅱ式　1 件。

　　标本 M067∶3，圆肩，斜直腹，平底较宽，微凹。素面。口径 12.6、腹径 19.6、高 24.4 厘

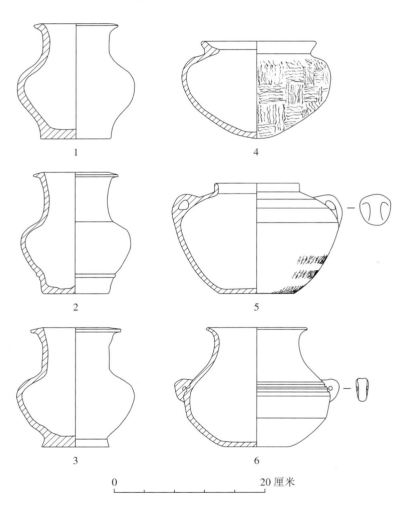

米（图版二五，3；图三一五，5）。

D 型　4件。领较矮，弧腹较矮，素面。分三式。

Ⅰ式　1件。

标本 M125：2，侈口，平折沿，高弧领，圆肩，弧腹，小凹圜底。口径 13.6、腹径 16.8、高 15.2 厘米（图版二五，4；图三一五，6）。

Ⅱ式　1件。

标本 M048：1，敞口，平折沿，高斜领，斜肩，弧腹圆转，平底。口径 11.2、腹径 16.8、高 15.6 厘米（图三一五，7）。

Ⅲ式　2件。肩、腹直折，平底。

标本 M064：1，口径 10、腹径 14.8、高 14.4 厘米（图三一五，8）。

标本 M158：1，口径 10.4、腹径 19.2、高 18.8 厘米（图版二六，1；图三一五，9）。

E 型　4件。弧腹下部凹弧，平底。余同 D 型。分三式。

Ⅰ式　1件。

标本 M004：1，侈口，溜肩。口径 11.2、腹径 15.6、高 15.8 厘米（图版二六，2；图三一六，1）。

Ⅱ式　2件。领较Ⅰ式高。

标本 M099：2，敞口，折沿微坠。颈及下腹三周弦纹。口径 11.2、腹径 14.4、高 16.8 厘米（图版二六，3；图三一六，2）。

Ⅲ式　1件。

标本 M063：3，平折沿微坠，底边外斜呈假圈足状。口径 11.8、腹径 15.4、高 16.4 厘米（图版二六，4；图三一六，3）。

F 型　1件。

标本 M041：4，侈口，束颈，

图三一六　E 型Ⅰ式、E 型Ⅱ式、E 型Ⅲ式、F 型、G 型、H 型陶罐

1. E 型Ⅰ式（M004：1）　2. E 型Ⅱ式（M099：2）　3. E 型Ⅲ式（M063：3）　4. F 型（M041：4）　5. G 型（M120：1）　6. H 型（M141：2）

圆肩，弧腹，凸圜底。腹饰席纹。口径 14.3、腹径 19.8、高 13.2 厘米（图三一六，4）。

G 型　1 件。

标本 M120：1，矮直领，圆肩，弧腹，平底，肩有对称竖耳。下腹有横断绳纹。口径 11.2、腹径 21.6、高 15.4 厘米（图版二七，1；图三一六，5）。

H 型　1 件。

标本 M141：2，侈口，粗弧领。溜肩，扁折腹，平底。腹有对称双耳及两道凹圈。口径 13.2、腹径 19.2、高 16.4 厘米（图版二七，2；图三一六，6）。

一〇　盂

形态明确的 12 件。根据腹、底的差异分三型。

A 型　6 件。弧腹较深，凹圜底。多有绳纹。分五式。

Ⅰ式　2 件。侈口，宽平折沿微坠，束颈。腹有斜绳纹。

标本 M117：3，口径 22.6、高 11 厘米（图三一七，1）。

标本 M131：5，颈下一周凸圈。口径 19.8、高 9.8 厘米（图版二七，3；图三一七，2）。

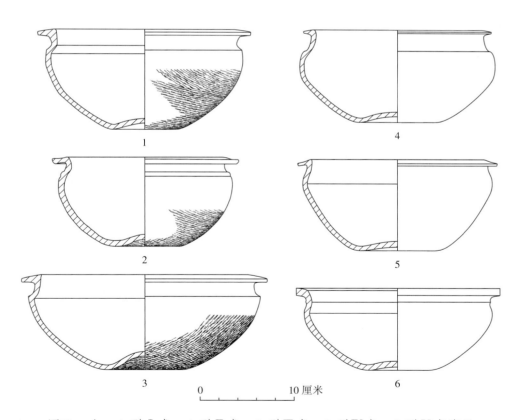

图三一七　A 型Ⅰ式、A 型Ⅱ式、A 型Ⅲ式、A 型Ⅳ式、A 型Ⅴ式陶盂

1、2. A 型Ⅰ式（M117：3、M131：5）　3. A 型Ⅱ式（M083：2）　4. A 型Ⅲ式（M108：1）　5. A 型Ⅳ式（M072：1）
6. A 型Ⅴ式（M128：6）

Ⅱ式　1件。

标本 M083：2，敛口，斜弧腹较Ⅰ式浅。圜底深凹。腹有竖绳纹。口径 26、高 10.4 厘米（图版二八，1；图三一七，3）。

Ⅲ式　1件。

标本 M108：1，敛口，三角形平折沿，弧颈，上腹微凸，下腹斜直，凹圜底。素面。口径 20.2、腹径 21.1、高 10.2 厘米（图版二八，2；图三一七，4）。

Ⅳ式　1件。

标本 M072：1，敛口，平折沿微坠，上腹弧折，下腹斜直，腹较深。素面。口径 21.2、高 10 厘米（图版二八，3；图三一七，5）。

Ⅴ式　1件。

标本 M128：6，侈口，短平折沿，斜腹较浅。弧颈一周凸弦纹，口径 21.6、高 9 厘米（图版二八，4；图三一七，6）。

B 型　2件。圜底。素面。分二式。

Ⅰ式　1件。

标本 M004：5，敛口，平折沿，束颈，圆弧腹。口径 26、高 10.8 厘米（图三一八，1）。

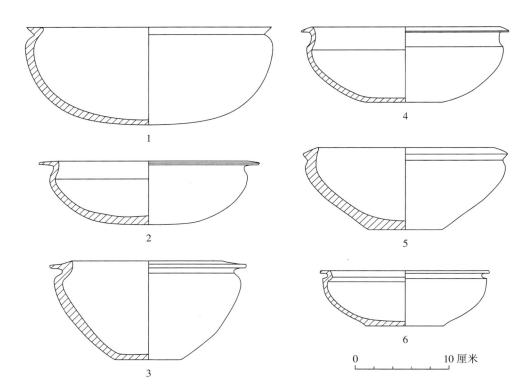

图三一八　B 型Ⅰ式、B 型Ⅱ式、C 型Ⅰ式、C 型Ⅱ式、C 型Ⅲ式、C 型Ⅳ式陶盂

1. B 型Ⅰ式（M004：5）　2. B 型Ⅱ式（M126：2）　3. C 型Ⅰ式（M027：2）　4. C 型Ⅱ式（M119：3）　5. C 型Ⅲ式（M031：1）　6. C 型Ⅳ式（M099：1）

Ⅱ式　1件。

标本 M126：2，直口，宽平折沿微坠，弧颈，弧腹较浅，圜底近平。口径 23.5、高 7 厘米（图版二八，5；图三一八，2）。

C 型　4件。平底，素面。分四式。

Ⅰ式　1件。

标本 M027：2，敛口，平折沿微坠，束颈，深斜弧腹，小平底。口径 20.8、高 10.8 厘米（图版二八，6；图三一八，3）。

Ⅱ式　1件。

标本 M119：3，侈口，平折沿微坠，弧颈，弧腹。底较Ⅰ式宽。口径 22、高 8.4 厘米（图三一八，4）。

Ⅲ式　1件。

标本 M031：1，敛口，三角形凸唇，上腹微凸，下腹斜直，小平底。口径 19.2、高 9 厘米（图三一八，5）。

Ⅳ式　1件。

标本 M099：1，侈口，平折沿，束颈，弧腹较浅，近底微凹弧。口径 18、高 6 厘米（图三一八，6）。

一一　高柄豆

形态明确的 46 件，高柱柄。根据豆盘和圈足的差异分四型。

A 型　8件。敞口，盖状圈足。分二式。

Ⅰ式　5件。浅弧壁盘。高柱柄上粗下细。

标本 M113：6，口径 13.8、高 17.8 厘米（图版二九，1；图三一九，1）。

标本 M114：2，圈足上有一道弦纹。口径 13.5、高 17.4 厘米（图三一九，2）。

标本 M117：1，口径 14.2、高 17.7 厘米（图三一九，3）。

Ⅱ式　3件。盘壁有折。

标本 M075：10，口径 13.5、高 18 厘米（图三一九，4）。

标本 M115：5，柱柄中腰凸鼓。口径 13.5、高 14.7 厘米（图三一九，5）。

标本 M129：4，高柄上粗下细。口径 14.4、高 18.6 厘米（图三一九，6）。

B 型　22件。主要特征是敞口，弧壁盘，喇叭状圈足。分三式。

Ⅰ式　7件。浅斜壁盘。

标本 M068：6，口径 15、高 15.3 厘米（图版二九，2；图三一九，7）。

标本 M077：1，口径 14.7、高 13.5 厘米（图三一九，8）。

标本 M100：1，口径 15.9、高 15 厘米（图三一九，9）。

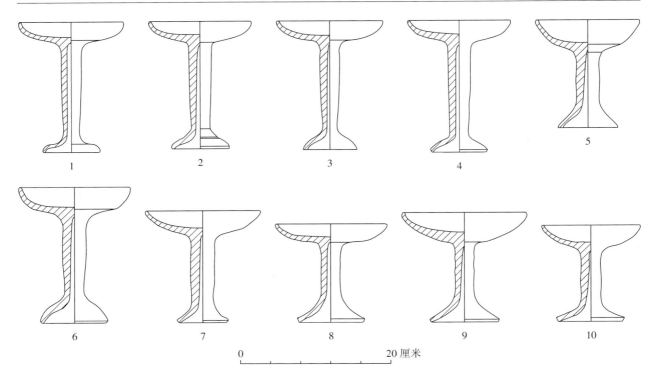

图三一九　A 型 I 式、A 型 II 式、B 型 I 式陶高柄豆

1~3. A 型 I 式（M113：6、M114：2、M117：1）　4~6. A 型 II 式（M075：10、M115：5、M129：4）　7~10. B 型 I 式（M068：6、M077：1、M100：1、M121：1）

　　标本 M121：1，口径 12.9、高 13.2 厘米（图三一九，10）。

　　II 式　12 件。弧壁盘较直。

　　标本 M005：3，口径 14.6、高 18 厘米（图三二〇，1）。

　　标本 M011：13，盘内饰红彩黑边的圆圈纹及等分四组向背的括弧状纹。口径 14.4、高 15.6 厘米（图三二〇，2）。

　　标本 M020：13，柱状高柄上粗下细。口径 12.8、高 17.6 厘米（图版二九，3；图三二〇，3）。

　　标本 M022：3，平盘外底三段瓦棱状凹弧，细高柄微鼓。口径 15.6、高 17 厘米（图三二〇，4）。

　　标本 M073：5，口径 15、高 18 厘米（图三二〇，5）。

　　标本 M126：3，内底中心上凸。口径 13.8、高 13.5 厘米（图三二〇，6）。

　　III 式　3 件。口较直，盘壁特浅。

　　标本 M017：15，柱状高柄中腰凸鼓，圈足低平。口径 16、高 17.6 厘米（图三二〇，7）。

　　标本 M034：4，口径 14.6、高 16.4 厘米（图三二〇，8）。

　　标本 M118：11，高柱状柄中腰凸鼓。柄下端三周弦纹。口径 16.2、高 21 厘米（图版二九，4；图三二〇，9）。

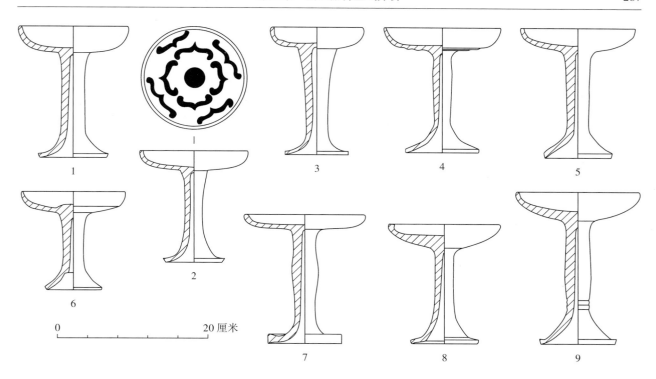

图三二〇 B型Ⅱ式、B型Ⅲ式陶高柄豆

1~6. B型 Ⅱ 式（M005∶3、M011∶13、M020∶13、M022∶3、M073∶5、M126∶3） 7~9. B 型 Ⅲ 式（M017∶15、M034∶4、M118∶11）

C 型 13 件，折壁盘，喇叭状圈足。分二式。

Ⅰ式 2 件。直折壁。

标本 M017∶14，圈足低平。口径 14.6、高 18.4 厘米（图版三〇，1；图三二一，1）。

标本 M019∶1，口径 15.2、高 19 厘米（图三二一，2）。

Ⅱ式 11 件。斜折壁。

标本 M008∶10，柱状高足上段微鼓。口径 14、高 13.6 厘米（图三二一，3）。

标本 M038∶7，盘内底有红彩圆圈纹和三个反 "S" 形纹，柄一周红彩弦纹，弦纹下竖条纹。口径 14.4、高 17.4 厘米（图版三〇，2、3；图三二一，4）。

标本 M082∶3，高柱状柄中腰微鼓。口径 15.3、高 23.4 厘米（图三二一，5）。

标本 M101∶2，口径 13.8、高 16.4 厘米（图三二一，6）。

标本 M102∶1，口径 13.9、高 16.2 厘米（图三二一，7）。

D 型 3 件。口沿内折，盘特浅。柄特细，中腰凸鼓。分二式。

Ⅰ式 2 件。喇叭状圈足足沿上翘。

标本 M153∶5，口径 17、高 21.6 厘米（图三二一，8）。

Ⅱ式 1 件。

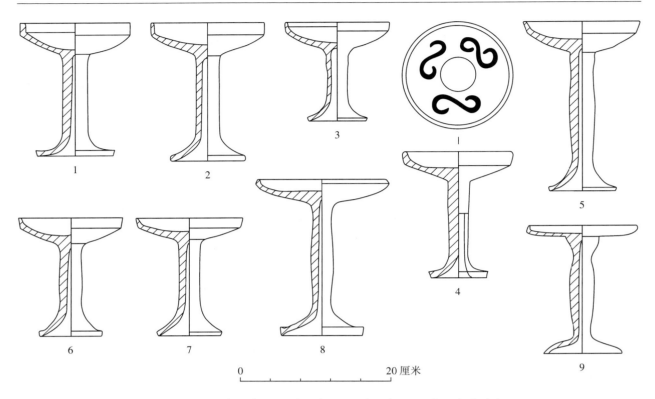

图三二一　C 型 I 式、C 型 II 式、D 型 I 式、D 型 II 式陶高柄豆

1、2. C 型 I 式（M017：14、M019：1）　3~7. C 型 II 式（M008：10、M038：7、M082：3、M101：2、M102：1）
8. D 型 I 式（M153：5）　9. D 型 II 式（M022：4）

标本 M022：4，高柄呈两段凸鼓，盖状圈足。口径 14.8、高 17.6 厘米（图三二一，9）。

一二　矮柄豆

形态明确的有 66 件。主要依据豆盘和圈足的差异分四型。

A 型　3 件。主要特征是敞口，弧壁盘，盖状圈足。

标本 M004：3，口径 15、高 12.4 厘米（图三二二，1）。

标本 M073：6，盘外底一周凸圈。口径 12.3、高 11 厘米（图版三一，1；图三二二，2）。

B 型　54 件。弧壁盘，喇叭状圈足。分三式。

I 式　31 件。盘壁较深直。

标本 M004：2，盘下与柄交接处微凸。柄内壁有螺旋纹。口径 15、高 11.8 厘米（图三二二，3）。

标本 M026：3，内凸底。口径 15、高 11 厘米（图三二二，4）。

标本 M072：2，盘外底一周凸圈。口径 12、高 9.7 厘米（图版三一，2；图三二二，5）。

标本 M094：1，口径 13、高 11.7 厘米（图三二二，6）。

标本 M104：2，盘外底一周凸圈。口径 15、高 11.8 厘米（图三二二，7）。

图三二二　A 型、B 型Ⅰ式、B 型Ⅱ式陶矮柄豆

1、2. A 型（M004：3、M073：6）　　3~7. B 型Ⅰ式（M004：2、M026：3、M072：2、M094：1、M104：2）
8~12. B 型Ⅱ式（M018：9、M018：11、M059：9、M125：1、M172：5）

Ⅱ式　18件。斜弧壁盘。

标本 M018：9，豆柄红彩弦纹，盘内黑边红彩"S"纹和圆点纹。口径 14.8、高 11.6 厘米（图三二二，8）。

标本 M018：11，弧壁下有瓦棱状凹弧。口径 14.4、高 11.3 厘米（图三二二，9）。

标本 M059：9，口径 14、高 12.9 厘米（图三二二，10）。

标本 M125：1，外底一周凸棱。口径 14.5、高 10.8 厘米（图三二二，11）。

标本 M172：5，口外内折。口径 14.4、高 12.6 厘米（图版三一，3；图三二二，12）。

Ⅲ式　5件。口较直或微敛，盘壁弧折。

标本 M015：3，口径 17.2、高 14.4 厘米（图三二三，1）。

图三二三　B 型Ⅲ式、C 型Ⅰ式、C 型Ⅱ式、C 型Ⅲ式、D 型Ⅰ式、D 型Ⅱ式陶矮柄豆

1~3. B 型Ⅲ式（M015：3、M023：15、M028：1）　4. C 型Ⅰ式（M080：2）　5、6. C 型Ⅱ式（M084：2、M135：5）
7. C 型Ⅲ式（M089：5）　8、9. D 型Ⅰ式（M060：2、M160：3）　10. D 型Ⅱ式（M171：3）

标本 M023：15，圈足低平。口径 14.8、高 11.6 厘米（图三二三，2）。

标本 M028：1，口径 13.8、高 10 厘米（图版三一，4；图三二三，3）。

C 型　4 件，敞口，折壁盘，喇叭状圈足。分三式。

Ⅰ式　1 件。

标本 M080：2，折壁较短。盘内底中心上凸。矮足。口径 12、高 12.9 厘米（图版三二，1；图三二三，4）。

Ⅱ式　2 件。斜折壁。

标本 M084：2，盘内微凸。口径 13.8、高 11.4 厘米（图版三二，2；图三二三，5）。

标本 M135：5，喇叭状小圈足。口径 15.9、高 12.9 厘米（图三二三，6）。

Ⅲ式　1 件。

标本 M089：5，盘外底凹折。口径 13.2、高 11.4 厘米（图三二三，7）。

D 型　5 件。弧壁盘较深，喇叭状圈足特矮，边缘直折。分二式。

Ⅰ式　4 件。深弧壁盘。

标本 M060：2，口径 14、高 8.9 厘米（图三二三，8）。

标本 M160：3，口径 13.5、高 10.5 厘米（图版三二，3；图三二三，9）。

Ⅱ式　1 件。

标本 M171：3，斜弧壁盘较Ⅰ式浅，喇叭状低圈足。口径 15.9、高 10.5 厘米（图版三二，4；图三二三，10）。

第三节　铜器及其他器物型式分析

一　铜剑

形态明确的 25 件。根据各部位差异分三型（表一六）。

A 型　14 件。主要特征是圆实茎有双箍，喇叭形首，"凹"字形宽格。剑身菱形脊。

标本 M033：7，长 50.4 厘米（图版三三，1；图三二四，2）。

标本 M043：6，长 52 厘米（图版三三，2）。

标本 M049：1，长 52.4 厘米（图三二四，3）。

标本 M081：4，长 49.2 厘米（图三二四，4）。

标本 M106：6，格、箍有浅刻花纹，首内有同心圆深槽。花纹内原应有镶嵌物，现脱落。长 50.6 厘米（图三二四，1、7~9）。

标本 M119：2，长 47.2 厘米（图三二四，5）。

标本 M153：3，长 65.6 厘米（图三二四，6）。

表一六　铜剑登记表

单位：厘米

型式	主要特征	编号	颜色	通长	身长	茎长	身宽	脊形	备注
A	双箍剑	M011∶11	绿	56	48	8	4	菱形	
A	双箍剑	M033∶7	灰绿	50.4	43.8	6.6	3.8	菱形	
A	双箍剑	M043∶6	灰绿	52	42	10	5	菱形	
A	双箍剑	M049∶1	灰绿	52.4	43	9.4	4.6	菱形	
A	双箍剑	M050∶2	灰绿	50.4	41.6	8.8	4	菱形	
A	双箍剑	M056∶1	绿	47.2	38.8	8.4	3.6	菱形	前锋残
A	双箍剑	M081∶4	墨绿	49.2	39.6	9.6	4	菱形	
A	双箍剑	M088∶1	绿	48	38.8	9.2	4	菱形	前锋残
A	双箍剑	M104∶6	暗绿	49.4	40.4	9	4.4	菱形	刃略崩残
A	双箍剑	M106∶6	灰绿	50.6	41	9.6	3.6	菱形	
A	双箍剑	M119∶2	墨绿	47.2	38	9.2	3.8	菱形	
A	双箍剑	M122∶4	灰绿	62.4	52.4	10	4.8	菱形	前锋略残
A	双箍剑	M130∶1	灰绿	50.8	41.6	9.2	4	菱形	刃及前锋残
A	双箍剑	M153∶3	墨绿	65.6	55	10.6	4.8	菱形	
B	空首剑	M002∶1	灰绿	49	40.6	8.4	4.8	菱形	
B	空首剑	M006∶4	灰绿	53.6	44.2	9.4	4	菱形	
B	空首剑	M025∶1	灰黑	49.4	41.2	8.2	3.6	菱形	
B	空首剑	M051∶6	黑	51.6	42.4	9.2	4.4	菱形	前锋及刃残
B	空首剑	M052∶2	灰黑	49.6	40.8	8.8	3.6	菱形	前锋及刃残
B	空首剑	M107∶3	灰绿	62	52	10	4.6	菱形	
B	空首剑	M113∶2	绿	61.2	52	9.2	5	菱形	前锋及刃残
B	空首剑	M116∶1	灰绿	49.2	39.6	9.6	4.8	菱形	前锋残
B	空首剑	M129∶9	绿	48.4	39.6	8.8	4.4	菱形	前锋残
C I	扁茎剑	M128∶2	墨绿	33.6	28.6	5	3.2	菱形	前锋残
C II	扁茎剑	M115∶1	灰绿	25.8	21.2	4.6	2.8	菱形	前锋及刃残

B 型　9 件。主要特征是圆空茎，璧形首，"一"字形窄格。剑身菱形脊。

标本 M002∶1，通长 49 厘米（图三二五，1）。

标本 M006∶4，通长 53.6 厘米（图三二五，2）。

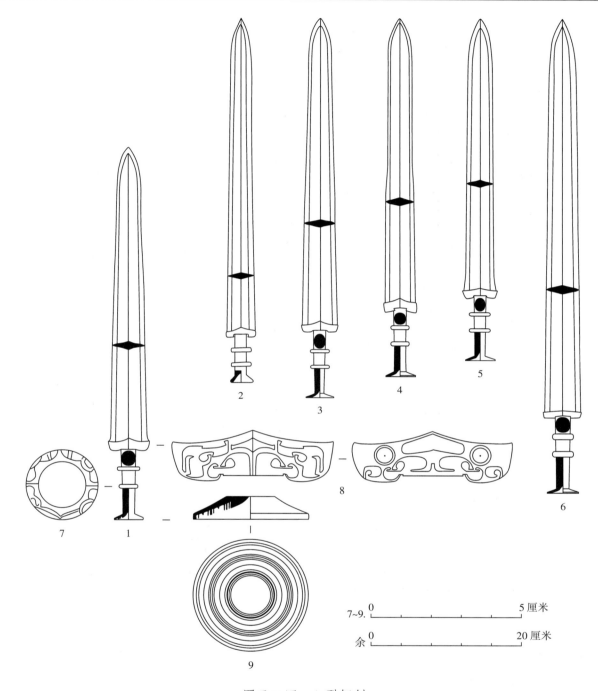

图三二四 A型铜剑

1、7~9. M106：6 2. M033：7 3. M049：1 4. M081：4 5. M119：2 6. M153：3

标本 M025：1，通长 49.4 厘米（图三二五，3）。

标本 M107：3，通长 62 厘米（图版三四，1；图三二五，4）。

C型 2件。为扁茎剑。身、茎一体，削刃为茎。菱形脊。分二式。

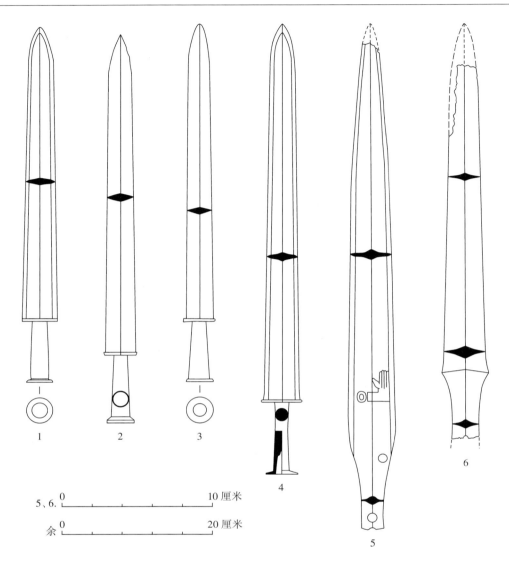

图三二五　B 型、C 型 I 式、C 型 II 式铜剑

1~4. B 型（M002：1、M006：4、M025：1、M107：3）　5. C 型 I 式（M128：2）　6. C 型 II 式（M115：1）

I 式　1 件。

标本 M128：2，茎一侧及下端中间各一孔。前锋残。剑身后部一面有手心纹。残通长 33.6 厘米（图版三四，2；图三二五，5）。

II 式　1 件。

标本 M115：1，茎下端一孔。茎及前锋残。残通长 25.8 厘米（图版三四，3；图三二五，6）。

二　铜戈

形态明确的 11 件。分三式（表一七）。

I 式　4 件。主要特征是直援，长方直内。

表一七　铜戈登记表

单位：厘米

式	主要特征	编号	颜色	通长	援长	内长	胡高	脊形	备注
I	直援，长方内	M046：4	灰黑	20	12.6	7.4	11	菱形	
I	直援，长方内	M051：4	灰黑	20.6	12	8.6	12	菱形	
I	直援，长方内	M106：1	灰绿	19.8	12.6	7.2	10.2	梭形	胡残
I	直援，长方内	M106：2	灰绿	19	11.7	7.3	11.4	梭形	援残
II	昂援，长方内	M043：2	绿	22.5	15	7.5	12.3	凸棱	刃缘残
II	昂援，长方内	M051：5	灰黑	20.8	13	7.8	12	菱形	
II	昂援，长方内	M052：1	绿	21.5	13	8.5	12.9	菱形	
II	昂援，长方内	M081：3	绿	20.6	12.2	8.4	10.2	菱形	残
II	昂援，长方内	M128：3	绿	20.8	12.6	8.2	11.6	梭形	
II	昂援，长方内	M129：1	绿	22	14.3	7.7	12.6	菱形	
III	昂援，内有刃	M107：4	绿	25	16	9	12	梭形	刃缘残

　　M046：4，援菱形脊，长方内上一长曲穿。长胡二穿。援、内通长 20、胡高 11 厘米（图三二六，1）。

　　M051：4，援菱形脊，长方内下角一缺，前部一长方穿。长胡三长方穿。援、内通长

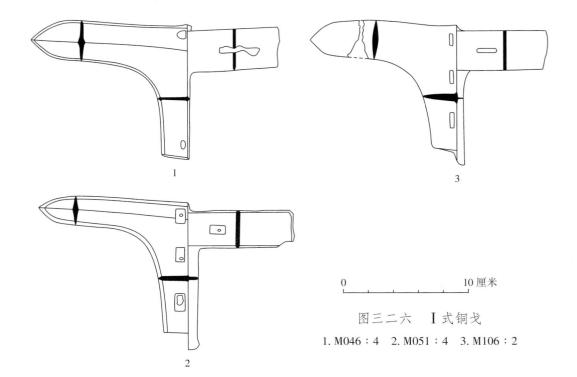

图三二六　I 式铜戈
1. M046：4　2. M051：4　3. M106：2

20.6、胡高 12 厘米（图三二六，2）。

　　M106：2，援梭形脊，长方内上一长方穿。长胡三穿。内后下方有凹缺。援残断。援、内复原通长 19、胡高 11.4 厘米（图三二六，3）。

　　Ⅱ式　6 件。主要特征是昂援、长方内。

　　标本 M043：2，援凸棱脊，刃缘崩残；内上一条形穿；阑侧三穿。胡部有"之、木、木"三字，未审何意。援、内通长约 22.5、胡高 12.3 厘米（图版三五，1；图三二七，1）。

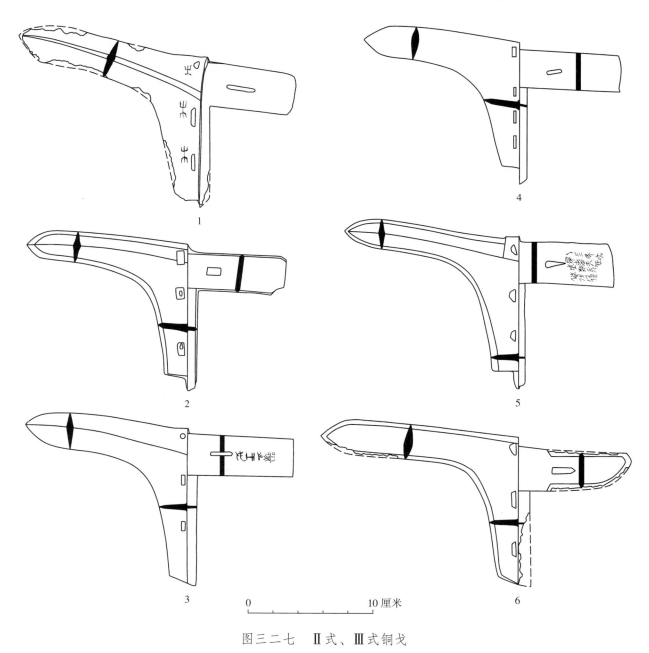

0　　　　　　　　　　　　　10厘米

图三二七　Ⅱ式、Ⅲ式铜戈

1~5. Ⅱ式（M043：2、M051：5、M052：1、M128：3、M129：1）　6. Ⅲ式（M107：4）

标本 M051：5，援菱形脊，内下角一缺，前部一长方穿。长胡三长方穿。援、内通长 20.8、胡高 12 厘米（图三二七，2）。

标本 M052：1，援菱形脊，内前部一长方穿。长胡三穿。内后有铭文"□之王戈"。援、内通长 21.5、胡高 12.9 厘米（图版三五，2、3；图三二七，3）。

标本 M128：3，梭形脊。内上一条形穿；阑侧四穿。援、内通长 20.8、胡高 11.6 厘米（图三二七，4）。

标本 M129：1，菱形脊。内上一三角形穿；阑侧三穿。内后刻铭文"十四年□□啬夫□□□□□□□"。援、内通长 22、胡高 12.6 厘米（图版三五，4、5；图三二七，5）。

Ⅲ式 1 件。

标本 M107：4，昂援较长，凸棱脊，内后端圆削，三方有刃，前部一穿，刃残。阑侧三穿，胡部残。援、内通长 25、胡残高 12 厘米（图版三五，6；图三二七，6）。

三 铜戈镦

形态明确的 3 件。分二式。

Ⅰ式 2 件。筒形下方略细。断面近枣核形。

标本 M113：14，中有一孔，底部有三孔。长 7 厘米（图三二八，1）。

标本 M128：1，中有一孔。口部残。长 4.3 厘米（图三二八，2）。

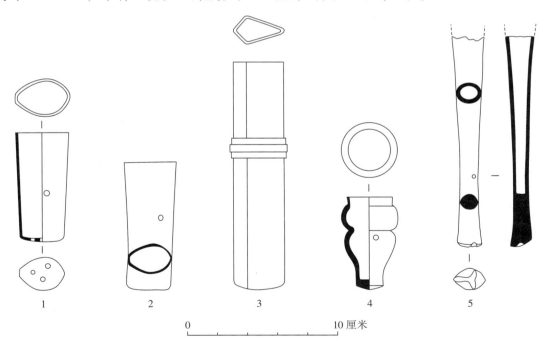

图三二八 Ⅰ式、Ⅱ式铜戈镦，A 型、B 型铜矛镦

1、2. Ⅰ式铜戈镦（M113：14、M128：1） 3. Ⅱ式铜戈镦（M043：1） 4. A 型铜矛镦（M113：1）

5. B 型铜矛镦（M170：1）

Ⅱ式　1件。

标本 M043：1，直筒形，断面呈圭形。上部有三道凸箍。长 14.8 厘米（图三二八，3）。

四　铜矛

形态明确的有 10 件。圆骹。根据銎、脊的差异分三式（表一八）。

Ⅰ式　1件。

标本 M113：5，銎部凹口，一面有一鼻。叶前部菱形脊，后部两侧有血槽。通长 17.8 厘米（图版三六，1；图三二九，1）。

Ⅱ式　6件。菱形脊，平口銎。叶后部两侧有血槽。

标本 M051：2，骹一面有鼻纽。复原长 14.2 厘米（图三二九，2）。

标本 M115：4，骹两侧有三连鼻。通长 18.4 厘米（图三二九，4）。

标本 M129：2，骹一面有一鼻。通长 15.8 厘米（图版三六，2；图三二九，3）。

Ⅲ式　3件。凸棱脊，平口銎。

标本 M049：2，骹一面有鼻纽。复原长 24.4 厘米（图版三六，3；图三二九，6）。

标本 M052：3，复原长 18.6 厘米（图三二九，5）。

五　铜矛镦

形态明确的 2 件。形态各异，分二型。

A 型　1件。

表一八　铜矛登记表

单位：厘米

型式	主要特征	编号	颜色	通长	叶长	骹长	备注
Ⅰ	菱形脊，凹銎	M113：5	灰黑	17.8	11.6	6.2	一面鼻纽
Ⅱ	菱形脊，平銎	M050：1	灰绿	16.9	10	6.9	一面鼻纽
Ⅱ	菱形脊，平銎	M051：2	灰绿	14.2	8	6.2	一面鼻纽
Ⅱ	菱形脊，平銎	M051：3	灰绿	14.2	8	6.2	一面鼻纽
Ⅱ	菱形脊，平銎	M054：1	绿	20.4	15.5	4.9	两侧单鼻
Ⅱ	菱形脊，平銎	M115：4	灰绿	18.4	13.9	4.5	两侧三连鼻
Ⅱ	菱形脊，平銎	M129：2	灰绿	15.8	8.5	7.3	一面鼻纽
Ⅲ	凸棱脊，平銎	M006：7	灰绿	15.8	8.8	7	一面鼻纽
Ⅲ	凸棱脊，平銎	M049：2	灰绿	24.4	14.6	9.8	一面鼻纽
Ⅲ	凸棱脊，平銎	M052：3	灰绿	18.6	10.8	7.8	

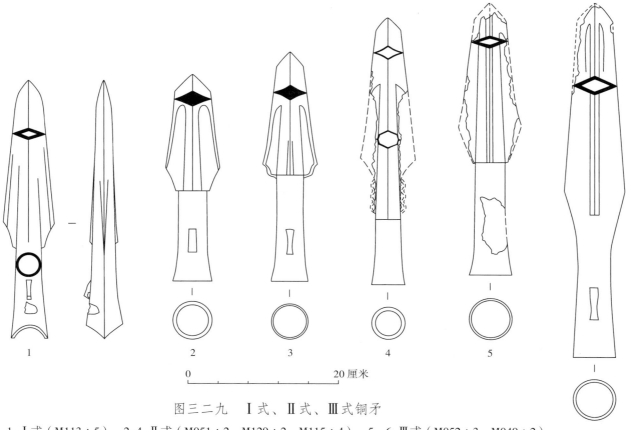

图三二九　Ⅰ式、Ⅱ式、Ⅲ式铜矛

1. Ⅰ式（M113：5）　2~4. Ⅱ式（M051：2、M129：2、M115：4）　5、6. Ⅲ式（M052：3、M049：2）

标本 M113：1，呈葫芦形，中有一孔。长 6 厘米（图三二八，4）。

B 型　1 件。

标本 M170：1，长圆筒形，下方有一小孔。銎部残。残长 13.8 厘米（图三二八，5）。

六　铜镜

形态明确的 4 件。分二型。

A 型　3 件。四"山"字纹镜。三弦纽，方纽座，分二式。

Ⅰ式　2 件。主题纹饰为底边与纽座平行的四个左斜的"山"字纹。

标本 M027：3，为十二花叶四竹叶羽状地四山纹镜。窄素缘。缘内"山"字间有横向四个竹叶形纹；纽座四角及"山"字纹间各有一叶片纹，两叶片之间以绚索状带纹相连，共十二叶片纹；主纹饰下满饰涡纹及羽状地纹。直径 13.6 厘米（图版三七，1；图三三〇，1）。

标本 M174：2，三角高缘。羽状地纹，纽座外四角各一花瓣纹，花瓣延伸近缘处又各有一花朵纹，花朵由圆形花蕊和四片花瓣组成。在"山"字右胁还各有一个心形花瓣。全镜共有四花朵八花瓣，花朵与花瓣之间皆以直线或弧形的绳索状花枝连缀。已残。直径 13.4、缘厚 0.4

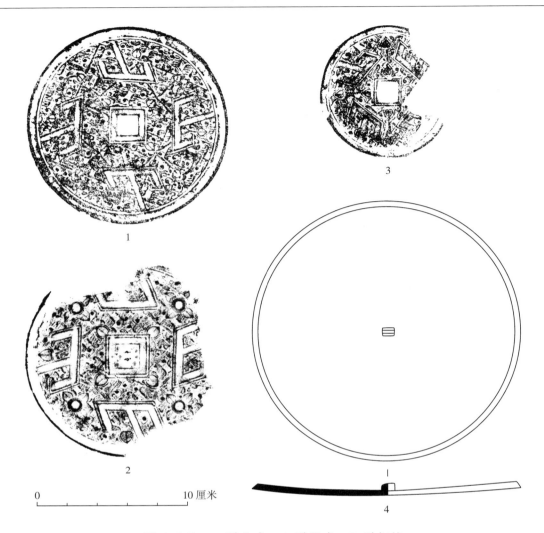

图三三〇　A 型 I 式、A 型 II 式、B 型铜镜

1、2. A 型 I 式（M027：3、M174：2）　3. A 型 II 式（M011：12）　4. B 型（M020：2）

厘米（图三三〇，2）。

　　II 式　1 件。

　　标本 M011：12，为八花叶四竹叶羽状地四山纹镜。窄素缘。主题纹饰为底边对应纽座四角的四个左斜的"山"字纹；纽座四边及"山"字纹间各有一叶片纹，两叶片之间以绹索状带纹相连，共八叶片纹；主纹饰下满饰涡纹及羽状地纹。直径 9.1 厘米（图三三〇，3）。

　　B 型　1 件。

　　标本 M020：2，素镜。面微拱弧，两弦纽。直径 17.6、缘厚 4 厘米（图三三〇，4）。

七　铜带钩

　　形态明确的 7 件。分五型。

A 型　1 件。

标本 M120：4，首残。平面呈琵琶形。方茎，尾部下有圆扣。残长 3.6 厘米（图三三一，1）。

B 型　2 件。平面呈长条方形，鸭嘴形钩。分二式。

Ⅰ式　1 件。

标本 M039：1，长方形扣与钩位于同一面。长 7.9 厘米（图三三一，2）。

Ⅱ式　1 件。

标本 M024：5，表面鎏金。扣位于钩的背面。长 7 厘米（图三三一，3）。

C 型　1 件。

标本 M033：8，钩身作透雕龙纹，呈“8”字形缠绕。勾首已残。身下圆扣。长 6.7、宽 2.4 厘米（图三三一，4）。

D 型　2 件。短身眠禽形，大圆扣。分二式。

Ⅰ式　1 件。

标本 M027：4，粗扣茎。长 3.2 厘米（图三三一，5）。

Ⅱ式　1 件。

标本 M010：13，圆饼形大扣。长 1.8 厘米（图三三一，6）。

E 型　1 件。

标本 M054：2，平面呈长琵琶形，钩残。圆扣。面上刻划对称卷云纹。残长 10.6 厘米（图三三一，7）。

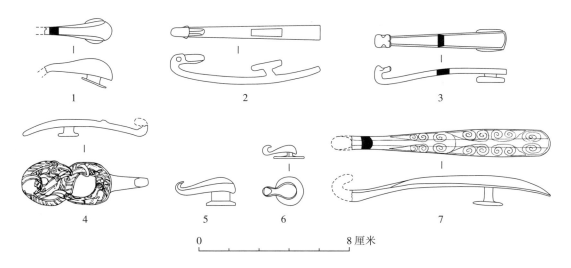

图三三一　A 型、B 型Ⅰ式、B 型Ⅱ式、C 型、D 型Ⅰ式、D 型Ⅱ式、E 型铜带钩
1. A 型（M120：4）　2. B 型Ⅰ式（M039：1）　3. B 型Ⅱ式（M024：5）　4. C 型（M033：8）　5. D 型Ⅰ式（M027：4）
6. D 型Ⅱ式（M010：13）　7. E 型（M054：2）

八　铁臿

形态明确的 5 件。凹口，大弧刃。分二型。

A 型　4 件。大弧刃两侧外翘。分二式。

Ⅰ式　2 件。大弧刃两侧弧形外翘。

标本 M011：17，刃宽 9.3、高 8.4 厘米（图三三二，1）。

标本 M015：6，刃宽 12.4、高 10.6 厘米（图三三二，4）。

Ⅱ式　2 件。刃缘弧度较小，外与銎部折转。

标本 M018：19，刃宽 10、高 8 厘米（图三三二，2）。

标本 M025：14，刃宽 10.4、高 9 厘米（图三三二，3）。

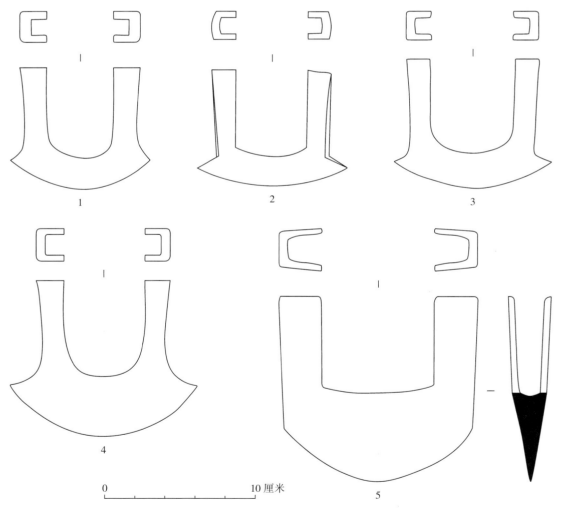

0　　　　　　　　　　　10 厘米

图三三二　A 型Ⅰ式、A 型Ⅱ式、B 型铁臿

1、4. A 型Ⅰ式（M011：17、M015：6）　2、3. A 型Ⅱ式（M018：19、M025：14）　5. B 型（M192：3）

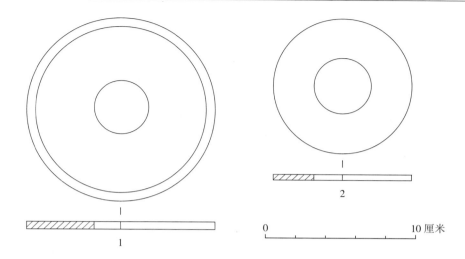

图三三三　Ⅰ式、Ⅱ式滑石璧
1. Ⅰ式（M022：1）　2. Ⅱ式（M082：1）

B 型　1 件。大弧刃两侧直边。

标本 M192：3，宽 13.2、高 12.6 厘米（图三三二，5）。

九　滑石璧

形态明确的 12 件。素面。分二式。

Ⅰ式　1 件。

标本 M022：1，缘内有郭。肉径 12.4、好径 3.6、厚 0.5 厘米（图三三三，1）。

Ⅱ式　11 件。

标本 M082：1，无郭。肉径 9、好径 3.7 厘米（图三三三，2）。

第三章　墓葬分期及年代

第一节　随葬品组合及序列

在战国至秦代墓中，有随葬品的墓为146座。按陶器的组合形态主要分为仿铜陶礼器和日用陶器两种，还有一种两种组合混搭的形态，以及随葬铜兵器和不宜归类的形态，数量较少（表一九）。

表一九　随葬品组合登记表

仿铜陶礼器	鼎、敦、壶、豆、盘、勺、匜、匕	008、011、012、017、018、020、022、023、024、025、033、039、040、044、058、075、118、173
	鼎、敦、壶、豆	001、002、003、005、007、010、019、026、034、043、057、059、062、066、068、074、082、088、089、091、094、101、102、105、106、113、114、121、129、148、171、172、188、
	鼎、敦、壶	006、009、042、052、056、076、093、116、134、144、152
	鼎、豆	038、160
	壶、豆、勺、匕	014
	壶、豆	087、145、153、181
	壶	036、069、098
仿铜陶礼器＋日用陶器	鼎、敦、壶、罐、盂、豆	131
	鼎、敦、壶、罐、豆	030、077
	鼎、敦、盘、勺、匕、罐、盂	016
	鼎、壶、盂	128
	鼎、罐	192
	敦、罐、豆	055

续表一九

	鬲、壶、盂、豆	135
日用陶器（54）	罐（壶）、盂（簋、钵）、豆	004、015、072、073、080、083、084、096、104、107、110、111、117、119、126
	罐（壶）、盂	027、031、081、099
	罐（壶）、豆	028、032、035、037、041、045、046、048、053、060、063、064、067、112、115、125、146、154
	罐（壶）	047、061、120、138、141、142、143、158、159、169、174、178、180、190、198
	盂	108
其他		049、050、051、054、065、100、103、109、122、130、168、170、182

一　仿铜陶礼器组合及序列

在仿铜陶礼器组合中，鼎、敦、壶、豆是基本形态。而其中 J 型罐形壶则不属仿铜陶礼器一类，其基本只与日用陶器形成组合。部分墓中外加盘、勺、匜、匕，但仅多出其中 1~2 件。

该类组合的墓葬共 72 座，在 146 座有随葬品的墓中将近占比 50%。其基本组合形态有 7 种。由于豆具有兼类性质，在两种主要组合中都作为主要器类存在。实际上两种组合的混搭形态也可以算作仿铜陶礼器的扩充形态，有组合形态 6 种，墓 7 座。这样仿铜陶礼器组合就有 13 种形态，79 座墓，占比 54%。

1. 鼎、敦、壶、豆、盘、勺、匜、匕（18 座）。

2. 鼎、敦、壶、豆（33 座）。

3. 鼎、敦、壶（11 座）。

4. 鼎、豆（2 座）。

5. 壶、豆、勺、匕（1 座）。

6. 壶、豆（4 座）。

7. 壶（3 座）。

8. 鼎、敦、壶、罐、盂、豆（1 座）。

9. 鼎、敦、壶、罐、豆（2 座）。

10. 鼎、敦、盘、勺、匕、罐、盂（1 座）。

11. 鼎、壶、盂（1 座）。

12. 鼎、罐（1 座）。

13. 敦、罐、豆（1 座）。

在仿铜陶礼器 13 种组合形态中，各种器形的形态差异及演变序列大致有 46 种（表二〇）。

表二〇　仿铜陶礼器组合登记表

组列	鼎	敦	壶	盘	勺	匜	匕	高柄豆	矮柄豆	其他	墓葬
1	B Ⅰ	A Ⅰ	A Ⅰ								M056
2	A Ⅰ	A Ⅱ	√								M076
3	B Ⅰ	A Ⅰ	A Ⅰ								M131
4	A Ⅱ	A Ⅱ	A Ⅲ、A Ⅴ					B Ⅰ、B Ⅱ			M105、M106
5	A Ⅲ	√	A Ⅱ							盂 A Ⅴ	M116、M128
6	A Ⅲ	A Ⅵ	C Ⅱ	A Ⅱ	C Ⅰ		A			豆√	M025、M039
7	B Ⅱ	A Ⅴ	A Ⅳ、B Ⅱ、B Ⅳ					B Ⅱ、C Ⅰ	B Ⅰ		M005、M019、M091
8	B Ⅱ	A Ⅵ	E Ⅰ					C Ⅱ			M102
9	B Ⅲ	A Ⅲ	√							豆√、斗 A	M043
10	B Ⅲ	A Ⅵ	B Ⅰ							豆√	M074
11	C Ⅰ、D Ⅰ	B Ⅰ	C Ⅱ	B Ⅰ	A Ⅰ、A Ⅱ		B Ⅱ、B Ⅲ			豆√	M012
12	C Ⅰ	B Ⅱ	C Ⅲ	B Ⅰ	A Ⅱ	B Ⅰ	√	B Ⅱ			M011
13	C Ⅱ	A Ⅳ	B Ⅳ					B Ⅱ			M057
14	√	B Ⅱ	B Ⅲ、B Ⅳ					B Ⅰ			M068
15		A Ⅵ	B Ⅲ	A Ⅰ		A Ⅰ	√	B Ⅰ			M040
16	√	A Ⅵ	F Ⅰ					B Ⅲ			M034
17			A Ⅲ								M098
18	√	√	A Ⅳ	√	√						M033
19	√	√	B Ⅰ						B Ⅱ		M172
20	√	√	C Ⅰ、C Ⅱ	C			B Ⅰ			豆√	M024
21			D Ⅰ						B Ⅰ		M181
22			D Ⅱ								M036
23	√		E Ⅱ					C Ⅱ			M082
24	B Ⅱ	A Ⅲ、A Ⅵ	B Ⅳ、C Ⅲ					B Ⅰ、C Ⅱ		罐 B Ⅳ	M077、M038
25	B Ⅱ	√	C Ⅳ		C Ⅱ						M042
26	B Ⅱ	A Ⅵ	A Ⅳ								M009

续表二○

组列	鼎	敦	壶	盘	勺	匜	匕	高柄豆	矮柄豆	其他	墓葬
27	BⅡ	√	CⅡ	D	BⅠ			BⅢ、CⅠ、CⅡ	BⅠ		M017
28	BⅡ	√	√		AⅢ				DⅠ	罐 BⅤ	M192、M148
29	BⅡ、BⅢ	√	AⅣ、EⅢ						BⅡ		M059
30	BⅡ、BⅢ		CⅢ、DⅡ								M144
31	BⅡ	√	EⅣ		CⅢ		D			豆√	M010、M014
32	BⅡ、BⅢ	√	H						DⅠ		M171
33	BⅢ	BⅠ	CⅢ	BⅡ	BⅢ				DⅠ	豆√	M173、M160
34	BⅢ	AⅤ	G						BⅠ		M026
35	CⅠ	√	FⅢ		AⅢ			AⅡ		斗 B	M075
36	CⅡ	BⅠ	CⅡ	E	AⅢ	BⅡ	√	CⅡ	BⅠ	豆√	M008、M062、M066
37	CⅡ、E	C	√	BⅢ	BⅠ	BⅡ	CⅡ		BⅡ		M018
38	DⅠ	AⅢ	CⅡ	C	BⅠ	BⅡ	BⅣ			豆√	M044
39	DⅡ	AⅥ	FⅢ		AⅢ、BⅡ		F		BⅡ、BⅢ		M023
40	√	AⅢ	√			C	E	BⅡ		盆、斗 A	M020
41	√	AⅣ	CⅢ	BⅢ		AⅡ、AⅢ			BⅡ		M058
42			AⅣ						BⅡ		M145
43	√	√	CⅡ	BⅢ	BⅡ	√	√	BⅡ、DⅡ			M022
44	√	√	CⅢ		AⅡ		BⅢ	BⅢ		罐、壶 JⅢ	M118
45			FⅠ、FⅡ						DⅠ		M153
46	√	√		F	BⅠ		CⅠ			罐 BⅢ、盂	M016

在以上 46 列当中，根据鼎、敦、壶的阶段性演变规律分为三大组。

第一组：鼎 AⅠ、BⅠ，敦 AⅠ，壶 AⅠ（1~3 列）。

第二组：鼎 AⅡ、AⅢ、BⅡ、BⅢ、CⅠ、CⅡ、DⅠ，敦 AⅡ、AⅢ、AⅣ、AⅤ、

AⅥ、BⅠ、BⅡ，壶AⅡ、AⅢ、AⅣ、AⅤ、BⅠ、BⅡ、BⅢ、BⅣ、CⅠ、CⅡ、CⅢ、DⅠ、DⅡ、EⅠ、EⅡ、FⅠ（4~23列）。

第三组：鼎BⅡ、BⅢ、CⅠ、CⅡ、DⅠ、DⅡ、E，敦AⅢ、AⅣ、AⅤ、AⅥ、BⅠ、C，壶AⅣ、BⅣ、CⅡ、CⅢ、CⅣ、DⅡ、EⅢ、EⅣ、FⅠ、FⅡ、FⅢ、G、H（24~46列）。

以上三大组代表着仿铜陶礼器墓葬三个发展阶段。

二　日用陶器组合及序列

日用陶器的基本器形为罐、盂、豆，还有J型罐形壶也主要与日用陶器形成组合，属于罐系列，也有以其他型式的壶替代罐的作用的。在组合中一般只出其中一种，在日用陶器组合的墓中，壶与罐共存一墓的情况极少。个别墓以簋或钵替代盂。豆有高柄和矮柄两种。

该类组合的墓共54座。其组合形态有6种：

1. 鬲、壶、盂、豆（1座）。

2. 罐（壶）、盂（簋、钵）、豆（15座）。

3. 罐（壶）、盂（4座）。

4. 罐（壶）、豆（18座）。

5. 罐（壶）（15座）。

6. 盂（1座）。

在日用陶器6种组合形态中，各种器形的形态差异及演变序列大致有30种（表二一）。

表二一　日用陶器组合登记表

组列	罐	壶	盂	簋	钵	鬲	高柄豆	矮柄豆	其他	墓葬
1	AⅠ								豆√	M046
2	AⅡ		√					BⅡ、CⅠ		M080
3	BⅠ									M142
4	DⅠ							BⅡ		M125
5	EⅠ		BⅠ					A、BⅠ		M004
6		JⅠ	AⅠ				AⅠ			M117
7		JⅡ	√							M081
8		JⅢ	AⅡ				BⅠ	BⅠ		M083
9			AⅢ							M108
10	BⅠ							BⅠ		M146、M174、M180
11	BⅠ		AⅣ					BⅠ		M072

续表二一

组列	罐	壶	盂	簋	钵	鬲	高柄豆	矮柄豆	其他	墓葬
12	B Ⅱ			√				B Ⅲ		M015、M028
13	B Ⅲ								豆√	M045
14	C Ⅱ								豆√	M067
15	D Ⅱ						B Ⅱ			M048
16	D Ⅲ									M158
17	F						B Ⅱ			M041
18	G									M120
19		J Ⅱ	B Ⅱ				B Ⅱ			M126
20		J Ⅱ	C Ⅱ						豆√	M119
21		J Ⅲ	C Ⅰ				B Ⅱ	A		M027、M073
22		J Ⅲ	√			√	A Ⅱ、B Ⅱ	B Ⅰ、B Ⅱ、C Ⅱ		M115、M135
23		A Ⅲ	√				B Ⅱ	B Ⅰ		M096
24		E Ⅲ	√					B Ⅰ		M104
25		√	C Ⅲ							M031
26	B Ⅴ							D Ⅰ		M060、M061、M138
27	D Ⅲ								豆√	M064
28	E Ⅱ		C Ⅳ		√			B Ⅱ、C Ⅱ		M084、M099
29	E Ⅲ								豆√	M063
30	H	A Ⅳ								M141

在以上 30 列当中，根据罐、壶、盂的阶段性演变规律分为三大组。

第一组：罐 A Ⅰ、A Ⅱ、B Ⅰ、D Ⅰ、E Ⅰ，壶 J Ⅰ、J Ⅱ、J Ⅲ，盂 A Ⅰ、A Ⅱ、A Ⅲ、B Ⅰ（1~9 列）。

第二组：罐 B Ⅰ、B Ⅱ、B Ⅲ、D Ⅱ、D Ⅲ、F、G，壶 A Ⅲ、E Ⅲ、J Ⅱ、J Ⅲ，盂 A Ⅳ、B Ⅱ、C Ⅰ、C Ⅱ、C Ⅲ（10~25 列）。

第三组：罐 B Ⅴ、D Ⅲ、E Ⅱ、E Ⅲ、H，壶 A Ⅳ，盂 C Ⅳ（26~30 列）。

以上三大组代表着日用陶器墓葬三个发展阶段。

各组陶器型式归纳如下表（表二二）。

表二二　陶器型式分组归纳表

组	鼎	敦	壶	盘
一	AⅠ、BⅠ	AⅠ	AⅠ	
二	AⅡ、AⅢ、BⅡ、BⅢ、CⅠ、CⅡ、DⅠ	AⅡ、AⅢ、AⅣ、AⅤ、AⅥ、BⅠ、BⅡ	AⅡ、AⅢ、AⅣ、AⅤ、BⅠ、BⅡ、BⅢ、BⅣ、CⅠ、CⅡ、DⅠ、DⅡ、EⅠ、EⅡ、EⅢ、FⅠ	AⅠ、AⅡ、BⅠ、C
三	BⅡ、BⅢ、CⅠ、CⅡ、DⅠ、DⅡ、E	AⅢ、AⅣ、AⅤ、AⅥ、BⅠ、C	AⅣ、BⅣ、CⅡ、CⅢ、DⅡ、EⅢ、EⅣ、FⅠ、FⅡ、FⅢ、G、H	BⅡ、BⅢ、C、D、E、F

组	勺	匜	匕	罐
一				AⅠ、AⅡ、BⅠ、CⅠ、DⅠ、EⅠ
二	AⅠ、AⅡ、CⅠ	AⅠ、BⅠ	A、BⅠ、BⅡ、BⅢ	BⅠ、BⅡ、BⅢ、CⅡ、DⅡ、DⅢ、F、G
三	AⅡ、AⅢ、BⅠ、BⅡ、BⅢ、CⅡ、CⅢ	AⅡ、AⅢ、BⅡ、C	BⅢ、BⅣ、CⅠ、CⅡ、D、E、F	BⅢ、BⅣ、BⅤ、DⅢ、EⅡ、EⅢ、H

组	罐形壶	盂	高柄豆	矮柄豆
一	JⅠ、JⅡ、JⅢ	AⅠ、AⅡ、AⅢ、BⅠ	AⅠ、BⅠ	A、BⅠ、BⅡ、CⅠ
二	JⅡ、JⅢ	AⅣ、AⅤ、BⅡ、CⅠ、CⅡ、CⅢ	AⅡ、BⅠ、BⅡ、BⅢ、CⅠ、CⅡ	A、BⅠ、BⅡ、BⅢ、CⅡ
三	JⅢ	CⅣ	AⅡ、BⅠ、BⅡ、BⅢ、CⅠ、CⅡ、DⅠ、DⅡ	BⅠ、BⅡ、BⅢ、CⅡ、DⅠ、DⅡ

第二节　分组论述

　　以上分析表明，仿铜陶礼器与日用陶器均为三大组，基本上是平行发展，延续时间不是很长。该墓地墓葬中没有发现可资准确断代的纪年材料，因而其分期断代只能依据类型学的原理与其他地域的墓葬资料进行分析比对，以做出较为客观的推断。黔城楚墓与江陵及其他省份的楚墓相比存在着较大差异，其可比性较小，因而不宜类比，而与同属沅水流域的沅陵、常德及资水下游的益阳楚墓相似因素较多。在湖南沅水中下游及资水下游地区，通过多年的工作，已基本建立起较为清晰的楚、秦、汉年代谱系，故我们主要选取《沅陵窑头发掘报告》《沅水下游楚墓》和《益阳黄泥湖楚墓》三部发掘报告的资料进行比对[1]，黔城与沅陵、常德分别位于沅

---

[1] 湖南省文物考古研究所：《沅陵窑头发掘报告》，文物出版社，2015年；湖南省常德市文物局等：《沅水下游楚墓》，文物出版社，2010年；湖南省文物考古研究所：《益阳黄泥湖楚墓》，文物出版社，2017年。本节下文所引材料出此三部报告者不再加注。

水的上、中、下游，具有较为一致的文化相似性。益阳楚墓相同因素也较多，甚至多于沅陵和常德。三处墓地的墓葬时代都涵盖黔城楚墓的时代，而上限较之为早。这应该是纳入楚国版图的先后之别，黔城地处沅水上游，应晚于中下游地区。即便是同时期墓葬，由于地域差异，其器物的类别和形态也不能一一对应。这是因为战国晚期以后，各地融入了多种外来因素，诸如秦、越、巴蜀、夜郎以及蛮濮等土著文化因素。因此，有时还得综合各种因素予以考量。下按分组序列对器形特征分组合形态分析如下。

一　仿铜陶礼器

仿铜陶礼器墓第一组墓葬数量较少，只有 5 座，为 M056、M076、M113、M114 和 M131。而时代特征较明显的墓葬只有 M056 和 M131 两座。典型器物形态有 A 型Ⅰ式、B 型Ⅰ式鼎，A 型Ⅰ式敦及 A 型Ⅰ式壶。该组器物仿铜气息尚能差强人意。其中 A 型Ⅰ式鼎与益阳黄泥湖（下称"益黄"）A 型Ⅲ式鼎形态高度一致；B 型Ⅰ式鼎则与沅陵窑头（下称"沅窑"）E 型Ⅱ式鼎、沅水下游（下称"沅下"）A 型Ⅳc 式鼎时代特征相同。A 型Ⅰ式敦同益黄 B 型Ⅳ式敦和沅窑 Da 型Ⅲ式敦。A 型Ⅰ式壶则与益黄 Bb 型Ⅱ式、C 型Ⅲ式壶形态接近。以上对比资料中益黄属二期三段，沅窑属三期五段，沅下属四期七段，这是黔城楚墓中年代靠前的墓葬。

第二组墓葬数激增，有 25 座。代表性墓葬有 M012、M025、M039、M105、M106、M116、M128、M129，共 8 座。典型器物形态有 A 型Ⅱ式和 A 型Ⅲ式鼎，还有 B 型Ⅱ式、B 型Ⅲ式、C 型Ⅰ式、C 型Ⅱ式、D 型Ⅰ式鼎，也存在于第三组。敦有 A 型Ⅱ式、A 型Ⅲ式、A 型Ⅳ式、A 型Ⅴ式、A 型Ⅵ式、B 型Ⅰ式、B 型Ⅱ式，除 A 型Ⅱ式外，余均不见于第三组。壶的形态较多，典型形态有 A 型Ⅱ式、A 型Ⅲ式、B 型Ⅰ式、B 型Ⅱ式、B 型Ⅲ式、C 型Ⅰ式、D 型Ⅰ式、E 型Ⅰ式、E 型Ⅱ式等。其中 A 型Ⅱ式鼎与益黄 B 型Ⅲ式鼎，A 型Ⅲ式鼎与益黄 D 型Ⅱ式鼎，A 型Ⅲ式敦与沅下 E 型Ⅲ式敦，A 型Ⅵ式敦与沅窑 Dc 型Ⅱ式敦，B 型Ⅱ式敦与益黄 E 型Ⅱ式敦，B 型Ⅰ式壶与沅下 B 型Ⅲ式壶，E 型Ⅰ式壶与益黄 G 型Ⅰ式壶等都具有相同的时代特征。以上对比资料中益黄属二期四段，沅窑属三期六段，沅下属四期七、八段。晚于第二组一个阶段。

第三组有 29 座墓。代表性墓葬有 M010、M014、M018、M023、M058、M075、M077、M118、M144、M153、M171、M173，共 12 座。典型器物形态有 B 型Ⅱ式、B 型Ⅲ式、C 型Ⅰ式、C 型Ⅱ式、D 型Ⅰ式、D 型Ⅱ式、E 型鼎，除 D 型Ⅱ式、E 型外，余均承自第二组。敦有 A 型Ⅲ式、A 型Ⅳ式、A 型Ⅴ式、A 型Ⅵ式、B 型Ⅰ式、C 型，仅 C 型为本组新出。壶的形态较多，其中 C 型Ⅲ式、E 型Ⅳ式、F 型Ⅱ式、F 型Ⅲ式、G 型、H 型为新出形态。其中 D 型Ⅱ式鼎与益黄 C 型Ⅳ式鼎，E 型鼎与益黄 D 型Ⅲ式鼎，C 型Ⅲ式壶与沅下 E 型Ⅳb 式壶，F 型Ⅱ式、F 型Ⅲ式壶与益黄 E 型Ⅲ式壶，H 型壶与沅窑 H 型壶等形态接近，为同时期物。其对比材料在三处墓地中都是时代最晚者。

三组仿铜陶礼器的演进趋势是渐进而明显的，在第一组当中不见附属器物盘、勺、匜、匕等，第二组出现，第三组较多。鼎、敦、壶也由最初的单一化而至多样化。

二 日用陶器

日用陶器第一组墓葬共 9 座，代表性墓葬有 M004、M046、M080、M083、M108、M117、M125，共 7 座。典型器物形态有 A 型 I 式、A 型 II 式、C 型 I 式、D 型 I 式、E 型 I 式罐，J 型 I 式罐形壶，A 型 I 式、A 型 II 式、A 型 III 式、B 型 I 式盂等。其中罐形壶为本墓地特有器形，上部形态略同沅窑和沅下长颈罐。本组罐的形态较其他地点所出罐有较大差异，很难与之对应，只 E 型 I 式罐略似益黄 A 型小壶。A 型 I 式、A 型 II 式盂与益黄 A 型 III 式、A 型 IV 式盂形态接近。

第二组有墓葬 21 座，是日用陶器最多的一组。代表性墓葬有 M015、M027、M028、M031、M041、M045、M048、M067、M072、M120、M126，共 11 座。典型器形有 B 型 II 式、B 型 III 式、C 型 II 式、D 型 II 式、D 型 III 式、F 型、G 型罐，J 型 II 式、J 型 III 式罐形壶，A 型 IV 式、A 型 V 式、B 型 II 式、C 型 I 式、C 型 II 式、C 型 III 式盂。本组与第一组器形和组合都有较明显差异。器形方面平底化趋向比较明显，形态变化也较大。其中 C 型 II 式罐与益黄 E 型 II 式高领罐，D 型 II 式罐与益黄 D 型 III 式高领罐，A 型 IV 式、A 型 V 式盂与沅下 A 型 VII 式盂，C 型 II 式盂与沅窑 B 型 V 式盂、沅下 D 型 IV 式盂，C 型 III 式盂与益黄 B 型 IV 式盂等都有着相同的时代特征。

第三组墓葬数较第二组锐减，只有 8 座。代表性墓葬有 M060、M061、M063、M084、M099、M138、M141，共 7 座墓。典型器形有 B 型 IV 式、B 型 V 式、E 型 II 式、E 型 III 式、H 型罐以及 C 型 IV 式盂。B 型 V 式罐腹较宽扁，是秦代罐的特征，与沅窑 A 型 V 式高领罐、益黄 A 型 V 式高领罐、沅下 A 型 IV a 式高领罐特征一致。E 型 II 式、E 型 III 式罐略似益黄和沅下小壶，但较之略矮。H 型罐则与沅下双耳罍形罐属同类器，器腹形态略似益黄 G 型 III 式矮领罐。C 型 IV 式盂与益黄 B 型 V 式盂、沅窑 B 型 V 式盂等时代特征相同。黔城晚期楚墓中没有其他墓地典型的矮领扁折腹的罍形罐，只有 D 型 III 式罐略具此型罐的特征，处在最晚阶段。

本组日用陶器除罐外，罐形壶和盂的形态均较单一。随葬习俗趋向仿铜陶礼器化。楚国的礼制和国祚均已走到尽头。

第三节 分期及年代

在 146 座有随葬品的墓中，可进行分期断代的墓葬共 98 座。

仿铜陶礼器墓和日用陶器墓的年代是平行发展的，但各期的数量分配并不对等。第一组墓葬较少，只有 14 座，而主要为日用陶器墓，仿铜陶礼器墓只有 5 座。第二组墓数最多，共 47 座，其中仿铜陶礼器墓 26 座，日用陶器墓 21 座。第三组为 37 座，主要为仿铜陶礼器墓，共 29 座，日用陶器墓仅 8 座。这样就呈现出仿铜陶礼器墓由少到多，日用陶器墓则呈现中间多，两端少的趋势（表二三）。

表二三　楚墓分期登记表

期别	仿铜陶礼器	日用陶器	合计
一	M056、M076、M113、M114、M131（5座）	M004、M046、M080、M081、M083、M108、M117、M125、M142（9座）	14
二	M005、M011、M012、M019、M024、M025、M033、M034、M036、M039、M040、M043、M057、M068、M074、M082、M091、M098、M102、M105、M106、M116、M128、M129、M172、M181（26座）	M015、M027、M028、M031、M041、M045、M048、M067、M072、M073、M096、M104、M115、M119、M120、M126、M135、M146、M158、M174、M180（21座）	47
三	M008、M009、M010、M014、M016、M017、M018、M020、M022、M023、M026、M038、M042、M044、M058、M059、M062、M066、M075、M077、M118、M144、M145、M148、M153、M160、M171、M173、M192（29座）	M060、M061、M063、M064、M084、M099、M138、M141（8座）	37
合计	60	38	98

　　分析表明，仿铜陶礼器墓和日用陶器墓第一组的年代大致处在战国晚期中段，第二组处于战国晚期晚段，第三组则处在战国末期至秦代（图三三四～三三七；附表一、二）。

　　第一期：战国晚期中段。

　　第二期：战国晚期晚段。

　　第三期：战国晚期至秦代。

分期	陶鼎			陶敦	
	A 型	B 型	D 型	A 型	B 型
一	I 式 M076：2 I 式 M131：2	I 式 M056：2		I 式 M056：4 I 式 M131：6	
二	II 式 M106：4 III 式 M128：7	II 式 M091：2 II 式 M102：2	I 式 M012：11	II 式 M129：7 III 式 M044：19	I 式 M012：8
三		III 式 M043：8 III 式 M171：4	I 式 M044：11 II 式 M023：4	IV 式 M023：11 IV 式 M040：4	I 式 M173：2 II 式 M011：10

图三三四　陶鼎、敦分期图

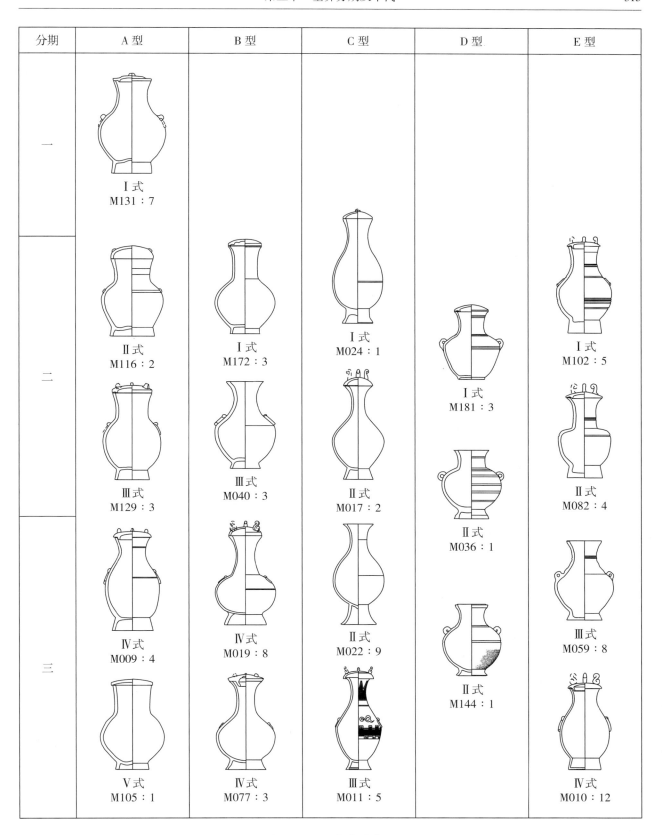

分期	A 型	B 型	C 型	D 型	E 型
一	I 式 M131：7				
二	II 式 M116：2	I 式 M172：3	I 式 M024：1	I 式 M181：3	I 式 M102：5
	III 式 M129：3	III 式 M040：3	II 式 M017：2	II 式 M036：1	II 式 M082：4
三	IV 式 M009：4	IV 式 M019：8	II 式 M022：9	II 式 M144：1	III 式 M059：8
	V 式 M105：1	IV 式 M077：3	III 式 M011：5		IV 式 M010：12

图三三五　陶壶分期图

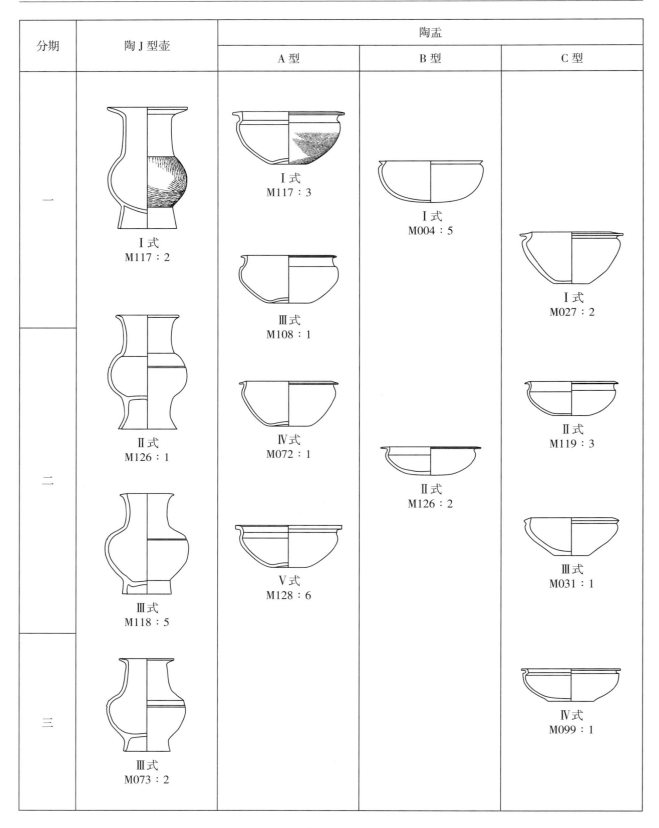

图三三六　陶 J 型壶、盂分期图

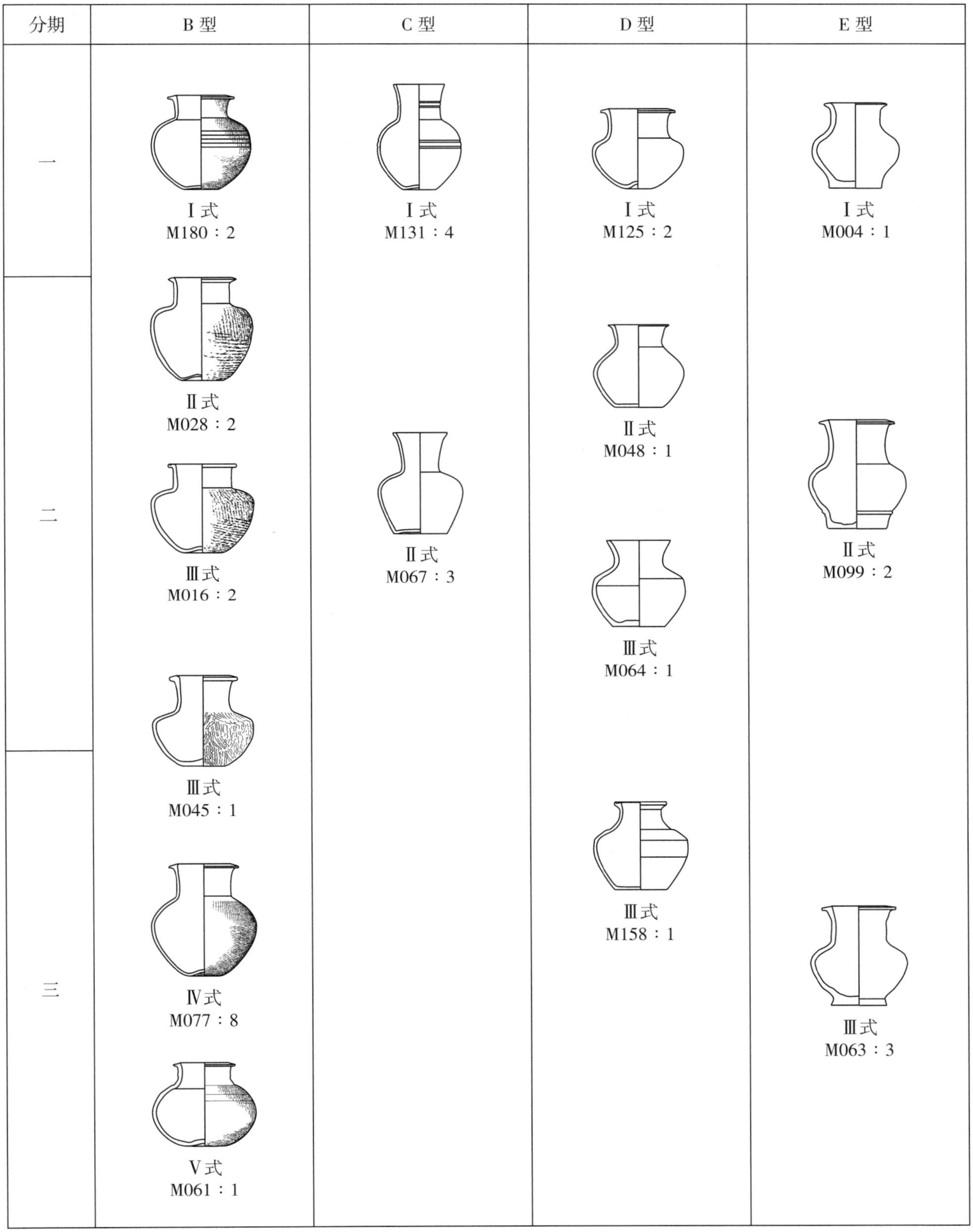

分期	B 型	C 型	D 型	E 型
一	I 式 M180：2	I 式 M131：4	I 式 M125：2	I 式 M004：1
二	II 式 M028：2 III 式 M016：2	II 式 M067：3	II 式 M048：1 III 式 M064：1	II 式 M099：2
三	III 式 M045：1 IV 式 M077：8 V 式 M061：1		III 式 M158：1	III 式 M063：3

图三三七　陶罐分期图

叁 汉代墓葬

第一章　墓葬资料

第一节　墓葬概述

一　墓坑类型

汉代墓葬主要位于溆水右岸的小江墓地，在溆水左岸的黔城墓地分布较少，只有 23 座，而且几乎全位于牛头湾墓区，只 1 座位于三星坡墓区。本墓地汉墓只有楚墓的 15%。

按战国墓的分类法大多属宽坑墓，只有两座窄坑墓，没有狭长坑墓。墓葬结构单一，绝大多数为普通长方形竖穴土坑墓，只 1 座墓下部有曲尺形二层台（M156）。不见带墓道的墓。有枕木沟的墓枕木沟多与战国至秦代墓葬相同，位于墓底两端。只 1 座为两纵两横呈"Ⅱ"字形（M157）。墓坑长宽差距较小，均较宽大，长宽之比多在 2∶1 至 3∶2 之间。墓壁多较直，一般经修整光滑。

二　墓坑方向

墓中人骨架和葬具均腐朽不存，也没有墓道和壁龛。头向的确定主要参照随葬品所在位置、放置方法等因素而定。与战国墓同，墓葬分八个方向，顺时针依次为：北、东北、东、东南、南、西南、西、西北，每个方向 45°。北向自 338° 始，依此类推。除西北向无墓葬外，余七个方向的分配情况如下：

北向（338°~22°）：1 座，占 4.3%。

东北向（23°~67°）：3 座，占 13.0%。

东向（68°~112°）：8 座，占 34.8%。

东南向（113°~157°）：8 座，占 34.8%。

南向（158°~202°）：1 座，占 4.3%。

西南向（203°~247°）：1 座，占 4.3%。

西向（248°~292°）：1 座，占 4.3%。

由各方向的分配比例看，以东向和东南向为主，各占三分之一强。

三　其他

无保存封土堆的墓，墓坑中填土一般为五花土或洗砂土，都是从本坑中挖出的土经捣碎后回填。葬具均已腐朽不存，但部分墓的墓底有枕木沟，因而应是有棺椁的。人骨架均腐朽不存，因而其葬式不明。随葬品多位于墓底两侧或一侧，少数呈曲尺形摆放，应是椁室的两边厢和头厢位置。滑石璧多放于头端的中间。

第二节　墓葬介绍

一　M029

一　墓葬形制（A 型 I 式）

普通宽长方形竖穴土坑。方向 45°。墓壁垂直。墓长 316、宽 186、深 280 厘米。随葬器物位于墓底头端。葬具及人骨架不存。墓中填五花土（图版三七，2；图三三八）。

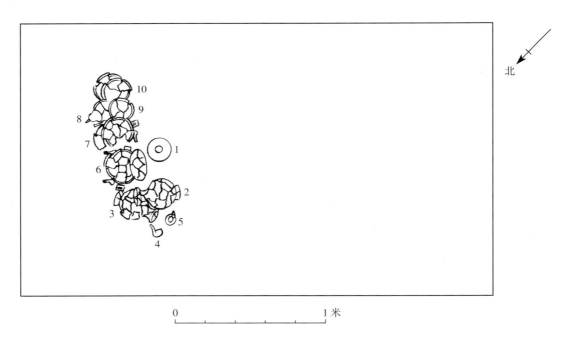

北

0　　　　　　　　　　1 米

图三三八　M029 平面及随葬器物分布图
1. 滑石璧　2、3. 陶壶　4、5. 陶勺　6、7. 陶鼎　8. 陶匕　9、10. 陶盒

二　出土器物

10 件，陶器 9 件，滑石器 1 件。

仿铜陶礼器 9 件。

1. 鼎　2 件，形态相同。泥质灰陶。子母口内敛，窄肩承盖，扁弧腹，中腹呈台棱状凸出，平底。矮蹄形足直立，足断面近梯形，正面两道竖槽，跟部有兽面装饰。附耳直立。浅弧形素盖。

M029：6，口径 13.6、通宽 18.8、高 14 厘米（图三三九，1）。

M029：7，口径 13.6、通宽 17.8、高 12.6 厘米（图三三九，2）。

2. 盒　2 件，形态大致相同。泥质灰陶。盒身子母口内敛，弧腹，平底。素面。

M029：9，浅平盖边缘斜折。口径 13.2、腹径 16、通高 8.4 厘米（图三三九，4）。

M029：10，弓弧形盖。口径 13.4、腹径 15、通高 9.4 厘米（图三三九，5）。

3. 壶　2 件，修复 1 件。

M029：2，泥质灰陶。盘状直口，弧颈，坠腹，平底，圈足外斜。颈部两周弦纹。折壁盘状盖，盖顶等列三个扁立纽。口径 10、腹径 16.6、通高 27.6 厘米（图三三九，3）。

4. 勺　2 件，修复 1 件。

M029：5，泥质黄灰陶。直口，弧腹，腹近底向下直折呈矮假圈足状，饼形平底。直立柄残。

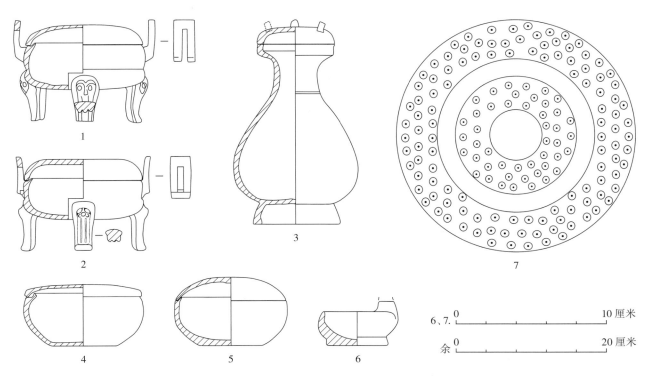

图三三九　M029 陶、滑石器

1、2.陶鼎（6、7）　3.陶壶（2）　4、5.陶盒（9、10）　6.陶勺（5）　7.滑石璧（1）

素面。通宽 5.3、残高 3 厘米（图三三九，6）。

还有陶匕 1 件，残甚，未修复。

（二）滑石器

璧　1 件。

M029：1，一面以两道同心圆纹形成的素圈区隔为内外区，内外区均饰圈点纹。肉径 15.7、好径 3.4、厚 0.4 厘米（图三三九，7）。

二　M070

一　墓葬形制（B 型 I 式）

普通窄长方形竖穴土坑。方向 120°。墓壁垂直，墓上部破坏。墓长 280、宽 135、残深 100 厘米。随葬器物位于墓底头端。葬具及人骨架不存。墓中填五花土（图三四〇）。

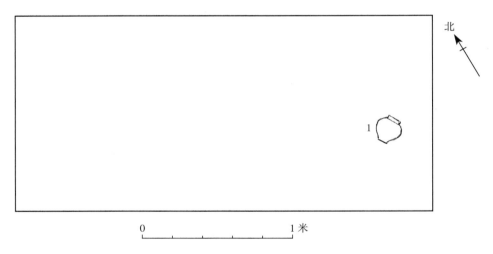

图三四〇　M070 平面及随葬器物分布图
1. 硬陶罐

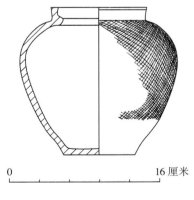

图三四一　硬陶罐（M070：1）

二　出土器物

硬陶罐　1 件。

M070：1，青灰色硬陶。矮直领，圆肩，弧腹，平底。腹饰麻布纹。口径 10、腹径 16.4、高 16 厘米（图三四一）。

三　M090

一　墓葬形制（A型Ⅰ式）

普通宽长方形竖穴土坑。方向195°。墓壁倾斜呈覆斗形，墓上部破坏。墓口长330、宽232厘米，墓底长285、宽180厘米，墓残深180厘米。随葬器物位于墓底头端。葬具及人骨架不存。墓中填五花土（图三四二）。

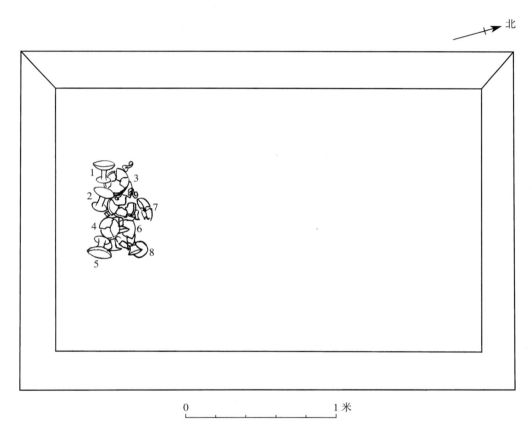

图三四二　M090平面及随葬器物分布图
1、2、4~6.陶豆　3.陶盒　7.陶鼎　8.陶壶

二　出土器物

仿铜陶礼器8件。

1. 鼎　1件。

M090：7，泥质褐陶。凹沿，浅弧腹，圜底。蹄形矮足直立，跟部有抽象兽面装饰。附耳外张。弓弧盖残。口径16.8、通宽23.8、高11.7、残通高12.6厘米（图三四三，1）。

2. 豆　5件，修复3件。形态接近。泥质灰陶。敞口，弧壁，矮柱状柄，喇叭状圈足。素面。

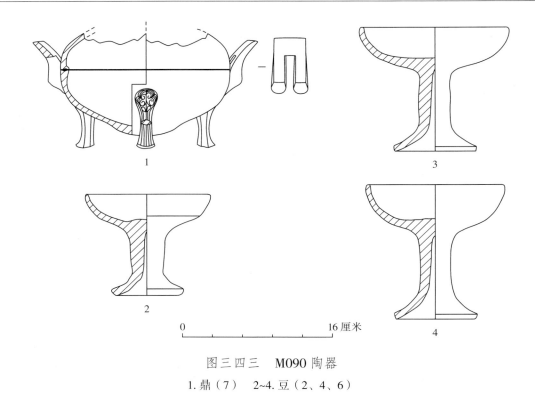

图三四三　M090 陶器

1. 鼎（7）　2~4. 豆（2、4、6）

M090：2，盘内微凸。口径 13.2、高 11 厘米（图三四三，2）。

M090：4，柄较 M090：2 稍高。口径 15.6、高 13.5 厘米（图三四三，3）。

M090：6，同 M090：4，盘较深。口径 14.4、高 14.7 厘米（图三四三，4）。

还有陶盒、壶各 1 件，残甚，未修复。

四　M139

一　墓葬形制（A 型 I 式）

普通宽长方形竖穴土坑。方向 120°。墓壁垂直，墓上部破坏。墓长 300、宽 150、残深 14 厘米。
随葬器物置于墓底头端。葬具及人骨架不存。墓中填五花土（图三四四）。

二　出土器物

滑石璧　1 件。

M139：1，一面以两道同心圆纹形成的素圈区隔为内外区，内外区均饰圈点纹。肉径
16.4、好径 2.4、厚 0.5 厘米（图三四五）。

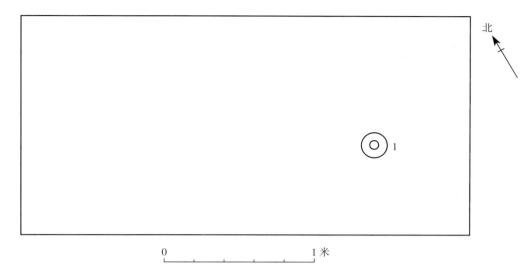

图三四四 M139 平面及随葬器物分布图
1. 滑石璧

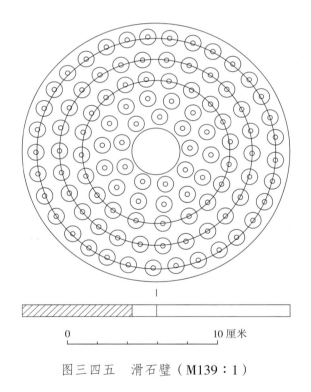

图三四五 滑石璧（M139 : 1）

五 M147

一 墓葬形制（A 型 I 式）

普通宽长方形竖穴土坑。方向 225°。墓壁垂直，墓上部破坏。墓长 280、宽 150、残深 100

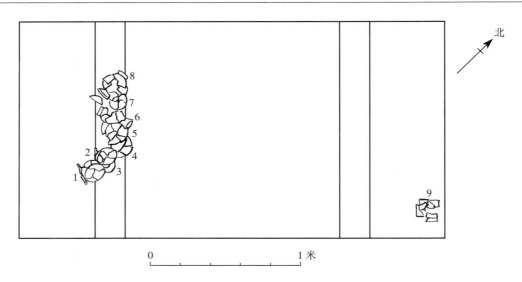

图三四六　M147 平面及随葬器物分布图
1、2.陶鼎　3.滑石璧　4、5.陶盒　6、8.陶壶　7.陶熏　9.陶灶

厘米。随葬器物置于墓底头端。墓底两端有枕木沟，沟宽 20、深 6 厘米。葬具及人骨架不存。墓中填五花土（图三四六）。

二　出土器物

9 件，陶器 8 件，滑石器 1 件。

仿铜陶礼器和模型器 8 件。

1. 鼎　2 件，形态相同。泥质褐陶。子母口内敛，窄肩承盖，浅弧腹，圜底。矮蹄形足。附耳外张。弧形深盖。盖顶一短尾鸟纽。

M147：1，口径 15.3、通宽 20.4、高 12.9、带盖通高 15.9 厘米（彩版一九，1；图三四七，1）。

M147：2，口径 15、通宽 20.4、高 12.9、带盖通高 16.2 厘米（图三四七，2）。

2. 盒　2 件，形态相同。泥质红陶。盒身子母口内敛，弧腹略有折，平底。弧形钵状盖。盖顶一长尾鸟纽。盖一周弦纹，器身两周弦纹。

M147：4，口残。盖径 16.4、通高 14.2 厘米（图三四七，3）。

M147：5，弓弧形盖。口径 14.4、盖径 16.4、通高 14.6 厘米（彩版一九，2；图三四七，4）。

3. 壶　2 件，形态相同。泥质红灰陶。敞口，粗弧颈，斜肩，弧腹，近底向下斜折呈矮圈足状，平底。弧形碟状盖，盖顶一立鸟纽。

M147：6，口径 10.4、腹径 16.8、高 22.4、通高 28.4 厘米（彩版一九，3；图三四七，6）。

M147：8，口径 9.6、腹径 17、高 21.2、通高 27 厘米（图三四七，5）。

4. 熏　1 件。

M147：7，泥质红灰陶。子母口内敛，窄肩承盖，弧壁略有折，矮弧柄，喇叭状圈足。折

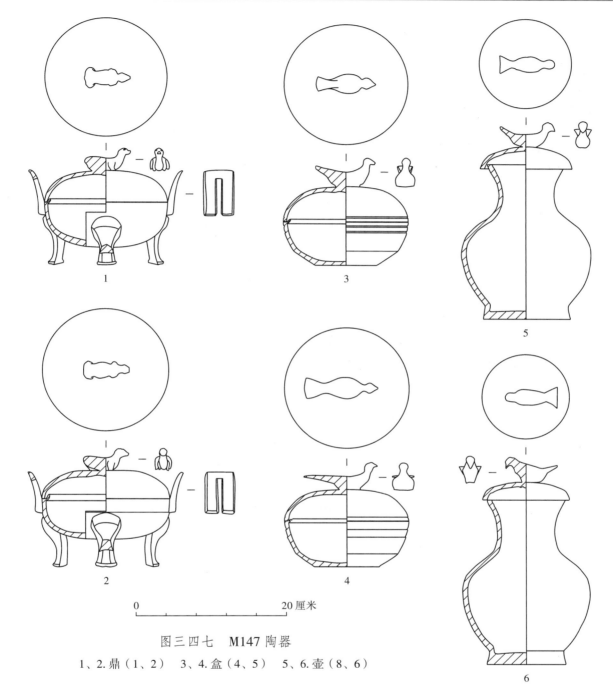

图三四七　M147 陶器

1、2.鼎（1、2）　3、4.盒（4、5）　5、6.壶（8、6）

壁盘状盖，弧壁，平顶。盖顶一鸟纽。身、盖口部有"米"字形刻花，其间以竖栏区隔；盖顶面有三周三角形熏孔，其间以弦纹区隔。口径10.8、盖径12.4、通高14.8厘米（彩版二〇，1；图三四八，1）。

还有灶1件，残甚，未修复。

（二）滑石器

璧　1件。

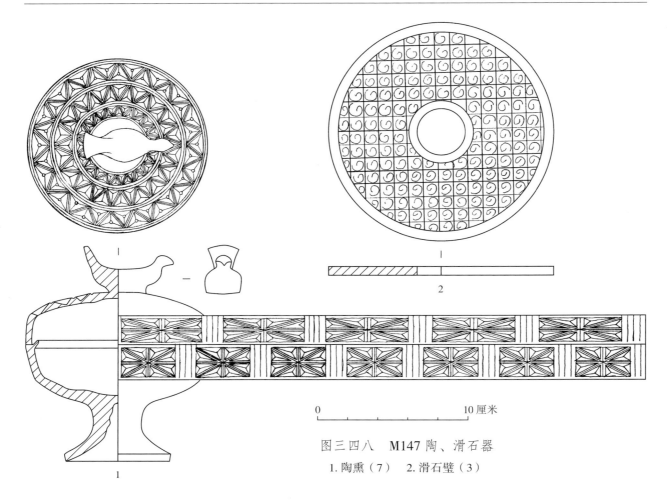

图三四八　M147陶、滑石器

1. 陶熏（7）　2. 滑石璧（3）

M147：3，一面肉、好均有郭，郭内刻方格，格内填涡纹。肉径15、好径3.2、厚0.5厘米（图三四八，2）。

六　M150

一　墓葬形制（A型Ⅰ式）

普通宽长方形竖穴土坑。方向115°。墓壁垂直。墓长310、宽170、深300厘米。随葬器物置于墓底头端靠右侧。葬具及人骨架不存。墓中填五花土（图三四九）。

二　出土器物

10件，陶器9件，滑石器1件。

（一）陶器

1. 鼎　2件，泥质褐陶。形态各异。

M150：1，子母口内敛，窄肩承盖，浅弧腹，上腹直，略有折，圜底。矮蹄形足略内聚。

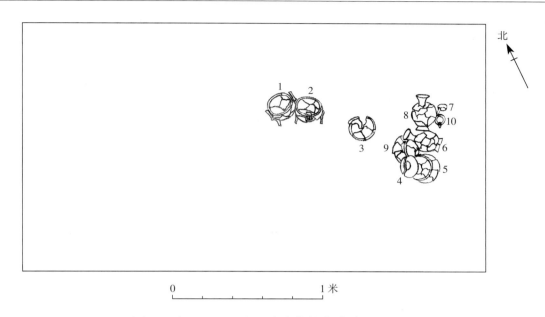

图三四九　M150 平面及随葬器物分布图

1、2.陶鼎　3.陶盘　4.滑石璧　5、9.陶盒　6、8.陶壶　7、10.陶勺

附耳直立。弧壁盘状素盖，平顶。口径 15、通宽 20.1、高 15 厘米（图三五〇，1）。

M150：2，平口，弧腹，平底。矮蹄形足外撇。附耳斜直。弧壁盘状盖较深，平顶。顶边三个乳丁纽。口径 15.6、通宽 17.7、高 14.1、带盖通高 14.4 厘米（图三五〇，2）。

2.盒　2 件，形态大致相同。泥质灰陶。弧腹，平底。弧形钵状盖。素面。

M150：5，盒身子母口内敛。口径 16.4、盖径 18、通高 11.4 厘米（图三五〇，3）。

M150：9，盒身凹沿，口内敛。口径 17.5、腹径 18.6、通高 12.2 厘米（图三五〇，4）。

3.壶　2 件，形态相同。泥质灰陶。折壁盘状直口，细弧颈，斜肩，鼓腹，平底，宽圈足斜直。碟状浅盖，盖顶一乳突纽。素面。

M150：6，口径 11.2、腹径 16.8、高 23.6、通高 25.6 厘米（图三五〇，5）。

M150：8，盖纽不见。口径 10.4、腹径 17.6、高 24.4、通高 26.4 厘米（图三五〇，6）。

4.勺　2 件，形态大致相同。泥质灰陶。敛口，折腹，平底，长柄直立，尾端向外弯曲。

M150：7，通宽 5.3、通高 5.5 厘米（图三五〇，7）。

M150：10，上腹斜直。柄残。腹径 4.7、残高 3.3 厘米（图三五〇，8）。

还有盘 1 件，残甚，未修复。

（二）滑石器

璧　1 件。

M150：4，一面饰五圈圈点纹。肉径 17.8、好径 3.2、厚 0.8 厘米（彩版二〇，2；图三五〇，9）。

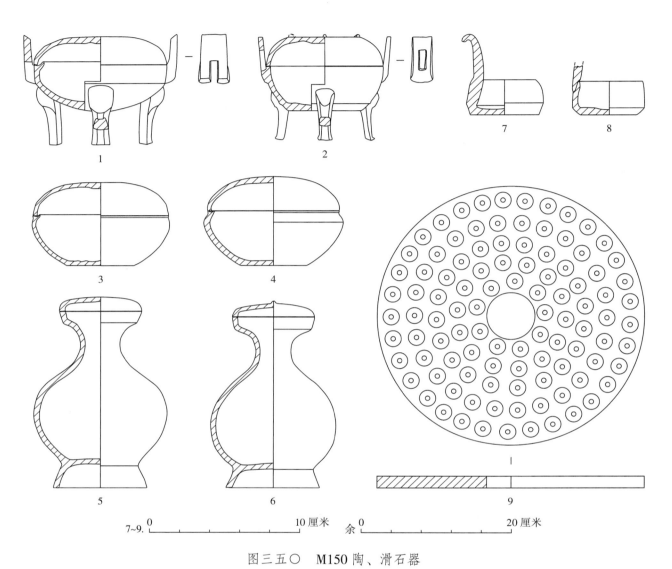

图三五〇　M150 陶、滑石器

1、2.陶鼎（1、2）　3、4.陶盒（5、9）　5、6.陶壶（6、8）　7、8.陶勺（7、10）　9.滑石璧（4）

七　M156

一　墓葬形制（A 型Ⅲ式）

宽长方形竖穴土坑带曲尺形二层台。方向 123°。墓壁垂直，墓上部破坏。墓口长 350、宽 210 厘米，墓底长 334、宽 194 厘米，墓残深 270 厘米。墓坑下部头端和左侧壁有曲尺形二层台，二层台高 90、宽 16 厘米。随葬器物置于墓底头端。葬具及人骨架不存。墓中填五花土（图三五一）。

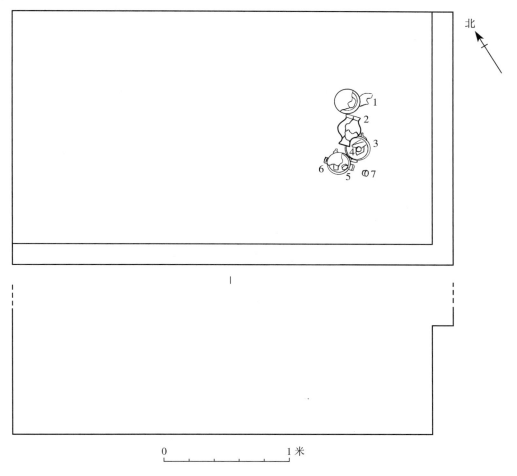

图三五一   M156平、剖面及随葬器物分布图
1.陶盒 2.陶壶 3、6.陶鼎 4、5、7.陶杯

二 出土器物

仿铜陶礼器7件。

1.鼎 2件，形态相同。泥质褐陶。子母口内敛，窄肩承盖，浅弧腹，上腹直，略有折，圜底。矮蹄形足。附耳直立。弧壁盘状素盖，顶较平。

M156：3，口径15.6、通宽21、高15.6、带盖通高16.2厘米（彩版二一，1；图三五二，1）。

M156：6，口径15.6、通宽20.7、高15.9厘米（图三五二，2）。

2.盒 1件。

M156：1，泥质红陶。盒身子母口内敛，弧腹近底微凹，平底。弧形盖边缘直折。素面。口径16、盖径18.2、通高11厘米（彩版二一，2；图三五二，4）。

3.壶 1件。

M156：2，泥质灰陶。敞口，粗弧颈，溜肩，鼓腹，下腹向外斜折呈假圈足状，平底。浅平盖，

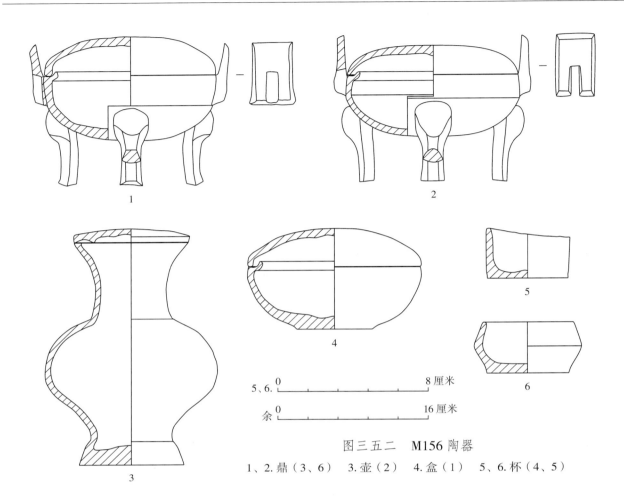

图三五二　M156 陶器

1、2. 鼎（3、6）　3. 壶（2）　4. 盒（1）　5、6. 杯（4、5）

低子母口。素面。口径 12、腹径 18.4、高 24.4、通高 26 厘米（图三五二，3）。

4. 杯　3 件，修复 2 件。形态各异。素面。

M156：4，泥质红灰陶。直口，直腹，平底。口沿倾斜不规整。口径 4.4、高 2.7 厘米（图三五二，5）。

M156：5，泥质褐陶。敛口，折壁，平底。口径 4.8、高 2.8 厘米（图三五二，6）。

八　M157

一　墓葬形制（A 型 I 式）

普通宽长方形竖穴土坑。方向 120°。墓壁垂直。墓长 300、宽 190、深 300 厘米。随葬器物分布于墓底头端及左侧。墓底有两横两纵枕木沟，呈"Ⅱ"形，横宽纵窄，横沟宽 20、深 6 厘米，纵沟宽 10、深 4 厘米。葬具及人骨架不存。墓中填五花土（图三五三）。

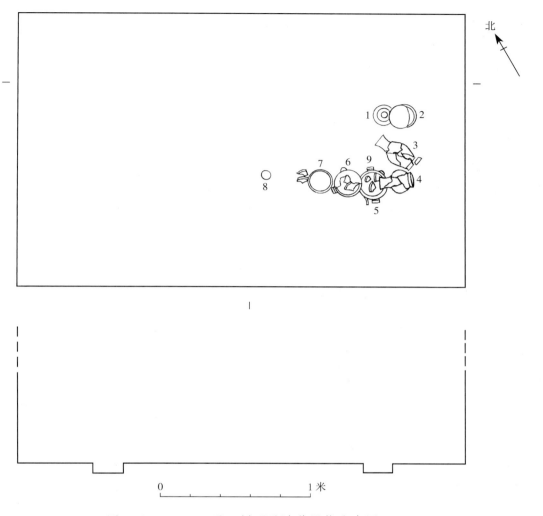

图三五三 M157平、剖面及随葬器物分布图
1.滑石璧 2.陶盒 3、4.陶壶 5、6.陶鼎 7、8.陶杯 9.陶匕

二 出土器物

9件。陶器8件，滑石器1件。

仿铜陶礼器8件。

1.鼎 2件，形态各异。

M157：5，泥质灰陶。低子母口，窄肩承盖，浅弧腹，上腹较直，小平底。矮蹄形足内聚，足前面两道纵刻槽。小附耳直立。弧壁盘状盖，平顶。盖面三个乳丁纽。口径15.6、通宽19.5、高11.7、带盖通高12.6厘米（图三五四，1）。

M157：6，泥质红陶。弧腹略有折，圜底。上腹一周凸棱。矮直蹄形足。附耳外张。折壁弧顶素盖。口径15.3、通宽21.3、高12.9、带盖通高14.1厘米（图三五四，2）。

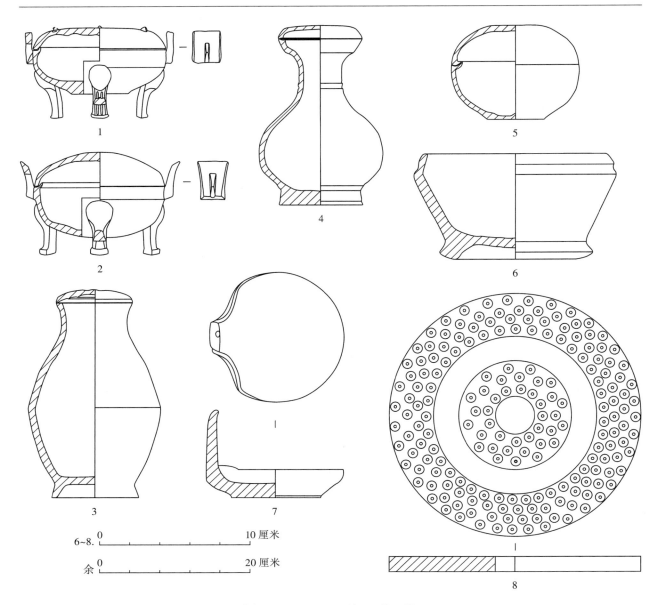

1、2. 陶鼎（5、6）　3、4. 陶壶（3、4）　5. 陶盒（2）　6. 陶杯（7）　7. 陶匕（9）　8. 滑石璧（1）

图三五四　M157 陶、滑石器

2. 盒　1件。

M157：2，泥质灰陶。盒身子母口内敛，弧腹近底微凹，平底。弧壁盖，平顶。素面。口径14、盖径17、通高12.9厘米（图三五四，5）。

3. 壶　2件，形态各异。泥质红灰陶。

M157：3，敞口，弧颈粗短，折腹，平底，矮圈足斜直。浅弧盖，盖顶一凹圈。素面。口径9.8、腹径17.5、高27、通高28.8厘米（图三五四，3）。

M157：4，盘状口斜折，弧颈，斜肩，鼓腹，下腹向外斜折呈假圈足状，平底。颈及下腹各两周弦纹。浅平折壁盖。口径 10.8、腹径 16、高 22.8、通高 24.6 厘米（图三五四，4）。

4. 杯 1 件。

M157：7，泥质红灰陶。折敛口，斜直腹，圜底。矮圈足外斜。素面。口径 12.4、高 7.2 厘米（图三五四，6）。

5. 匕 1 件。

M157：9，泥质灰陶。敞口，弧壁，平底。扁直柄。宽 9、通高 6 厘米（图三五四，7）。还有陶杯 1 件，残甚，未修复。

（二）滑石器

璧 1 件。

M157：1，一面以两道同心圆纹形成的素圈区隔为内外区，内外区均饰圈点纹。肉径 16.8、好径 2.6、厚 1.1 厘米（图三五四，8）。

九 M162

一 墓葬形制（A 型 I 式）

普通宽长方形竖穴土坑。方向 300°。墓壁垂直，墓上部破坏。墓长 320、宽 210、残深 120 厘米。随葬器物分布于墓底头端及中部。葬具及人骨架不存。墓中填五花土（图三五五）。

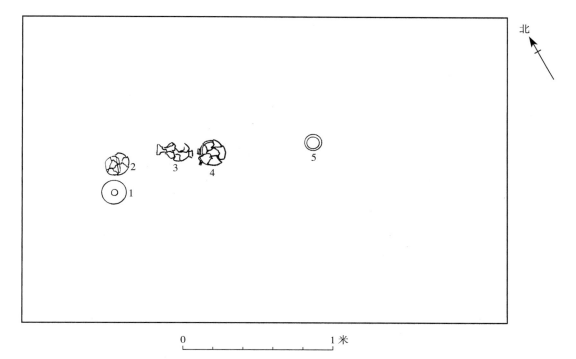

图三五五 M162 平面及随葬器物分布图

1. 滑石璧 2. 陶盒 3. 陶壶 4. 陶鼎 5. 陶釜

二　出土器物

5 件。陶器 4 件，滑石器 1 件。

（一）陶器

仿铜陶礼器。

1. 鼎　1 件。

M162：4，泥质灰陶。低子母口内敛，窄肩承盖，折腹，转折处一周凸圈，平底。矮蹄形足弯曲。附耳直立。弓弧形素盖。口径 9.6、通宽 21、高 14.7、带盖通高 16.2 厘米（图三五六，1）。

2. 盒　1 件。

M162：2，泥质灰陶。盒身子母口内敛，弧腹，平底。口部两周细弦纹。弓弧壁盖。素面。口径 14.8、盖径 17.2、通高 12.6 厘米（图三五六，3）。

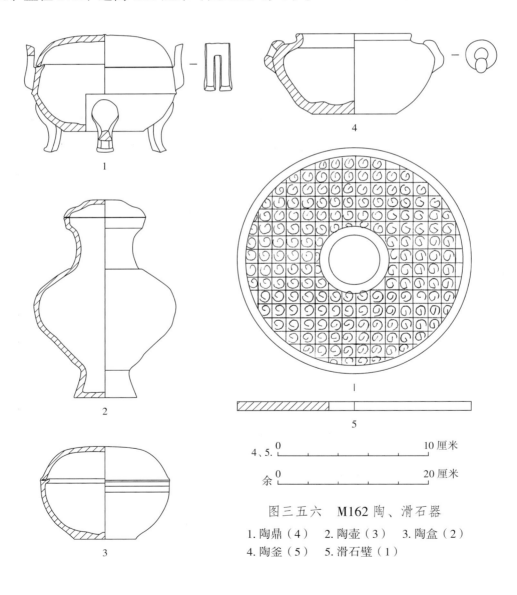

图三五六　M162 陶、滑石器

1. 陶鼎（4）　2. 陶壶（3）　3. 陶盒（2）
4. 陶釜（5）　5. 滑石璧（1）

3. 壶　1件。

M162:3，泥质黑衣灰陶。折壁盘状直口，弧颈，溜肩，鼓腹，下腹向外斜折呈假圈足状，平底。碟状盖，平顶。素面。口径10.8、腹径18.8、高24.8、通高27.2厘米（图三五六，2）。

4. 釜　1件。

M162:5，泥质灰陶。矮直领，窄肩，折腹，平底。上腹部对称鼻纽衔环。口径7.6、腹径10.8、高5.6厘米（图三五六，4）。

（二）滑石器

璧　1件。

M162:1，双面肉、好有郭，郭内刻划方格，格内刻涡纹。肉径15.4、好径3.4、厚0.6厘米（彩版二二，1；图三五六，5）。

一〇　M163

一　墓葬形制（A型I式）

普通宽长方形竖穴土坑。方向126°。墓壁垂直，墓上部破坏。墓长290、宽160、残深80厘米。随葬器物置于墓底头端及左侧。墓底两端有枕木沟，沟宽18、深8厘米。葬具及人骨架不存。墓中填五花土（图三五七）。

二　出土器物

2件。陶器、滑石器各1件。

（一）陶器

壶　1件。

M163:2，泥质灰陶。敞口，弧颈，溜肩，鼓腹，圜底，矮直圈足。上腹对称鼻纽及三周弦纹。口径10、腹径21.2、高12.4厘米（图三五八，1）。

（二）滑石器

璧　1件。

M163:1，一面以两道同心圆纹形成的素圈区隔为内外区，内外区均饰圈点纹。肉径18、好径2.2、厚1.1厘米（彩版二二，2；图三五八，2）。

一一　M164

一　墓葬形制（A型I式）

普通宽长方形竖穴土坑。方向30°。墓壁垂直，墓上部破坏。墓长290、宽180、残深150

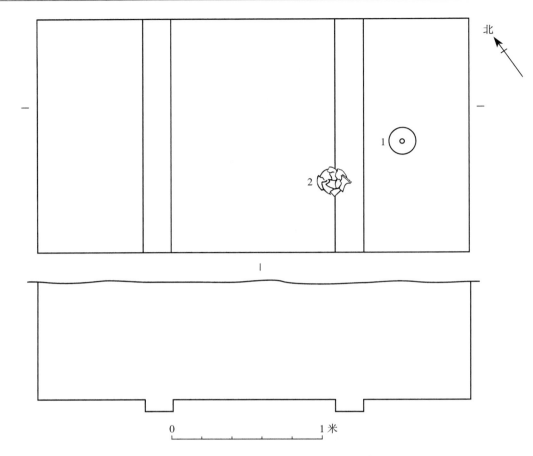

图三五七　M163 平、剖面及随葬器物分布图
1. 滑石璧　2. 陶壶

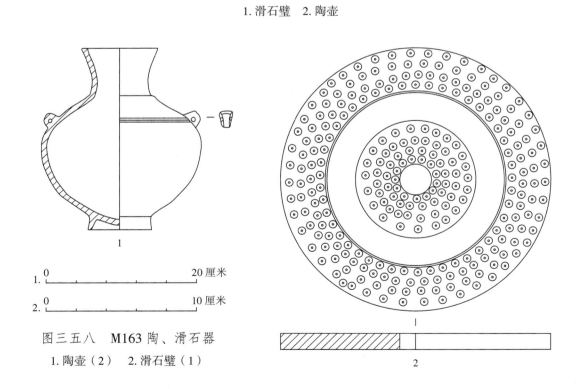

图三五八　M163 陶、滑石器
1. 陶壶（2）　2. 滑石璧（1）

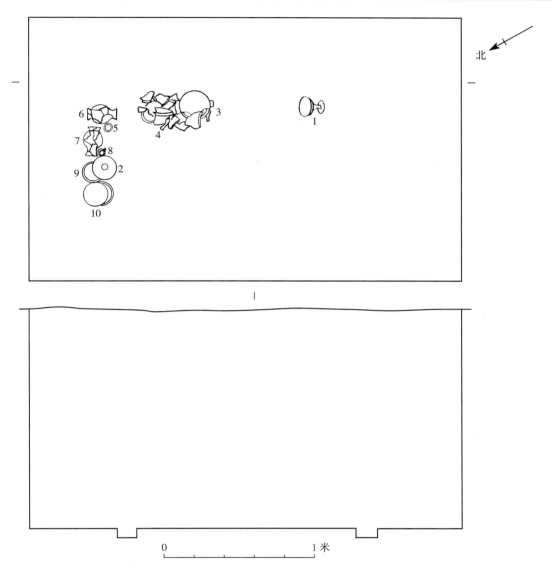

图三五九　M164 平、剖面及随葬器物分布图
1.陶豆　2.滑石璧　3、4.陶鼎　5.陶杯　6、7.陶壶　8.陶勺　9、10.陶盒

厘米。随葬器物置于墓底头端及左侧。墓底两端有枕木沟，沟宽 14、深 6 厘米。葬具及人骨架不存。墓中填五花土（图三五九）。

二　出土器物

10 件。陶器 9 件，滑石器 1 件。

（一）陶器

仿铜陶礼器。

1.鼎　2 件，形态各异。泥质灰陶。

M164：3，低子母口内敛，窄肩承盖，浅弧腹，圜底。矮蹄形足弯曲。小附耳直立。弓弧形素盖。口径 16.2、通宽 19.5、高 11.1、带盖通高 13.2 厘米（图三六〇，1）。

M164：4，子母口内敛，窄肩承盖，弧腹较深，圜底。腹两周凸棱。矮蹄形足。大附耳直立。盖失。口径 13.8、通宽 19.2、高 17.1 厘米（图三六〇，2）。

2. 盒　2件，修复 1 件。

M164：9，泥质红灰陶。盒身子母口内敛，弧腹，平底。腹四周弦纹。弓弧形盖。素面。口径 15.2、盖径 17.8、通高 13.2 厘米（图三六〇，3）。

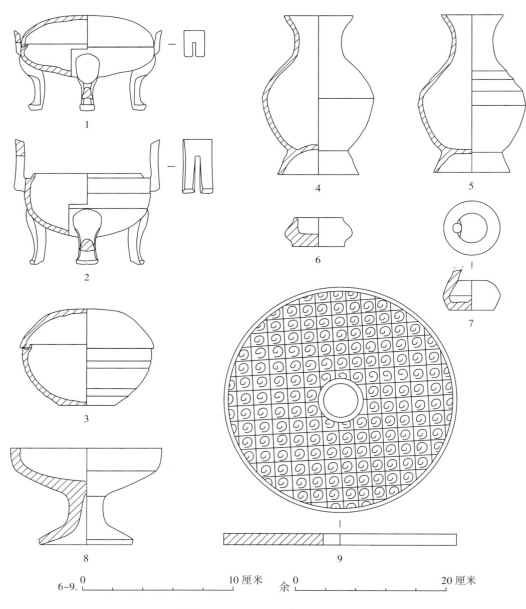

图三六〇　M164 陶、滑石器

1、2. 陶鼎（3、4）　3. 陶盒（9）　4、5. 陶壶（6、7）　6. 陶杯（5）　7. 陶勺（8）　8. 陶豆（1）　9. 滑石璧（2）

3. 壶　2 件，形态相同。泥质灰陶。敞口，弧颈，折腹，圈足外斜。素面。

M164：6，凹圜底。口径 9、腹径 14.8、高 22 厘米（图三六〇，4）。

M164：7，平底。口径 8、腹径 14.2、高 21.6 厘米（图三六〇，5）。

4. 豆　1 件。

M164：1，泥质灰陶。敞口，弧壁，矮弧柄，喇叭状圈足。素面。口径 10.2、高 6.6 厘米（图三六〇，8）。

5. 杯　1 件。

M164：5，泥质灰陶。直口，折腹，下腹凹，平底。素面。口径 3.2、腹径 4.4、高 2 厘米（图三六〇，6）。

6. 勺　1 件，

M164：8，泥质灰陶。敛口，折腹，平底，柄内斜。残。口径 2、腹径 3.8、残高 2.7 厘米（图三六〇，7）。

（二）滑石器

璧　1 件。

M164：2，肉、好均有郭，郭内刻划方格，格内刻涡纹。肉径 15.6、好径 2.2、厚 0.8 厘米（图三六〇，9）。

一二　M175

一　墓葬形制（A 型 I 式）

普通宽长方形竖穴土坑。方向 20°。墓壁垂直，墓上部破坏。墓长 280、宽 150、残深 210 厘米。随葬器物置于墓底头端。葬具及人骨架不存。墓中填五花土（图三六一）。

二　出土器物

10 件，陶器 8 件，铁器 1 件，滑石器 1 件。

（一）陶器

1. 鼎　1 件。

M175：3，泥质黑衣灰陶。低子母口内敛，窄肩承盖，浅折腹，平底微凹。矮蹄形足外撇。附耳外侈。折壁高盖，平顶。素面。口径 16.5、通宽 21.6、高 12.4、带盖通高 14.7 厘米（图三六二，1）。

2. 盒　1 件。

M175：8，泥质红灰陶。盒身子母口内敛，弧腹，口部直折，平底。弓弧形盖。素面。口径 15、盖径 17.4、通高 12.4 厘米（图三六二，2）。

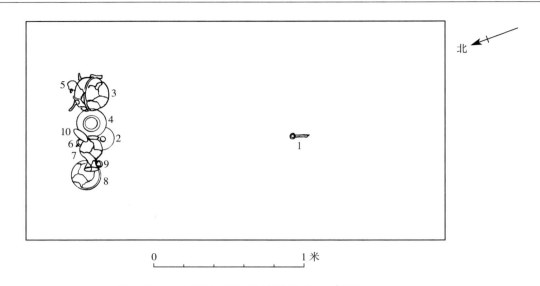

图三六一　M175 平面及随葬器物分布图

1.铁刀　2.滑石璧　3.陶鼎　4、7.陶壶　5.陶匕　6.陶勺　8.陶盒　9.陶杯　10.陶豆

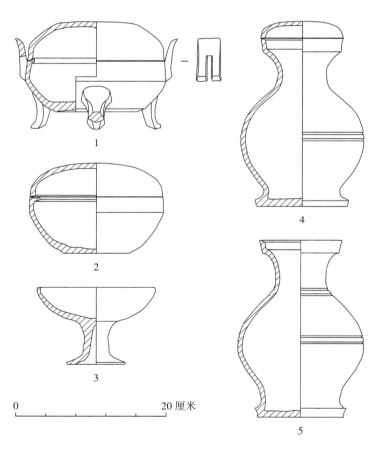

图三六二　M175 陶器

1.鼎（3）　2.盒（8）　3.豆（10）　4、5.壶（4、7）

3. 壶　2件，形态相同。泥质灰陶。折壁盘状口，弧颈，鼓腹，下腹凹弧，底边平伸，平底。碟状素盖。

M175：4，腹两周弦纹。口径 10.8、腹径 16.4、高 23.2、带盖通高 25.6 厘米（彩版二三；图三六二，4）。

M175：7，盖失。颈、腹各两周弦纹。口径 10.6、腹径 16.4、高 24 厘米（图三六二，5）。

4. 豆　1件。

M175：10，泥质红陶。敞口，弧壁，矮弧柄，喇叭状圈足。素面。口径 15.6、高 10.5 厘米（图三六二，3）。

5. 杯　1件。

M175：9，泥质灰陶。直口微敛，折腹，平底。素面。口径 5.2、腹径 5.7、高 3.1 厘米（图三六三，4）。

6. 勺　1件。

M175：6，泥质红陶。敛口，弧腹，

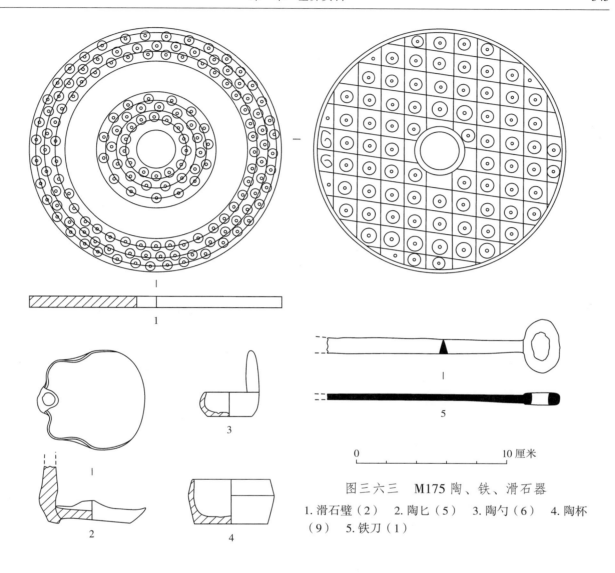

图三六三　M175 陶、铁、滑石器

1. 滑石璧（2）　2. 陶匕（5）　3. 陶勺（6）　4. 陶杯
（9）　5. 铁刀（1）

平底，锥形直柄。通宽 4、通高 4.5 厘米（图三六三，3）。

　　7. 匕　1件。

　　M175：5，泥质褐陶。平面呈铲形，斜壁，口部两侧凹腰，平底，直柄残。宽 6.8~7、残高
4 厘米（图三六三，2）。

　　（二）铁器

　　刀　1件。

　　M175：1，环首，狭长身，单边刃。前端残。残长 15.5 厘米（图三六三，5）。

　　（三）滑石器

　　璧　1件。

　　M175：2，双面均有纹饰。一面以两道同心圆纹形成的素圈区隔为内外区，内外区均饰圈
点纹。另一面肉、好均有郭，郭内刻菱形格线，菱格内主要填圈点纹，边缘补几个涡纹和圆点纹。

肉径 16.6、好径 2.8、厚 0.8 厘米（彩版二四，1、2；图三六三，1）。

一三　M183

一　墓葬形制（A 型 I 式）

普通宽长方形竖穴土坑。方向 100°。墓壁垂直，墓上部破坏。墓长 250、宽 155、残深 220 厘米。随葬器物置于墓底头端。葬具及人骨架不存。墓中填五花土（图三六四）。

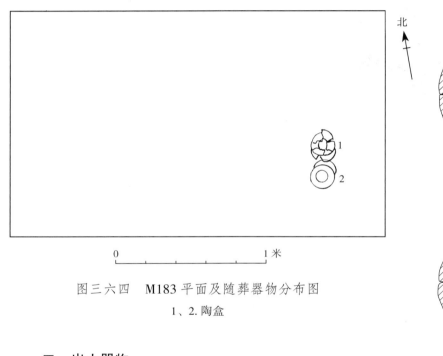

北

0　　　　　　　　　　　1 米

图三六四　M183 平面及随葬器物分布图
1、2.陶盒

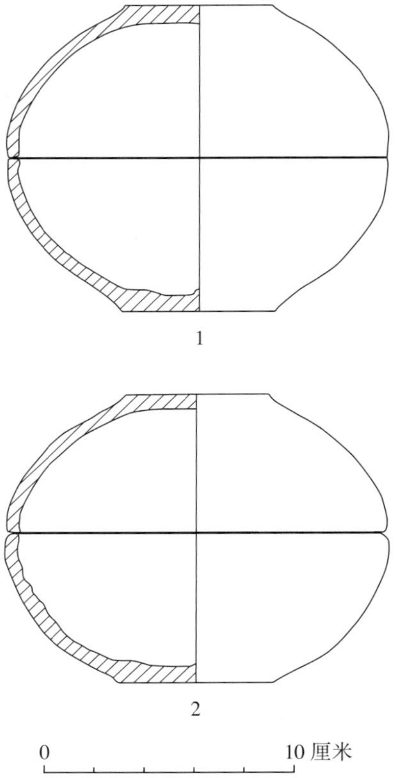

0　　　　　　　　　10 厘米

图三六五　M183 陶盒（1、2）

二　出土器物

陶盒　2 件，形态相同。泥质红灰陶。身、盖同形。直口，弧腹，平底、顶。素面。

M183：1，口径 15、通高 12.6 厘米（彩版二五，1；图三六五，1）。

M183：2，口径 15.2、通高 12 厘米（图三六五，2）。

一四　M184

一　墓葬形制（A 型 I 式）

普通宽长方形竖穴土坑。方向 120°。墓壁垂直，墓上部破坏。墓长 360、宽 220、残深 190

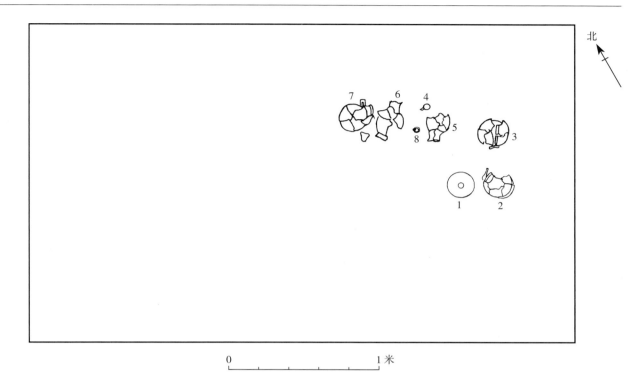

图三六六　M184 平面及随葬器物分布图
1. 滑石璧　2、3、7. 陶鼎　4、8. 陶勺　5、6. 陶壶

厘米。随葬器物置于墓底头端及右侧。葬具及人骨架不存。墓中填五花土（图三六六）。

二　出土器物

8 件，陶器 7 件，滑石器 1 件。

（一）陶器

勺　2 件，修复 1 件。

M184：8，泥质红陶。口微敛，折腹，下腹削棱呈八棱形。平底，柱状直柄。腹径 4.3、通高 5.2
厘米（图三六七，2）。

还有陶鼎 3 件、壶 2 件，残甚，未修复。

（二）滑石器

璧　1 件。

M184：1，一面肉、好有郭，郭内刻正方格线，方格内填圈点纹。肉径 17.6、好径 1.7、厚 0.9
厘米（图三六七，1）。

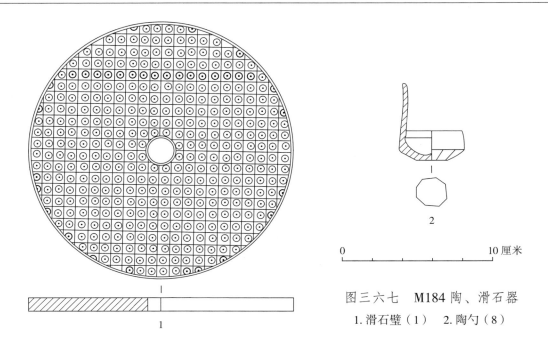

图三六七　M184 陶、滑石器
1. 滑石璧（1）　2. 陶勺（8）

一五　M185

一　墓葬形制（A型Ⅰ式）

普通宽长方形竖穴土坑。方向 110°。墓壁垂直，墓上部破坏。墓长 310、宽 198、残深 230 厘米。随葬器物置于墓底头端及左侧。葬具及人骨架不存。墓中填五花土（图三六八）。

二　出土器物

3 件，陶器 2 件，滑石器 1 件。

滑石璧　1 件。

M185∶1，一面以两道同心圆纹形成的素圈区隔为内外区，内外区均饰圈点纹。肉、好有郭。肉径 17、好径 2.4、厚 1.1 厘米（图三六九）。

还有陶鼎 2 件，残甚，未修复。

一六　M186

一　墓葬形制（A型Ⅰ式）

普通宽长方形竖穴土坑。方向 25°。墓壁垂直，墓上部破坏。墓长 300、宽 200、残深 70 厘米。随葬器物置于墓底中部一线。葬具及人骨架不存。墓中填五花土（图三七〇）。

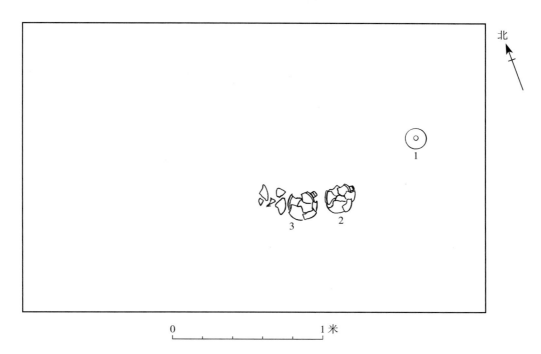

图三六八　M185 平面及随葬器物分布图
1. 滑石璧　2、3. 陶鼎

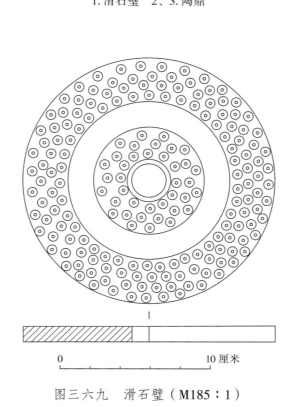

图三六九　滑石璧（M185∶1）

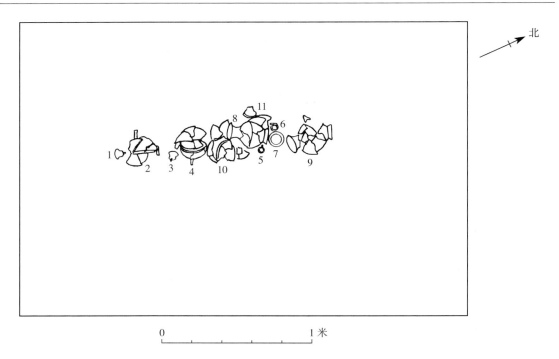

图三七〇　M186平面及随葬器物分布图

1、3.陶匕　　2、4.陶鼎　　5、6.陶勺　　7.陶盘　　8、9.陶壶　　10、11.陶盒

二　出土器物

仿铜陶礼器11件。

1. 鼎　2件，形态相同。泥质灰陶。低子母口内敛，窄肩承盖，折腹，转折处呈台棱状凸出，底微弧。矮蹄形足直立。附耳外侈。弓弧形素盖，平顶。

M186：2，口径14.4、通宽20.2、高16.2厘米（图三七一，4）。

M186：4，口径15、通宽21、高14.4、带盖通高15厘米（图三七一，5）。

2. 盒　2件，修复1件。

M186：10，泥质红灰陶。盒身子母口内敛，弧腹，平底。腹有瓦棱状弦纹。弧壁盖，平顶。素面。口径14.8、盖径17.3、通高11.2厘米（彩版二五，2；图三七一，1）。

3. 壶　2件，形态接近。泥质灰陶。折壁盘状敞口，转折处外凸，弧颈，斜肩有折，弧腹，平底，圈足斜直。

M186：8，盘状口转折不明显。口径10.4、腹径20、高27.2厘米（图三七一，2）。

M186：9，口径10.6、腹径17.6、高24.6厘米（彩版二五，3；图三七一，3）。

4. 盘　1件。

M186：7，泥质灰陶。敞口，弧壁，平底。素面。口径11.4、高2.2厘米（图三七一，6）。

5. 勺　2件，形态相同。泥质灰陶。敛口，折壁，平底，柱形柄向上弯曲。

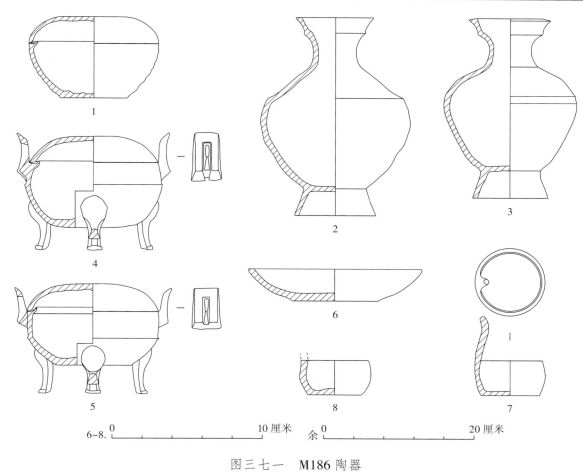

图三七一　M186 陶器

1.盒（10）　2、3.壶（8、9）　4、5.鼎（2、4）　6.盘（7）　7、8.勺（5、6）

M186：5，腹径 4.6、通高 5.4 厘米（图三七一，7）。

M186：6，柄残。腹径 4.7、残高 2.4 厘米（图三七一，8）。

还有陶匕 2 件，残甚，未修复。

一七　M187

一　墓葬形制（A 型 I 式）

普通宽长方形竖穴土坑。方向 115°。墓壁垂直，墓上部破坏。墓长 300、宽 180、残深 180 厘米。随葬器物置于墓底头端及右侧。葬具及人骨架不存。墓中填五花土（图三七二）。

二　出土器物

5 件，陶器 4 件，滑石器 1 件。

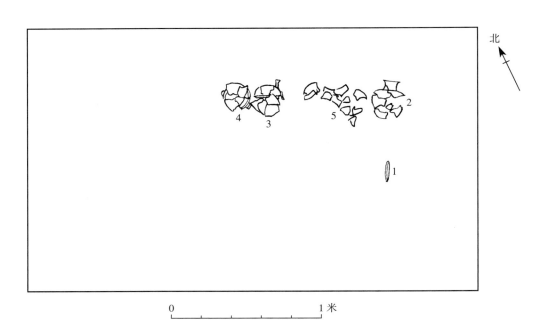

图三七二　M187 平面及随葬器物分布图

1.滑石璧　2、5.陶壶　3、4.陶鼎

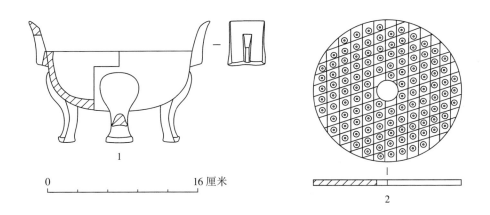

图三七三　M187 陶、滑石器

1.陶鼎（4）　2.滑石璧（1）

（一）陶器

仿铜陶礼器。

鼎　2件，修复1件。

M187：4，泥质灰陶。敞口，平沿，弧腹，平底。矮蹄形足直立。附耳外侈。盖失。口径
15.4、通宽 19.2、高 13.5 厘米（图三七三，1）。

还有陶壶2件，残甚，未修复。

（二）滑石器

璧　1件。

M187：1，一面刻菱形格线，菱格内填圈点纹。肉径15.4、好径2.2、厚0.6厘米（图三七三，2）。

一八　M195

一　墓葬形制（B型I式）

普通窄长方形竖穴土坑。方向105°。墓壁垂直，墓上部破坏。墓长285、宽135、残深140厘米。随葬器物置于墓底头端。葬具及人骨架不存。墓中填五花土（图三七四）。

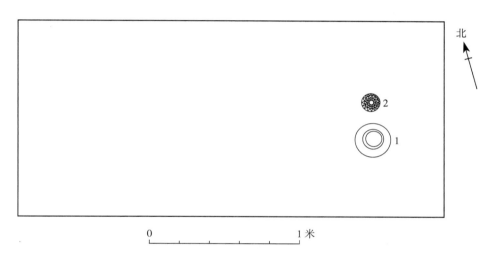

图三七四　M195平面及随葬器物分布图
1. 陶罐　2. 陶熏

二　出土器物

陶器2件。

1. 罐　1件。

M195：1，泥质灰陶。斜折沿，高弧领，溜肩，鼓腹，凹圜底。腹饰横断绳纹。口径14、腹径22.4、高22.8厘米（图三七五，2）。

2. 熏　1件。

M195：2，泥质灰陶。子母口内敛，窄肩承盖，直壁，平底，矮弧柄，喇叭状圈足。直折壁盖，圈状纽中空。身、盖直壁有"米"字形刻花，其间以竖栏区隔；盖顶面有两周三角形熏孔及一圈麦穗状刻纹，其间以弦纹区隔。口径9.2、盖径10.6、通高11.4厘米（图三七五，1）。

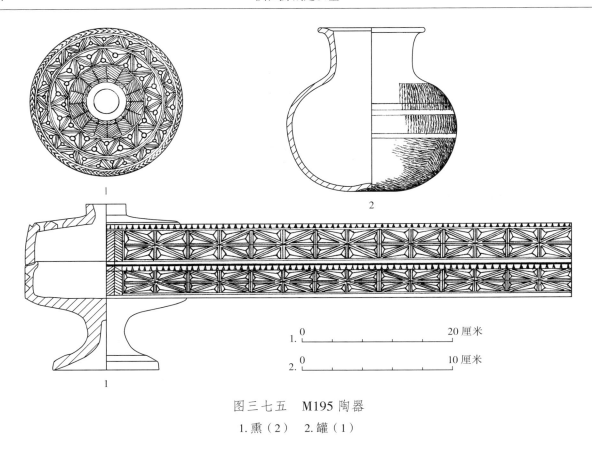

图三七五　M195 陶器

1. 熏（2）　2. 罐（1）

一九　M196

一　墓葬形制（A 型 I 式）

普通宽长方形竖穴土坑。方向 105°。墓壁垂直，墓上部破坏。墓长 320、宽 180、残深 120 厘米。随葬器物置于墓底头端。墓底两端有枕木沟，沟宽 20、深 10 厘米。葬具及人骨架不存。墓中填五花土（图三七六）。

二　出土器物

5 件，陶器 4 件，滑石器 1 件。

（一）陶器

1. 鼎　1 件。

M196：3，泥质灰陶。子母口内敛，窄肩承盖，折腹，圜底。矮蹄形足。附耳外侈。弧形深盖。素面。口径 15.6、通宽 21、高 14.1、带盖通高 15.3 厘米（图三七七，2）。

2. 盒　1 件。

M196：2，泥质灰陶。盒身子母口内敛，弧腹，平底。浅弧形盖。器身瓦棱状弦纹。口径

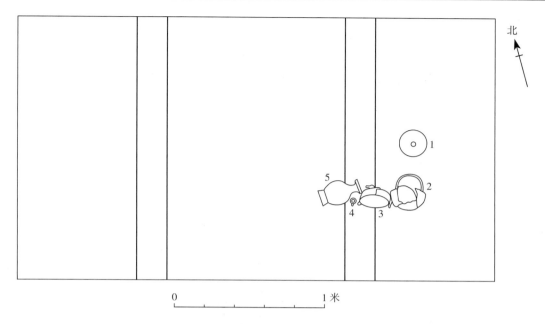

图三七六　M196 平面及随葬器物分布图
1. 滑石璧　2. 陶盒　3. 陶鼎　4. 陶勺　5. 陶壶

15.8、盖径 18、通高 11.6 厘米（图三七七，1）。

3. 壶　1件。

M196：5，泥质灰陶。盘状敞口，弧颈，溜肩，鼓腹，圈足外斜。口径 9.8、腹径 16.8、高 25.6 厘米（彩版二五，4；图三七七，3）。

4. 勺　1件。

M196：4，泥质褐陶。直口，折壁，平底，圆柱柄直立。素面。通宽 5、通高 5.7 厘米（图三七七，4）。

（二）滑石器

璧　1件。

M196：1，正面好周有一圈深刻槽，通体饰八周圈点纹。肉径 16.9、好径 2.4、厚 1.2 厘米（图三七七，5）。

二〇　M199

一　墓葬形制（A 型 I 式）

普通宽长方形竖穴土坑。方向 105°。墓壁垂直，墓上部破坏。墓长 320、宽 190、残深 170 厘米。随葬器物置于墓底头端。墓底两端有枕木沟，沟宽 20、深 10 厘米。葬具及人骨架不存。墓中填五花土（图三七八）。

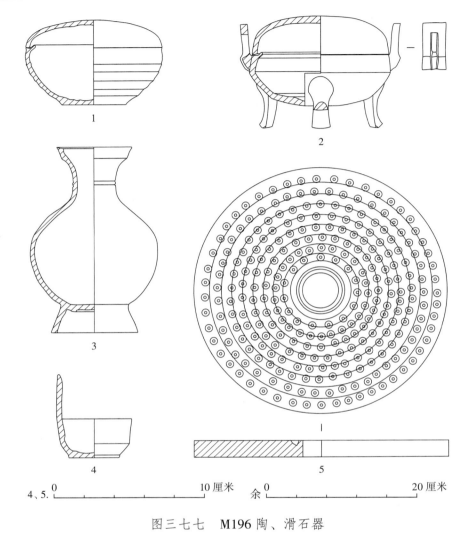

图三七七　M196 陶、滑石器

1. 陶盒（2）　2. 陶鼎（3）　3. 陶壶（5）　4. 陶勺（4）　5. 滑石璧（1）

二　出土器物

5 件，陶器 4 件，滑石器 1 件。

（一）陶器

1. 鼎　1 件。

M199：3，泥质灰陶。低子母口内敛，窄肩承盖，上腹直，下腹折弧收，转折处呈台棱状突出，小平底。蹄形足正面两道竖槽。附耳外张。弧形深盖。素面。口径 13.2、通宽 19.2、高 15.9、带盖通高 17.1 厘米（彩版二六，1；图三七九，1）。

2. 盒　1 件。

M199：1，泥质灰陶。盒身子母口内敛，弧腹，平底。弓弧形盖。口径 14.8、盖径 17.1、通高 13.3 厘米（图三七九，2）。

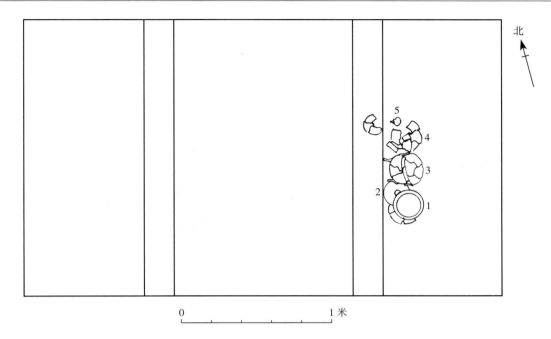

图三七八 M199 平面及随葬器物分布图

1.陶盒 2.滑石璧 3.陶鼎 4.陶壶 5.陶匕

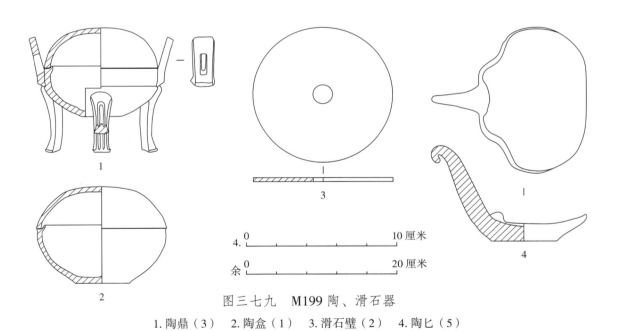

图三七九 M199 陶、滑石器

1.陶鼎（3） 2.陶盒（1） 3.滑石璧（2） 4.陶匕（5）

3.匕 1件。

M199：5，泥质褐陶。敞口，斜壁，平底，口两侧掐腰，柄斜伸，尾端外卷。素面。长10.3、宽10、通高6.5厘米（图三七九，4）。

还有陶壶1件，残甚，未修复。

（二）滑石器

璧　1件。

M199：2，双面平素无纹饰。肉径18.6、好径2.5、厚0.5厘米（图三七九，3）。

二一　M200

一　墓葬形制（A型Ⅰ式）

普通宽长方形竖穴土坑。方向100°。墓壁垂直，墓上部破坏。墓长320、宽180、残深210厘米。随葬器物置于墓底头端。葬具及人骨架不存。墓中填五花土（图三八○）。

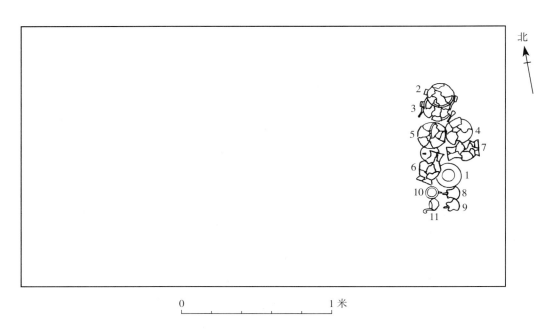

北

0　　　　　　　　　　　1米

图三八○　M200平面及随葬器物分布图

1.滑石璧　2、3.陶鼎　4、5.陶盒　6、7.陶壶　8、9.陶匕　10、11.陶勺

二　出土器物

11件，陶器10件，滑石器1件。

（一）陶器

1.鼎　2件，形态大致相同。泥质灰陶。凹沿略有子母口，直口，斜折腹，平底。蹄形足细挑内聚。附耳外斜。弧形素盖。

M200：2，口径15.6、通宽19.6、高14.1、带盖通高15厘米（图三八一，1）。

M200：3，腹圆折，下腹略凹。口径17.4、通宽19.8、高14.4厘米（图三八一，2）。

2.盒　2件，形态接近。泥质灰陶。凹沿略有子母口，直口，弧腹，平底。平顶弧形盖。

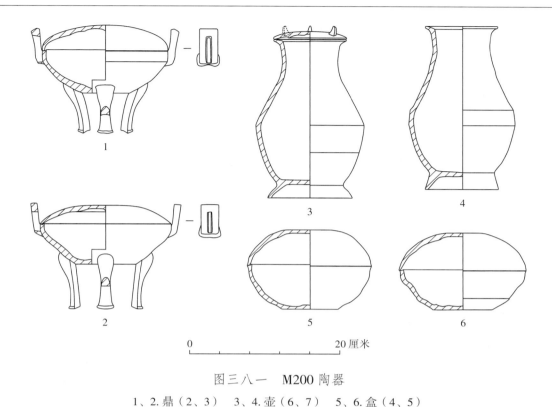

图三八一　M200 陶器

1、2.鼎（2、3）　　3、4.壶（6、7）　　5、6.盒（4、5）

M200：4，口径 15.8、盖径 16.2、通高 11 厘米（图三八一，5）。

M200：5，腹部中段向内凹弧。口径 15.8、盖径 16.8、通高 10.6 厘米（彩版二六，2；图三八一，6）。

3.壶　2 件，形态相同。泥质灰陶。斜折短沿，粗弧颈，折腹，平底，圈足外斜。浅弧盖略有子母口。盖面三个扁纽。

M200：6，口径 9.6、腹径 14.4、高 21.8、带盖通高 23.6 厘米（图三八一，3）。

M200：7，肩略有折。盖失。口径 9.6、腹径 14、高 22.4 厘米（图三八一，4）。

4.勺　2 件，形态相同。泥质褐陶。直口，折壁，平底，圆柱柄直立，尾端外卷。下腹有削棱。

M200：10，通宽 4.4、通高 5.6 厘米（图三八二，3）。

M200：11，通宽 4.7、通高 5.4 厘米（图三八二，4）。

5.匕　2 件，形态相同。泥质灰陶。敞口，斜弧壁，平底，口两侧掐腰，柄斜伸，尾端外卷。素面。

M200：8，长 8.4、宽 7、通高 5.2 厘米（图三八二，1）。

M200：9，长 8、宽 6.6、通高 5.6 厘米（图三八二，2）。

（二）滑石器

璧　1 件。

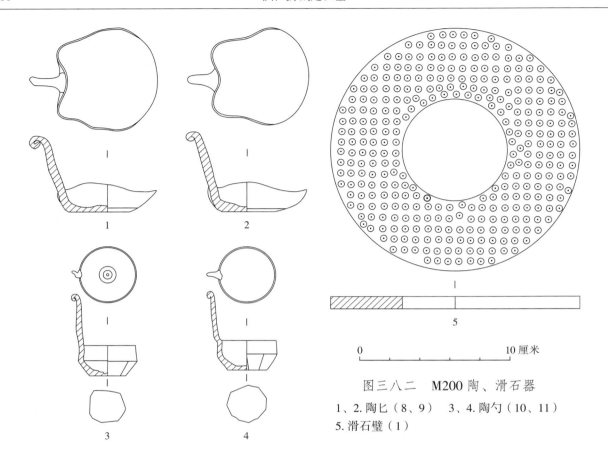

图三八二　M200 陶、滑石器

1、2.陶匕（8、9）　3、4.陶勺（10、11）
5.滑石璧（1）

M200∶1，一面通体饰小圈点纹。肉径 16.6、好径 7、厚 0.9 厘米（图三八二，5）。

二二　M201

一　墓葬形制（A 型Ⅰ式）

普通宽长方形竖穴土坑。方向 80°。墓壁垂直，墓上部破坏。墓长 300、宽 190、残深 50 厘米。随葬器物置于墓底头端，墓破坏严重，随葬器物不全。葬具及人骨架不存。墓中填五花土（图三八三）。

二　出土器物

6 件，陶器 2 件，滑石器 4 件。

（一）陶器

盒　1 件。

M201∶6，泥质灰陶。仅存器身。子母口内敛，斜弧腹，下腹凹弧，平底。素面。口径 15.2、高 6.2 厘米（图三八四，3）。

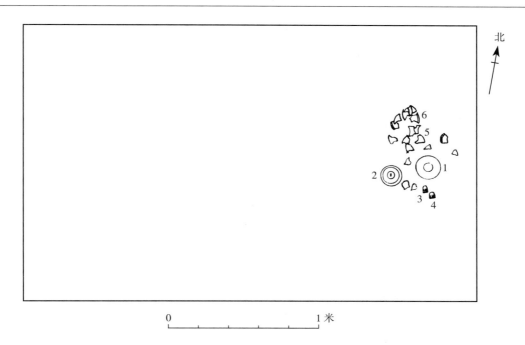

图三八三　M201 平面及随葬器物分布图

1. 滑石璧　2. 滑石镜　3、4. 滑石梳　5. 陶壶　6. 陶盒

还有陶壶 1 件，残甚，未修复。

（二）滑石器

1. 璧　1 件。

M201：1，一面刻划大菱形格线及密集圈点纹。肉、好有郭。肉径 15.8、好径 2.9、厚 0.6 厘米（图三八四，2）。

2. 镜　1 件。

M201：2，正面平，背面下凹。桥形纽，圆纽座。缘内一周刻圈。余素面无纹。直径 13.6、缘厚 0.8 厘米（彩版二六，3；图三八四，1）。

3. 梳　2 件，形态相同。弧背。下方刻齿。

M201：3，共 16 齿。高 7、宽 4.8、厚 0.6 厘米（图三八四，4）。

M201：4，共 18 齿。高 6.6、宽 4.6、厚 0.6 厘米（图三八四，5）。

二三　M202

一　墓葬形制（A 型 I 式）

普通宽长方形竖穴土坑。方向 80°。墓壁垂直，墓上部破坏。墓长 300、宽 180、残深 50 厘米。随葬器物置于墓底头端。墓被扰乱，器物不全。葬具及人骨架不存。墓中填五花土

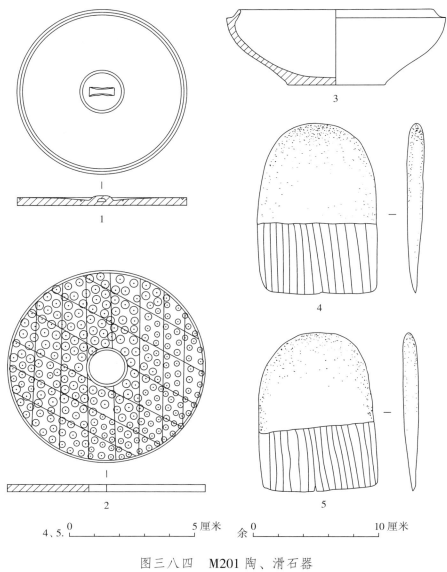

图三八四　M201 陶、滑石器

1.滑石镜（2）　2.滑石璧（1）　3.陶盒（6）　4、5.滑石梳（3、4）

（图三八五）。

二　出土器物

7 件，陶器 5 件，滑石器 2 件。

（一）陶器

1.盒　2 件，形态大致相同。泥质灰陶。均仅存器身。子母口内敛，弧腹，底微凹，圈足斜直。素面。

M202：2，口径 14.2、高 9.2 厘米（图三八六，4）。

M202：5，口径 13.6、高 8.4 厘米（图三八六，5）。

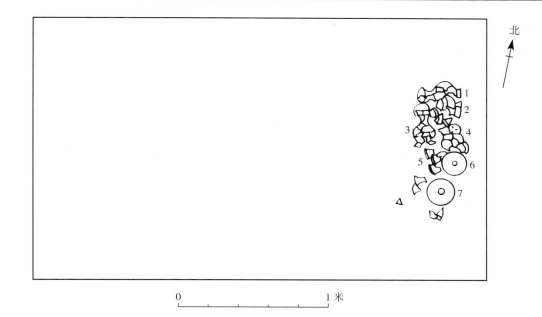

图三八五　M202平面及随葬器物分布图

1、3、4. 陶壶　2、5. 陶盒　6、7. 滑石璧

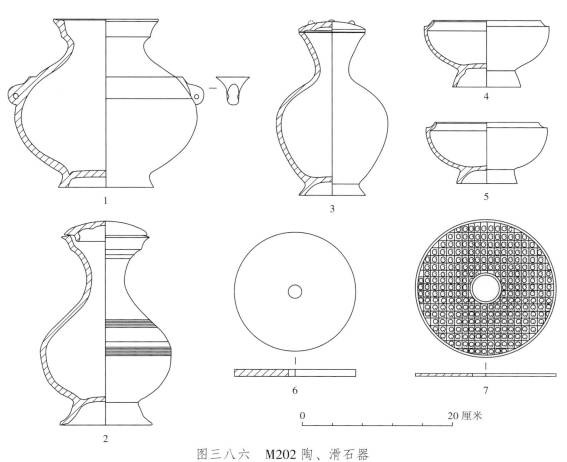

图三八六　M202陶、滑石器

1~3. 陶壶（1、3、4）　4、5. 陶盒（2、5）　6、7. 滑石璧（6、7）

2. 壶　3 件，泥质灰陶。形态各异。

M202：1，泥质灰陶。盘状敞口，束颈，鼓腹，平底，矮圈足外斜。肩有对称简化铺首及两周弦纹。口径 13.8、腹径 24、高 23.2 厘米（图三八六，1）。

M202：3，盘状敞口，弧颈，鼓腹，底微凹，圈足外撇。弧形盖，子母口。颈及腹有弦纹。口径 11.4、腹径 17.2、高 26、带盖通高 28 厘米（图三八六，2）。

M202：4，敞口，弧颈，溜肩，弧腹，平底，矮圈足外斜。浅弧盖略有子母口。盖面三个扁纽。素面。口径 8.6、腹径 14.8、高 22.4、带盖通高 24.4 厘米（图三八六，3）。

（二）滑石器

璧　2 件，形态各异。

M202：6，双面平素无纹。肉径 16.4、好径 1.7、厚 1 厘米（图三八六，6）。

M201：7，一面刻划正方格线，格内填涡纹。肉、好有郭。肉径 18.8、好径 3.6、厚 0.4 厘米（图三八六，7）。

第二章　出土器物型式分析

第一节　概述

在 23 座汉墓中，共出土器物 147 件。质地绝大多数为陶器，次为滑石器，滑石器主要为璧，其他仅有铁刀 1 件，陶质模型器仅有灶 1 件。陶器绝大多数为仿铜陶礼器，日用陶器仅见极少硬陶罐、陶罐、釜、熏、杯等。器形共 17 种。

在 147 件出土器物中，经修复而形态明确的有 115 件，其中陶器 93 件，滑石器 21 件，铁器 1 件（表二四）。

以下对可进行型式划分的器形进行分析。主要为陶器，滑石器仅璧一种。

表二四　汉墓出土器物统计表

单位：件

器类	器形	出土	现存	器类	器形	出土	现存
陶器	鼎	28	22	陶器	豆	7	5
	盒	24	21		杯	7	5
	壶	30	22		熏	2	2
	盘	2	1		灶	1	
	勺	13	7	其他	滑石璧	18	18
	匕	8	5		滑石镜	1	1
	罐	1	1		滑石梳	2	2
	硬陶罐	1	1		铁刀	1	1
	釜	1	1				
小计		125	93	小计		22	22
合计				合计		147	115

第二节　部分器物型式分析

一　陶鼎

形态明确的 22 件。主要依据鼎身腹、底等部位差异分五型。

A 型　2 件。出自 M029。子母口内敛，窄肩承盖，扁直腹，盆形。中腹呈台棱状突出，底边圆转，平底。矮蹄形足直立，足断面略呈梯形，正面两道竖槽，跟部有兽面装饰。附耳直立。浅弧形素盖。

标本 M029：6，口径 13.6、通宽 18.8、高 14 厘米（图版三八，1；图三八七，1）。

标本 M029：7，口径 13.6、通宽 17.8、高 12.6 厘米（图三八七，2）。

B 型　4 件。低子母口，上腹较直，下腹弧折，小平底。分三式。

Ⅰ式　1 件。腹较深。高蹄形足直立，附耳外张，耳孔呈"回"字形。

标本 M199：3，腹转折处呈台棱状突出。足正面两道竖槽。弧形深盖。口径 13.2、通宽 19.2、高 15.9、带盖通高 17.1 厘米（图版三八，2；图三八七，3）。

Ⅱ式　2 件。出自 M200。下腹斜直，蹄形高足内聚，小附耳，耳孔呈"∏"形。浅弧盖。

标本 M200：2，口径 15.6、通宽 19.6、高 15 厘米（图三八七，4）。

标本 M200：3，口径 17.4、通宽 19.8、高 14.4 厘米（图版三九，1；图三八七，5）。

Ⅲ式　1 件。下腹近底微凹，蹄形足较矮，足正面削棱，略内聚，附耳宽短。

标本 M157：5，口径 15.6、通宽 19.5、高 11.7、带盖通高 12.6 厘米（图版三九，2；图三八七，6）。

C 型　5 件。盆形腹，大平底，蹄形足多粗短。分二式。

Ⅰ式　1 件。敞口，斜弧腹，矮蹄形足略高，附耳呈"回"字形。

标本 M150：2，弧壁盘状盖较深，平顶。顶边三个乳丁纽。口径 15.6、通宽 17.7、高 14.1、带盖通高 14.4 厘米（图版四〇，1；图三八八，1）。

Ⅱ式　4 件。敛口，上腹直或略内斜，中腹有折，转折处呈台棱状凸出，下腹斜直。蹄形足粗短，耳孔呈"∏"形。

标本 M186：4，弓弧形素盖，平顶。口径 15、通宽 21、高 14.4、带盖通高 15 厘米（图三八八，2）。

D 型　8 件。盆形，圜底，底较平缓。分二式。

Ⅰ式　2 件。直口，折壁，蹄形足粗短。

标本 M157：6，上腹一周凸棱。折壁弧顶素盖。口径 15.3、通宽 21.3、高 12.9、带盖通高 14.1 厘米（图三八八，3）。

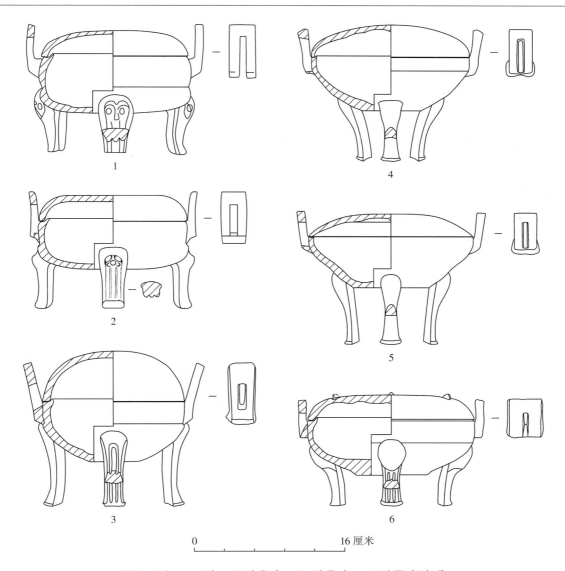

图三八七　A 型、B 型 I 式、B 型 II 式、B 型 III 式陶鼎

1、2. A 型（M029∶6、M029∶7）　　3. B 型 I 式（M199∶3）　　4、5. B 型 II 式（M200∶2、M200∶3）　　6. B 型 III 式
（M157∶5）

　　II 式　6 件。弧腹较直，蹄形足粗短。弧形盖上或有鸟形纽。

　　标本 M156∶6，弧壁盘状素盖，顶较平。口径 15.6、通宽 20.7、高 15.9 厘米（图三八八，4）。

　　标本 M147∶1，弧形深盖。盖顶一短尾鸟纽。口径 15.3、通宽 20.4、高 12.9、带盖通高
15.9 厘米（图版四〇，2；图三八八，5）。

　　E 型　3 件。凸圜底。分二式。

　　I 式　2 件。浅腹略有折，口部较直。平顶浅弧盖。

　　标本 M150∶1，矮蹄形足略内聚。口径 15、通宽 20.1、高 15 厘米（图版四一，1；图
三八九，1）。

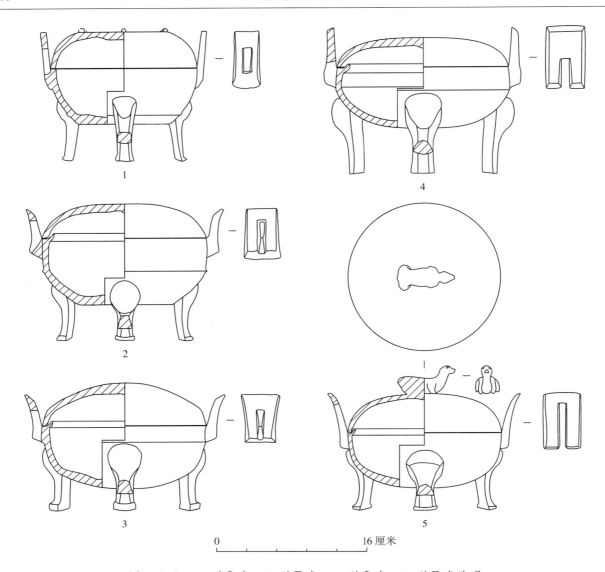

图三八八　C 型 I 式、C 型 II 式、D 型 I 式、D 型 II 式陶鼎

1. C 型 I 式（M150：2）　2. C 型 II 式（M186：4）　3. D 型 I 式（M157：6）　4、5. D 型 II 式（M156：6、M147：1）

　　标本 M164：3，矮蹄形足弯曲。口径 16.2、通宽 19.5、高 11.1、带盖通高 13.2 厘米（图三八九，2）。

　　II 式　1 件。凸圜底下坠，蹄足纤细，附耳外侈。

　　标本 M090：7，足跟部有抽象兽面装饰。弓弧盖残。口径 16.8、通宽 23.8、高 11.7、残通高 12.6 厘米（图三八九，3）。

二　陶盒

　　形态明确的 21 件，分三型。

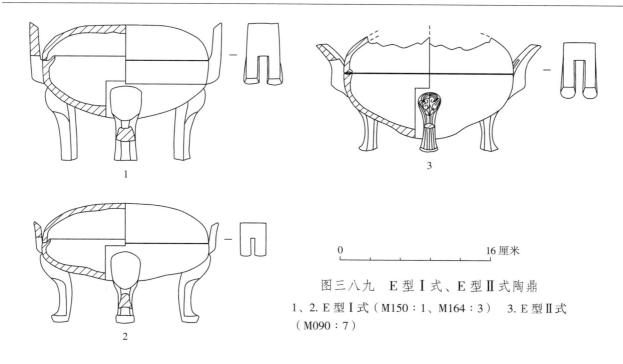

图三八九　E 型 I 式、E 型 II 式陶鼎

1、2. E 型 I 式（M150：1、M164：3）　3. E 型 II 式
（M090：7）

A 型　17 件。为主要形态。子母口，弧壁，平顶，弧形盖。分二式。

I 式　2 件。弧壁深直，弓弧形浅盖。

标本 M029：10，口径 13.4、腹径 15、通高 9.4 厘米（图版四一，2；图三九〇，1）。

II 式　15 件。敞口，弧壁，深弧盖。

标本 M147：5，钵状盖。盖顶一长尾鸟纽。盖一周弦纹，器身两周弦纹。口径 14.4、盖径 16.4、通高 14.6 厘米（图版四一，3；图三九〇，2）。

标本 M162：2，口部两周细弦纹。口径 14.8、盖径 17.2、通高 12.6 厘米（图三九〇，3）。

标本 M196：2，器身瓦棱状弦纹。口径 15.8、盖径 18、通高 11.6 厘米（图三九〇，4）。

标本 M156：1，弧腹近底微凹。弧形盖边缘直折。口径 16、盖径 18.2、通高 11 厘米（图版四一，4；图三九〇，5）。

B 型　2 件。身、盖同形。直口，弧腹，平底、顶。素面。

标本 M183：1，口径 15、通高 12.6 厘米（图版四一，5；图三九一，1）。

C 型　2 件。高子母口内敛，弧腹，底微凹，圈足斜直。素面。

标本 M202：2，仅存器身。口径 14.2、高 9.2 厘米（图版四一，6；图三九一，2）。

三　陶壶

形态明确的 22 件，分五型。

A 型　7 件。盘状口，弧腹，高圈足外撇。分四式。

I 式　3 件。坠腹。

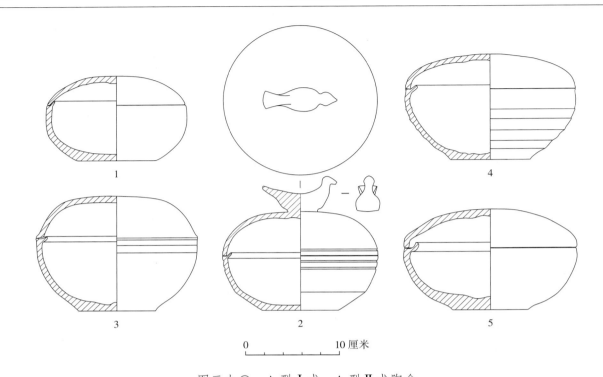

图三九〇　A 型 I 式、A 型 II 式陶盒

1. A 型 I 式（M029：10）　2~5. A 型 II 式（M147：5、M162：2、M196：2、M156：1）

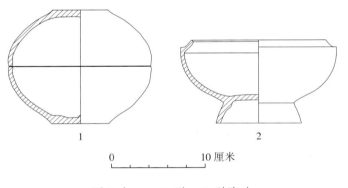

图三九一　B 型、C 型陶盒

1. B 型（M183：1）　2. C 型（M202：2）

标本 M029：2，颈部两周弦纹。折壁盘状盖，盖顶等列三个扁立纽。口径 10、腹径 16.6、通高 27.6 厘米（图版四二，1；图三九二，1）。

II 式　1 件。圆弧腹。

标本 M196：5，口径 9.8、腹径 16.8、高 25.6 厘米（图版四二，2；图三九二，2）。

III 式　2 件。肩、腹有折，下腹斜直。

标本 M186：9，口径 10.6、腹径 17.6、高 24.6 厘米（图版四二，3；图三九二，3）。

IV 式　1 件。弧颈细长，弧腹较扁，高圈足外撇。

标本 M202：3，弧形盖，子母口。颈及腹有弦纹。口径 11.4、腹径 17.2、高 26、带盖通高 28 厘米（图版四二，4；图三九二，4）。

B 型　6 件。敞口，弧颈，矮圈足。分三式。

I 式　3 件。侈口，粗弧颈，折腹。

标本 M200：6，浅弧盖略有子母口。盖面三个扁纽。口径 9.6、腹径 14.4、高 21.8、带盖通

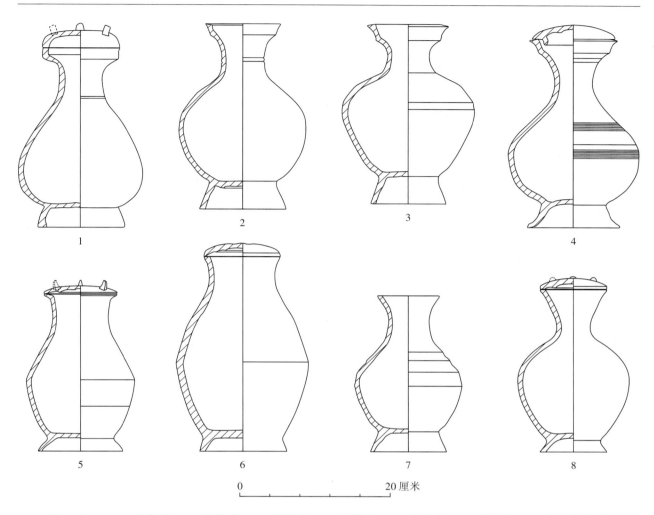

图三九二　A 型 I 式、A 型 II 式、A 型 III 式、A 型 IV 式、B 型 I 式、B 型 II 式、B 型 III 式陶壶
1. A 型 I 式（M029：2）　2. A 型 II 式（M196：5）　3. A 型 III 式（M186：9）　4. A 型 IV 式（M202：3）
5、6. B 型 I 式（M200：6、M157：3）　7. B 型 II 式（M164：7）　8. B 型 III 式（M202：4）

高 23.6 厘米（图三九二，5）。

标本 M157：3，浅弧盖，盖顶一凹圈。口径 9.8、腹径 17.5、高 27、通高 28.8 厘米（图三九二，6）。

II 式　2 件。敞口，颈略细，折腹，圈足较高。

标本 M164：7，口径 8、腹径 14.2、高 21.6 厘米（图版四三，1；图三九二，7）。

III 式　1 件。敞口，束颈，圆弧腹。

标本 M202：4，浅弧盖略有子母口。盖面三个扁纽。口径 8.6、腹径 14.8、高 22.4、带盖通高 24.4 厘米（图版四三，2；图三九二，8）。

C 型　4 件。盘状口，假圈足，平底。分三式。

I 式　1 件。腹微坠。

　　标本 M157：4，颈及下腹各两周弦纹。浅平折壁盖。口径 10.8、腹径 16、高 22.8、通高 24.6 厘米（图版四三，3；图三九三，1）。

　　Ⅱ式　2件。圆弧腹，底边外伸。

　　标本 M175：4，腹两周弦纹。碟状盖。口径 10.8、腹径 16.4、高 23.2、带盖通高 25.6 厘米（图版四三，4；图三九三，2）。

　　Ⅲ式　1件。高假圈足较小而外斜。

　　标本 M162：3，碟状盖，平顶。口径 10.8、腹径 18.8、高 24.8、通高 27.2 厘米（图版四四，1；图三九三，3）。

　　D 型　2件。敞口，粗弧颈，假圈足，平底。分二式。

　　Ⅰ式　1件。圆弧腹，假圈足较矮。

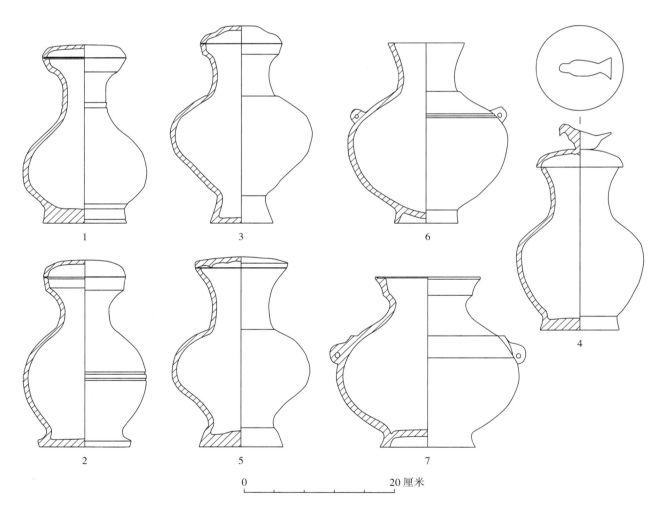

　　图三九三　C 型Ⅰ式、C 型Ⅱ式、C 型Ⅲ式、D 型Ⅰ式、D 型Ⅱ式、E 型Ⅰ式、E 型Ⅱ式陶壶
1. C 型Ⅰ式（M157：4）　2. C 型Ⅱ式（M175：4）　3. C 型Ⅲ式（M162：3）　4. D 型Ⅰ式（M147：6）　5. D 型Ⅱ式（M156：2）　6. E 型Ⅰ式（M163：2）　7. E 型Ⅱ式（M202：1）

标本 M147：6，弧形碟状盖，盖顶一立鸟纽。口径 10.4、腹径 16.8、高 22.4、通高 28.4 厘米（图版四四，2；图三九三，4）。

Ⅱ式　1 件。下腹凹折，假圈足较高，外斜较甚。

标本 M156：2，浅平盖，低子母口。口径 12、腹径 18.4、高 24.4、通高 26 厘米（图版四四，3；图三九三，5）。

E 型　2 件。钟型壶。宽圆腹，矮圈足。肩有双耳或铺首。分二式。

Ⅰ式　1 件。敞口，弧颈较细，圜底，肩有双耳，上腹三周弦纹。

标本 M163：2，口径 10、腹径 21.2、高 12.4 厘米（图版四四，4；图三九三，6）。

Ⅱ式　1 件。盘状口，扁圆腹，平底。肩有简化铺首及两周弦纹。

标本 M202：1，口径 13.8、腹径 24、高 23.2 厘米（图版四五，1；图三九三，7）。

四　陶勺

形态明确的 7 件，分二型。

A 型　3 件。折壁斗，平底，直立柄尾端外卷。分二式。

Ⅰ式　1 件。敛口，斗较宽，大平底。

标本 M150：7，通宽 5.3、通高 5.5 厘米（图版四五，2；图三九四，1）。

Ⅱ式　2 件。直口，斗下腹有削棱。

标本 M200：11，通宽 4.7、通高 5.4 厘米（图三九四，2）。

B 型　4 件。柱状柄直立或略弯曲，平底。分四式。

Ⅰ式　1 件。折壁，底较宽，向下出边呈饼形。

标本 M196：4，通宽 5、通高 5.7 厘米（图版四五，3；图三九四，3）。

Ⅱ式　1 件。大平底，弧壁略有折，柄尾端弯曲。

标本 M186：5，腹径 4.6、通高 5.4 厘米（图版四五，4；图三九四，4）。

Ⅲ式　1 件。敛口，浅弧壁斗，锥柱状柄。

标本 M175：6，通宽 4、通高 4.5 厘米（图版四五，5；图三九四，5）。

Ⅳ式　1 件。折壁，下腹削棱，平底较小，直立柄。

标本 M184：8，腹径 4.3、通高 5.2 厘米（图三九四，6）。

五　陶杯

形态明确的 5 件，分三型。

A 型　1 件。折敛口，斜直腹，矮圈足外斜。口外有凹槽。

标本 M157：7，口径 12.4、高 7.2 厘米（图版四五，6；图三九五，1）。

B 型　3 件。敞口，折壁，平底。分三式。

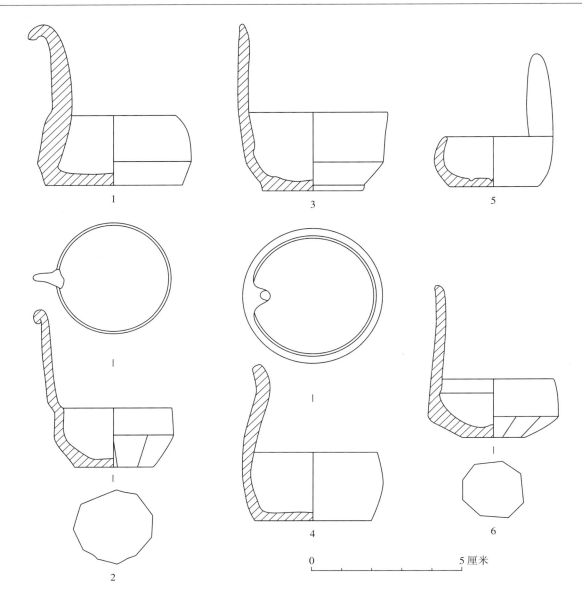

图三九四　A型Ⅰ式、A型Ⅱ式、B型Ⅰ式、B型Ⅱ式、B型Ⅲ式、B型Ⅳ式陶勺

1. A型Ⅰ式（M150：7）　2. A型Ⅱ式（M200：11）　3. B型Ⅰ式（M196：4）　4. B型Ⅱ式（M186：5）　5. B型Ⅲ式（M175：6）　6. B型Ⅳ式（M184：8）

　　Ⅰ式　1件。壁折角较小，上下壁均直，呈算珠形，宽底。

　　标本 M175：9，口径5.2、腹径5.7、高3.1厘米（图三九五，2）。

　　Ⅱ式　1件。下壁微凹。

　　标本 M156：5，口径4.8、高2.8厘米（图三九五，3）。

　　Ⅲ式　1件。壁弧折，上下壁均凹弧，饼形平底。

　　标本 M164：5，口径3.2、腹径4.4、高2厘米（图版四五，7；图三九五，4）。

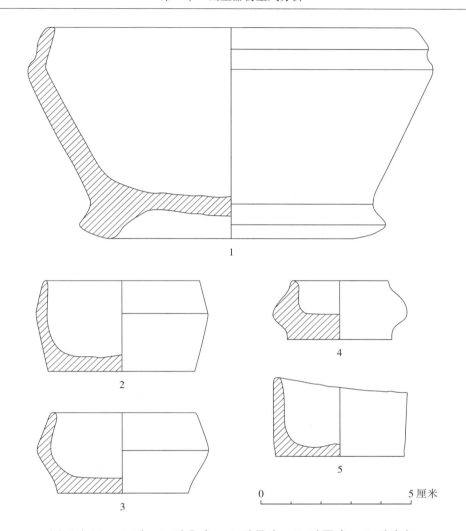

图三九五 A 型、B 型 I 式、B 型 II 式、B 型 III 式、C 型陶杯

1. A 型（M157：7）   2. B 型 I 式（M175：9）   3. B 型 II 式（M156：5）   4. B 型 III 式（M164：5）   5. C 型（M156：4）

C 型 1 件。直壁，大平底。口沿倾斜不规整。

标本 M156：4，口径 4.4、高 2.7 厘米（图三九五，5）。

六 滑石璧

形态明确的 18 件，分五型。

A 型 6 件。一面以两道同心圆纹形成的素圈区隔为内外区，内外区均饰圈点纹。分二式。

I 式 5 件。仅一面饰纹，另一面平滑。

标本 M157：1，肉径 16.8、好径 2.6、厚 1.1 厘米（图三九六，2）。

II 式 1 件。双面均有纹饰。一面以两道同心圆纹形成的素圈区隔为内外区，内外区均饰
圈点纹。另一面肉、好均有郭，郭内刻菱形格线，菱格内主要填圈点纹，边缘补几个涡纹和圆

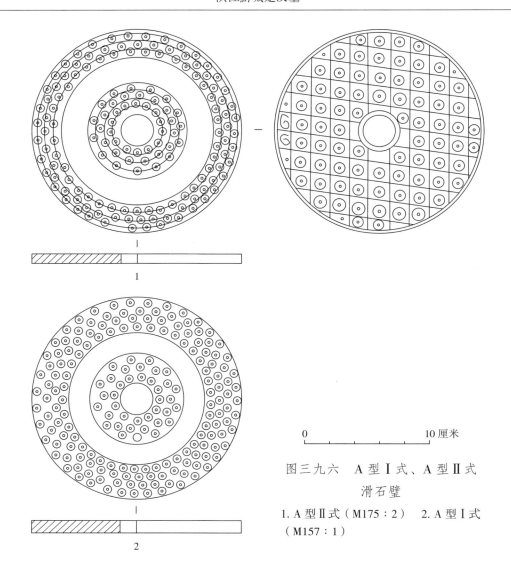

图三九六　A 型 I 式、A 型 II 式
滑石璧

1. A 型 II 式（M175∶2）　2. A 型 I 式
（M157∶1）

点纹。

　　标本 M175∶2，肉径 16.6、好径 2.8、厚 0.8 厘米（图版四六，1、2；图三九六，1）。

　　B 型　3 件。一面满饰圈点纹，或加同心圆纹。分三式。

　　I 式　1 件。好径大，一面饰散点式圈点纹，圈点较小。

　　标本 M200∶1，肉径 16.6、好径 7、厚 0.9 厘米（图版四七，1；图三九七，1）。

　　II 式　1 件。圈点纹较大，饰五周。

　　标本 M150∶4，肉径 17.8、好径 3.2、厚 0.8 厘米（图版四七，2；图三九七，2）。

　　III 式　1 件。圈点纹较小，共八周，圈点上或圈点间刻同心圆纹，好周刻一深郭。

　　标本 M196∶1，肉径 16.9、好径 2.4、厚 1.2 厘米（图三九七，3）。

　　C 型　4 件。一面肉、好有郭，郭内刻正方格，格内饰涡纹。

　　标本 M147∶3，肉径 15、好径 3.2、厚 0.5 厘米（图版四八，1；图三九七，4）。

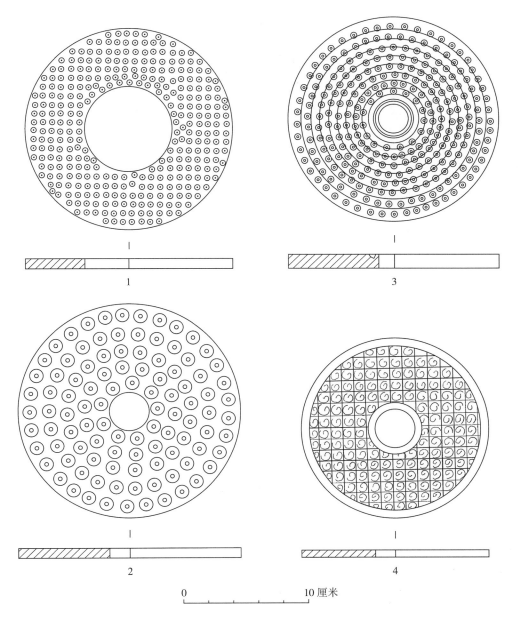

图三九七　B 型Ⅰ式、B 型Ⅱ式、B 型Ⅲ式、C 型滑石璧

1. B 型Ⅰ式（M200：1）　2. B 型Ⅱ式（M150：4）　3. B 型Ⅲ式（M196：1）　4. C 型（M147：3）

D 型　3 件。一面刻正方或菱形格线，格内填饰点纹。分三式。

Ⅰ式　1 件。肉、好有郭，菱形大方格，散点式圈点纹不受格线束缚。

标本 M201：1，肉径 15.8、好径 2.9、厚 0.6 厘米（图版四八，2；图三九八，1）。

Ⅱ式　1 件。无郭，刻菱形方格，格内饰圈点纹。

标本 M187：1，肉径 15.4、好径 2.2、厚 0.6 厘米（图三九八，2）。

Ⅲ式　1 件。肉、好有郭，郭内刻小正方格线，格内饰圈点纹。

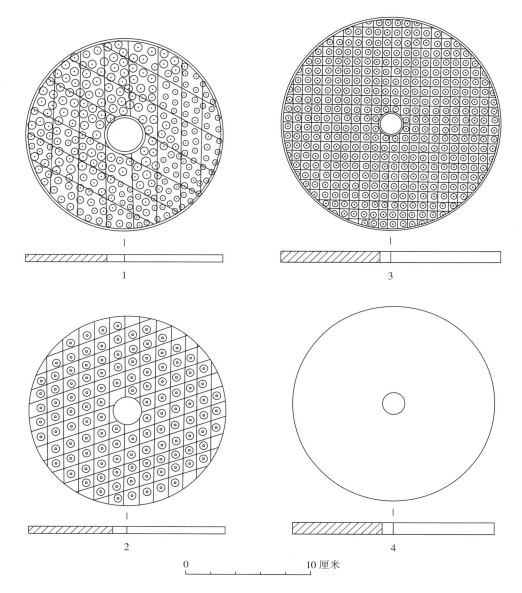

图三九八　D 型 I 式、D 型 II 式、D 型 III 式、E 型滑石璧

1. D 型 I 式（M201：1）　2. D 型 II 式（M187：1）　3. D 型 III 式（M184：1）　4. E 型（M202：6）

标本 M184：1，肉径 17.6、好径 1.7、厚 0.9 厘米（图三九八，3）。

E 型　2 件。双面平素无纹。

标本 M202：6，肉径 16.4、好径 1.7、厚 1 厘米（图版四九，1；图三九八，4）。

第三章　墓葬分期及年代

第一节　随葬品组合及序列

汉墓的器物组合较单一，主要为仿铜陶礼器鼎、盒、壶，随葬豆的墓不多，少数墓外加盘、勺、匕中的一、两种。多数墓随葬 1 件滑石璧，个别墓随葬两件。其他器形较少（表二五）。

表二五　随葬品组合登记表

序号	组合形态	墓葬
1	陶鼎、盒、壶、（盘、勺、匕），滑石璧	029、150、196、199、200
2	陶鼎、壶、勺，滑石璧	184
3	陶鼎、盒、壶、豆、杯、勺、（匕），滑石璧	164、175
4	陶鼎、盒、壶、杯、匕，滑石璧	157
5	陶鼎、盒、壶、灶、熏，滑石璧	147
6	陶鼎、盒、壶、釜，滑石璧	162
7	陶鼎、壶，滑石璧	187
8	陶盒、壶，滑石璧	22
9	陶鼎，滑石璧	185
10	陶壶，滑石璧	163
11	陶盒、壶，滑石璧、镜、梳	201
12	陶鼎、盒、壶、盘、勺、匕	186
13	陶鼎、盒、壶、豆	090
14	陶鼎、盒、壶、杯	156
15	陶盒	183
16	陶罐、熏	195
17	硬陶罐	070
18	滑石璧	139

23 座墓中，组合形态完全相同者几乎没有，只有组合接近者。第 2 组可以看作是第 1 组的不完整形态，3、4 组也可以合并，第 7~10 组也应是鼎、盒、壶加滑石璧的残缺形态。这样便可以合并为 13 种组合形态。

　　1. 陶鼎、盒、壶、（盘、勺、匕），滑石璧（6 座）。

　　2. 陶鼎、盒、壶、豆、杯、勺、（匕），滑石璧（3 座）。

　　3. 陶鼎、盒、壶、灶、熏，滑石璧（1 座）。

　　4. 陶鼎、盒、壶、釜、滑石璧（1 座）。

　　5. 陶鼎、盒、壶，滑石璧（4 座）。

　　6. 陶盒、壶，滑石璧、镜、梳（1 座）。

　　7. 陶鼎、盒、壶、盘、勺、匕（1 座）。

　　8. 陶鼎、盒、壶、豆（1 座）。

　　9. 陶鼎、盒、壶、杯（1 座）。

　　10. 陶盒（1 座）。

　　11. 陶罐、熏（1 座）。

　　12. 硬陶罐（1 座）。

　　13. 滑石璧（1 座）。

由于墓葬被盗和器物残损严重，可修复及可辨认的器形有限，因而以上组合形态并不能如实反映黔城汉墓的随葬品组合情况，只是起参考作用。主要器形的形态差异及演变序列如下（表二六）。

表二六　汉墓随葬器物组合登记表

组列	陶鼎	陶盒	陶壶	陶勺	陶杯	滑石璧	其他	墓葬
1	A	A I	A I	√		A I		M029
2	B I	A II				E	陶匕	M199
3	B II	A II	B I	A II		B I	陶匕	M200
4	B III、C III	A II	B I、C I		A	A I	陶匕	M157
5	C I、D I	A II	A II	A I		B II		M150
6	C II	A II	A III	B II			陶盘	M186
7	C II	A II	C II	B III	B I	A II	陶豆、匕，铁刀	M175
8	D I	A II	A II	B I		B III		M196
9	D II	A II	D I			C		M147
10			E I			A I		M163

续表二六

组列	陶鼎	陶盒	陶壶	陶勺	陶杯	滑石璧	其他	墓葬
11						AⅠ		M185
12						BⅡ	陶熏	M139
13	CⅡ	AⅡ	CⅢ			C	陶釜	M162
14	CⅢ、EⅠ	AⅡ	BⅡ	BⅣ	BⅢ	C	陶豆	M164
15	DⅠ	AⅡ	DⅡ		BⅡ、C			M156
16	DⅡ					DⅡ		M187
17	EⅡ						陶豆	M090
18		B						M183
19		B				DⅠ	滑石镜、梳	M201
20		C	AⅣ、BⅢ、EⅡ			C、E		M202
21				BⅣ		DⅢ		M184

　　23 座墓根据陶鼎、盒、壶及滑石璧的阶段性演变规律分为两大组。

　　第一组：1~12 列；第二组：13~21 列。另 M195 出土陶熏、罐各一，归入第一组，M070 出土硬陶罐 1 件属于第二组。

　　两大组即为黔城汉墓两个发展阶段。

　　两组器物型式归纳如下表（表二七）。

表二七　器物型式分组归纳表

组	陶鼎	陶盒	陶壶
一	A、BⅠ、BⅡ、BⅢ、CⅠ、CⅡ、CⅢ、DⅠ、DⅡ	AⅠ、AⅡ	AⅠ、AⅡ、AⅢ、BⅠ、CⅠ、CⅡ、DⅠ、EⅠ
二	CⅡ、CⅢ、DⅠ、DⅡ、EⅠ、EⅡ	AⅡ、B、C	AⅣ、BⅡ、BⅢ、CⅢ、EⅡ

组	陶勺	陶杯	滑石璧
一	AⅠ、AⅡ、BⅠ、BⅡ、BⅢ	A、BⅠ	AⅠ、AⅡ、BⅠ、BⅡ、BⅢ、C、E
二	BⅣ	BⅡ、BⅢ、C	C、DⅠ、DⅡ、DⅢ、E

第二节　分组论述

　　黔城汉墓总体上年代偏早，根据已有考古成果，在湖南沅水流域及资水下游地区，与黔城汉墓可资比较的材料有《沅陵虎溪山一号汉墓》《沅水下游汉墓》和《益阳罗家嘴楚汉墓葬》[1]。下按分组序列对器形特征、组合形态分析如下（陶器不缀质地）。

第一组墓葬 13 座，代表性墓葬有 M029、M147、M150、M157、M175、M186、M195、M196、M199、M200。其中 B 型 I 式、D 型 II 式鼎分别与益阳罗家嘴（下称"益罗"）C 型 III 式、A 型 V 式鼎形态一致；A 型 I 式盒与益罗 B 型 II 式盒，A 型 II 式盒与沅陵虎溪山（下称"沅虎"）M1T：3、M1NE：28 盒相同；A 型 I 式、C 型 I 式壶也分别与益罗 B 型 V 式壶、沅水下游（下称"沅下"）Ea 型 I 式壶形态接近；A 型 II 式、C 型 II 式、D 型 I 式壶分别同于沅下 Eb 型 II 式、Da 型 I 式、Db 型 II 式壶；M147、M195 所出熏与沅下 Ab 型、Aa 型 II 式熏形态相同；C 型滑石璧与沅下 A 型 I 式、B 型 I 式滑石璧具有相同的时代特征。

第二组墓葬 10 座。代表性墓葬有 M156、M162、M164、M202。其中 E 型 II 式鼎除圜底外与益罗 C 型 IV a 式鼎形态高度一致；B 型盒、C 型 III 式壶则分别同于益罗 B 型 III 式盒、F 型 V 式壶；B 型 III 式、C 型滑石璧与益罗 B 型 II 式、A 型滑石璧形态相同。

两组间除器物形态有所变化外，在组合及器形比例上也存在一些差异。如第一组伴出勺和匕的概率较高，有将近半数墓中伴出勺，将近三分之一的墓中伴出匕；而第二组只有两座墓伴出勺，无匕伴出。又如第一组 13 座墓中只有两墓不见滑石璧，而第二组 10 座墓中有 4 座墓不出滑石璧。然而，第二组还出滑石镜和滑石梳。当然，由于黔城发掘的汉墓数量有限，尚不能完整体现沅水上游地区早期汉墓的面貌，尚有待今后工作加以完善。

第三节　分期及年代

黔城汉墓的两组实际上就是两期（图三九九、四〇〇；附表三）。

第一期（第一组）：西汉早期前段，其下限略当文景之际；

第二期（第二组）：西汉早期后段，其下限略当武帝前期。

其所属墓葬如下表（表二八）。

表二八　汉墓分期登记表

期别	墓　葬	合计
一	M029、M139、M147、M150、M157、M163、M175、M185、M186、M195、M196、M199、M200	13
二	M070、M090、M156、M162、M164、M183、M184、M187、M201、M202	10
合计		23

[1] 湖南省文物考古研究所：《沅陵虎溪山一号汉墓》，文物出版社，2021 年；湖南省常德市文物局等：《沅水下游汉墓》，文物出版社，2016 年；湖南省文物考古研究所：《益阳罗家嘴楚汉墓葬》，科学出版社，2016 年。本节下文所引材料出此三部报告者不再加注。

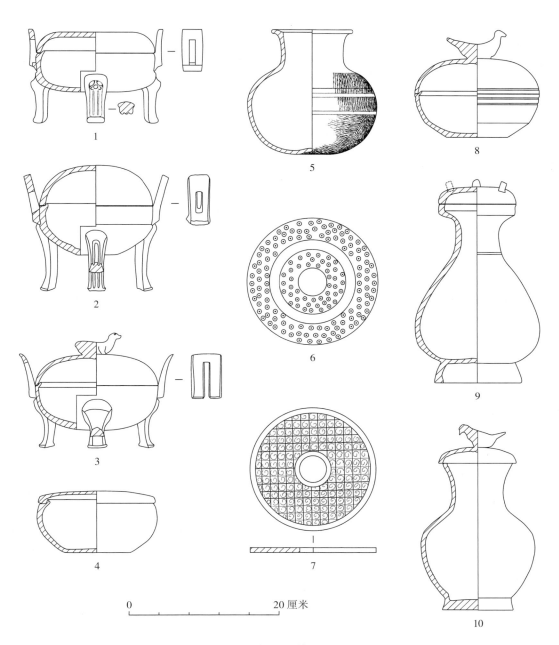

图三九九　黔城汉墓第一期代表器物

1. A 型陶鼎（M029：7）　2. B 型 I 式陶鼎（M199：3）　3. D 型 II 式陶鼎（M147：1）　4. A 型 I 式陶盒
（M029：10）　5. 陶罐（M195：1）　6. A 型 I 式滑石璧（M157：1）　7. C 型滑石璧（M147：3）　8. A 型
II 式陶盒（M147：5）　9. A 型 I 式陶壶（M029：2）　10. D 型 I 式陶壶（M147：6）

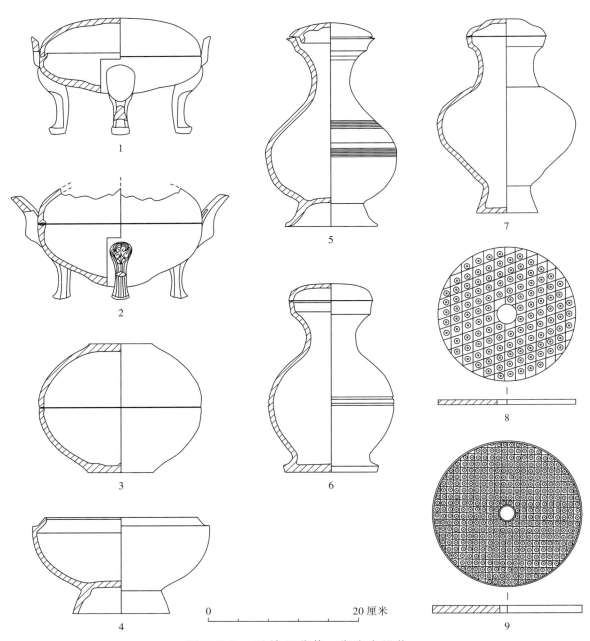

图四〇〇　黔城汉墓第二期代表器物

1. E型Ⅰ式陶鼎（M164：3）　2. E型Ⅱ式陶鼎（M090：7）　3. B型陶盒（M183：1）　4. C型陶盒（M202：2）
5. A型Ⅳ式陶壶（M202：3）　6. C型Ⅱ式陶壶（M175：4）　7. C型Ⅲ式陶壶（M162：3）　8. D型Ⅱ式滑石璧（M187：1）　9. D型Ⅲ式滑石璧（M184：1）

肆 宋代至「民国」墓葬

第一章　概　述

黔城墓地还有宋以后晚期墓葬 17 座。时代从宋代至"民国"时期。有两座墓未出随葬品，时代为晚期至"民国"。由于墓坑较浅，多破坏严重，有的损毁殆尽。尚能辨认墓葬形态的墓只有四座（M085、M140、M149、M151）。出土器物 23 件，也只有 9 件找到实物。介绍如下。

一　M085

一　墓葬形制

普通狭长形竖穴土坑。方向 350°。墓壁垂直，墓上部破坏。墓长 160、宽 45、残深 20 厘米。随葬器物位于墓底左侧。葬具及人骨架不存。墓中填五花土（图四〇一）。

二　出土器物

青花瓷碗　1 件。

M085：1，敞口，弧壁，矮圈足。外壁青花绘山水纹。口径 12、高 5.1 厘米（图版四九，2；图四〇二）。

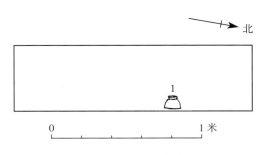

图四〇一　M085 平面及随葬器物分布图
1.青花瓷碗

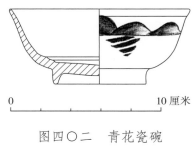

图四〇二　青花瓷碗
（M085：1）

二 M086

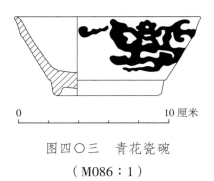

图四〇三 青花瓷碗
（M086：1）

一 墓葬形制

土坑墓，已毁殆尽，形制尺寸不明。

二 出土器物

青花瓷碗 1件。

M086：1，敞口，斜直壁，矮圈足。外壁青花绘云气纹。口径12.4、高5.4厘米（图版四九，3；图四〇三）。

三 M123

一 墓葬形制

宋代墓葬。已毁，形态不明。方向85°。墓壁垂直。墓长350厘米，宽度不明，深270厘米。随葬器物置于墓底头端。葬具及人骨架不存。

二 出土器物

硬陶罐 2件。灰硬陶。

M123：1，褐绿釉。侈口，凸唇，矮领，圆肩，弧腹，平底。颈至腹三周弦纹。口径10.4、腹径17.4、高18.2厘米（图版五〇，1；图四〇四，1）。

M123：2，侈口，凸唇，溜肩，深弧腹，平底微凹。腹数周弦纹。口径8.4、腹径17.2、高25.6厘米（图版五〇，2；图四〇四，2）。

四 M132

民国墓葬，墓已毁坏殆尽，仅见少量骨架。有墓碑一方扑倒在地，亦已残。碑长85、残宽22厘米。尚见碑文两行：

滇军卅八团三营十连年营臣墓

没于民国十年阳历四月十九日

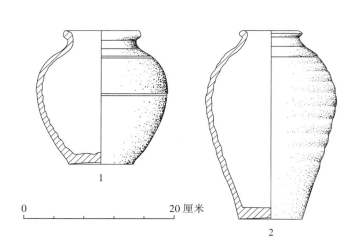

图四〇四 M123硬陶罐（1、2）

五 M140

一 墓葬形制

宋代墓葬。方向 325°。墓壁垂直，墓上部破坏。墓长 200、宽 80、残深 30 厘米。随葬器物置于墓底头端。葬具及人骨架不存（图四〇五）。

二 出土器物

硬陶魂瓶 2 件，修复 1 件。

M140：2，灰硬陶，豆绿釉。直口，矮领，溜肩，弧腹，凹底。

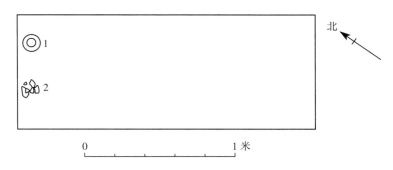

图四〇五 M140 平面及随葬器物分布图
1、2. 硬陶魂瓶

肩一圈波纹圈沿，下腹一周波纹裙边。碗形盖，敞口，弧壁，饼形实心底。腹部堆塑丧仪人物，有奏乐、哭泣人等。口径 6.6、腹径 12、高 14.6、带盖通高 17.6 厘米（图版五〇，3；图四〇六）。

图四〇六 硬陶魂瓶（M140：2）

六　M149

一　墓葬形制

宋代墓葬。竖穴土坑，砖室前端呈阶梯状，两侧各有一壁龛。方向245°。墓顶及上部破坏。墓外部长258、宽90厘米，内部长215、宽65厘米，残通深44厘米。两侧龛内各置一魂瓶。葬具及人骨架不存（图四〇七）。

二　出土器物

硬陶魂瓶　2件。形态大致相同。灰硬陶，口内有青绿釉。侈口，短弧颈，溜肩，深弧腹，凹底。肩一圈波纹圈沿，下腹一周波纹裙边。碗形盖，侈口，弧壁，饼形实心底，做工粗劣。

M149:1，裙边下一周弦纹，腹部堆塑树上栖二鸟、龙、狗及持笏人。盖失。口径8.4、腹径16.5、高22厘米（图版五〇，4；图版五一，1；图四〇八，1）。

M149:2，腹部堆塑丧仪图案，有持笏人、拱手人、奏乐人、跪拜人、倚树哭泣人及游鱼等。口径8.4、腹径16.6、高22.4、带盖通高27.6厘米（图版五一，2；图四〇八，2）。

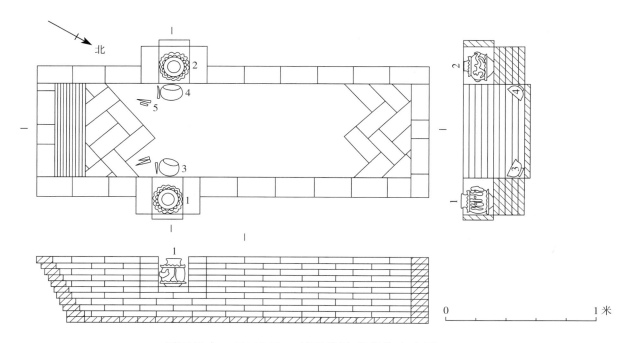

图四〇七　M149平、剖面及随葬器物分布图

1、2.硬陶魂瓶　3、4.硬陶魂瓶盖　5.铁棺钉

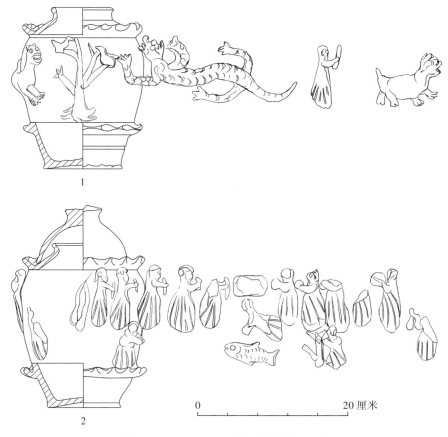

图四〇八 M149 硬陶魂瓶（1、2）

七 M151

一 墓葬形制

宋代墓葬。竖穴土坑，砖室前端呈阶梯状。方向 115°。墓顶及上部破坏。墓外部长 254、宽 102 厘米，内部长 226、宽 78 厘米，残通深 22 厘米。一侧置一青瓷盘。葬具及人骨架不存（图四〇九）。

二 出土器物

釉陶碗 1 件。

M151∶1，豆绿釉，下腹及底露胎。敞口，弧壁，假圈足，饼形平底素面。口径 10、高 5 厘米（图版五一，3；图四一〇）。

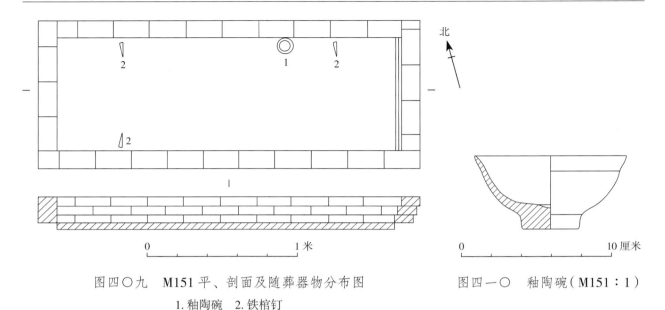

图四〇九　M151平、剖面及随葬器物分布图　　　　图四一〇　釉陶碗（M151：1）
1.釉陶碗　2.铁棺钉

八　M166

一　墓葬形制

宋代墓葬。竖穴土坑，砖室券顶。方向90°。已毁殆尽，尺寸不明。

二　出土器物

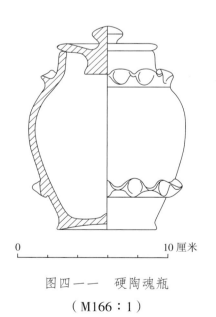

图四一一　硬陶魂瓶
（M166：1）

硬陶魂瓶　2件，形态相同。红褐硬陶，绿釉。直口微敛，矮领，溜肩，弧腹，凹底。肩一圈波纹圈沿，下腹一周波纹裙边。盖面下凹，下凸实心子口，塔刹形纽。

M166：1，口径6、腹径10.6、高12.3、带盖通高14厘米（图版五一，4；图四一一）。

17座墓中，初步判断有宋墓8座，分别为M123、M124、M140、M149、M166、M176、M177、M197,数量最多；明墓4座，为M079、M085、M086、M151；清墓2座，为M097、M155；民国墓3座，为M132、M136、M137（附表四）。

伍

余论

第一章　结　语

第一节　战国至秦代墓葬

黔城处于湖南沅水流域的最上游，此前在中下游的沅陵窑头和下游的常德都建立起了较为完善的楚墓序列。窑头楚墓的时代自战国早期至秦代，常德楚墓的时代自春秋晚期至秦代。而黔城楚墓则基本只自战国晚期至秦代。这从一个侧面反映了楚国渐进式南略的先后次序。从沅水流域三个节点的楚墓特征来看，也存在着一些差异。

沅水下游的常德位于楚都江陵、澧水下游以及益阳、长沙之间，且有着本地土著文化基因的传承，因而其文化交流及影响比较活跃，其文化构成具有多样性和广博性，从而形成了具有独自特色的地域类型，其墓葬形制呈现多样化，共 42 种，器物类别及形态繁复，组合形态及类别可分三大组五大类十一小类，器形多达 144 种。但沅水下游楚墓中少见铜礼器，仿铜陶礼器鼎、敦、壶常伴出小型器皿盘、勺、匜、匕，其伴出率达到 60%。其中 C 组墓和非楚东周墓具有较强的地域特色。当然，沅水下游楚墓的数量较多以及等级较高是其原因之一。有一定数量棺椁保存较好的墓葬，这在窑头、黔城以及益阳黄泥湖楚墓中都极为罕见。相对而言，沅水下游楚墓与南面的益阳、长沙楚墓的相似因素较北面的澧水下游和江陵要多。

窑头楚墓的上限晚于沅水下游楚墓一个阶段。墓葬形制远不如沅水下游楚墓复杂繁多，只有 24 种，距沅水下游楚墓的 42 种相去其远。沅水下游楚墓中富有特色的分段式墓道、阶梯式墓道以及龛底低于墓底的低龛墓不见于窑头墓葬，这除了地域差异外，也有数量多寡的因素以及等级差异。组合形态及类别虽也可分三大组五大类九小类，但器形只有 62 种，不到沅水下游楚墓器形种类的半数。其陶礼器的仿铜气息也大为逊色，沅水下游楚墓陶器精美的彩绘也鲜见于窑头楚墓。小型器皿陶盘、勺、匜、匕与鼎、敦、壶的伴出率远较沅水下游楚墓低，而且类别多不齐全。沅水下游楚墓中富有特色的鼎形鬲和高柄小壶不见于窑头，然而出鬲的概率窑头却远高于沅水下游。两墓地都出有一定数量铜镜、玻璃璧等，也都呈现出多元文化因素，楚以外还有秦、巴蜀、越以及本地土著文化因素。总之窑头楚墓与沅水下游楚墓之间还是同大于异。

黔城楚墓整体表现为删繁就简。虽然墓葬的基本形态和随葬品的基本组合与器形没有突破沅水下游楚墓和沅陵窑头楚墓的基本格局，但其多样化和完整性却大打折扣。黔城与窑头在楚墓数量上相差无几，窑头为 175 座，黔城略少，为 152 座。但墓葬形制在窑头楚墓 24 种的基础上又减为 17 种。没有带台阶和带单边二层台的墓，也没有龛底低于墓底的墓和秦人的洞室墓，更没有沅下楚墓的分段式墓道和阶梯式墓道。随葬品组合形态及类别的划分方式与沅下和沅窑有别，简化为四组十一类，相当于两墓地的大类和小类。器形只有 50 种，与沅下的 144 种没有可比性，与沅窑的 62 种相比亦显式微。沅窑仿铜陶礼器中的小口鼎、簠、盒、浴缶、熏，日用陶器中的盖豆、灯擎、瓮以及铜器中的戈䥣、璜形器、车马器等都不见于黔城楚墓。有些两地都有的器形在数量上也有很大差异，如陶鬲在沅窑出 6 件，黔城只出 1 件，还未见实物。铜兵器中的剑、戈在沅窑分别为 44 件和 27 件，黔城则只有 26 件和 12 件。铜镜在沅窑出 15 件，黔城只出 7 件。然而黔城楚墓也有自身特色，如出土滑石器 17 件，其中滑石璧即有 13 件，滑石器鲜见于沅窑楚墓，沅下则无一见。两地到汉代才大量出现，而黔城乃开风气之先。

黔城楚墓的年代较晚，只自战国晚期至秦，前后只有几十年时间。表明楚入主沅水中上游地区的时间较晚，而秦代依然体现为楚文化因素，没有显著的秦文化因素，这说明秦代虽然在此地设沅阳县，但秦文化对这一带的影响很弱。其实在整个洞庭郡，秦文化的影响都不是很强烈，与南郡形成鲜明对比，也显秦王朝在统一之初对江南尚鞭长莫及。本拟缓图之，岂料江山未稳，便被摧毁。

在黔城楚墓中也体现出少量的外来文化因素，如也出有两件扁茎短剑，其中 1 件剑身后部的一面有手心纹，这是典型的巴蜀式剑的形制。又如 1 件"十四年"铭文铜戈，据刘彬徽先生考证，此器应为三晋兵器[1]。据此，黔城所在的沅水上游地区在战国晚期至秦代还是受到了一定程度外来文化因素的影响，但由于处在一个相对闭塞的空间，其影响与受影响都不是很强烈和迅速，往往表现出排斥与滞后。

第二节　汉代墓葬

黔城汉墓的数量极为有限，且墓葬器物不完整，就目前黔城 23 座汉墓讨论沅水上游汉墓的文化特色条件尚不成熟，因而我们不拟过多讨论这一话题。在此只就楚、秦、汉时期沅阳县治的问题略作探讨。

该墓地出土战国晚期"沅阳"印章证实此地当时应为楚国沅阳县治所在。楚墓的年代为战国晚期至秦代，汉墓只见西汉早期。揆之传世文献和出土文献，这基本符合早期沅阳县的存续沿革情况。在里耶秦简中"沅阳"为洞庭郡属县。

然而，《汉书·地理志》却无沅阳县名。汉代"沅阳"究竟存续与否？出土文献屡屡证实

---

[1] 据刘彬徽先生回复向开旺先生书信。

至少西汉前期沅阳县是存在的，而且为武陵郡属县。

长沙西汉前期谷山 M5 有铭漆器中 2 件漆耳杯和 1 件漆盘上有"沅阳"二字。内容相同："七年，沅阳长平、丞状、库周人、工它人造。""沅阳长"即沅阳县的县长，平、状、周人、它人都是人名。谷山 M5 漆器铭文中还有多个县名，基本上都是《汉书》所列西汉武陵郡属县，"沅阳"也应属武陵郡辖县[1]。

稍后武帝时期，长沙走马楼西汉简中也有多枚有"沅阳"县名的简。如简 107+95 "五年八月，丁亥朔，丙午，沅陵长阳、令史青，肩行丞事，敢告临沅、迁陵、充、沅阳、富阳、临湘、连道、临沨、索、门浅、昭陵、姊归、江陵，主写劾"。简 24 还有"沅阳为属"之明确记载[2]。"沅阳"无疑为县名。由此证明，西汉武帝时期的武陵郡属县中也是有"沅阳"的。目前在黔城周边发现的墓葬时代从战国晚期到西汉早期，没有中期以后的墓葬。有可能武帝以后省并，导致《汉书》失载。

黔城西濒潕水，南邻沅水，是为沅水之阳。但由于此处历代为县治所在，已无古城迹象。然而黔城所在的潕水两岸发现有大量的楚汉墓群，历年配合城镇建设在方圆不到 4 平方公里的区域内发掘古墓近 400 座。因而推测，黔城应为秦汉沅阳县城所在。无独有偶，2012年，本所在距黔城镇下游约 20 公里的老屋背遗址中又发掘出土一枚秦汉之际的"元陽"封泥（G4 ④∶55）。老屋背遗址面积仅 64000 平方米，遗址四周有环壕，但不见城墙，周边同时期墓葬也较少，推测应该不是县城，而应是战国至汉代沅阳县所辖乡一级行政机构驻地[3]。

第三节　宋代至"民国"墓葬

宋代至"民国"墓葬数量很少，保存状况不佳，多已破坏严重，有的甚至损毁殆尽，随葬器物数量亦少，本报告暂不做讨论。

［1］何旭红：《对长沙谷山被盗汉墓漆器铭文的初步认识》，《湖南省博物馆馆刊》第六辑，岳麓书社，2009 年，第 380~391 页。
［2］陈松长：《长沙走马楼西汉古井出土简牍概述》，《考古》2021 年第 3 期，第 98、99 页。
［3］湖南省文物考古研究所：《湖南洪江老屋背遗址发掘报告》，《湖南考古辑刊》第 11 集，科学出版社，2015 年，第 54~92 页。

附表一　战国至秦代墓葬分期检索表

分期	墓号	形制	分期	墓号	形制	分期	墓号	形制
一	M004	C Ⅳ b	二	M043	A Ⅰ	二	M181	C Ⅱ b
一	M046	A Ⅰ	二	M045	B Ⅰ	三	M008	A Ⅰ
一	M056	A Ⅰ	二	M048	A Ⅰ	三	M009	A Ⅰ
一	M076	A Ⅰ	二	M057	A Ⅰ	三	M010	A Ⅰ
一	M080	B Ⅰ	二	M067	A Ⅰ	三	M014	A Ⅰ
一	M081	A Ⅰ	二	M068	A Ⅰ	三	M016	B Ⅳ
一	M083	C Ⅰ	二	M072	A Ⅰ	三	M017	A Ⅰ
一	M108	C Ⅲ	二	M073	B Ⅰ	三	M018	A Ⅳ
一	M113	A Ⅰ	二	M074	A Ⅰ	三	M020	A Ⅱ
一	M114	A Ⅰ	二	M082	A Ⅱ	三	M022	A Ⅰ
一	M117	A Ⅰ	二	M091	B Ⅰ	三	M023	A Ⅰ
一	M125	B Ⅱ b	二	M096	A Ⅰ	三	M026	B Ⅰ
一	M131	A Ⅰ	二	M098	C Ⅳ b	三	M038	A Ⅱ
一	M142	C Ⅳ a	二	M102	A Ⅰ	三	M042	B Ⅰ
二	M005	B Ⅱ b	二	M104	A Ⅰ	三	M044	A Ⅰ
二	M011	A Ⅲ	二	M105	A Ⅰ	三	M058	A Ⅰ
二	M012	A Ⅰ	二	M106	A Ⅰ	三	M059	A Ⅰ
二	M015	A Ⅰ	二	M115	A Ⅰ	三	M060	C Ⅳ b
二	M019	A Ⅰ	二	M116	A Ⅰ	三	M061	A Ⅰ
二	M024	A Ⅰ	二	M119	A Ⅰ	三	M062	B Ⅲ b
二	M025	A Ⅰ	二	M120	A Ⅰ	三	M063	C Ⅱ b
二	M027	C Ⅳ a	二	M126	B Ⅰ	三	M064	C Ⅰ
二	M028	B Ⅰ	二	M128	A Ⅰ	三	M066	A Ⅰ
二	M031	C Ⅲ	二	M129	A Ⅰ	三	M075	A Ⅰ
二	M033	A Ⅰ	二	M135	A Ⅰ	三	M077	A Ⅰ
二	M034	A Ⅰ	二	M146	A Ⅰ	三	M084	C Ⅰ
二	M036	B Ⅰ	二	M158	C Ⅳ b	三	M099	C Ⅱ a
二	M039	A Ⅰ	二	M172	A Ⅰ	三	M118	A Ⅰ
二	M040	A Ⅰ	二	M174	C Ⅱ b	三	M138	C Ⅳ b
二	M041	B Ⅰ	二	M180	C Ⅳ b	三	M141	A Ⅰ

续附表一

分期	墓号	形制	分期	墓号	形制	分期	墓号	形制
三	M144	A Ⅰ	战国	M050	A Ⅰ	战国	M121	A Ⅰ
三	M145	A Ⅰ	战国	M051	A Ⅰ	战国	M122	A Ⅰ
三	M148	A Ⅰ	战国	M052	A Ⅰ	战国	M130	B Ⅰ
三	M153	A Ⅰ	战国	M053	A Ⅰ	战国	M133	A Ⅱ
三	M160	C Ⅳ b	战国	M054	A Ⅰ	战国	M134	A Ⅰ
三	M171	A Ⅰ	战国	M055	A Ⅰ	战国	M143	C Ⅳ b
三	M173	A Ⅰ	战国	M065	A Ⅰ	战国	M152	A Ⅰ
三	M192	B Ⅱ a	战国	M069	A Ⅰ	战国	M154	B Ⅲ b
战国	M001	A Ⅰ	战国	M087	A Ⅰ	战国	M159	A Ⅰ
战国	M002	A Ⅰ	战国	M088	A Ⅰ	战国	M167	C Ⅳ c
战国	M003	A Ⅰ	战国	M089	A Ⅰ	战国	M168	A Ⅰ
战国	M006	A Ⅰ	战国	M093	B Ⅱ a	战国	M169	B Ⅰ
战国	M007	A Ⅰ	战国	M094	A Ⅰ	战国	M170	A Ⅰ
战国	M013	A Ⅰ	战国	M100	A Ⅰ	战国	M178	B Ⅰ
战国	M021	A Ⅰ	战国	M101	A Ⅰ	战国	M179	C Ⅲ
战国	M030	A Ⅱ	战国	M103	B Ⅰ	战国	M182	C Ⅰ
战国	M032	C Ⅰ	战国	M107	B Ⅲ a	战国	M188	A Ⅰ
战国	M035	B Ⅰ	战国	M109	C Ⅰ	战国	M190	C Ⅰ
战国	M037	C Ⅲ	战国	M110	A Ⅰ	战国	M191	C Ⅳ a
战国	M047	C Ⅰ	战国	M111	A Ⅰ	战国	M198	B Ⅰ
战国	M049	A Ⅰ	战国	M112	A Ⅰ			

附表二　战国至秦代墓葬登记表

墓号	型式	形制	方向	（长 × 宽 – 深）厘米	随葬器物	分期	备注
M001	A Ⅰ		70°	300×160–310	陶鼎，敦，壶，豆；铁臿	战国	器物未修复
M002	A Ⅰ		210°	320×200–270	陶鼎，敦，壶，豆 2；铜剑 B 型	战国	陶器未修复
M003	A Ⅰ		100°	300×250–300	陶鼎 2，敦 2，壶 2，矮柄豆 B 型 Ⅱ式 4；铜剑首；铁臿	战国	仅修复陶豆 1 件
M004	C Ⅳ b	平头龛，封闭二层台	115°	口 234×104 底 200×50–300	陶罐 E 型 Ⅰ式，盂 B 型 Ⅰ式，矮柄豆 A 型、B 型 Ⅰ式 2	一	
M005	B Ⅱ b	封闭二层台	115°	口 300×168 底 264×110–240	陶鼎 B 型 Ⅱ式，敦 A 型 Ⅴ式，壶 B 型 Ⅱ式，高柄豆 B 型 Ⅱ式；玻璃珠	二	
M006	A Ⅰ		103°	317×220–120（残）	陶鼎，敦，壶；铜剑 B 型，矛 Ⅲ式；滑石璧 Ⅰ式 4，瑗	战国	陶器未修复
M007	A Ⅰ		300°	口 330×230 底 330×170–135（残）	陶鼎，敦，壶，豆 2，杯	战国	仅修复陶杯 1 件
M008	A Ⅰ		360°	292×180–300	陶鼎 C 型 Ⅱ式 2，敦 B 型 Ⅰ式 2，壶 C 型 Ⅱ式 2，高柄豆 C 型 Ⅱ式 2，盘 E 型 2，勺 A 型 Ⅲ式 2，匜 B 型 Ⅱ式，匕 2	三	
M009	A Ⅰ		185°	310×175–130（残）	陶鼎 B 型 Ⅱ式 2，敦 A 型 Ⅵ式 2，壶 A 型 Ⅳ式 2；滑石璧 Ⅰ式	三	
M010	A Ⅰ		360°	270×175–152（残）	陶鼎 B 型 Ⅱ式 2，敦 2，壶 E 型 Ⅳ式 2，豆 4；铜衾，带钩 D 型 Ⅱ式；滑石璧 Ⅰ式	三	
M011	A Ⅲ	封闭二层台	180°	口 424×300 底 280×150–370	陶鼎 C 型 Ⅰ式 2，敦 B 型 Ⅱ式 2，壶 C 型 Ⅲ式 2，高柄豆 B 型 Ⅱ式 2，盘 B 型 Ⅰ式，勺 A 型 Ⅱ式 2，匜 B 型 Ⅰ式，匕；铜剑 A 型，镜 A 型 Ⅱ式；铁臿 A 型 Ⅰ式 2；滑石璧	二	
M012	A Ⅰ		170°	290×142–300	陶鼎 C 型 Ⅰ式、D 型 Ⅰ式，敦 B 型 Ⅰ式 2，壶 C 型 Ⅱ式 2，豆 2，盘 B 型 Ⅰ式 2，勺 A 型 Ⅰ式、A 型 Ⅱ式，匕 B 型 Ⅱ式、B 型 Ⅲ式；铁镢	二	打破 M013
M013	A Ⅰ		178°	334×164–184	（无随葬品）	战国	被 M012 打破
M014	A Ⅰ		360°	326×152–196	陶壶 E 型 Ⅳ式，豆，勺 C 型 Ⅲ式，匕 D 型；铜衾，铃形器 4，残铜器；滑石环；玻璃珠	三	
M015	A Ⅰ		105°	300×166–335	陶罐 B 型 Ⅱ式，簋，矮柄豆 B 型 Ⅲ式 3；铁臿 A 型 Ⅰ式	二	
M016	B Ⅳ	平头龛，封闭二层台	90°	口 310×184 底 270×120–300	陶鼎，敦，盘 F 型，勺 B 型 Ⅰ式，匕 C 型 Ⅰ式，罐 B 型 Ⅲ式，盂	三	

续附表二

墓号	型式	形制	方向	（长 × 宽 – 深）厘米	随葬器物	分期	备注
M017	A Ⅰ		360°	360 × 220–184（残）	陶鼎 B 型 Ⅱ 式 2，敦，壶 C 型 Ⅱ 式 2，高柄豆 B 型 Ⅲ 式、高柄豆 C 型 Ⅰ 式、高柄豆 C 型 Ⅱ 式、矮柄豆 B 型 Ⅰ 式 3，盘 D 型 3，勺 B 型 Ⅰ 式 3；铜剑首，残铜器；铁夯锤；滑石璧 Ⅰ 式	三	
M018	A Ⅳ	高边龛	10°	330 × 154–120（残）	陶鼎 C 型 Ⅱ 式、E 型 2，敦 C 型 2，壶 2，矮柄豆 B 型 Ⅱ 式 2，盘 B 型 Ⅲ 式，勺 B 型 Ⅰ 式，匜 B 型 Ⅱ 式，匕 C 型 Ⅱ 式；铜镜，铃形器 12；铁臿 A 型 Ⅱ 式；玻璃璧，珠 2；玉珠	三	
M019	A Ⅰ		360°	300 × 172–320	陶鼎 B 型 Ⅱ 式 2，敦 A 型 Ⅴ 式 2，壶 B 型 Ⅳ 式 2，高柄豆 C 型 Ⅰ 式 2；铜镜；玻璃璧	二	
M020	A Ⅱ	斜坡墓道	180°	口 380 × 268 底 310 × 192–510	陶鼎 2，敦 A 型 Ⅲ 式 2，壶 2，高柄豆 B 型 Ⅱ 式 2，盆，匜 C 型，匕 E 型，斗 A 型；铜镜 B 型，铃形器 6；玻璃珠；滑石璧 Ⅰ 式，带钩 2	三	
M021	A Ⅰ		180°	332 × 154–075（残）	（无随葬品）	战国	被 M022 打破
M022	A Ⅰ		186°	280 × 150–190	陶鼎 2，敦 2，壶 C 型 Ⅱ 式 2，高柄豆 B 型 Ⅱ 式、高柄豆 D 型 Ⅱ 式，盘 B 型 Ⅲ 式，勺 B 型 Ⅱ 式，匜，匕；滑石璧 Ⅰ 式	三	打破 M021
M023	A Ⅰ		180°	310 × 174–360	陶鼎 D 型 Ⅱ 式 2，敦 A 型 Ⅵ 式 2，壶 F 型 Ⅲ 式 2，矮柄豆 B 型 Ⅱ 式、B 型 Ⅲ 式，勺 A 型 Ⅲ 式、B 型 Ⅱ 式，匕 F 型 2；残铁器；玻璃璧	三	
M024	A Ⅰ		180°	330 × 184–332	陶鼎 2，敦 2，壶 C 型 Ⅰ 式、C 型 Ⅱ 式，豆 2，盘 C 型，匕 B 型 Ⅰ 式；铜带钩 B 型 Ⅱ 式；玻璃璧	二	
M025	A Ⅰ		180°	320 × 182–442	陶鼎 A 型 Ⅲ 式 2，敦 2，壶 C 型 Ⅱ 式 2，豆 2，盘，勺 C 型 Ⅰ 式，斗；铜剑 B 型；铁臿 A 型 Ⅱ 式	二	
M026	B Ⅰ		160°	252 × 126–93（残）	陶鼎 B 型 Ⅲ 式，敦 A 型 Ⅴ 式，壶 G 型，矮柄豆 B 型 Ⅰ 式 2	三	
M027	C Ⅳ a	高头龛，封闭二层台	180°	口 250 × 96 底 210 × 68–100（残）	陶壶 J 型 Ⅲ 式，盂 C 型 Ⅰ 式；铜镜 A 型 Ⅰ 式，剑首，带钩 D 型 Ⅰ 式，印章；玉觽，串珠	二	
M028	B Ⅰ		180°	270 × 140–174	陶罐 B 型 Ⅱ 式，矮柄豆 B 型 Ⅲ 式	二	
M030	A Ⅱ	斜坡墓道	5°	口 340 × 236 底 300 × 175–300（残）	陶鼎 2，敦，壶，罐，豆	战国	器物未修复

续附表二

墓号	型式	形制	方向	（长 × 宽 – 深）厘米	随葬器物	分期	备注
M031	C Ⅲ	高头龛	7°	230 × 60-60（残）	陶罐，盂 C 型Ⅲ式	二	陶罐未修复
M032	C Ⅰ		180°	236 × 54-260	陶壶，矮柄豆 B 型Ⅰ式 2	战国	陶壶未修复
M033	A Ⅰ		265°	口 330 × 180 底 300 × 150-130（残）	陶鼎 2，敦 2，壶 A 型Ⅳ式 2，盘，勺；铜剑 A 型，带钩 C 型	二	
M034	A Ⅰ		5°	336 × 166-130（残）	陶鼎，敦 A 型Ⅵ式，壶 F 型Ⅰ式，高柄豆 B 型Ⅲ式 2；铜戈，带钩	二	
M035	B Ⅰ		100°	口 252 × 110 底 240 × 90-52（残）	陶壶，豆 2；铜砝码 3；玻璃璧	战国	仅见铜砝码
M036	B Ⅰ		90°	270 × 130-15（残）	陶壶 D 型Ⅱ式	二	
M037	C Ⅲ	高头龛	354°	228 × 82-60（残）	陶罐，矮柄豆 B 型Ⅱ式	战国	陶罐未修复
M038	A Ⅱ	斜坡墓道	90°	口 356 × 240 底 320 × 172-330	陶鼎 B 型Ⅱ式 3，高柄豆 C 型Ⅱ式 4；铜铃形器 2；玻璃珠 2	三	
M039	A Ⅰ		180°	292 × 195-175（残）	陶鼎 A 型Ⅲ式，敦 A 型Ⅵ式，壶，豆 2，盘 A 型Ⅱ式，匕 A 型；铜带钩 B 型Ⅰ式	二	
M040	A Ⅰ		355°	320 × 195-150（残）	陶敦 A 型Ⅵ式，壶 B 型Ⅲ式，高柄豆 B 型Ⅰ式 4，盘 A 型Ⅰ式，匜 A 型Ⅰ式，匕	二	
M041	B Ⅰ		90°	230 × 100-96（残）	陶罐 F 型 3，高柄豆 B 型Ⅱ式 3	二	
M042	B Ⅰ		90°	310 × 140-100（残）	陶鼎 B 型Ⅱ式，敦，壶 C 型Ⅳ式，勺 C 型Ⅱ式 2	三	
M043	A Ⅰ		270°	280 × 166-60（残）	陶鼎 B 型Ⅲ式 2，敦 A 型Ⅲ式 2，壶 2，豆 2，斗 A 型；铜剑，戈Ⅱ式，戈镈Ⅱ式，佥；滑石璧Ⅰ式	二	
M044	A Ⅰ		175°	310 × 188-110（残）	陶鼎 D 型Ⅰ式 2，敦 A 型Ⅲ式 2，壶 C 型Ⅱ式 2，豆 2，盘 C 型 2，勺 B 型Ⅰ式 2，匜 B 型Ⅲ式 2，匕 B 型Ⅳ式 2；铜剑首，剑格；玻璃璧；石珠	三	
M045	B Ⅰ		110°	300 × 140-130（残）	陶罐 B 型Ⅲ式，豆 2	二	
M046	A Ⅰ		90°	312 × 220-70（残）	陶罐 A 型Ⅰ式，豆 2；铜戈Ⅰ式，矛	一	
M047	C Ⅰ		355°	240 × 60-20（残）	陶罐	战国	陶罐未修复
M048	A Ⅰ		60°	364 × 220-40（残）	陶罐 D 型Ⅱ式，高柄豆 B 型Ⅱ式 2	二	
M049	A Ⅰ		80°	口 345 × 220 底 300 × 186-150（残）	陶豆；铜剑 A 型，矛Ⅲ式	战国	
M050	A Ⅰ		70°	330 × 248-60（残）	陶豆 2；铜剑 A 型，矛Ⅱ式	战国	

续附表二

墓号	型式	形制	方向	（长 × 宽 - 深）厘米	随葬器物	分期	备注
M051	A Ⅰ		160°	口 320×250 底 310×190-170（残）	陶豆；铜剑 B 型，戈 Ⅰ 式、Ⅱ 式，矛 Ⅱ 式 2	战国	
M052	A Ⅰ		290°	330×180-50（残）	陶鼎 2，壶 2；铜剑 B 型，戈 Ⅱ 式，矛 Ⅲ 式，残器；铁环；滑石璧 Ⅰ 式	战国	陶器未修复
M053	A Ⅰ		180°	口 320×230 底 300×196-170（残）	陶罐，豆 2	战国	
M054	A Ⅰ		260°	316×174-70（残）	铜矛 Ⅱ 式，带钩 E 型	战国	
M055	A Ⅰ		8°	332×180-170（残）	陶敦，罐，豆 2	战国	器物未修复
M056	A Ⅰ		90°	320×214-90（残）	陶鼎 B 型 Ⅰ 式，敦 A 型 Ⅰ 式，壶 A 型 Ⅰ 式；铜剑 A 型	一	
M057	A Ⅰ		350°	290×180-280	陶鼎 C 型 Ⅱ 式 2，敦 A 型Ⅳ式 2，壶 B 型Ⅳ式 2，高柄豆 B 型 Ⅱ 式 2；铜食，残器	二	
M058	A Ⅰ		340°	310×190-270	陶鼎 2，敦 A 型Ⅳ式 2，壶 C 型 Ⅲ 式 2，矮柄豆 B 型 Ⅱ 式 2，盘 B 型 Ⅲ 式，匜 A 型 Ⅱ 式、A 型 Ⅲ 式	三	
M059	A Ⅰ		245°	294×150-140（残）	陶鼎 B 型 Ⅱ 式、B 型 Ⅲ 式，敦 2，壶 A 型Ⅳ式，E 型 Ⅲ 式，矮柄豆 B 型 Ⅱ 式 2；残铜器 2；玻璃珠	三	
M060	C Ⅳ b	平头龛，封闭二层台	315°	口 245×110 底 216×60-250	陶罐 B 型 Ⅴ 式，矮柄豆 D 型 Ⅰ 式	三	
M061	A Ⅰ		145°	280×150-180（残）	陶罐 B 型 Ⅴ 式；残漆器 2 件	三	
M062	B Ⅲ b	平头龛	115°	260×125-36（残）	陶鼎 C 型 Ⅱ 式，敦，矮柄豆 B 型 Ⅰ 式；残铜器	三	
M063	C Ⅱ b	半封闭二层台	120°	口 240×90 底 220×56-140（残）	陶罐 E 型 Ⅲ 式，豆 2	三	
M064	C Ⅰ		225°	240×70-70（残）	陶罐 D 型 Ⅲ 式，豆	三	
M065	A Ⅰ		220°	280×145-240	陶盘 2；铜鼎	战国	陶盘未修复
M066	A Ⅰ		25°	280×150-220	陶鼎 C 型 Ⅱ 式，敦，壶，豆 2；铜环；石珠	三	
M067	A Ⅰ		45°	295×160-130（残）	陶罐 C 型 Ⅱ 式，豆 2；铁鼎	二	
M068	A Ⅰ		195°	320×190-430	陶鼎 2，敦 B 型 Ⅱ 式 2，壶 B 型 Ⅲ 式、B 型Ⅳ式，高柄豆 B 型 Ⅰ 式 2	二	
M069	A Ⅰ		125°	350×200-320	陶壶	战国	陶壶未修复
M072	A Ⅰ		95°	320×175-150（残）	陶罐 B 型 Ⅰ 式，盂 A 型Ⅳ式，矮柄豆 B 型 Ⅰ 式 3	二	
M073	B Ⅰ		95°	口 300×185 底 300×140-160（残）	陶壶 J 型 Ⅲ 式，盂，高柄豆 B 型 Ⅱ 式、矮柄豆 A 型 2；铁盂	一	

续附表二

墓号	型式	形制	方向	（长 × 宽 - 深）厘米	随葬器物	分期	备注
M074	A Ⅰ		90°	320×154-140（残）	陶鼎 B 型Ⅲ式，敦 A 型Ⅵ式，壶 B 型Ⅰ式，豆；铜带钩，棺饰；铁臿	二	
M075	A Ⅰ		95°	330×170-260	陶鼎 C 型Ⅰ式 2，敦 2，壶 F 型Ⅲ式 2，高柄豆 A 型Ⅱ式 2，勺 A 型Ⅲ式，斗 B 型	三	
M076	A Ⅰ		90°	340×210-350	陶鼎 A 型Ⅰ式 2，敦 A 型Ⅱ式 2，壶 2；残铜器	一	
M077	A Ⅰ		190°	口 310×210 底 275×160-510	陶鼎 B 型Ⅱ式 2，敦 A 型Ⅲ式、A 型Ⅵ式，壶 B 型Ⅳ式、C 型Ⅲ式，罐 B 型Ⅳ式，高柄豆 B 型Ⅰ式、高柄豆 C 型Ⅱ式	三	
M080	B Ⅰ		270°	口 310×195 底 270×140-130（残）	陶罐 A 型Ⅱ式，盂，矮柄豆 B 型Ⅱ式、矮柄豆 C 型Ⅰ式	一	
M081	A Ⅰ		200°	口 385×245 底 285×145-190（残）	陶壶 J 型Ⅱ式，盂；铜剑 A 型，戈Ⅱ式，戈鐏	一	
M082	A Ⅱ	斜坡墓道	285°	口 430×310 底 320×220-260（残）	陶鼎，壶 E 型Ⅱ式 3，高柄豆 C 型Ⅱ式 2；滑石璧Ⅱ式	二	
M083	C Ⅰ		100°	230×60-45（残）	陶壶 J 型Ⅲ式，盂 A 型Ⅱ式，高柄豆 B 型Ⅰ式，矮柄豆 B 型Ⅰ式 2	一	
M084	C Ⅰ		20°	230×65-40（残）	陶罐 E 型Ⅱ式，钵，矮柄豆 B 型Ⅱ式、矮柄豆 C 型Ⅱ式	三	
M087	A Ⅰ		175°	口 360×220 底 300×164-150（残）	陶壶，矮柄豆 B 型Ⅰ式	战国	陶壶未修复
M088	A Ⅰ		200°	口 330×210 底 300×170-140（残）	陶鼎，壶，矮柄豆 B 型Ⅰ式 3；铜剑 A 型	战国	陶器仅修复豆 1 件
M089	A Ⅰ		115°	口 340×200 底 280×160-205（残）	陶敦，壶，矮柄豆 B 型Ⅰ式 4、矮柄豆 C 型Ⅲ式	战国	陶敦、壶未修复
M091	B Ⅰ		110°	口 315×172 底 295×140-155（残）	陶鼎 B 型Ⅱ式 2，敦 A 型Ⅴ式 2，壶 A 型Ⅳ式 2，矮柄豆 B 型Ⅰ式 2；滑石璧	二	
M093	B Ⅱa	平行二层台	200°	口 300×200 底 250×110-270	陶敦，壶	战国	器物未修复
M094	A Ⅰ		110°	口 310×250 底 280×200-210（残）	陶鼎，敦，壶，矮柄豆 B 型Ⅰ式	战国	仅修复陶豆 1 件
M096	A Ⅰ		75°	口 320×190 底 280×150-300	陶壶 A 型Ⅲ式，盂，高柄豆 B 型Ⅱ式、矮柄豆 B 型Ⅰ式	二	
M098	C Ⅳb	平头龛，平行二层台	55°	口 240×90 底 240×70-280	陶壶 A 型Ⅲ式	二	
M099	C Ⅱa	平行二层台	80°	口 290×150 底 260×64-135（残）	陶罐 E 型Ⅱ式，盂 C 型Ⅳ式	三	
M100	A Ⅰ		90°	300×170-40（残）	高柄豆 B 型Ⅰ式 2，矮柄豆 B 型Ⅰ式	战国	

续附表二

墓号	型式	形制	方向	（长×宽－深）厘米	随葬器物	分期	备注
M101	A I		100°	口 390×230 底 330×170-200 （残）	陶鼎 2，敦，高柄豆 C 型 II 式 3，矮柄豆 B 型 I 式、矮柄豆 B 型 II 式 2；铜带钩	战国	仅修复陶豆6件
M102	A I		185°	280×160-70（残）	陶鼎 B 型 II 式，敦 A 型 VI 式，壶 E 型 I 式，高柄豆 C 型 II 式 2	二	
M103	B I		95°	260×90-60（残）	残铜器	战国	
M104	A I		165°	口 354×190 底 320×170-100（残）	陶壶 E 型 III 式，盂，矮柄豆 B 型 I 式 3；铜剑 A 型	二	
M105	A I		175°	口 335×180 底 316×166-75（残）	陶鼎 A 型 II 式 2，敦 2，壶 A 型 V 式 2，高柄豆 B 型 I 式 2	二	
M106	A I		180°	口 330×195 底 310×180-100（残）	陶鼎 A 型 II 式 2，敦 A 型 II 式 2，壶 A 型 III 式 2，高柄豆 B 型 II 式 4；铜剑 A 型，戈 I 式 2；铁臿	二	
M107	B III a	高头龛	180°	口 240×110 底 220×90-90（残）	陶壶，盂，高柄豆 C 型 II 式 3；铜剑 B 型，戈 III 式，戈镦，箭镞，印章	战国	陶器未修复
M108	C III	高头龛	180°	口 234×90 底 220×80-100（残）	陶盂 A 型 III 式；铜带钩	一	
M109	C I		356°	225×83-90（残）	铜铃 2	战国	
M110	A I		115°	315×170-80（残）	陶壶，盂，矮柄豆 B 型 II 式 4	战国	仅修复陶豆1件
M111	A I		85°	口 320×190 底 288×150-140（残）	陶罐，盂，矮柄豆 B 型 I 式、矮柄豆 B 型 II 式 2；铜带钩	战国	仅修复陶豆2件
M112	A I		103°	280×170-140（残）	陶罐，豆 2	战国	器物未修复
M113	A I		98°	口 324×194 底 310×170-145（残）	陶鼎 2，敦 2，壶 2，高柄豆 A 型 I 式 2；铜剑 B 型，戈，戈镦 I 式，矛 I 式，矛镦 A 型，带钩	一	陶器仅修复豆2件
M114	A I		95°	口 340×230 底 310×180-165（残）	陶鼎，敦，壶，高柄豆 A 型 I 式 2	一	仅修复陶豆2件
M115	A I		80°	口 340×210 底 315×170-220（残）	陶壶 J 型 III 式，高柄豆 A 型 II 式、高柄豆 B 型 II 式；铜剑 C 型 II 式，矛 II 式	二	
M116	A I		130°	口 320×200 底 280×154-190（残）	陶鼎 A 型 III 式，敦，壶 A 型 II 式；铜剑 B 型	二	
M117	A I		105°	口 370×220 底 330×190-190（残）	陶壶 J 型 I 式，盂 A 型 I 式，高柄豆 A 型 I 式；铁臿	一	
M118	A I		110°	口 340×210 底 280×146-530	陶鼎 2，敦 2，壶 C 型 III 式 2、J 型 III 式，高柄豆 B 型 III 式 2，勺 A 型 II 式，匕 B 型 III 式	三	
M119	A I		265°	口 365×255 底 310×170-190（残）	陶壶 J 型 II 式，盂 C 型 II 式，豆；铜剑 A 型	二	
M120	A I		105°	口 340×205 底 310×190-200（残）	陶罐 G 型；铜镜，带钩 A 型；玻璃珠	二	

续附表二

墓号	型式	形制	方向	（长 × 宽 – 深）厘米	随葬器物	分期	备注
M121	A Ⅰ		105°	口 360 × 230 底 300 × 170–300	陶鼎，敦，壶，高柄豆 B 型 Ⅰ 式、高柄豆 C 型 Ⅱ 式	战国	仅修复陶豆 2 件
M122	A Ⅰ		180°	口 440 × 280 底 320 × 160–320	残陶器 3；铜剑 A 型	战国	
M125	B Ⅱ b	封闭二层台	185°	口 256 × 136 底 220 × 100–180（残）	陶罐 D 型 Ⅰ 式，矮柄豆 B 型 Ⅱ 式	一	
M126	B Ⅰ		60°	300 × 140–60（残）	陶壶 J 型 Ⅱ 式，盂 B 型 Ⅱ 式，高柄豆 B 型 Ⅱ 式；铁锸	二	
M128	A Ⅰ		150°	口 320 × 180 底 290 × 160–220（残）	陶鼎 A 型 Ⅲ 式，壶 A 型 Ⅱ 式，盂 A 型 Ⅴ 式；铜剑 C 型 Ⅰ 式，戈 Ⅱ 式，戈镈 Ⅰ 式，带钩	二	
M129	A Ⅰ		250°	口 350 × 250 底 260 × 130–240（残）	陶鼎 A 型 Ⅱ 式 2，敦 A 型 Ⅱ 式 2，壶 A 型 Ⅲ 式 2，高柄豆 A 型 Ⅱ 式；铜剑 B 型，戈 Ⅱ 式，矛 Ⅱ 式	二	
M130	B Ⅰ		115°	230 × 90–300	陶豆；铜剑 A 型，饰件	战国	
M131	A Ⅰ		80°	口 345 × 260 底 280 × 180–270（残）	陶鼎 A 型 Ⅰ 式，敦 A 型 Ⅰ 式，壶 A 型 Ⅰ 式，罐 C 型 Ⅰ 式，盂 A 型 Ⅰ 式，矮柄豆 B 型 Ⅰ 式；残铜器	一	
M133	A Ⅱ	斜坡墓道	95°			战国	未清理
M134	A Ⅰ		165°	330 × 180–250	陶鼎 B 型 Ⅲ 式，敦，壶 2		
M135	A Ⅰ		285°	口 270 × 190 底 260 × 160–310	陶壶 J 型 Ⅲ 式，鬲，盂，矮柄豆 B 型 Ⅰ 式、矮柄豆 B 型 Ⅱ 式、矮柄豆 C 型 Ⅱ 式	二	
M138	C Ⅳ b	平头龛，半封闭二层台	210°	口 236 × 96 底 210 × 57–190	陶罐 B 型 Ⅴ 式	三	
M141	A Ⅰ		135°	270 × 145–190（残）	陶罐 H 型，壶 A 型 Ⅳ 式	三	
M142	C Ⅳ a	高头龛，平行二层台	225°	口 235 × 106 底 235 × 60–170	陶罐 B 型 Ⅰ 式	一	
M143	C Ⅳ b	平头龛，半封闭二层台	40°	口 230 × 80 底 215 × 50–170	陶罐	战国	陶罐未修复
M144	A Ⅰ		120°	290 × 165–430	陶鼎 B 型 Ⅱ 式、B 型 Ⅲ 式，壶 C 型 Ⅲ 式、D 型 Ⅱ 式	三	
M145	A Ⅰ		210°	290 × 150–120（残）	陶壶 A 型 Ⅳ 式，矮柄豆 B 型 Ⅱ 式	三	
M146	A Ⅰ		245°	315 × 175–220（残）	陶罐 B 型 Ⅰ 式，矮柄豆 B 型 Ⅰ 式，豆	二	
M148	A Ⅰ		245°	295 × 164–170（残）	陶鼎 B 型 Ⅱ 式，敦，壶，矮柄豆 D 型 Ⅰ 式，勺 A 型 Ⅲ 式；滑石璧	三	
M152	A Ⅰ		225°	280 × 155–170（残）	陶鼎，敦，壶 K 型	战国	

续附表二

墓号	型式	形制	方向	（长 × 宽 – 深）厘米	随葬器物	分期	备注
M153	A I		35°	340 × 230–370	陶壶 F 型 I 式、F 型 II 式，高柄豆 D 型 I 式 2；铜剑 A 型，残器；玉璧；玻璃璧	三	
M154	B III b		230°	230 × 60–30（残）	陶壶，矮柄豆 B 型 II 式 2	战国	仅修复陶豆 1 件
M158	C IV b	平头龛，半封闭二层台	50°	口 240 × 110 底 220 × 70–90（残）	陶罐 D 型 III 式	二	
M159	A I		225°	284 × 175–90（残）	陶罐	战国	陶罐未修复
M160	C IV b	平头龛，封闭二层台	30°	口 290 × 110 底 230 × 60–110（残）	陶鼎 B 型 III 式，矮柄豆 D 型 I 式 2	三	
M167	C IV c	头、足双高龛，半封闭二层台	25°	口 250 × 120 底 190 × 70–120（残）	无随葬品	战国	
M168	A I		315°	300 × 165–70（残）	陶豆	战国	陶豆未修复
M169	B I		200°	300 × 90–50（残）	陶罐	战国	陶罐未修复
M170	A I		215°	260 × 150–80（残）	铜矛镦 B 型	战国	
M171	A I		320°	270 × 160–180（残）	陶鼎 B 型 III 式，敦，壶 H 型，矮柄豆 D 型 II 式 2	三	
M172	A I		310°	310 × 180–200（残）	陶鼎，敦，壶 B 型 I 式 2，矮柄豆 B 型 II 式 2	二	
M173	A I		205°	口 270 × 170 底 260 × 160–150（残）	陶鼎 B 型 III 式，敦 B 型 I 式，壶 C 型 III 式，豆，盘 B 型 II 式，勺 B 型 III 式	三	
M174	C II b	半封闭二层台	215°	口 270 × 120 底 263 × 56–130（残）	陶罐 B 型 I 式；铜镜 A 型 I 式	二	
M178	B I		125°	250 × 130–150（残）	陶罐，残铜器	战国	器物未修复
M179	C III	高头龛	70°	205 × 67–120（残）	（无随葬品）	战国	
M180	C IV b	平头龛，封闭二层台	230°	口 250 × 90 底 226 × 44–150（残）	陶罐 B 型 I 式，纺轮	二	
M181	C II b	半封闭二层台	130°	口 270 × 120 底 230 × 58–200	陶壶 D 型 I 式，矮柄豆 B 型 I 式 2	二	
M182	C I		145°	100（残）× 80–20（残）	陶矮柄豆 B 型 I 式，残陶器	战国	
M188	A I		75°	300 × 180–130（残）	陶鼎，敦，壶，豆；铜套筒	战国	陶器未修复
M190	C I		50°	200 × 60–10（残）	陶罐	战国	陶罐未修复
M191	C IV a	高头龛，半封闭二层台	40°	口 240 × 114 底 225 × 84–130（残）	（无随葬品）	战国	
M192	B II a	平行二层台	120°	口 300 × 170 底 300 × 120–100（残）	陶鼎 B 型 II 式，罐 B 型 V 式；铁臿 B 型	三	
M198	B I		115°	230 × 130–40（残）	陶罐	战国	陶罐未修复

附表三　汉代墓葬登记表

墓号	型式	形制	方向	尺寸（长×宽–深）厘米	随葬器物	分期
M029	A I		45°	316×186–280	陶鼎 A 型 2，盒 A 型 I 式 2，壶 A 型 I 式 2，勺 2，匕；滑石璧 A 型 I 式	一
M070	B I		120°	280×135–100（残）	硬陶罐	二
M090	A I		195°	口 330×232 底 285×180–180（残）	陶鼎 E 型 II 式，盒，壶，豆 5	二
M139	A I		120°	300×150–14（残）	滑石璧 B 型 II 式	一
M147	A I		225°	280×150–100（残）	陶鼎 D 型 II 式 2，盒 A 型 II 式 2，壶 D 型 I 式 2，灶，熏；滑石璧 C 型	一
M150	A I		115°	310×170–300	陶鼎 E 型 I 式、C 型 I 式，盒 A 型 II 式 2，壶 A 型 II 式 2，盘，勺 A 型 I 式 2；滑石璧 B 型 II 式	一
M156	A III	曲尺形二层台	123°	口 350×210 底 334×194–270（残）	陶鼎 D 型 II 式 2，盒 A 型 II 式，壶 D 型 II 式，杯 B 型 II 式 2、C 型	二
M157	A I	墓底枕木沟两纵两横呈"II"形	120°	300×190–300	陶鼎 B 型 III 式、D 型 I 式，盒 A 型 II 式，壶 B 型 I 式、C 型 I 式，杯 A 型，匕；滑石璧 A 型 I 式	一
M162	A I		300°	320×210–120（残）	陶鼎 C 型 II 式，盒 A 型 II 式，壶 C 型 III 式，釜；滑石璧 C 型	二
M163	A I		126°	290×160–80（残）	陶壶 E 型 I 式；滑石璧 A 型 I 式	一
M164	A I		30°	290×180–150（残）	陶鼎 C 型 III 式、E 型 I 式，盒 A 型 II 式 2，壶 B 型 II 式 2，豆，杯 B 型 III 式，勺 B 型 IV 式；滑石璧 C 型	二
M175	A I		20°	280×150–210（残）	陶鼎 C 型 II 式，盒 A 型 II 式，壶 C 型 II 式 2，豆，勺 B 型 III 式，匕，杯 B 型 I 式；铁刀；滑石璧 A 型 II 式	一
M183	A I		100°	250×155–220（残）	陶盒 B 型 2	二
M184	A I		120°	360×220–190（残）	陶鼎 3，壶 2，勺 B 型 IV 式 2；滑石璧 D 型 III 式	二
M185	A I		110°	310×198–230（残）	陶鼎 2；滑石璧 A 型 I 式	一
M186	A I		25°	300×200–70（残）	陶鼎 C 型 II 式 2，盒 A 型 II 式 2，壶 A 型 III 式 2，盘，勺 B 型 II 式 2，匕 B 型 II 式 2	一
M187	A I		115°	300×180–180（残）	陶鼎 D 型 II 式 2，壶 2；滑石璧 D 型 II 式	二
M195	B I		105°	285×135–140（残）	陶罐，熏	一
M196	A I		105°	320×180–120（残）	陶鼎 D 型 I 式，盒 A 型 II 式，壶 A 型 II 式，勺 B 型 I 式；滑石璧 B 型 III 式	一
M199	A I		105°	320×190–170（残）	陶鼎 B 型 I 式，盒 A 型 II 式，壶，匕；滑石璧 E 型	一
M200	A I		100°	320×180–210（残）	陶鼎 B 型 II 式 2，盒 A 型 II 式 2，壶 B 型 I 式 2，勺 A 型 II 式 2，匕 2；滑石璧 B 型 I 式	一
M201	A I		80°	300×190–50（残）	陶盒 B 型，壶；滑石璧 D 型 I 式，镜，梳 2	二
M202	A I		80°	300×180–50（残）	陶盒 C 型 2，壶 A 型 IV 式、B 型 III 式、E 型 II 式；滑石璧 C 型、E 型	二

附表四　宋代以后墓葬登记表

墓号	形制	方向	尺寸（长 × 宽 – 深）厘米	随葬器物	分期	备注
M079	砖室券顶	50°	246×116–90	陶罐	明代	砖铭"高家墓"
M085		350°	160×45–20（残）	青花瓷碗	明代	
M086				青花瓷碗	明代	墓已推毁
M097	砖室	180°	280×100–20（残）	（无随葬品）	清代	
M123		85°	350×？–270（残）	硬陶罐2	宋代	墓已毁
M124		90°	？×110–130（残）	硬陶罐2	宋代	墓已毁
M132				墓碑	民国	残，墓碑上有"民国十年"字样
M136				（无随葬品）	民国	墓毁殆尽
M137		225°	210×70–50（残）	玉镯	民国	残存棺板
M140		325°	200×80–30（残）	硬陶魂瓶2	宋代	
M149	砖室。前端呈阶梯状，两侧各一壁龛	245°	外 258×90 内 215×65–44（残）	硬陶魂瓶2	宋代	魂瓶置于壁龛内
M151	砖室。前端呈阶梯状	115°	外 254×102 内 226×78–22（残）	釉陶碗	明代	
M155				银簪；铜纽扣	清代	墓已推毁
M166	砖室券顶	90°		硬陶魂瓶2	宋代	墓已毁
M176		180°		魂瓶2	宋代	墓已毁
M177		90°		魂瓶	宋代	墓已毁
M197	平头龛	225°	260×90–80（残）	陶罐2；铜钱币	宋代	

附表五　时代不明墓葬登记表

墓号		方向	尺寸（长 × 宽 – 深）厘米	随葬器物	备注
M071				（无随葬品）	墓残存一角
M078	A Ⅰ	90°	300 × 180–240	（无随葬品）	
M092	B Ⅰ	110°	240 × 100–60（残）	（无随葬品）	
M095	A Ⅰ	280°	315 × 200–180（残）	（无随葬品）	
M127	B Ⅰ	155°	220 × 100–60（残）	（无随葬品）	
M161	A Ⅰ	35°	290 × 160–100（残）	（无随葬品）	
M165	A Ⅰ	27°	300 × 180–250（残）	（无随葬品）	
M189	A Ⅰ	50°	270 × 150–60（残）	（无随葬品）	
M193	A Ⅰ	145°	300 × 170–110（残）	（无随葬品）	
M194	A Ⅰ	115°	300 × 180–150（残）	（无随葬品）	

后 记

自 20 世纪 70 年代以来，在怀化市范围内发掘的楚汉墓葬近 2000 座，除沅陵窑头城址和墓葬以及沅陵虎溪山一号汉墓出版了专题报告，部分墓葬撰写了发掘简报外，其余均未进行系统整理。墓葬记录及出土文物均存放于怀化市博物馆及所属县文物单位。

鉴于怀化市历年发掘的楚汉墓葬资料丰富，且具有较高的学术价值，经由湖南省文物考古研究所（现湖南省文物考古院）领导研究，决定与怀化市合作，将该市历年发掘的楚汉墓葬进行系统整理，出版考古报告。2020 年 10 月 31 日，在怀化市博物馆召开了协调会，参加会议的有湖南省文物考古研究所前任所长郭伟民，现任院长高成林，副研究员谭远辉；怀化文旅广体局负责人胡瑜，博物馆馆长石磊，副馆长杨志勇以及向开旺、田云国等。会议达成共识，资料整理由湖南省文物考古研究所与怀化市博物馆联合进行，以湖南省文物考古研究所为主。所有资料整理、报告编写经费均由湖南省文物考古研究所承担，怀化博物馆配合工作。由谭远辉统筹资料整理及报告编撰，原主持发掘者参与整理。首先从洪江市黔城楚汉墓葬的资料整理工作开始，该地点发掘工作由向开旺主持。

2020 年 11 月 4 日，谭远辉组队进驻怀化市博物馆。此前向开旺做了一些有益的基础工作，如基本上对所有出土器物绘制了器物草图，并制作了器物卡片，因而该项目主要在向开旺的协助下进行。通过近八个月的工作，至 2021 年 6 月完成考古报告初稿的编撰工作。

资料整理及报告文字编撰由谭远辉负责并完成，向开旺对发掘经过进行了梳理。墓葬平、剖面图由参与发掘者完成，以前从事器物草图绘制的人员有杨祖沛、张涛、周明等，墓葬图的规范、完善及清描由谭远辉负责，器物图的电脑描图、排版由胡春梅、蒋明洁完成，向开进从事器物修复，杨盯照相。

在工作期间，得到了湖南省文物考古研究所（院）领导的重视与关注，怀化博物馆领导和相关人员给予了大力支持和全力配合。怀化市博物馆先后协助工作的人员有：向开旺、田云国、汪永江、李莉、覃思捷、唐莹、张馨文、谢克贵等。本报告能在短时间内编竣与团队的精诚合作密切相关，这是集体劳动的成果。

文物出版社为本书高效及高质量出版付出了辛勤努力，在此致以诚挚谢意。

编者

2021 年 6 月 25 日

The Chu-Han Tombs in Qiancheng, Hongjiang City

(Abstract)

Qiancheng, where the Party and Government Office of Hongjiang City under the jurisdiction of Huaihua City is currently located, is in southwestern Hunan Province at the southwestern end of the Xuefeng Mountains. The mainstem of the Yuan River, the Qingshui River, originates from the northern slopes of Doupeng Mountain in Duyun City, Guizhou Province. The upper stream is called the Qingshui River. When flowing eastward to Qiancheng Town, it becomes the Yuan River's middle stream after its confluence with the Wu River. Therefore, Qiancheng is situated at the confluence of the upper and middle streams of the Yuan River. The Chu-Han tomb complex in Qiancheng lies in the hilly terrain at the confluence of the Yuan and Wu rivers, specifically within the Yuhuangge Community on the west side of the ancient city of Qianyang.

The Chu-Han tomb complex in Qiancheng consists of three burial areas extending from south to north: Nantoupo, Sanxingpo, and Niutouwan. Excavations began in 1982 and uncovered 202 tombs in total until 2000. 17 tombs belong to the post-Song period, 10 are of indeterminate date, the left 152 are Chu tombs from the Warring States to the Qin Dynasty, along with 23 Han tombs.

The 152 Chu tombs represent the dominant remains found in Qiancheng. Six tombs, despite the absence of grave goods, were still identified dating to the Warring States period based on structures (with head and foot niches and secondary ledges) and superimposition relationships. Among the 146 tombs found with grave goods, four groups of artifact assemblages can be distinguished.

Group A: two sets of pottery imitating bronze ritual vessels;

Group B: one set of pottery imitating bronze ritual vessels;

Group C: daily-use pottery;

Group D: with bronze weapons, *dou*-containers, and other miscellaneous objects.

The collection of pottery imitating bronze ritual vessels mainly consists of *ding*-tripod, *dun*-container, and *hu*-pot, supplemented by *pan*-tray, *shao*-ladle, *yi*-water vessel, *bi*-spatula, and *dou*-dipper. Daily-use pottery mainly includes *guan*-jar (*hu*-pot) and *yu*-container (*gui*-tureen, *bo*-bowl). *Guan* and *Hu* as daily-use pottery belong to the same category, with *hu*'s upper part shaping like a *guan* but having a ring foot at the base, and the two do not coexist in most cases; some *hu* resemble the shape of bronze ritual vessels but coexist with *yu* and *dou*-container, are also considered substitutes for *guan*. In rare cases, *gui* and *bo* are found as substitutes for *yu*. There are also a few instances that found mixed assemblages of pottery imitating bronze ritual vessels and daily-use pottery. The *dou*-container represents a hybrid nature as either pottery imitating bronze ritual vessels or daily-use pottery.

The width of tomb pits correlates, but not absolutely, with the tomb occupants' identities and social ranks, as well as the tomb ages. The width standards are defined to serve the tomb classification.

Type A: wide tomb, tomb bottom width over 140 cm (excluding 140 cm);

Type B: narrow tomb, tomb bottom width between 85 and 140 cm (excluding 85, including 140 cm);

Type C: long narrow tomb, tomb bottom width under 85 cm (including 85 cm).

Most tombs with Group A grave goods are wide tombs, with only two narrow tombs, no long narrow tomb. Groups B, C, and D are present in all three tomb types, while Groups B and D are predominantly found in wide tombs.

The three types of tombs can be further divided into several subtypes according to structural variations. Including six empty tombs, Type A tombs are divided into four subtypes, Type B into four major subtypes and six minor subtypes, and Type C into four major subtypes and seven minor subtypes.

879 artifacts were unearthed within the 146 tombs with grave goods, 504 of which were restored with identifiable shapes and represent 45 object types. Of these, 374 pottery of 17 types, 90 bronzes of 16 types, 8 ironware of 3 types, and 32 jade, steatite, and glass wares of 9 types.

The maximum number of artifacts found in a single tomb is 30 pieces (sets), the minimum is one. Most tombs contain fewer than 10 objects.

Based on analysis and comparison, the Chu tombs in Qiancheng can be categorized into three phases.

Phase One: Middle Stage of the Late Warring States period;

Phase Two: Late Stage of the Late Warring States period;

Phase Three: Qin Dynasty.

The periodization of the Qiancheng's Chu tombs indicates that the expansion of the Chu State into the upper reaches of the Yuan River occurred relatively late. Until the Qin Dynasty, although Yuanyang County was established in this region, the Chu culture remained prominent, with little evidence of Qin's cultural influence. In fact, throughout the Dongting Commandery, the influence of Qin culture was still minimal, contrasting with stronger Qin cultural penetration in Nan County.

Chu tombs in Qiancheng also exhibit some evidence of external cultural influences. For example, two short swords with flat tangs were discovered, one of which has a palm pattern on the rear side of the blade, showing typical features of the Ba-Shu swords. In addition, a bronze dagger-axe with the inscription "Shi Si Nian" (the 14th Year) was identified by scholar Liu Binhui as a weapon from the Three Jins. These findings suggest that the upper reaches of the Yuan River were influenced by some external cultural elements during the late Warring States-Qin period.

Most of the 23 Han tombs are in the Niutouwan area, with only one in Sanxingpo. The majority of Han tombs are wide tombs, just two narrow tombs and no long narrow tomb. Most tomb structures are rectangular vertical shaft earth pits without tomb passage, only one has an L-shaped secondary ledge at the bottom. Grave goods are placed at the head and side(s) at the tomb bottom. A few were arranged in L-shape, likely the positions of the side and head compartments of the coffin chamber. At the center of the head end are often found steatite *bi*-discs.

147 grave goods of 17 types from Han tombs are mainly pottery, followed by steatite objects (primarily *bi*-discs), others include one iron knife and one pottery model stove. The majority of potteries are imitating bronze ritual vessels, with only a small number of daily-use items such as hard pottery jars, pottery jars, *fu*-cauldrons, incense burners, and cups. The 115 restored artifacts included 93 pottery, 21 steatite objects, and 1 ironware.

According to previous data, a single Han tomb usually yields more artifacts than a Chu tomb. However, grave goods from Han tombs in Qiancheng are relatively few, ranging from 11 to just 1 per tomb.

Han tombs in Qiancheng all date to the early Western Han period, and can be further divided into early and late stages, with the lower limit falling within the reign of Emperor Wu.

An unearthed seal of the late Warring States period bearing the inscription "Yuan Yang" confirms the tomb complex is situated at the administrative center of Chu's Yuanyang County. Chu tombs date from the late Warring States period to the Qin Dynasty, while Han tombs belong to the early Han Dynasty. These generally correspond to the recording of Yuanyang County's early history in transmitted texts and excavated documents. Yuanyang as a county under the Dongting Commandery was recorded in the Liye Qin Slips but was not mentioned as a county under the Wuling Commandery in the Geography Treatise of the *Book of Han*. However, the existence of Yuanyang as a county under the Wuling Commandery, at least in the early Western Han period, was often proved in excavated documents.

Two lacquer ear-cups and one lacquer dish bearing the inscription "Yuan Yang" were found in an early Western Han Tomb M5 in Gushan, Changsha. The complete inscription reads, "In the seventh year, made by the Chief of Yuanyang (*Yuanyang Zhang* 沅阳长) Ping, Deputy (*Cheng* 丞) Zhuang, Storekeeper (*Ku* 库) Zhou Ren, and Craftsman (*Gong* 工) Ta Ren." *Yuanyang Zhang* refers to the county magistrate of Yuanyang, while Ping, Zhuang, Zhou Ren, and Ta Ren are personal names. Other county names recorded in Gushan M5's lacquerware inscriptions are also listed under Wuling Commandery in the *Book of Han*, Yuanyang should have been one of them. Moreover, Yuanyang as a county name was found on some of the Zoumalou bamboo slips of the Western Han Dynasty, corresponding to the reign of Emperor Wu, helping to confirm that Yuanyang was one of the counties under Wuling Commandery of that time. Yuanyang County may have been abolished or merged after the period of Emperor Wu, resulting in its absence from the *Book of Han*, but aligning with archaeological findings.

彩版·图版

黔城墓地远景（南—北）

1. 陶壶（M005：1）

3. 陶壶（M011：5）

2. 陶匜（M008：14）

战国陶壶、匜

1. 玻璃珠（M014：4）

2. 陶敦（M018：8）

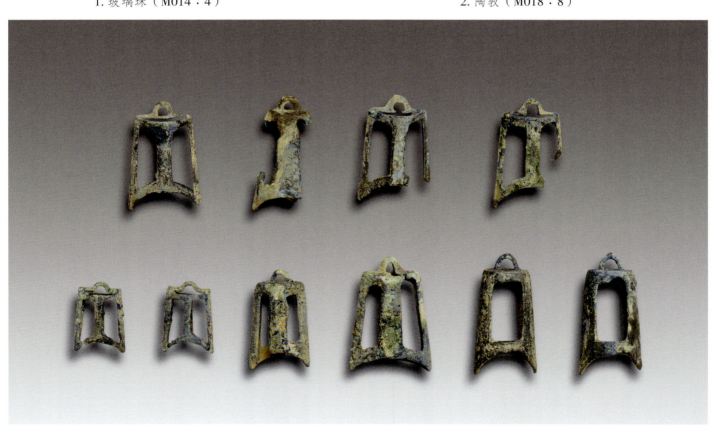

3. 铜铃形器（M018：5）

战国玻璃珠，陶敦，铜铃形器

1. 玻璃璧（M018：3）

3. 陶盆（M020：3）

4. 陶匜（M020：5）

2. 玻璃璧（M019：6）

5. 陶斗（M020：4）

战国玻璃璧，陶盆、匜、斗

1. 铜镜（M020：2）

2. 滑石璧（M022：1）

3. 铜镜（M027：3）

战国铜镜，滑石璧

1. 铜印章（M027：8）

2. 玉觿（M027：6）

4. 陶豆（M038：7）

3. 铜剑（M033：7）

战国铜剑、印章，玉觿，陶豆

1. 铜剑（M043：6）

2. 铜戈（M043：2）

3. 玻璃璧（M044：5）

战国铜剑、戈，玻璃璧

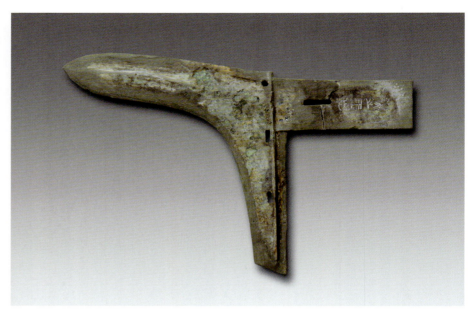

2. 铜戈（M052：1）

1. 铜矛（M049：2）

3. 铜戈（M052：1）

4. 铜带钩（M054：2）

5. 铜带钩（M054：2）

战国铜矛、戈、带钩

1. 陶鼎（M056：2）

2. 陶罐（M060：1）

战国陶鼎、罐

1. 石珠（M066：1）

2. 陶敦（M077：7）

3. 陶壶（M082：4）

4. 滑石璧（M082：1）

战国石珠，陶敦、壶，滑石璧

1. 陶敦（M091：4）

2. 陶罐（M099：2）

战国陶敦、罐

1. 陶盂（M099：1）

2. 陶鼎（M102：2）

战国陶盂、鼎

1. 铜箭镞（M107：5）

2. 铜印章（M107：1）

3. 铜印章（M107：1）印面

战国铜箭镞、印章

1. 陶壶（M118：5）

2. 陶罐（M120：1）

战国陶壶、罐

1. 陶鼎（M129：10）

2. 陶敦（M129：8）

战国陶鼎、敦

1. 铜戈（M129：1）

2. 铜戈（M129：1）

3. 铜矛（M129：2）

战国铜戈、矛

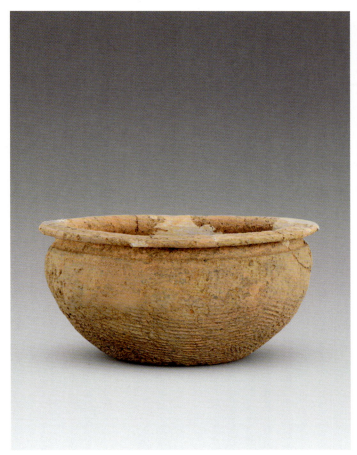

1. 陶盂（M131：5）

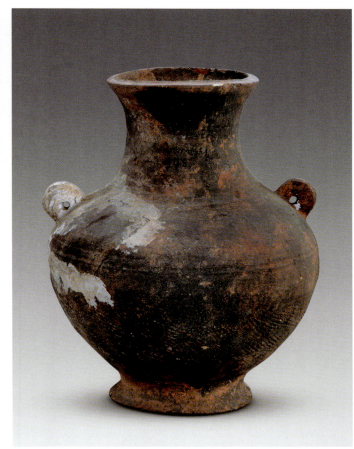

2. 陶壶（M144：1）

3. 玉璧（M153：1）

4. 玉璧（M153：1）

战国陶盂、壶，玉璧

1. 陶罐（M158：1）

2. 陶罐（M174：1）

3. 陶罐（M180：2）

4. 陶纺轮（M180：1）

战国陶罐、纺轮

1. 陶鼎（M147：1）

2. 陶盒（M147：5）

3. 陶壶（M147：6）

汉代陶鼎、盒、壶

1. 陶熏（M147：7）

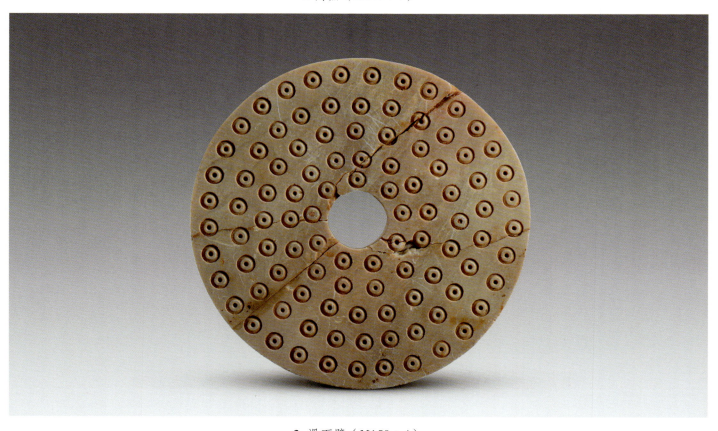

2. 滑石璧（M150：4）

汉代陶熏，滑石璧

1. 陶鼎（M156：3）

2. 陶盒（M156：1）

汉代陶鼎、盒

1. 滑石璧（M162：1）

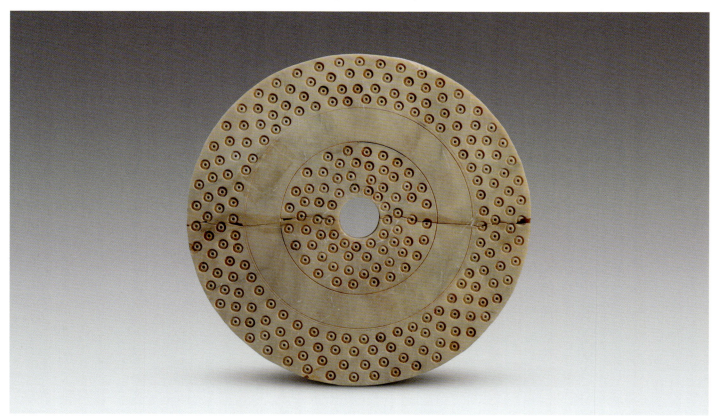

2. 滑石璧（M163：1）

汉代滑石璧

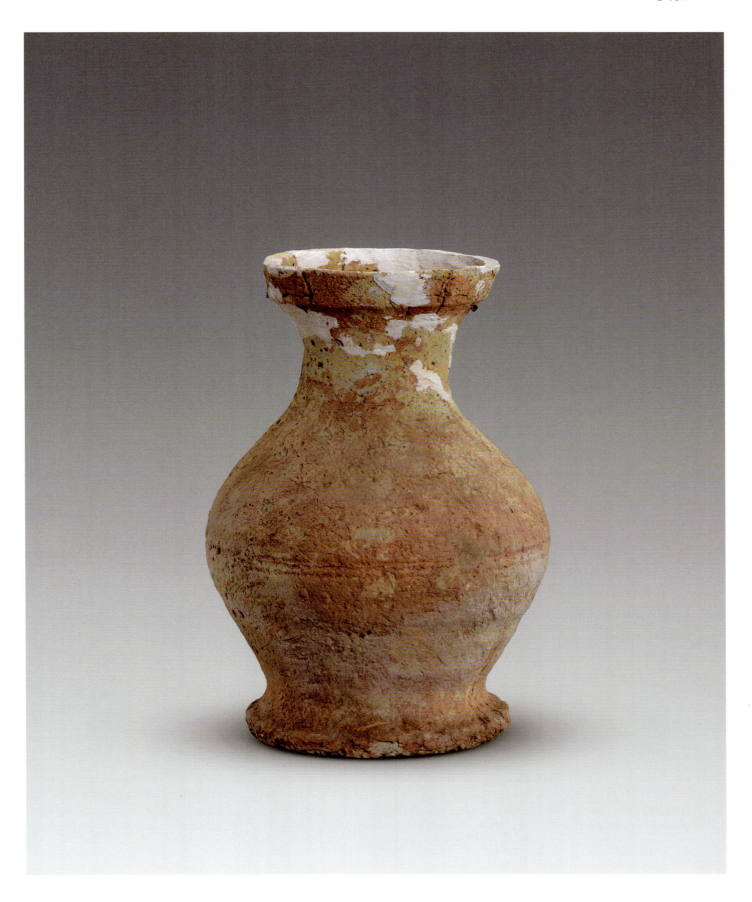

汉代陶壶（M175：4）

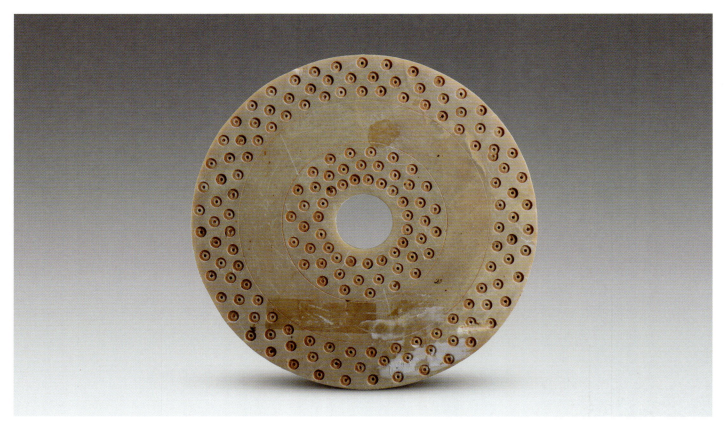

1. 滑石璧（M175：2）

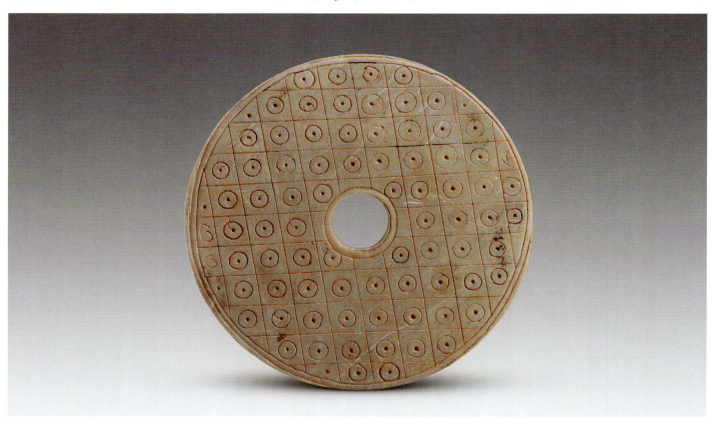

2. 滑石璧（M175：2）

汉代滑石璧

1. 陶盒（M183：1）

2. 陶盒（M186：10）

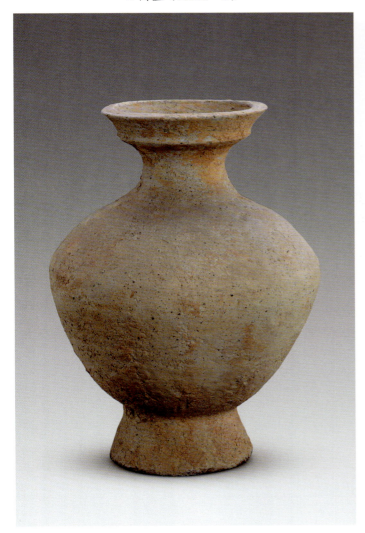

3. 陶壶（M186：9）

4. 陶壶（M196：5）

汉代陶盒、壶

1. 陶鼎（M199：3）

2. 陶盒（M200：5）

3. 滑石镜（M201：2）

汉代陶鼎、盒，滑石镜

1. 墓葬发掘现场

2. M002

黔城古墓发掘现场及M002

1. M080

2. M082

M080、M082

1. M084

2. M091

M084、M091

1. M093

2. M096

3. M098

M093、M096、M098

1. A型Ⅰ式陶鼎（M131：2）

2. A型Ⅱ式陶鼎（M106：4）

战国陶鼎

1. A型Ⅱ式陶鼎（M129：10）

2. A型Ⅲ式陶鼎（M128：7）

战国陶鼎

1. B型Ⅰ式陶鼎（M056：2）

2. B型Ⅱ式陶鼎（M091：2）

战国陶鼎

1. B型Ⅱ式陶鼎（M102：2）

2. B型Ⅲ式陶鼎（M144：3）

战国陶鼎

1. B型Ⅲ式陶鼎（M171：4）

2. C型Ⅰ式陶鼎（M075：4）

战国陶鼎

1. C型Ⅱ式陶鼎（M018：7）

2. C型Ⅱ式陶鼎（M057：7）

战国陶鼎

1. D型Ⅱ式陶鼎（M023：4）

2. E型陶鼎（M018：6）

战国陶鼎

1. A型Ⅰ式陶敦（M056：4）

2. A型Ⅰ式陶敦（M131：6）

3. A型Ⅱ式陶敦（M129：7）

4. A型Ⅲ式陶敦（M077：7）

战国陶敦

1. A型Ⅳ式陶敦（M057：6）

2. A型Ⅴ式陶敦（M091：4）

3. A型Ⅵ式陶敦（M102：3）

4. B型Ⅰ式陶敦（M173：2）

战国陶敦

1. B型Ⅱ式陶敦（M011：9）

2. C型陶敦（M018：8）

3. A型Ⅱ式陶壶（M116：2）

4. A型Ⅲ式陶壶（M106：3）

战国陶敦、壶

1. A型Ⅳ式陶壶（M091：5）

2. A型Ⅴ式陶壶（M105：1）

3. B型Ⅰ式陶壶（M074：6）

4. B型Ⅱ式陶壶（M005：1）

战国陶壶

1. B型Ⅳ式陶壶（M019：8）

2. C型Ⅱ式陶壶（M025：13）

3. C型Ⅲ式陶壶（M011：5）

4. C型Ⅳ式陶壶（M042：3）

战国陶壶

1. D型 I 式陶壶（M181：3）

2. D型 II 式陶壶（M144：1）

3. E型 I 式陶壶（M102：5）

4. E型 II 式陶壶（M082：4）

战国陶壶

1. E型Ⅲ式陶壶（M059：8）

2. F型Ⅱ式陶壶（M153：7）

3. F型Ⅲ式陶壶（M023：1）

4. G型陶壶（M026：2）

战国陶壶

1. H型陶壶（M171：1）

2. J型Ⅰ式陶壶（M117：2）

3. J型Ⅱ式陶壶（M081：2）

4. J型Ⅲ式陶壶（M118：5）

战国陶壶

1. B型Ⅰ式陶盘（M012：12）

2. B型Ⅱ式陶盘（M173：5）

3. B型Ⅲ式陶盘（M022：11）

4. C型陶盘（M024：4）

5. E型陶盘（M008：11）

6. F型陶盘（M016：7）

战国陶盘

1. A型Ⅰ式陶勺（M012：14）

2. A型Ⅱ式陶勺（M011：3）

3. A型Ⅲ式陶勺（M148：5）

4. B型Ⅰ式陶勺（M017：19）

5. B型Ⅱ式陶勺（M022：10）

6. B型Ⅲ式陶勺（M173：6）

战国陶勺

1. C型Ⅰ式陶勺（M025：9）

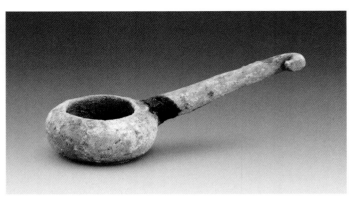

2. C型Ⅱ式陶勺（M042：4）

3. C型Ⅲ式陶勺（M014：2）

4. A型Ⅱ式陶匜（M058：10）

5. A型Ⅲ式陶匜（M058：11）

6. B型Ⅱ式陶匜（M008：14）

7. C型陶匜（M020：5）

8. A型陶匕（M039：8）

战国陶勺、匜、匕

1. B型Ⅰ式陶匕（M024：7）

4. E型陶匕（M020：18）

2. B型Ⅱ式陶匕（M012：5）

5. A型陶斗（M020：4）

6. A型陶斗（M043：4）

3. B型Ⅲ式陶匕（M118：9）

7. B型陶斗（M075：5）

战国陶匕、斗

1. A型Ⅱ式陶罐（M080：3）

2. B型Ⅰ式陶罐（M180：2）

3. B型Ⅱ式陶罐（M028：2）

4. B型Ⅲ式陶罐（M016：2）

战国陶罐

1. B型Ⅳ式陶罐（M077：8）

2. B型Ⅴ式陶罐（M060：1）

3. C型Ⅱ式陶罐（M067：3）

4. D型Ⅰ式陶罐（M125：2）

战国陶罐

1. D型Ⅲ式陶罐（M158：1）

2. E型Ⅰ式陶罐（M004：1）

3. E型Ⅱ式陶罐（M099：2）

4. E型Ⅲ式陶罐（M063：3）

战国陶罐

1. G型陶罐（M120：1）

2. H型陶罐（M141：2）

3. A型 I 式陶盂（M131：5）

战国陶罐、盂

1. A型Ⅱ式陶盂（M083：2）

2. A型Ⅲ式陶盂（M108：1）

3. A型Ⅳ式陶盂（M072：1）

4. A型Ⅴ式陶盂（M128：6）

5. B型Ⅱ式陶盂（M126：2）

6. C型Ⅰ式陶盂（M027：2）

战国陶盂

1. A型Ⅰ式陶高柄豆（M113：6）

2. B型Ⅰ式陶高柄豆（M068：6）

3. B型Ⅱ式陶高柄豆（M020：13）

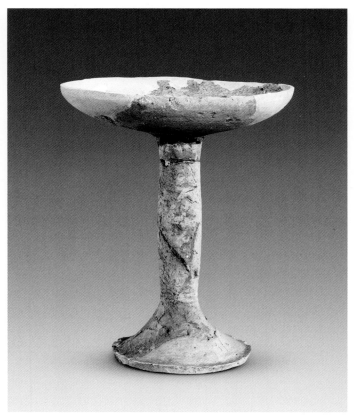

4. B型Ⅲ式陶高柄豆（M118：11）

战国陶高柄豆

1. C型Ⅰ式陶高柄豆（M017∶14）　　　　　　　　2. C型Ⅱ式陶高柄豆（M038∶7）

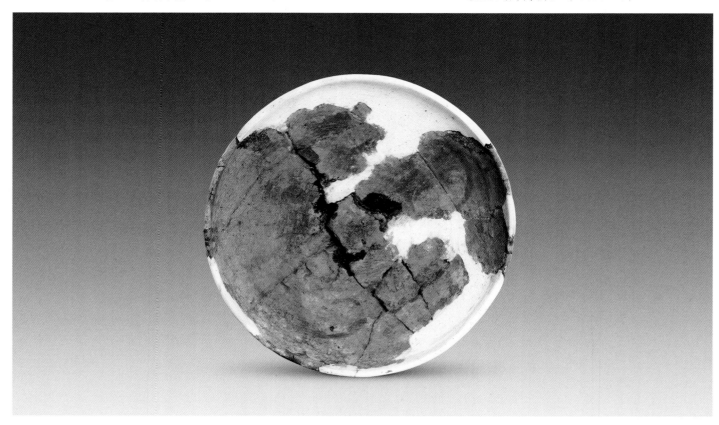

3. C型Ⅱ式陶高柄豆（M038∶7）俯视

战国陶高柄豆

1. A型陶矮柄豆（M073：6）

2. B型Ⅰ式陶矮柄豆（M072：2）

3. B型Ⅱ式陶矮柄豆（M172：5）

4. B型Ⅲ式陶矮柄豆（M028：1）

战国陶矮柄豆

1. C型 I 式陶矮柄豆（M080：2）

2. C型 II 式陶矮柄豆（M084：2）

3. D型 I 式陶矮柄豆（M160：3）

4. D型 II 式陶矮柄豆（M171：3）

战国陶矮柄豆

1. A型铜剑（M033：7）   2. A型铜剑（M043：6）

战国铜剑

1. B型铜剑（M107：3）　　　　2. C型Ⅰ式铜剑（M128：2）　　　　3. C型Ⅱ式铜剑（M115：1）

战国铜剑

1. Ⅱ式铜戈（M043：2）

4. Ⅱ式铜戈（M129：1）

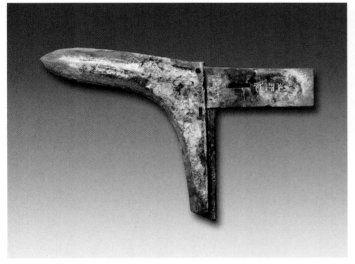

2. Ⅱ式铜戈（M052：1）

5. Ⅱ式铜戈（M129：1）

3. Ⅱ式铜戈（M052：1）

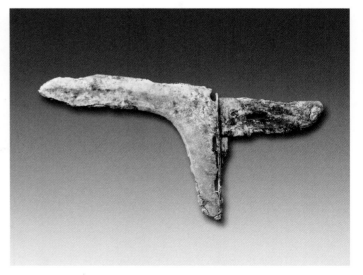

6. Ⅲ式铜戈（M107：4）

战国铜戈

1. I式铜矛（M113：5）　　　　2. II式铜矛（M129：2）　　　　3. III式铜矛（M049：2）

战国铜矛

1. A型Ⅰ式铜镜（M027：3）

2. M029

战国铜镜，汉墓M029

1. A型陶鼎（M029：6）

2. B型Ⅰ式陶鼎（M199：3）

汉代陶鼎

1. B型Ⅱ式陶鼎（M200：3）

2. B型Ⅲ式陶鼎（M157：5）

汉代陶鼎

图版四〇

1. C型Ⅰ式陶鼎（M150：2）

2. D型Ⅱ式陶鼎（M147：1）

汉代陶鼎

1. E型Ⅰ式陶鼎（M150：1）

2. A型Ⅰ式陶盒（M029：10）

3. A型Ⅱ式陶盒（M147：5）

4. A型Ⅱ式陶盒（M156：1）

5. B型陶盒（M183：1）

6. C型陶盒（M202：2）

汉代陶鼎、盒

1. A型 I 式陶壶（M029：2）

2. A型 II 式陶壶（M196：5）

3. A型 III 式陶壶（M186：9）

4. A型 IV 式陶壶（M202：3）

汉代陶壶

1. B型Ⅱ式陶壶（M164：7）

2. B型Ⅲ式陶壶（M202：4）

3. C型Ⅰ式陶壶（M157：4）

4. C型Ⅱ式陶壶（M175：4）

汉代陶壶

1. C型Ⅲ式陶壶（M162：3）

2. D型Ⅰ式陶壶（M147：6）

3. D型Ⅱ式陶壶（M156：2）

4. E型Ⅰ式陶壶（M163：2）

汉代陶壶

1. E型Ⅱ式陶壶（M202：1）

2. A型Ⅰ式陶勺（M150：7）

3. B型Ⅰ式陶勺（M196：4）

4. B型Ⅱ式陶勺（M186：5）

5. B型Ⅲ式陶勺（M175：6）

6. A型陶杯（M157：7）

7. B型Ⅲ式陶杯（M164：5）

汉代陶壶、勺、杯

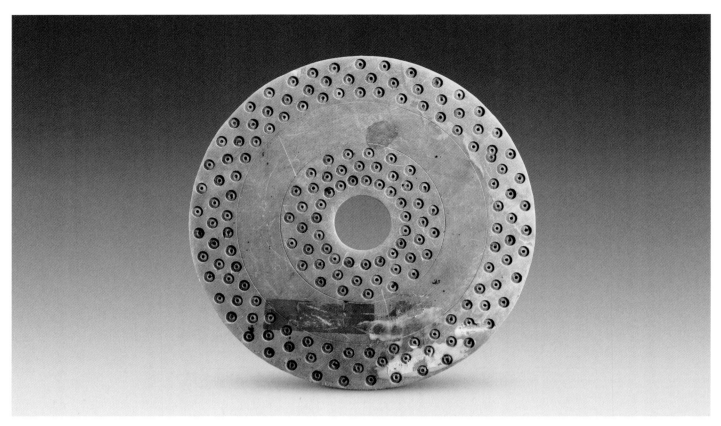

1. A型Ⅱ式滑石璧（M175：2）

2. A型Ⅱ式滑石璧（M175：2）

汉代滑石璧

1. B型 I 式滑石璧（M200：1）

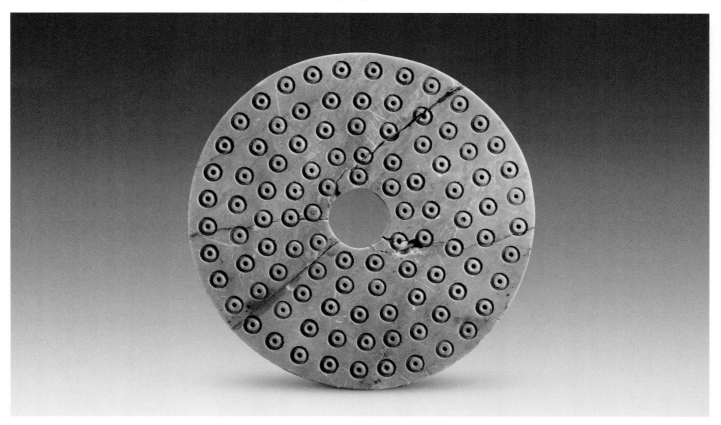

2. B型 II 式滑石璧（M150：4）

汉代滑石璧

1. C型滑石璧（M147：3）

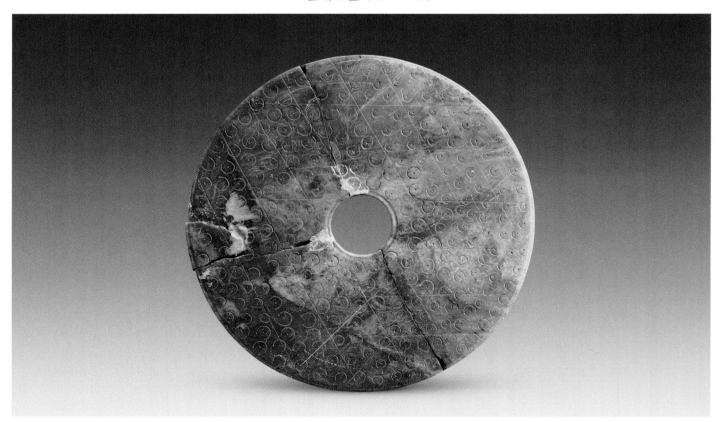

2. D型 I 式滑石璧（M201：1）

汉代滑石璧

1. E型滑石璧（M202：6）

2. 青花瓷碗（M085：1）

3. 青花瓷碗（M086：1）

汉代滑石璧，明代青花瓷碗

1. 硬陶罐（M123：1）

2. 硬陶罐（M123：2）

3. 硬陶魂瓶（M140：2）

4. 硬陶魂瓶（M149：1）

宋代硬陶罐、魂瓶

1. 硬陶魂瓶（M149：1）

2. 硬陶魂瓶（M149：2）

3. 釉陶碗（M151：1）

4. 硬陶魂瓶（M166：1）

宋代硬陶魂瓶、釉陶碗